一案解析
企业所得税纳税申报
（2021 年版）

主　编　冯秀娟

副主编　王玉娟　朱红云　丁春玲

中国税务出版社

图书在版编目（CIP）数据

一案解析企业所得税纳税申报：2021 年版 / 冯秀娟主编 .
-- 北京：中国税务出版社，2021.2
ISBN 978-7-5678-1066-2

Ⅰ. ①一… Ⅱ. ①冯… Ⅲ. ①企业所得税—税收管理—
案例—中国 Ⅳ. ①F812.424

中国版本图书馆 CIP 数据核字（2021）第 028471 号

书　　名：一案解析企业所得税纳税申报（2021 年版）
作　　者：冯秀娟　主编
王玉娟　朱红云　丁春玲　副主编
责任编辑：张　敏
责任校对：姚浩晴
技术设计：刘冬珂
出版发行：中国税务出版社
北京市丰台区广安路 9 号国投财富广场 1 号楼 11 层
邮编：100055
http: // www.taxation.cn
E-mail: swcb@taxation.cn
发行中心电话：（010）83362083/85/86
传真：（010）83362047/48/49
经　　销：各地新华书店
印　　刷：天津嘉恒印务有限公司
规　　格：787 毫米 ×1092 毫米　1/16
印　　张：29
字　　数：459000 字
版　　次：2021 年 2 月第 1 版　2021 年 2 月第 1 次印刷
书　　号：ISBN 978-7-5678-1066-2
定　　价：72.00 元

再版说明

2020年12月30日，国家税务总局对《中华人民共和国企业所得税年度纳税申报表（A类，2017年版）》部分表单和填报说明进行修订，修订后的年度纳税申报表（以下称2020年修订版年度申报表）在报表体系、报表结构、报表内容等方面均有调整。2020年财政部、国家税务总局相继出台了系列防控新冠肺炎疫情和促进企业复工复产、支持海南自由贸易港和上海自贸试验区临港新片区、促进集成电路产业和软件产业等关键技术领域高质量发展的多项企业所得税优惠政策。在此背景下，我们对2020年3月出版的《一案解析企业所得税纳税申报（2020年版）》进行全面修订，形成了《一案解析企业所得税纳税申报（2021年版）》。全书以2020年修订版年度申报表为主线，按照报表的填写顺序和钩稽关系安排章节，结合财政部、国家税务总局发布的最新税收政策编写相关内容。

本书采用了以案讲税法、以案讲申报的写作形式，结合综合案例、章节分案例和知识点辅助案例三个层级的案例，根据最新企业所得税法规政策，讲解2020年最新修订的《中华人民共和国企业所得税月（季）度预缴纳税申报表（A类，2018年版）》和2020年修订版年度申报表的填写，同时介绍企业所得税管理的特别规定，如核定征收、非居民企业的税收管理等。便于读者全面理解企业所得税法和相关税收政策，企业所得税纳税申报表的逻辑关系和填写方法。

本书体现了三大特色：一是内容新，教材内容的编写依据最新企业所得税相关法律政策和最新版纳税申报表；二是角度新，将税法与纳税申报紧密结合，便于读者的理解和应用；三是案例丰富，综合案例选择一家高新技术企业，按填表顺序逐一讲解申报全流程，同时设计了大量章节案例、知识点辅助案例，补充讲解综合案例未涉及的申报表和知识点，增强可操作性，使内容更加全面。

本书可以作为企业财税工作人员准确完成企业所得税纳税申报工作的参考资料，也可以作为税务征收机关工作人员在企业所得税征管过程中的工作参考资料，同时也适用于财税专业学生学习企业所得税法及纳税申报的实务知识。

冯秀娟负责本书综合案例、第一章、第六章、第七章、第十章的编写和全书的统稿及修订；王玉娟负责本书第二章、第三章、第四章的编写；朱红云负责本书第五章、第九章和第十一章的编写；丁春玲负责本书第八章、第十二章的编写。

由于编者水平有限，书中内容难免疏漏，敬请读者批评指正。

编　者

2021年1月

目　录

导读

本书以“综合案例——北京ABC科技股份有限公司”的信息资料为基础，以企业所得税法及相关税收政策和最新企业会计准则为依据，用案例分析的形式讲解查账征收居民企业的企业所得税申报。为了方便读者阅读使用，下面对本书的结构安排及案例层级等进行介绍。

一、本书结构安排

在企业所得税纳税申报工作中，适用查账征收的居民企业要进行月（季）度预缴申报和年度汇算清缴申报。填写的纳税申报表包括：2020年修订后的《中华人民共和国企业所得税月（季）度预缴纳税申报表（A类，2018年版）》（以下简称《预缴纳税申报表（A类）》）和2020年修订后的《中华人民共和国企业所得税年度纳税申报表（A类，2017年版）》（以下简称《年度纳税申报表（A类）》）。

（一）企业所得税纳税申报表简介

1.《预缴纳税申报表（A类）》

《预缴纳税申报表（A类）》由1张主表和4张附表构成，填写查账征收居民企业按实际利润额或按照上一纳税年度应纳税所得额平均额预缴月（季）度企业所得税的信息。附表1填写免税收入、减计收入、所得减免等税收优惠信息，附表2填写资产加速折旧（扣除）优惠信息，附表3填写减免所得税优惠信息，附表4填写企业所得税汇总纳税分支机构所得税分配的信息。

2.《年度纳税申报表（A类）》

《年度纳税申报表（A类）》由封面、企业所得税年度纳税申报表填报表单、37张纳税申报表构成。37张纳税申报表包括：《A000000企业所得税年度纳税申报基础信息表》《A100000中华人民共和国企业所得税年度纳税申报表（A类）》和35张附表。

年度纳税申报表信息量大，涵盖了查账征收居民企业所得税申报及调整的所有事项，表间钩稽关系严密，在申报过程中需要了解年度纳税申报表的编码规则，掌握报表填写规律及顺序，才能正确完成纳税申报工作。

（1）编码规则。

年度纳税申报表的报表代码共7位，第1位“A”表示查账征收；第2位“0”表示企业基础信息表，“1”表示年度纳税申报表；第3位、第4位表示一级表，用01表示收入类明细表，02表示成本类明细表，03表示事业单位、民间非营利组织收支明细表，04表示费用类明细表，05表示纳税调整类明细表，06表示弥补亏损类明细表，07表示税收优惠类明细表，08表示境外所得抵免类明细表，09表示汇总纳税类明细表；第5位、第6位表示二级表，按照01、02…的顺序排列，表示各一级附表所属类别下的二级附表，主表和一级表的信息来源于二级表；第7位表示三级表，按照1、2…的顺序排列，部分二级表的信息来源于三级表。

（2）填写顺序。

年度纳税申报表的填写是依据从三级附表到二级附表再到一级附表，从一级附表、二级附表到主表的逻辑顺序进行，按照报表类别分为收入类、成本类、事业单位及民间非营利组织收支类、费用类、纳税调整类、税收优惠类、弥补亏损类、境外所得抵免类、跨地区汇总纳税类等9大类，按照报表类别和报表级次依次填写。

（二）本书结构及内容

本书共分12章，第一章企业所得税概述，介绍预缴申报，第二章至第十二章依据年度纳税申报表的填写顺序详细介绍企业所得税年度纳税申报。

第一章企业所得税概述，介绍了企业所得税基本税制要素、企业所得税的征收管理，以及企业所得税预缴纳税申报表的填写。

第二章收入的确认及申报，介绍企业所得税法中关于各类收入的确认依据、时间及范围，以及《A101010一般企业收入明细表》的填写。

第三章扣除项目的确认及申报，介绍企业所得税法中关于扣除项目的确认原则及范围，以及《A102010一般企业成本支出明细表》《A104000期间费用明细表》的填写。

企业所得税纳税调整是正确计算应纳所得税额的关键，分为收入类调整项目、扣除类调整项目、资产类调整项目、特殊事项调整项目等，《A105000纳税调整项目明细表》在整个年度纳税申报表体系中是最为核心的表单，本表各调整项目的填写结果来源于纳税调整类的二级附表，本表调整的结果将转入主表，第四章至第七章按照调整项目的类别介绍纳税调整相关表单的填写。

第四章收入类项目的纳税调整及申报，介绍收入类项目的纳税调整，包括视同销售收入、未按权责发生制确认收入、投资收益、权益法核算的长期股权投资初始投资成本调整确认收益、交易性金融资产初始投资调整、不征税收入等税法与会计规定的差异及纳税调整，并介绍《A105010视同销售和房地产开发企业特定业务纳税调整明细表》《A105020未按权责发生制确认收入纳税调整明细表》《A105030投资收益纳税调整明细表》《A105040专项用途财政性资金纳税调整明细表》等的填写。

第五章扣除类项目的纳税调整及申报，介绍扣除类项目的纳税调整，包括职工薪酬、广告费和业务宣传费、捐赠支出、利息支出、业务招待费等税前扣除的相关政策，以及《A105050职工薪酬支出及纳税调整明细表》《A105060广告费和业务宣传费跨年度纳税调整明细表》《A105070捐赠支出及纳税调整明细表》等的填写。

第六章资产类项目的纳税调整及申报，介绍固定资产、无形资产、长期待摊费用等资产类项目在初始计量、后续计量中税法与会计规定的差异及相关纳税调整，并介绍《A105080资产折旧、摊销及纳税调整明细表》和《A105090资产损失税前扣除及纳税调整明细表》的填写。

第七章特殊事项的纳税调整及申报，介绍债务重组、企业合并分立、股权收购等企业重组事项、政策性搬迁、特定行业准备金、房地产企业特定开发业务等企业所得税特殊事项的税会差异及纳税调整，并介绍《A105100企业重组及递延纳税事项纳税调整明细表》《A105110政策性搬迁纳税调整明细表》《A105120贷款损失准备金及纳税调整明细表》的填写。另外，本章还介绍了特别纳税调整应税所得，以及《A105000纳税调整项目明细表》的填写。

第八章税收优惠的确认及申报，介绍企业所得税法及相关政策中关于企业所得税优惠项目的规定，以及相关表单的填写，包括税基式的优惠和税额式的优惠。

税基式的优惠包括免税、减计收入及加计扣除，所得减免，抵扣应纳税所得额，相关表单包括《A107010免税、减计收入及加计扣除优惠明细表》及所属三级附表（《A107011符合条件的居民企业之间的股息、红利等权益性投资收益优惠明细表》《A107012研发费用加计扣除优惠明细表》）、《A107020所得减免优惠明细表》《A107030抵扣应纳税所得额明细表》。

税额式的优惠包括减免所得税优惠和税额抵免优惠，相关表单包括《A107040减免所得税优惠明细表》及所属三级附表（《A107041高新技术企业优惠情况及明细表》《A107042软件、集成电路企业优惠情况及明细表》）、《A107050税额抵免优惠明细表》。

第九章企业所得税弥补亏损及申报，介绍企业所得税法中关于亏损的确定、亏损弥补的方法，以及《A106000企业所得税弥补亏损明细表》的填写。

第十章境外所得税收抵免及申报，介绍居民企业境外所得的税收抵免的范围及条件，境外所得纳税后所得的计算，境外分支机构弥补亏损的计算，抵免限额的计算以及跨年度结转抵免境外所得税的计算，并介绍《A108000境外所得税收抵免明细表》及所属二级附表（《A108010境外所得纳税调整后所得明细表》《A108020境外分支机构弥补亏损明细表》《A108030跨年度结转抵免境外所得税明细表》）的填写。

第十一章跨地区汇总纳税及申报，介绍了跨地区汇总纳税的适用范围、总分机构分摊税款的计算，并介绍《A109000跨地区经营汇总纳税企业年度分摊企业所得税明细表》及所属二级附表《A109010企业所得税汇总纳税分支机构所得税分配表》的填写。

第十二章其他表单的填报，介绍了封面、《A000000企业所得税年度纳税申报基础信息表》《A100000中华人民共和国企业所得税年度纳税申报表（A类）》的填报。

二、本书案例层级

为了帮助读者更好地理解企业所得税法及相关税收政策，掌握纳税申报表的填写，本书设计了丰富的案例[①]。案例分为全书主案例、章节分案例和知识点辅助案例三个级次。

1. 全书主案例，称为“综合案例”，以北京ABC科技股份有限公司的信息资料为背景，以完成企业所得税申报为主线，贯穿全书，介绍了企业所得税法及相关规定、税会差异及调整，以及预缴申报表和常见年度申报表的填写。对综合案例的分析按章节进行排序，如第一章对综合案例的分析用“【综合案例】分析1–1”“【综合案例】分析1–2”等表示。

2. 章节分案例，称为“案例”，对“综合案例”没有涵盖到的年度纳税申报表，用分案例的形式进行讲解。分案例按章排序，如第四章的分案例用“【案例4–1】”等表示，对分案例的分析用“【案例4–1】分析1”等表示。

3. 知识点辅助案例，称为“例”，对部分需要单独举例讲解的知识点进行补充讲解。例按章排序，如第二章的知识点辅助案例用“【例2–1】”等表示。

三、综合案例基本情况

【综合案例】

（一）企业基本情况

单位名称：北京ABC科技股份有限公司

法定代表人：刘某

成立日期：2017年3月1日

注册资本：1 000万元

经营地址：北京**科技园区**路20号

纳税人统一社会信用代码：91110000**********

经营范围：计算机软件的设计、程序编制、分析、测试、修改、咨询；

---

① 本书案例均为虚拟企业案例。

技术开发、技术转让、技术咨询、技术服务、电子科技领域内技术开发等。

是否为汇总纳税企业：否

是否为境外中资控股居民企业：否

所属行业明细代码：G619其他技术服务

从事国家非限制和禁止行业：是

是否存在境外关联交易：否

从业人数（季度平均值）：200人

资产总额（季度平均值）：12 134.36万元

是否为上市公司：否

其他信息：北京ABC科技股份有限公司（以下简称ABC科技）2017年5月18日被认定为软件生产企业。认定证书编号为京R-2017-××××，软件产品登记证书号为京DGY-2017-××××，公司2020年月平均职工人数为200人，其中，签订劳动合同关系且具有大学专科以上学历的职工人数为100人，研究开发人员为50人。

2020年ABC科技有限公司四个季度职工人数及资产总额明细表

项目	第一季度		第二季度		第三季度		第四季度		季度平均值
	季初	季末	季初	季末	季初	季末	季初	季末	
从业人数（人）	98	102	102	100	100	98	98	102	100
资产总额（万元）	11 827	12 756.65	12 756.65	12 616.87	12 616.87	10 666.42	10 666.42	13 168	12 134.36

（二）主要会计政策和估计

适用的会计准则或会计制度：一般企业会计准则

财务报告格式：采用一般企业财务报表格式（2019年版）

会计档案的存放地：公司

会计核算软件：金蝶

记账本位币：人民币

会计政策和估计是否发生变化：否

固定资产折旧方法：年限平均法

存货成本计价方法：月末一次加权平均法

坏账损失核算方法：备抵法

所得税计算方法：资产负债表债务法

（三）企业主要股东及对外投资情况

1. 企业前5位主要股东情况如下：

股东名称	证件种类	证件号码	经济性质	投资比例	国籍（注册地址）
刘某	身份证	XXXXXXXXXXXXXXXXXX	自然人	55.00%	中国
舒某	身份证	XXXXXXXXXXXXXXXXXX	自然人	15.00%	中国
王某	身份证	XXXXXXXXXXXXXXXXXX	自然人	10.00%	中国
北京EF投资有限责任公司	纳税人统一社会信用代码	XXXXXXXXXXXXXXXXXX	有限责任公司	10.00%	北京市××科技园××路20号
南京甲投资基金合伙企业（有限合伙）	纳税人统一社会信用代码	XXXXXXXXXXXXXXXXXX	有限合伙企业	5%	南京市××区××大厦六层6016室

2. 对外投资情况如下：

被投资者名称	纳税人统一社会信用代码	经济性质	投资比例	投资金额	注册地址
山东D能源科技有限公司	XXXXXXXXXXXXXXXX	有限责任公司	75.00%	500万元	济南市××区西大道××大厦A区6层

（四）主要财务信息

1. 2020年度利润情况。

利 润 表

编制单位：北京ABC科技股份有限公司　　　　单位：元（列至角分）

项　　目	本期金额	上期金额
一、营业收入	97 847 284.52	57 721 722.69
减：营业成本	49 473 881.24	21 604 137.35
税金及附加	1 309 056.99	750 712.29
销售费用	12 498 150.58	10 165 316.24

续表

项　　目	本期金额	上期金额
管理费用	12 811 239.11	11 836 056.73
研发费用	5 945 378.52	4 459 033.89
财务费用	2 156 168.51	1 766 355.15
其中：利息费用	2 123 647.15	1 592 735.36
利息收入		
资产减值损失	3 087 160.46	1 557 945.84
信用减值损失		
加：其他收益		
投资收益（损失以“–”号填列）	80 000.00	32 269.58
其中：对联营企业和合营企业的投资收益		
净敞口套期收益（损失以“–”号填列）		
公允价值变动收益（损失以“–”号填列）		
资产处置收益（损失以“–”号填列）		
二、营业利润（亏损以“–”号填列）	10 646 249.11	5 614 434.78
加：营业外收入	17 296.40	13 979.74
减：营业外支出	10 575.16	9 213.65
三、利润总额（亏损以“–”号填列）	10 652 970.35	5 619 200.87
减：所得税费用	1 052 260.45	613 832.06
四、净利润（净亏损以“–”号填列）	9 600 709.90	5 005 368.81
（一）持续经营净利润（净亏损以“–”号填列）		
（二）终止经营净利润（净亏损以“–”号填列）		
五、其他综合收益的税后净额		
六、综合收益总额		
七、每股收益		

2. 2020年部分会计科目余额明细。

部分会计科目明细情况表

单位：元（列至角分）

总账科目	明细账科目	本年累计发生额	借或贷
主营业务收入 其中：		97 847 284.52	贷
	嵌入式软件销售收入	40 152 625.37	贷
	信息系统集成产品销售收入	36 453 257.13	贷
	技术服务收入	21 241 402.02	贷
营业外收入 其中：		17 296.40	贷
	其他收入	17 296.40	贷
投资收益 其中：		80 000.00	贷
	居民企业间股息红利收益	80 000.00	贷
主营业务成本 其中：		49 473 881.24	借
	嵌入式软件销售成本	22 731 524.45	借
	信息系统集成产品销售成本	22 587 731.60	借
	技术服务成本	4 154 625.19	借
营业外支出 其中：		10 575.16	借
	罚没支出	2 575.16	借
	捐赠支出	8 000.00	借
销售费用 其中：		12 498 150.58	借
	职工薪酬	6 364 538.45	借
	劳务费	57 125.15	借
	咨询顾问费	389 791.56	借
	包装费	846 327.90	借
	广告费和业务宣传费	542 743.72	借
	资产折旧摊销费	132 408.64	借
	办公费	1 975 316.80	借
	租赁费	675 269.08	借
	差旅费	1 214 359.52	借
	运输、仓储费	135 683.60	借
	修理费	9 907.00	借
	其他	154 679.16	借

续表

总账科目	明细账科目	本年累计发生额	借或贷
管理费用 其中：		18 756 617.63	借
	职工薪酬	4 675 819.37	借
	劳务费	9 246.76	借
	咨询顾问费	2 568 418.53	借
	业务招待费	197 458.15	借
	资产折旧摊销费	1 180 755.36	借
	办公费	2 003 921.20	借
	租赁费	1 500 255.77	借
	差旅费	390 533.31	借
	运输、仓储费	186 584.24	借
	修理费	2 111.60	借
	研究费用	5 945 378.52	借
	各项税费	89 317.44	借
	其他	6 817.38	借
财务费用 其中：		2 156 168.51	借
	利息收支	2 123 647.15	借
	手续费	32 521.36	借
资产减值损失 其中：		3 087 160.46	借
	坏账准备金	251 782.52	借
	无形资产减值准备	2 281 604.35	借
	存货跌价准备	553 773.59	借
应付职工薪酬 其中：		24 183 353.63	贷
	职工工资	18 254 667.85	贷
	职工福利费	208 243.41	贷
	职工教育经费	2 765 312.47	贷
	各类社会基本性保障缴款	2 433 654.60	贷
	住房公积金	521 475.30	贷
预计负债	产品质量保证金	224 022.45	贷

补充信息：

（1）“投资收益——居民企业间股息红利收益”记录被投资企业——山东D能源科技有限公司（纳税人统一社会信用代码：105113715141612121）2020年4月5日宣告发放的股利，按持股比例ABC科技应取得80 000元。ABC科技没有满12个月的沪港通和深港通股票投资。

（2）“营业外支出——罚没支出”是ABC科技未按期缴纳税款，被税务机关加收的罚款和滞纳金；“营业外支出——捐赠支出” 是ABC科技向中国社会福利基金会的捐款。

（3）“财务费用”全部是向金融机构的借款利息和相关手续费。

（4）ABC科技2017年度开始获利。

（5）未发生重组及递延纳税事项。

3. 2020年资产折旧、摊销明细。

资产折旧、摊销明细表

单位：元（列至角分）

项　目	资产账载金额	本年折旧、摊销额	累计折旧、摊销额
固定资产	5 034 939.98	1 051 462.28	2 114 637.38
其中：与生产经营活动有关的器具、工具、家具等	695 259.33	134 310.12	251 068.57
飞机、火车、轮船以外的运输工具	1 239 542.00	154 123.64	261 736.45
电子设备	3 100 138.65	763 028.52	1 601 832.36
无形资产	8 293 866.75	1 049 454.39	2 501 149.53
其中：著作权	7 968 854.50	994 253.16	2 458 511.36
特许权使用费	325 012.25	55 201.23	42 638.17
长期待摊费用	1 249 678.82	536 791.34	985 694.76
其中：租入固定资产的改建支出	1 249 678.82	536 791.34	985 694.76

补充信息：

ABC科技各项长期资产账载金额与计税基础相等，会计计提的固定资产折旧金额与企业所得税法规定一致；长期待摊费用的账面摊销金额与税法规定一致；所有无形资产会计摊销年限均为5年。

4. 2020年研发支出明细。

研发支出明细表

单位：元（列至角分）

项　　目	01嵌入式软件	02嵌入式软件	应急通讯系统集成软件	03系统集成软件	合计
直接从事研发活动人员工资薪金	1 015 077.54	862 351.12	1 220 909.66	1 137 670.58	4 236 008.90
直接从事研发活动人员“五险一金”	355 277.14	301 822.89	427 318.38	398 184.70	1 482 603.11
研发活动直接消耗材料	5 787.37	4 492.94	9 469.20	6 229.02	25 978.54
研发活动直接消耗燃料	723.42	561.62	1 183.65	778.63	3 247.32
研发活动直接消耗动力	723.42	561.62	1 183.65	778.63	3 247.32
用于研发活动的仪器的折旧费	22 143.45	2 214.85	31 214.85	3 317.35	58 890.50
新产品设计费	24 511.96	2 242.21	15 214.35	7 894.77	49 863.29
技术资料费、翻译费	13 844.40	9 229.60	13 844.40	9 229.60	46 148.00
研发成果论证、评审验收费	17 430.00	1 509.43	8 624.68	11 827.44	39 391.55

5. 2020年第四季度预缴申报的相关信息如下：

本年累计营业收入97 847 284.52元，本年累计营业成本49 473 881.24元，本年累计利润总额10 652 970.35元。减免所得税额1 331 621.29元。

2020年已累计预缴所得税999 637.13元。

第一章　企业所得税概述

【学习目标】

1. 掌握我国企业所得税法基本税制要素；
2. 了解企业所得税的申报与缴纳；
3. 掌握企业所得税的预缴申报表的填写。

第一节　企业所得税的税制要素

企业所得税是对在中华人民共和国境内的企业和其他取得收入的组织取得的生产经营所得和其他所得征收的一种税。企业所得税征收范围广泛，是国家筹集财政收入的重要手段，政府通过对特定行业、产业的企业所得税优惠来实现产业升级和经济结构调整等宏观经济战略，同时也可以促进企业改善经营管理。

我国现行企业所得税法的基本规范是2007年3月16日第十届全国人民代表大会第五次会议通过、同日中华人民共和国主席令第63号公布的《中华人民共和国企业所得税法》（以下简称《企业所得税法》）和2007年11月28日国务院第197次会议通过、2007年12月6日中华人民共和国国务院令第512号公布的《中华人民共和国企业所得税法实施条例》（以下简称《企业所得税法实施条例》），以及2017年2月24日第十二届全国人民代表大会常务委员会第二十六次会议通过的《中华人民共和国企业所得税法（2017年修订版）》。

一、纳税义务人、征税对象和税率

（一）纳税义务人

《企业所得税法》规定：在中华人民共和国（以下简称中国）境内，企业和其他取得收入的组织（以下统称企业）为企业所得税的纳税人。个人独资企业和合伙企业不适用《企业所得税法》。

企业根据纳税义务不同，分为居民企业和非居民企业，居民企业负有全面纳税义务，其来源于中国境内、境外所得均需向中国政府申报缴纳企业所得税；非居民企业负有有限纳税义务，仅就来源于中国境内的所得向中国政府申报缴纳企业所得税。在企业所得税法中，根据注册地标准和实际管理机构标准划分居民企业和非居民企业。

1. 居民企业。

依据注册地标准，居民企业是指依法在中国境内成立，或者依照外国（地区）法律成立但实际管理机构在中国境内的企业。其中，在中国境内成立的企业，是指依照中国法律、行政法规在中国境内成立的企业、事业单位、社会团体以及其他取得收入的组织；依照外国（地区）法律成立的企业，是指依照外国（地区）法律成立但实际管理机构在中国的企业和其他取得收入的组织。

关于实际管理机构的判定标准，《国家税务总局关于境外注册中资控股企业依据实际管理机构标准认定为居民企业有关问题的通知》（国税发〔2009〕82号）规定：境外注册的中资控股企业（以下称境外中资企业）同时符合以下条件的，应判定其为实际管理机构在中国境内的居民企业（以下称非境内注册居民企业）：

（1）企业负责实施日常生产经营管理运作的高层管理人员及其高层管理部门履行职责的场所主要位于中国境内；

（2）企业的财务决策（如借款、放款、融资、财务风险管理等）和人事决策（如任命、解聘和薪酬等）由位于中国境内的机构或人员决定，或需要得到位于中国境内的机构或人员批准；

（3）企业的主要财产、会计账簿、公司印章、董事会和股东会议纪要档案等位于或存放于中国境内；

（4）企业1/2以上（含1/2）有投票权的董事或高层管理人员经常居住于中国境内。

关于境外注册的中资企业居民企业身份认定的问题，《国家税务总局关于依据实际管理机构标准实施居民企业认定有关问题的公告》（国家税务总局公告2014年第9号，以下简称国家税务总局公告2014年第9号）做出如下规定：

境外注册的中资企业须向其中国境内主要投资者登记注册地主管税务机关提出居民企业认定申请，主管税务机关对其居民企业身份进行初步判定后，层报省级税务机关确认。经省级税务机关确认后抄送其境内其他投资地相关省级税务机关。经省级税务机关确认后，30日内抄报国家税务总局，由国家税务总局网站统一对外公布。

【综合案例】分析1-1

ABC科技是依法在中国境内成立的法人企业，依据注册地标准，ABC科技属于中国的居民企业，应当依法缴纳企业所得税。

2. 非居民企业。

【案例1-1】

XYZ 是一家美国电信企业，在中国未设立机构、场所，2020年度向北京华夏担保有限公司提供技术服务，收取服务费3 000 000元，但与取得该收入相关的成本费用无法准确核算，经税务机关核定利润率为30%。

请完成下列问题：

（1）XYZ是否应当缴纳企业所得税？

（2）XYZ适用的企业所得税税率是多少？

（3）XYZ应纳税所得额如何计算？

（4）XYZ的企业所得税如何申报与缴纳？

非居民企业是指依照外国（地区）法律成立且实际管理机构不在中国境

内，但在中国境内设立机构、场所的，或者在中国境内未设立机构、场所，但有来源于中国境内所得的企业。

机构、场所是指在中国境内从事生产经营活动的机构、场所，包括：

（1）管理机构、营业机构、办事机构。

（2）工厂、农场、开采自然资源的场所。

（3）提供劳务的场所。

（4）从事建筑、安装、装配、修理、勘探等工程作业的场所。

（5）其他从事生产经营活动的机构、场所。

非居民企业委托营业代理人在中国境内从事生产经营活动，包括委托单位和个人经常代其签订合同，或者储存、交付货物等，将该营业代理人视为非居民企业在中国境内设立的机构、场所。

【案例1-1】分析1

XYZ在中国境内未设立机构、场所，但有来源于中国境内所得，属于非居民企业，负有有限纳税义务，仅就来源于中国境内的所得缴纳企业所得税。

（二）征税对象

企业所得税的征税对象包括企业的生产经营所得、其他所得和清算所得。具体包括销售货物所得、提供劳务所得、转让财产所得、股息红利等权益性投资所得、利息所得、租金所得、特许权使用费所得、接受捐赠所得、其他所得和清算所得。

1. 居民企业及非居民企业征税对象的差异。

（1）居民企业就其来源于中国境内、境外的所得缴纳企业所得税。

（2）非居民企业在中国境内设立机构、场所，应就其所设机构、场所取得的来源于中国境内的所得，以及发生在中国境外，但与其所设机构、场所有实际联系的所得，缴纳企业所得税。非居民企业在中国境内未设立机构、场所，或虽设立机构、场所，但取得的所得与其所设的机构、场所没有实际联系，仅就其来源于中国境内的所得缴纳企业所得税。

2. 所得来源地的判定。

（1）销售货物所得，按照交易活动发生地确定。

（2）提供劳务所得，按照劳务发生地确定。

（3）转让财产所得，不动产转让所得按照不动产所在地确定，动产转让所得按照转让动产的企业或者机构、场所所在地确定，权益性投资资产转让所得按照被投资企业所在地确定。

（4）股息、红利等权益性投资所得，按照分配所得的企业所在地确定。

（5）利息所得、租金所得、特许权使用费所得，按照负担、支付所得的企业或者机构、场所所在地确定，或者按照负担、支付所得的个人的住所地确定。

（6）其他所得，由国务院财政、税务主管部门确定。

【综合案例】分析1-2

ABC科技应当就2020年取得的各项所得包括销售货物所得、提供劳务所得、财产转让所得、投资所得等申报缴纳企业所得税。

（三）税率

1. 基本税率为25%。

适用于居民企业和在中国境内设立机构、场所且所得与机构、场所有关联的非居民企业。针对小型微利企业、高新技术企业、西部地区鼓励类产业、集成电路制造、动漫设计等企业，上海自贸试验区临港新片区、海南自由贸易港、新疆喀什、霍尔果斯特殊经济开发区、支持和促进重点群体创业就业等制定了系列企业所得税优惠税率将在本书第八章税收优惠的确认及申报中详细介绍。

【综合案例】分析1-3

ABC科技属于居民企业，应当适用25%的企业所得税基本税率。然而，我国境内新办的集成电路设计企业和符合条件的软件企业，在2019年12月31日前自获利年度起，第一年和第二年免征企业所得税，第三年至第五年减半征收企业所得税，并享受至期满为止。ABC科技于2017年经认定为新办软件生产企业，自2017年度开始盈利，2017年度和2018年度免征企业所得税，2019年度开始按25%的税率减半计缴企业所得税，并享受至期满为止，因此，2020年应当按照25%税率的一半12.5%计算。

2. 低税率为20%。

适用于中国境内未设立机构、场所的，或虽设立机构、场所，但取得的所得与其所设的机构、场所没有实际联系的非居民企业。《企业所得税法实施条例》规定："非居民企业在中国境内未设立机构、场所的，或者虽设立机构、场所但取得的所得与其所设机构、场所没有实际联系的，减按10%税率征收企业所得税。"因此，在实际征税时适用10%的税率。

【案例1-1】分析2

XYZ在中国境内未设立机构、场所适用20%低税率，减按10%税率预提企业所得税。

二、应纳税所得额的计算

应纳税所得额是企业所得税的计税依据。为了提高征管效率，以企业是否具备健全的财务核算制度，是否能够正确核算生产经营成果，并准确计算应纳税款为依据。企业所得税的征收管理主要有4种方式，居民企业纳税人采用查账征收和核定征收的方法，非居民企业采用据实申报和核定征收方法，适用不同征收方法的企业应纳税所得额的计算也有差异。

（一）居民企业查账征收应纳税所得额的计算

查账征收适用于凭证、账簿资料齐全，具备健全的财务制度，能够准确核算生产经营成果，准确计算应纳企业所得税款的居民企业。应纳税所得额是指企业每一纳税年度的收入总额，减除不征税收入、免税收入、各项扣除以及允许弥补的以前年度亏损后的余额。应纳税所得额的计算公式为：

应纳税所得额=收入总额–不征税收入–免税收入–准予企业所得税前扣除的项目–允许弥补的以前年度亏损

其中，亏损是指企业依照企业所得税法及其实施条例的规定将每一纳税年度的收入总额减除不征税收入、免税收入和各项扣除后小于零的数额，是按税法计算的亏损，与会计核算的亏损不同。

要注意区别应纳税所得额与会计利润，会计利润是企业依据会计核算制度，反映企业一定时期的生产经营成果，是会计核算的概念，应纳税所得额是一个税收的概念，由于会计制度与税法规定之间存在着一定的差异，如会计确认的收入按照税法规定可以作为免税收入从应纳税所得额中扣减，会计确认的成本费用按照税法规定不得税前扣除。另外，在资产的取得、持有和转让的过程中会计与税法的规定也存在着诸多差异，因此，需要对会计利润按照税法的相关规定进行调整，从而计算出应纳税所得额。计算公式为：

应纳税所得额=会计利润+纳税调整增加额（以下简称纳税调增）-纳税调整减少额（以下简称纳税调减）

关于会计与税法的差异及纳税调整将在本书第四章至第八章进行详细介绍。

【综合案例】分析1-4

ABC科技财务核算制度健全，能准确核算生产经营成果，属于适用于查账征收的居民企业，应纳税所得额的计算应当在企业会计利润的基础上按照企业所得税法的规定进行纳税调整。

（1）企业业务招待费列支197 458.15元，超过税法允许税前扣除的金额118 474.89元，需要纳税调增78 983.26元；

（2）本年度费用化的研发支出为5 945 378.52元，税法规定可以加计扣除的金额为2 972 689.26元，需要纳税调减2 972 689.26元；

（3）无形资产累计摊销账面价值为1 049 454.39元，税法允许本年税前扣除的累计摊销额为524 727.19元，需要纳税调增524 727.20元；

（4）本年计提预计负债224 022.45元，减值准备金3 087 160.46元，被税务机关加收的罚款和滞纳金2 575.16元为税法规定的不得税前扣除项目，共需要纳税调增3 313 758.07 元。

（5）收到被投资企业山东D能源科技有限公司分配的股息80 000元为免

税收入，需要纳税调减。

因此，ABC科技2020年应纳税所得额的计算如下：

应纳税所得额=10 652 970.35+78 983.26−2 972 689.26+524 727.20+3 313 758.07−80 000=11 517 749.62（元）

（二）居民企业核定征收应纳税所得额的计算

为了加强企业所得税征收管理，规范核定征收企业所得税工作，在《企业所得税法》及其实施条例、《中华人民共和国税收征收管理法》（以下简称《税收征管法》）及其实施细则中对核定征收做出如下规定。

1. 核定征收的范围。

居民企业纳税人有下列情形之一的，核定征收企业所得税：

（1）依照法律、行政法规的规定可以不设置账簿的；

（2）依照法律、行政法规的规定应当设置但未设置账簿的；

（3）擅自销毁账簿或者拒不提供纳税资料的；

（4）虽设置账簿，但账目混乱或者成本资料、收入凭证、费用凭证残缺不全，难以查账的；

（5）发生纳税义务，未按照规定的期限办理纳税申报，经税务机关责令限期申报，逾期仍不申报的；

（6）申报的计税依据明显偏低，又无正当理由的。

特殊行业、特定类型的纳税人和一定规模以上的纳税人不适用核定征收办法。

2. 核定征收的办法。

税务机关根据核定征收企业纳税人的具体情况，核定其应税所得率或核定应纳所得税额。

（1）核定应税所得率的情形。

能正确核算（查实）收入总额，但不能正确核算（查实）成本费用总额的；能正确核算（查实）成本费用总额，但不能正确核算（查实）收入总额的；通过合理方法，能计算和推定纳税人收入总额或成本费用总额的。

（2）核定应纳税所得额。

纳税人不属于以上情形的，核定其应纳所得税额。

（3）税务机关采用下列方法核定征收企业所得税。

参照当地同类行业或者类似行业中经营规模和收入水平相近的纳税人的税负水平核定；按照应税收入额或成本费用支出额定率核定；按照耗用的原材料、燃料、动力等推算或测算核定；按照其他合理方法核定。

采用前述一种方法不足以正确核定应纳税所得额或应纳税额的，可以同时采用两种以上的方法核定。采用两种以上方法测算的应纳税额不一致时，可按测算的应纳税额从高核定。

采用应税所得率方式核定征收企业所得税的，应纳所得税额的计算公式如下：

应纳所得税额=应纳税所得额×适用税率

应纳税所得额=应税收入额×应税所得率

或：应纳税所得额=成本（费用）支出额/（1–应税所得率）×应税所得率

实行应税所得率方式核定征收企业所得税的纳税人，经营多业的，无论其经营项目是否单独核算，均由税务机关根据其主营项目确定适用的应税所得率。主营项目应为纳税人所有经营项目中，收入总额或者成本（费用）支出额或者耗用原材料、燃料、动力数量所占比重最大的项目。

表1–1　　应税所得率

行　业	应税所得率（%）
农、林、牧、渔业	3～10
制造业	5～15
批发和零售贸易业	4～15
交通运输业	7～15
建筑业	8～20
饮食业	8～25
娱乐业	15～30
其他行业	10～30

《国家税务总局关于企业所得税核定征收有关问题的公告》（国家税务总局公告2012年第27号，以下简称国家税务总局公告2012年第27号）中明

确：专门从事股权（股票）投资业务的企业，不得核定征收企业所得税。

依法按核定应税所得率方式核定征收企业所得税的企业，取得的转让股权（股票）收入等转让财产收入，应全额计入应税收入额，按照主营项目（业务）确定适用的应税所得率计算征税；若主营项目（业务）发生变化，应在当年汇算清缴时，按照变化后的主营项目（业务）重新确定适用的应税所得率计算征税。

3. 跨境电子商务综合试验区零售出口企业所得税核定征收的规定。

为支持跨境电子商务健康发展，推动外贸模式创新，《国家税务总局关于跨境电子商务综合试验区零售出口企业所得税核定征收有关问题的公告》（国家税务总局公告2019年第36号）规定，从2020年1月1日起，对跨境电子商务综合试验区（以下简称综试区）内的跨境电子商务零售出口企业（以下简称跨境电商企业），试行核定征收企业所得税办法。其中，综试区是指经国务院批准的跨境电子商务综合试验区；跨境电商企业，是指自建跨境电子商务销售平台或利用第三方跨境电子商务平台开展电子商务出口的企业。

综试区内的跨境电商企业是指同时符合下列条件的企业：

（1）在综试区注册，并在注册地跨境电子商务线上综合服务平台登记出口货物日期、名称、计量单位、数量、单价、金额的；

（2）出口货物通过综试区所在地海关办理电子商务出口申报手续的；

（3）出口货物未取得有效进货凭证，其增值税、消费税享受免税政策的。

综试区内核定征收的跨境电商企业应准确核算收入总额，并采用应税所得率方式核定征收企业所得税。应税所得率统一按照4%确定。

（三）非居民企业据实申报的应纳税所得额的计算

非居民企业据实申报适用于能够提供完整、准确的成本、费用凭证，如实计算应纳税所得额的非居民企业所得税纳税人。应纳税所得额的计算分两种情形。

1. 在中国境内设立机构、场所的非居民企业应纳税所得额的计算。

在中国境内设立机构、场所的非居民企业，应对其所设机构、场所取得的来源于中国境内的所得，以及发生在中国境外，但与其所设机构、场所有实际联系的所得缴纳企业所得税。其应纳税所得额的计算与我国居民企业查账征收的应纳税所得额计算方法类似。

即按照我国相关财务会计制度，核算非居民企业在中国境内所设机构、场所，取得的来源于中国境内的所得，以及来源于中国境外但与该机构场所有实际联系的所得，并按照企业所得税法及相关政策进行纳税调整，计算出应纳税所得额。

应纳税所得额=会计利润+纳税调整增加额–纳税调整减少额

所得来源地的确定与查账征收居民企业的所得来源地确定方法相同。

2. 在中国境内未设立机构、场所的，或者虽设立机构、场所但取得的所得与其所设机构、场所没有实际联系的非居民企业应纳税所得额的计算。

（1）股息、红利等权益性投资收益和利息、租金、特许权使用费所得，以收入全额为应纳税所得额。

（2）转让财产所得，以收入全额减除财产净值后的余额为应纳税所得额。

（3）其他所得，参照前两项规定的方法计算应纳税所得额。

（四）非居民企业核定征收的应纳税所得额的计算

非居民企业因会计账簿不健全，资料残缺难以查账，或者其他原因不能准确计算并据实申报其应纳税所得额的，税务机关有权采取以下方法核定其应纳税所得额。

1. 按收入总额核定应纳税所得额。

适用于能够核算收入或通过合理方法推定收入总额，但不能正确核算成本费用的非居民企业。计算公式如下：

应纳税所得额=收入总额×经税务机关核定的利润率

2. 按成本费用核定应纳税所得额。

适用于能够正确核算成本费用，但不能正确核算收入总额的非居民企业。计算公式如下：

应纳税所得额=成本费用总额÷（1–经税务机关核定的利润率–营业税税率）×经税务机关核定的利润率

3. 税务机关可按照以下标准确定非居民企业的利润率。

（1）从事承包工程作业、设计和咨询劳务的，利润率为15%～30%；

（2）从事管理服务的，利润率为30%～50%；

（3）从事其他劳务或劳务以外经营活动的，利润率不低于15%。

税务机关有根据认为非居民企业的实际利润率明显高于上述标准的，可以按照比上述标准更高的利润率核定其应纳税所得额。

【案例1-1】分析3

XYZ来源于中国境内的技术服务收入额为3 000 000元，但与取得该收入相关的成本费用无法准确核算，应当适用非居民企业核定征收的办法。经税务机关核定利润率为30%，因此，应纳税所得额=3 000 000×30%=900 000（元）。预提所得税=900 000×10%=90 000（元）。

第二节 企业所得税的征收管理

一、纳税地点

（一）居民企业的纳税地点

1. 除税收法律、行政法规另有规定外，居民企业以企业登记注册地为纳税地点；但登记注册地在境外的，以实际管理机构所在地为纳税地点。

其中，企业登记注册地是指企业依照国家有关规定登记注册的住所地。

2. 居民企业在中国境内设立不具有法人资格的营业机构的，应当汇总计算并缴纳企业所得税。属于中央与地方共享范围的跨省市总分机构企业缴纳的企业所得税，实行“统一计算、分级管理、就地预缴、汇总清算、财政调库”的办法，兼顾总机构和分支机构所在地利益。

关于跨地区经营汇总纳税将在本书第十一章详细介绍。

（二）非居民企业的纳税地点

1. 非居民企业在中国境内设立机构、场所的，所取得的来源于中国境内的所得，以及发生在中国境外但与其所设机构、场所有实际联系的所得，以机构、场所所在地为纳税地点。

非居民企业在中国境内设立两个或者两个以上机构、场所的，经各机构、场所所在地税务机关的共同上级税务机关审核批准，可以选择由其主要机构、场所汇总缴纳企业所得税。

非居民企业经批准汇总缴纳企业所得税后，需要增设、合并、迁移、关闭机构、场所或者停止机构、场所业务的，应当事先由负责汇总申报缴纳企业所得税的主要机构、场所向其所在地税务机关报告；需要变更汇总缴纳企业所得税的主要机构、场所的，依照上述规定办理。

2. 非居民企业在中国境内未设立机构、场所的，或者虽设立机构、场所但取得的所得与其所设机构、场所没有实际联系的，以扣缴义务人所在地为纳税地点。

二、纳税期限

企业所得税实行按年计算，分月或分季预缴，年终汇算清缴，多退少补的征收方法。

（一）年度纳税期限

1. 通常按照公历自然年度（公历1月1日至12月31日）为企业所得税的纳税年度。

2. 以实际经营期为一个纳税年度，适用于在一个纳税年度中间开业，或者终止经营活动，使该纳税年度的实际经营期不足12个月的企业。

3. 以清算期间为一个纳税年度，适用于企业依法清算时。

自年度终了之日起5个月内，向税务机关报送年度企业所得税纳税申报表，并汇算清缴，结清应缴、应退税款。

企业年度中间终止经营活动的，应当自实际经营终止之日起60日内，向税务机关办理当期企业所得税汇算清缴。

（二）月（季）度预缴期限

企业所得税按年计算，为了保证税款的均衡入库，分月或者分季预缴由税务机关具体核定。企业应当自月份或者季度终了之日起15日内，向税务机关报送预缴企业所得税纳税申报表，预缴税款。

三、纳税申报

（一）查账征收居民企业所得税的申报

1. 月（季）度预缴申报需要报送的资料。

查账征收的居民企业，在进行月（季）度预缴申报时，需要报送的材料分为必报材料和条件报送材料。

（1）必报材料。

《中华人民共和国企业所得税月（季）度预缴纳税申报表及附表（A类，2018年版）》（以下简称预缴申报表（A类））。

（2）条件报送材料。

以下情形，企业除必报材料外，还要报送其他相关材料，具体包括：

跨省、自治区、直辖市和计划单列市设立的，实行汇总纳税办法的居民企业还应报送：企业当期财务报表，各分支机构上一年度的财务报表，《企业所得税汇总纳税分支机构所得税分配表》等；

跨省、自治区、直辖市和计划单列市经营的建筑企业总机构还应报送：直接管理的跨地区经营项目部就地预缴税款的完税证明。

在同一省、自治区、直辖市和计划单列市内跨地、市（区、县）设立的，实行汇总纳税办法的居民企业，总分机构应报送省税务机关规定的相关资料。

符合条件的境外投资居民企业还应报送《居民企业参股外国企业信息报告表》。

2. 年度所得税汇算清缴报送的资料。

查账征收的居民企业，在进行年度企业所得税申报，并办理汇算清缴时，需要报送的材料分为必报材料和条件报送材料。

（1）必报材料。

《中华人民共和国企业所得税年度纳税申报表（A类，2017年版）》（以下简称年度申报表（A类））。

（2）条件报送材料。

在纳税年度中，企业有下列特殊事项，除必报材料外，还要报送其他相关材料，具体包括：

跨省、自治区、直辖市和计划单列市设立的，实行汇总纳税办法的居民企业（总机构）还应报送：总机构的年度财务报表，各分支机构的年度财务报表，各分支机构参与企业年度纳税调整情况的说明。

跨省、自治区、直辖市和计划单列市设立的，实行汇总纳税办法的居民企业（分支机构）还应报送：经总机构所在地主管税务机关受理的汇总纳税企业分支机构所得税分配表，按照有关规定报送，分支机构参与企业年度纳税调整情况的说明。

跨省、自治区、直辖市和计划单列市经营的建筑企业总机构还应报送：直接管理的跨地区经营项目部就地预缴税款的完税证明。

在同一省、自治区、直辖市和计划单列市内跨地、市（区、县）设立的，实行汇总纳税办法的居民企业还应报送：省税务机关规定的相关资料。

房地产开发经营企业还应报送：房地产开发产品实际毛利额与预计毛利额之间差异调整情况的报告；依据计税成本对象确定原则确定的已完工开发产品成本对象，确定原则、依据，共同成本分配原则、方法，以及开发项目基本情况、开发计划等专项报告。

税前扣除手续费及佣金支出的，还应报送当年手续费及佣金计算分配表和其他相关资料。

企业以非货币性资产对外投资确认的非货币性资产转让所得适用分期均匀计入相应年度的应纳税所得额，按规定计算缴纳企业所得税的还应报送：《非货币性资产投资收益递延纳税调整明细表》。

申请享受中小企业信用担保机构有关准备金企业所得税税前扣除政

策，报送年度会计报表和担保业务情况（包括担保业务明细和风险准备金提取等）。

企业重组业务适用特殊性税务处理申报，报送《企业重组所得税特殊性税务处理报告表及附表》。进行特殊性税务处理的股权或资产划转的交易双方在年度汇算清缴，《居民企业资产（股权）划转特殊性税务处理申报表》。

为参与开采海上油气资源的中国企业和外国企业在申报当年度企业所得税汇算清缴资料，《海上油气生产设施弃置费情况表》。

申请抵免境外所得税收（取得境外分支机构的营业利润所得）还应报送：与境外所得相关的完税证明或纳税凭证（原件或复印件），境外分支机构会计报表，境外分支机构所得依照中国境内企业所得税法及其实施条例的规定计算的应纳税额的计算过程及说明资料，具有资质的机构出具的有关分支机构审计报告等。

申请抵免境外所得税收（取得境外股息、红利所得）还应报送：与境外所得相关的完税证明或纳税凭证（原件或复印件），集团组织架构图，被投资公司章程复印件，境外企业有权决定利润分配的机构做出的决定书等。

申请抵免境外所得税收（取得境外利息、租金、特许权使用费、转让财产等所得）还应报送：与境外所得相关的完税证明或纳税凭证（原件或复印件），依照中国境内企业所得税法及其实施条例规定计算的应纳税额的资料及计算过程，项目合同复印件等。

申报抵免境外所得税收（申请享受税收饶让抵免）还应报送：与境外所得相关的完税证明或纳税凭证（原件或复印件），本企业及其直接或间接控制的外国企业在境外获得免税及减税的依据及证明或有关审计报告披露该企业享受的优惠政策的复印件，企业在其直接和间接控制的外国企业的参股比例等情况的证明复印件，间接抵免税额或饶让抵免税额的计算过程，本企业直接或间接控制的外国企业的财务会计资料。

申报抵免境外所得税收（采用简易办法计算抵免限额）还应报送：与境外所得相关的完税证明或纳税凭证（原件或复印件），取得境外分支机构的营业利润所得需提供企业申请及有关情况说明，来源国（地区）政府机关核发的具有纳税性质的凭证或证明复印件，取得符合境外税额间接抵免条件的股息所得需要提供企业申请及有关情况说明，符合企业所得税法第二十四条条件的有关股权证明的文件或凭证复印件。

【综合案例】分析1-5

ABC科技2020年度企业所得税申报的申报与缴纳如下：

（1）纳税地点：ABC科技登记注册地，北京中关村科技园区。

（2）纳税期限：月（季）度预缴应当自月份或者季度终了之日起15日内，向税务机关报送预缴企业所得税纳税申报表，预缴税款；年度汇算清缴，应当自2020年度终了之日起5个月内，向税务机关报送年度企业所得税纳税申报表，并汇算清缴，结清应缴应退税款。

（3）纳税申报：月（季）度预缴申报需要报送：《预缴纳税申报表（A类）》及税务机关要求的其他资料；年度所得税汇算清缴需要报送：《年度纳税申报表（A类）》及税务机关要求的其他资料。

（二）核定征收居民企业所得税的申报

1. 月（季）度预缴申报需要报送的资料。

（1）《中华人民共和国企业所得税月（季）度和年度纳税申报表（B类，2018年版）》。

（2）符合条件的境外投资居民企业在办理企业所得税预缴申报时向税务机关填报《居民企业参股外国企业信息报告表》。

2. 年度所得税汇算清缴报送的资料。

（1）《中华人民共和国企业所得税月（季）度和年度纳税申报表（B类，2018年版）》。

（2）适用特别纳税调整的居民企业，填报《受控外国企业信息报告表》。

（三）非居民企业所得税的申报与缴纳

1. 非居民企业企业所得税预缴申报。

依照外国（地区）法律成立且实际管理机构不在中国境内，但在中国境内设立机构、场所的非居民企业，在季度终了后 15日内，向税务机关申报预缴企业所得税。

（1）必须报送材料。

《中华人民共和国非居民企业所得税预缴申报表（2019年版）》。

（2）条件报送材料。

实行汇总纳税的非居民企业机构、场所（含主要机构、场所和其他机构、场所），还应报送《非居民企业机构、场所汇总缴纳所得税税款分配表》。

按照有关规定适用核定征收，还应报送《非居民企业机构、场所核定计算明细表》。

按实际利润预缴企业所得税的非居民企业，还应报送季度财务报表。

在中华人民共和国境内承包工程作业或提供劳务项目的非居民企业，还应报送参与工程作业或劳务项目外籍人员姓名、国籍、出入境时间、在华工作时间、地点、内容、报酬标准、支付方式、相关费用等情况的书面报告。财务会计报告或财务情况说明等资料。

2. 非居民企业企业所得税年度申报。

（1）必须报送材料。

《中华人民共和国非居民企业所得税年度纳税申报表（2019年版）》，年度财务报告。

（2）条件报送材料。

会计处理与税法规定不一致需纳税调整的非居民企业，还应报送《纳税调整项目明细表》。

按照有关规定适用核定征收的非居民企业机构、场所，还应报送《非居民企业机构、场所核定计算明细表》。

以前年度发生的亏损，需要在本年度结转弥补的非居民企业，还应报送《企业所得税弥补亏损明细表》。

外国石油公司非居民纳税人，还应报送《对外合作开采石油企业勘探开发费用年度明细表》。

实行汇总纳税的非居民企业机构、场所（含主要机构、场所和其他机构、场所），还应报送《非居民企业机构、场所汇总缴纳所得税税款分配表》。

参与开采海上油气资源并发生了弃置费的外国企业或负责海上油（气）田作业的实体，还应报送《海上油气生产设施弃置费情况表》。

在中华人民共和国境内承包工程作业或提供劳务项目的非居民企业，还应报送工程作业（劳务）决算（结算）报告或其他说明材料，参与工程作业或劳务项目外籍人员姓名、国籍、出入境时间、在华工作时间、地点、内容、报酬标准、支付方式、相关费用等情况的书面报告。

适用特别纳税调整办法的非居民企业，还应报送《受控外国企业信息报告表》。

纳入境外税收抵免范围的外国企业，还应报送按照中国会计制度编报的年度独立财务报表。

房地产开发企业开发产品完工或需调整成本对象，还应报送房地产开发企业成本对象管理专项报告。

（四）源泉扣缴

1. 对非居民企业在中国境内未设立机构、场所的，或者虽设立机构、场所但取得与其所设机构、场所没有实际联系的所得，应缴纳的所得税，实行源泉扣缴，以支付人为扣缴义务人。由扣缴义务人在每次支付或者到期应支付时，从支付或者到期应支付的款项中扣缴。

2. 在中国境内从事工程作业和提供劳务的非居民企业发生下列情形之一的，县级以上税务机关可以指定工程价款或者劳务费的支付人为扣缴义务人。

3. 应当扣缴的所得税，扣缴义务人未依法扣缴或者无法履行扣缴义务的，由企业在所得发生地缴纳。企业未依法缴纳的，税务机关可以从该企业在中国境内其他收入项目的支付人应付的款项中，追缴该企业的应纳税款。

在中国境内存在多个所得发生地的，由企业选择一地申报缴纳税款。

税务机关在追缴该纳税人应纳税款时，应将追缴税款理由、追缴数额、缴纳期限和缴纳方式等告知纳税人。

4. 扣缴义务人每次代扣的税款，应当自代扣之日起7日内缴入国库，并向所在地的税务机关报送《中华人民共和国扣缴企业所得税报告表》。

【案例1-1】分析4

XYZ在中国境内未设立机构、场所，应缴所得税实行源泉扣缴，北京华夏担保有限公司为扣缴义务人，纳税地点为北京华夏担保有限公司所在地，在每次支付或者到期应支付时，从支付给XYZ或者到期应支付XYZ的款项中扣缴。每次扣缴的税款，应当自代扣之日起7日内缴入国库，并向所在地的税务机关报送《中华人民共和国扣缴企业所得税报告表》。

第三节 《中华人民共和国企业所得税月（季）度预缴纳税申报表（A类，2018年版）》的填写

小微企业的政策变化及预缴纳税申报表的填写，可扫码观看视频讲解

【综合案例】分析1-6

根据ABC科技2020年度预缴所得税信息，填写《预缴纳税申报表（A类）》，见表1-2至表1-6。

表1-2 A200000 中华人民共和国企业所得税月（季）度预缴纳税申报表（A类）

税款所属期间：2020年10月1日 至 2020年12月31日

纳税人识别号（统一社会信用代码）：110102576872256123

纳税人名称：北京ABC科技股份有限公司 金额单位：人民币元（列至角分）

<table>
<tr><td>预缴方式</td><td colspan="4">☑ 按照实际利润额预缴</td><td colspan="4">☐ 按照上一纳税年度应纳税所得额平均额预缴</td><td colspan="2">☐ 按照税务机关确定的其他方法预缴</td></tr>
<tr><td>企业类型</td><td colspan="4">☑ 一般企业</td><td colspan="4">☐ 跨地区经营汇总纳税企业总机构</td><td colspan="2">☐ 跨地区经营汇总纳税企业分支机构</td></tr>
<tr><td colspan="11">按季度填报信息</td></tr>
<tr><td colspan="2" rowspan="2">项 目</td><td colspan="2">一季度</td><td colspan="2">二季度</td><td colspan="2">三季度</td><td colspan="2">四季度</td><td rowspan="2">季度平均值</td></tr>
<tr><td>季初</td><td>季末</td><td>季初</td><td>季末</td><td>季初</td><td>季末</td><td>季初</td><td>季末</td></tr>
<tr><td colspan="2">从业人数</td><td>98</td><td>102</td><td>102</td><td>100</td><td>100</td><td>98</td><td>98</td><td>102</td><td>100</td></tr>
<tr><td colspan="2">资产总额（万元）</td><td>11 827</td><td>12 756.65</td><td>12 756.65</td><td>12 616.87</td><td>12 616.87</td><td>10 666.42</td><td>10 666.42</td><td>13 168</td><td>12 134.36</td></tr>
<tr><td colspan="2">国家限制或禁止行业</td><td colspan="4">☐ 是 ☑ 否</td><td colspan="4">小型微利企业</td><td>☐ 是 ☑ 否</td></tr>
<tr><td colspan="11">预缴税款计算</td></tr>
<tr><td>行次</td><td colspan="9">项 目</td><td>本年累计金额</td></tr>
<tr><td>1</td><td colspan="9">营业收入</td><td>97 847 284.52</td></tr>
<tr><td>2</td><td colspan="9">营业成本</td><td>49 473 881.24</td></tr>
<tr><td>3</td><td colspan="9">利润总额</td><td>10 652 970.35</td></tr>
<tr><td>4</td><td colspan="9">加：特定业务计算的应纳税所得额</td><td></td></tr>
<tr><td>5</td><td colspan="9">减：不征税收入</td><td></td></tr>
<tr><td>6</td><td colspan="9">减：免税收入、减计收入、所得减免等优惠金额（填写A201010）</td><td></td></tr>
<tr><td>7</td><td colspan="9">减：资产加速折旧、摊销（扣除）调减额（填写A201020）</td><td></td></tr>
<tr><td>8</td><td colspan="9">减：弥补以前年度亏损</td><td></td></tr>
<tr><td>9</td><td colspan="9">实际利润额（3+4-5-6-7-8）\ 按照上一纳税年度应纳税所得额平均额确定的应纳税所得额</td><td>10 652 970.35</td></tr>
<tr><td>10</td><td colspan="9">税率（25%）</td><td>25%</td></tr>
<tr><td>11</td><td colspan="9">应纳所得税额（9×10）</td><td>2 663 242.59</td></tr>
</table>

续表

<table>
<tr><td>行次</td><td colspan="2">项　　目</td><td>本年累计金额</td></tr>
<tr><td>12</td><td colspan="2">减：减免所得税额（填写A201030）</td><td>1 331 621.29</td></tr>
<tr><td>13</td><td colspan="2">减：实际已缴纳所得税额</td><td>999 637.13</td></tr>
<tr><td>14</td><td colspan="2">减：特定业务预缴（征）所得税额</td><td></td></tr>
<tr><td>L15</td><td colspan="2">减：符合条件的小型微利企业延缓缴纳所得税额
（是否延缓缴纳所得税　□是　□否）</td><td></td></tr>
<tr><td>15</td><td colspan="2">本期应补（退）所得税额（11-12-13-14-L15）\ 税务机关确定的本期应纳所得税额</td><td>331 984.16</td></tr>
<tr><td colspan="4">汇总纳税企业总分机构税款计算</td></tr>
<tr><td>16</td><td rowspan="4">总机构填报</td><td>总机构本期分摊应补（退）所得税额（17+18+19）</td><td></td></tr>
<tr><td>17</td><td>其中：总机构分摊应补（退）所得税额（15×总机构分摊比例___%）</td><td></td></tr>
<tr><td>18</td><td>财政集中分配应补（退）所得税额（15×财政集中分配比例___%）</td><td></td></tr>
<tr><td>19</td><td>总机构具有主体生产经营职能的部门分摊所得税额（15×全部分支机构分摊比例___%×总机构具有主体生产经营职能部门分摊比例___%）</td><td></td></tr>
<tr><td>20</td><td rowspan="2">分支机构填报</td><td>分支机构本期分摊比例</td><td></td></tr>
<tr><td>21</td><td>分支机构本期分摊应补（退）所得税额</td><td></td></tr>
<tr><td colspan="4">附　报　信　息</td></tr>
<tr><td>高新技术企业</td><td>□是　□否</td><td>科技型中小企业</td><td>□是　□否</td></tr>
<tr><td>技术入股递延纳税事项</td><td>□是　□否</td><td></td><td></td></tr>
<tr><td colspan="4">谨声明：本纳税申报表是根据国家税收法律法规及相关规定填报的，是真实的、可靠的、完整的。
纳税人（签章）：　　　　年　月　日</td></tr>
<tr><td colspan="2">经办人：
经办人身份证号：
代理机构签章：
代理机构统一社会信用代码：</td><td colspan="2">受理人：
受理税务机关（章）：
受理日期：　　　年　月　日</td></tr>
</table>

表1-3　　A201010　免税收入、减计收入、所得减免等优惠明细表

行次	项　　目	本年累计金额
1	一、免税收入（2+3+8+9+…+15）	
2	（一）国债利息收入免征企业所得税	
3	（二）符合条件的居民企业之间的股息、红利等权益性投资收益免征企业所得税（4+5.1+5.2+6+7）	
4	1. 一般股息红利等权益性投资收益免征企业所得税	
5.1	2. 内地居民企业通过沪港通投资且连续持有H股满12个月取得的股息红利所得免征企业所得税	
5.2	3. 内地居民企业通过深港通投资且连续持有H股满12个月取得的股息红利所得免征企业所得税	
6	4. 居民企业持有创新企业CDR取得的股息红利所得免征企业所得税	
7	5. 符合条件的居民企业之间属于股息、红利性质的永续债利息收入免征企业所得税	
8	（三）符合条件的非营利组织的收入免征企业所得税	
9	（四）中国清洁发展机制基金取得的收入免征企业所得税	
10	（五）投资者从证券投资基金分配中取得的收入免征企业所得税	
11	（六）取得的地方政府债券利息收入免征企业所得税	
12	（七）中国保险保障基金有限责任公司取得的保险保障基金等收入免征企业所得税	
13	（八）中国奥委会取得北京冬奥组委支付的收入免征企业所得税	
14	（九）中国残奥委会取得北京冬奥组委分期支付的收入免征企业所得税	
15	（十）其他	
16	二、减计收入（17+18+22+23）	
17	（一）综合利用资源生产产品取得的收入在计算应纳税所得额时减计收入	
18	（二）金融、保险等机构取得的涉农利息、保费减计收入（19+20+21）	
19	1. 金融机构取得的涉农贷款利息收入在计算应纳税所得额时减计收入	

续表

行次	项　　目	本年累计金额
20	2. 保险机构取得的涉农保费收入在计算应纳税所得额时减计收入	
21	3. 小额贷款公司取得的农户小额贷款利息收入在计算应纳税所得额时减计收入	
22	（三）取得铁路债券利息收入减半征收企业所得税	
23	（四）其他（23.1+23.2）	
23.1	1. 取得的社区家庭服务收入在计算应纳税所得额时减计收入	
23.2	2. 其他	
24	三、加计扣除（25+26+27+28）	*
25	（一）开发新技术、新产品、新工艺发生的研究开发费用加计扣除	*
26	（二）科技型中小企业开发新技术、新产品、新工艺发生的研究开发费用加计扣除	*
27	（三）企业为获得创新性、创意性、突破性的产品进行创意设计活动而发生的相关费用加计扣除	*
28	（四）安置残疾人员所支付的工资加计扣除	*
29	四、所得减免（30+33+34+35+36+37+38+39+40）	
30	（一）从事农、林、牧、渔业项目的所得减免征收企业所得税（31+32）	
31	1. 免税项目	
32	2. 减半征收项目	
33	（二）从事国家重点扶持的公共基础设施项目投资经营的所得定期减免企业所得税	
33.1	其中：从事农村饮水安全工程新建项目投资经营的所得定期减免企业所得税	
34	（三）从事符合条件的环境保护、节能节水项目的所得定期减免企业所得税	
35	（四）符合条件的技术转让所得减免征收企业所得税	
36	（五）实施清洁发展机制项目的所得定期减免企业所得税	
37	（六）符合条件的节能服务公司实施合同能源管理项目的所得定期减免企业所得税	
38	（七）线宽小于130纳米的集成电路生产项目的所得减免企业所得税	

续表

行次	项　　目	本年累计金额
39	（八）线宽小于65纳米或投资额超过150亿元的集成电路生产项目的所得减免企业所得税	
40	（九）其他	
41	合计（1+16+24+29）	
42	附列资料：1. 支持新型冠状病毒感染的肺炎疫情防控捐赠支出全额扣除	
43	2. 扶贫捐赠支出全额扣除	

表1–4　　A201020　资产加速折旧、摊销（扣除）优惠明细表

行次	项　　目	本年享受优惠的资产原值	本年累计折旧\摊销（扣除）金额				
			账载折旧\摊销金额	按照税收一般规定计算的折旧\摊销金额	享受加速政策计算的折旧\摊销金额	纳税调减金额	享受加速政策优惠金额
		1	2	3	4	5	6（4–3）
1	一、加速折旧、摊销（不含一次性扣除，2+3+4+5）						
2	（一）重要行业固定资产加速折旧						
3	（二）其他行业研发设备加速折旧						
4	（三）海南自由贸易港企业固定资产加速折旧						
5	（四）海南自由贸易港企业无形资产加速摊销						
6	二、固定资产、无形资产一次性扣除（7+8+9+10）						
7	（一）500万元以下设备器具一次性扣除						
8	（二）疫情防控重点保障物资生产企业单价500万元以上设备一次性扣除						

续表

行次	项目	本年享受优惠的资产原值	本年累计折旧\摊销（扣除）金额				
			账载折旧\摊销金额	按照税收一般规定计算的折旧\摊销金额	享受加速政策计算的折旧\摊销金额	纳税调减金额	享受加速政策优惠金额
		1	2	3	4	5	6（4–3）
9	（三）海南自由贸易港企业固定资产一次性扣除						
10	（四）海南自由贸易港企业无形资产一次性扣除						
11	合计（1+6）						

表1–5　　A201030　减免所得税优惠明细表

行次	项目	本年累计金额
1	一、符合条件的小型微利企业减免企业所得税	
2	二、国家需要重点扶持的高新技术企业减按15%的税率征收企业所得税	
3	三、经济特区和上海浦东新区新设立的高新技术企业在区内取得的所得定期减免企业所得税	
4	四、受灾地区农村信用社免征企业所得税	
5	五、动漫企业自主开发、生产动漫产品定期减免企业所得税	
6	六、线宽小于0.8微米（含）的集成电路生产企业减免企业所得税	
7	七、线宽小于0.25微米的集成电路生产企业减按15%税率征收企业所得税	
8	八、投资额超过80亿元的集成电路生产企业减按15%税率征收企业所得税	
9	九、线宽小于0.25微米的集成电路生产企业减免企业所得税	
10	十、投资额超过80亿元的集成电路生产企业减免企业所得税	
11	十一、线宽小于130纳米的集成电路生产企业减免企业所得税	
12	十二、线宽小于65纳米或投资额超过150亿元的集成电路生产企业减免企业所得税	

续表

行次	项 目	本年累计金额
13	十三、新办集成电路设计企业减免企业所得税	
14	十四、国家规划布局内集成电路设计企业可减按10%的税率征收企业所得税	
15	十五、符合条件的软件企业减免企业所得税	1 331 621.29
16	十六、国家规划布局内重点软件企业可减按10%的税率征收企业所得税	
17	十七、符合条件的集成电路封装、测试企业定期减免企业所得税	
18	十八、符合条件的集成电路关键专用材料生产企业、集成电路专用设备生产企业定期减免企业所得税	
19	十九、经营性文化事业单位转制为企业的免征企业所得税	
20	二十、符合条件的生产和装配伤残人员专门用品企业免征企业所得税	
21	二十一、技术先进型服务企业（服务外包类）减按15%的税率征收企业所得税	
22	二十二、技术先进型服务企业（服务贸易类）减按15%的税率征收企业所得税	
23	二十三、设在西部地区的鼓励类产业企业减按15%的税率征收企业所得税（主营业务收入占比____%）	
24	二十四、新疆困难地区新办企业定期减免企业所得税	
25	二十五、新疆喀什、霍尔果斯特殊经济开发区新办企业定期免征企业所得税	
26	二十六、广东横琴、福建平潭、深圳前海等地区的鼓励类产业企业减按15%税率征收企业所得税	
27	二十七、北京冬奥组委、北京冬奥会测试赛赛事组委会免征企业所得税	
28	二十八、其他（28.1+28.2+28.3+28.4）	
28.1	1. 从事污染防治的第三方企业减按15%的税率征收企业所得税	
28.2	2. 海南自由贸易港的鼓励类产业企业减按15%税率征收企业所得税	
28.3	3. 其他1	
28.4	4. 其他2	

续表

行次	项　　目	本年累计金额
29	二十九、民族自治地方的自治机关对本民族自治地方的企业应缴纳的企业所得税中属于地方分享的部分减征或免征（□ 免征 □ 减征：减征幅度 ____%）	
30	合计（1+2+3+4+5+6+…+29）	

表1-6　　A202000　企业所得税汇总纳税分支机构所得税分配表

税款所属期间：2020年10月01日 至 2020年12月31日

总机构名称（盖章）：

总机构纳税人识别号（统一社会信用代码）：　　　　金额单位：元（列至角分）

<table>
<tr><td colspan="2">应纳所得税额</td><td>总机构分摊所得税额</td><td colspan="3">总机构财政集中分配所得税额</td><td colspan="2">分支机构分摊所得税额</td></tr>
<tr><td colspan="2"></td><td></td><td colspan="3"></td><td colspan="2"></td></tr>
<tr><td rowspan="16">分支机构情况</td><td rowspan="2">分支机构纳税人识别号（统一社会信用代码）</td><td rowspan="2">分支机构名称</td><td colspan="3">三项因素</td><td rowspan="2">分配比例</td><td rowspan="2">分配所得税额</td></tr>
<tr><td>营业收入</td><td>职工薪酬</td><td>资产总额</td></tr>
<tr><td></td><td></td><td></td><td></td><td></td><td></td><td></td></tr>
<tr><td></td><td></td><td></td><td></td><td></td><td></td><td></td></tr>
<tr><td></td><td></td><td></td><td></td><td></td><td></td><td></td></tr>
<tr><td></td><td></td><td></td><td></td><td></td><td></td><td></td></tr>
<tr><td></td><td></td><td></td><td></td><td></td><td></td><td></td></tr>
<tr><td></td><td></td><td></td><td></td><td></td><td></td><td></td></tr>
<tr><td></td><td></td><td></td><td></td><td></td><td></td><td></td></tr>
<tr><td></td><td></td><td></td><td></td><td></td><td></td><td></td></tr>
<tr><td></td><td></td><td></td><td></td><td></td><td></td><td></td></tr>
<tr><td></td><td></td><td></td><td></td><td></td><td></td><td></td></tr>
<tr><td></td><td></td><td></td><td></td><td></td><td></td><td></td></tr>
<tr><td></td><td></td><td></td><td></td><td></td><td></td><td></td></tr>
<tr><td></td><td></td><td></td><td></td><td></td><td></td><td></td></tr>
<tr><td colspan="2">合计</td><td></td><td></td><td></td><td></td><td></td></tr>
</table>

填写要点：

ABC公司2020年第四季度的预缴申报相关报表填写如下：

1. ABC公司2020年第四季度预缴申报（A类）主表基本信息填写：按实际利润额预缴，从业人数和资产总额分别按各季度的季初值和季末值填写，按四个季度平均值计算季度平均值。

2. 第1行“营业收入”填写97 847 284.52元；第2行“营业成本”填写49 473 881.24元，按照企业会计制度、企业会计准则等国家会计规定核算的2020年度营业收入、营业成本，不参与计算；

3. 第3行“利润总额”填写10 652 970.35元，等于利润表列示的金额；

4. 如前分析，ABC公司2020年度处于减半征收的期间，等于主表第11行×50%，填入附表3第15行“符合条件的软件企业”1 331 621.29元，同时转入主表第12行“减免所得税额”。

5. 第13行填写本年前三季度已累计预缴的所得税额999 637.13元。

6. 第15行填写本期应补（退）所得税额331 984.16元。

第二章 收入的确认及申报

【学习目标】

1. 掌握收入总额的确认；
2. 熟悉不征税收入和免税收入的确认；
3. 掌握《A101010一般企业收入明细表》的填写。

第一节 收入的确认

一、收入总额

企业的收入总额包括以货币形式和非货币形式从各种来源取得的收入。

货币形式的收入是指能为企业带来经济效益，且其具体金额确定的收入，包括现金、存款、应收账款、应收票据、准备持有至到期的债券投资以及债务的豁免。

非货币形式的收入是指能为企业带来经济效益，但其具体金额难以确定的收入，包括固定资产、生物资产、无形资产、股权投资、存货、不准备持有至到期的债券投资、劳务以及有关权益等。非货币资产应当按照公允价值确定收入额，公允价值是指按照市场价格确定的价值。下面我们把收入总额分成销售货物收入、提供劳务收入、处置资产收入和其他收入四类，对收入进行介绍。

（一）销售货物收入

销售货物收入，是指企业销售商品、产品、原材料、包装物、低值易耗品以及其他存货取得的收入。

1. 收入确认的条件。

企业所得税法规定，企业销售商品同时满足下列四个条件确认收入的实现：

（1）商品销售合同已经签订，企业已将商品所有权相关的主要风险和报酬转移给购货方；

（2）企业对已售出的商品既没有保留通常与所有权相联系的继续管理权，也没有实施有效控制；

（3）收入的金额能够可靠地计量；

（4）已发生或将发生的销售方的成本能够可靠地核算。

2. 收入确认的时间。

（1）销售商品采用托收承付方式的，在办妥托收手续时确认收入。

（2）销售商品采取预收款方式的，在发出商品时确认收入。

（3）销售商品需要安装和检验的，在购买方接受商品以及安装和检验完毕时确认收入。如果安装程序比较简单，可在发出商品时确认收入。

（4）销售商品采用支付手续费方式委托代销的，在收到代销清单时确认收入。

（5）以分期收款方式销售货物的，按照合同约定的收款日期确认收入的实现。

【例2-1】A公司是一个设备生产企业，2020年10月1日销售10台设备，价值100万元（不含税），按合同规定，分5个月并于每月10日收款，每期收取全部款项的20%，10台设备的总成本为60万元。请问在税务处理上，2020年A公司如何确认收入？

分析：

因为合同规定分5个月并于每月10日收款，因此2020年10月10日、11月10日和12月10日各收款20万元（不含税），2020年全年确认收入60万元。

3. 收入金额的确认。

（1）企业应当按照从购货方已收或应收的合同或协议价款确定销售货物收入金额。

（2）现金折扣，是指债权人为鼓励债务人在规定的期限内付款而向债务人提供的债务扣除。销售货物涉及现金折扣的，应当按照扣除现金折扣前的金额确定销售货物收入金额。现金折扣在实际发生时计入当期损益。

（3）商业折扣，是指企业为促进货物销售而在货物标价上给予的价格扣除。销售货物涉及商业折扣的，应当按照扣除商业折扣后的金额确定销售货物收入金额。

【例2-2】B公司是一家文具生产企业。2020年6月1日销售给C公司1 000支钢笔，每支钢笔不含税价格为100元，由于C公司购买数量多，B公司按原价的9折优惠销售，并提供1/20，n/30的销售折扣。C公司6月18日付款，B公司将折扣部分与销售额同开在一张发票上，请问在税务处理上B公司如何确认收入？

分析：

B公司销售给C公司的钢笔数量大，给予的折扣是商业折扣，因为B公司将折扣部分与销售额同开在一张发票上可以按照折扣后的金额90 000元（100×90%×1 000）确认。虽然，B公司在6月18日收到货款给予C公司1%的现金折扣，但是按照税法规定应当按照扣除现金折扣前的金额90 000元确定销售货物收入金额。现金折扣900元（90 000×1%）在实际发生时计入当期损益。

（4）销售折让，是指企业因售出货物的质量不合格等原因而在售价上给予的减让。企业已经确认销售货物收入的售出货物发生销售折让的，应当在发生时冲减当期销售货物收入。

（5）销售退回，是指企业售出的货物由于质量、品种不符合要求等原因而发生的退货。企业已经确认销售货物收入的售出货物发生销售退回的，应当在发生时冲减当期销售货物收入。

（6）采用售后回购方式销售商品的，销售的商品按售价确认收入，回购的商品作为购进商品处理。

（7）销售商品以旧换新的，销售商品应当按照销售商品收入确认条件确认收入，回收的商品作为购进商品处理。

【例2-3】D公司（一般纳税人）于2020年2月采取“以旧换新”方式销售10台空调，每台新空调不含税价格10 000元，每台旧空调不含税折价200元，实际收到不含税货款98 000元，并注明已扣除旧空调折价2 000元。请问在税务处理上，此项业务确认的收入是多少？

分析：

此项业务属于“以旧换新”销售商品，应当按照按新货物的同期销售价格100 000元（10 000×10）确定销售额，不得按照商场实际收到的款项98 000元确认收入。因此在税务处理上，此项业务确认的收入为100 000元。

（8）企业以买一赠一等方式组合销售本企业商品的，不属于捐赠，应将总的销售金额按各项商品的公允价值的比例来分摊确认各项的销售收入。

【例2-4】E公司在“五一”期间举行促销活动——消费者购买一部手机赠送一个耳机。每部手机不含税售价为3 000元，一个耳机不含税售价为100元。请问在税务处理上如何确认收入？

分析：

一部手机的销售收入=3 000×（3 000÷3 100）=2 903.23（元）

一个耳机的销售收入=3 000×（100÷3 100）=96.77（元）

（9）以非货币形式取得的收入，应当按照公允价值确定收入额。公允价值是指按照市场价格确定的价值。

（10）采取产品分成方式取得收入的按照企业分得产品的日期确认收入的实现，其收入额按照产品的公允价值确定。

【综合案例】分析2-1

ABC科技销售货物的收入包括：销售嵌入式软件的收入40 152 625.37 元和销售信息系统集成产品的收入36 453 257.13 元。

（二）提供劳务收入

提供劳务收入，是指企业从事建筑安装、修理修配、交通运输、仓储租赁、金融保险、邮电通信、咨询经纪、文化体育、科学研究、技术服务、教育培训、餐饮住宿、中介代理、卫生保健、社区服务、旅游、娱乐、加工以及其他劳务服务活动取得的收入。

1. 收入确认的条件。

企业在各个纳税期末，提供劳务交易的结果能够可靠估计的，应采用完工进度（完工百分比）法确认提供劳务收入。

（1）提供劳务交易的结果能够可靠估计，是指同时满足下列条件：

① 收入的金额能够可靠地计量；

② 交易的完工进度能够可靠地确定；

③ 交易中已发生和将发生的成本能够可靠地核算。

（2）企业提供劳务完工进度的确定，可选用下列方法：

① 已完工作的测量；

② 已提供劳务占劳务总量的比例；

③ 发生成本占总成本的比例。

2. 收入金额的确定。

企业应按照从接受劳务方已收或应收的合同或协议价款确定劳务收入总额，根据纳税期末提供劳务收入总额乘以完工进度扣除以前纳税年度累计已确认提供劳务收入后的金额，确认为当期劳务收入；同时，按照提供劳务估计总成本乘以完工进度扣除以前纳税期间累计已确认劳务成本后的金额，结转为当期劳务成本。

【例2-5】 F公司2020年5月1日接受一项设备安装任务，安装期10个月，合同不含税总收入30万元，至年底已预收安装费25万元，实际发生安装费用16万元，预计还会发生4万元。请分析2020年F公司此项设备安装任务应当确认的收入和成本各是多少？

分析：

F公司此项设备安装任务的完工进度＝16÷（16+4）＝80%

2020年F公司此项设备安装任务应确认收入=30×80%=24（万元）

2020年F公司此项设备安装任务应确认成本=20×80%=16（万元）

3. 收入确认的时间。

（1）安装费。应根据安装完工进度确认收入。如果安装工作是商品销售附带条件的，安装费在确认商品销售实现时确认收入。

（2）宣传媒介的收费。应在相关的广告或商业行为出现于公众面前时确认收入。广告的制作费应根据制作广告的完工进度确认收入。

（3）软件费。为特定客户开发软件的收费，应根据开发的完工进度确认收入。

（4）服务费。包含在商品售价内可区分的服务费，在提供服务的期间分期确认收入。

（5）艺术表演、招待宴会和其他特殊活动的收费。在相关活动发生时确认收入。收费涉及几项活动的，预收的款项应合理分配给每项活动，分别确认收入。

（6）会员费。申请入会或加入会员，只允许取得会籍，所有其他服务或商品都要另行收费的，在取得该会员费时确认收入。申请入会或加入会员后，会员在会员期内不再付费就可得到各种服务或商品，或者以低于非会员的价格销售商品或提供服务的，该会员费应在整个受益期内分期确认收入。

（7）特许权费。属于提供设备和其他有形资产的特许权费，在交付资产或转移资产所有权时确认收入；属于提供初始及后续服务的特许权费，在提供服务时确认收入。

（8）劳务费。长期为客户提供重复的劳务收取的劳务费在相关劳务活动发生时确认收入。

（9）企业受托加工制造大型机械设备、船舶、飞机，以及从事建筑、安装、装配工程业务或者提供其他劳务等持续时间超过12个月的，按照纳税年度内完工进度或者完成的工作量确认收入的实现。

【综合案例】分析2-2

ABC科技技术服务收入21 241 402.02元属于提供劳务的收入。

（三）处置资产收入

《国家税务总局关于企业处置资产所得税处理问题的通知》（国税函〔2008〕828号）规定：

1. 企业发生下列情形的处置资产，除将资产转移至境外以外，由于资产所有权属在形式和实质上均不发生改变，可作为内部处置资产，不视同销售确认收入，相关资产的计税基础延续计算。

（1）将资产用于生产、制造、加工另一产品；

（2）改变资产形状、结构或性能；

（3）改变资产用途（如自建商品房转为自用或经营）；

（4）将资产在总机构及其分支机构之间转移；

（5）上述两种或两种以上情形的混合；

（6）其他不改变资产所有权属的用途。

2. 企业将资产移送他人的下列情形，因资产所有权属已发生改变而不属于内部处置资产，应按规定视同销售确定收入。

（1）用于市场推广或销售；

（2）用于交际应酬；

（3）用于职工奖励或福利；

（4）用于股息分配；

（5）用于对外捐赠；

（6）其他改变资产所有权属的用途。

企业发生上述视同销售行为时，属于企业自制的资产，应按企业同类资产同期对外销售价格确定销售收入；属于外购的资产，应按公允价值确定销售收入。

【例2-6】A公司2020年12月10日将自产货物对外捐赠，成本为8万元，不含税售价10万元。

分析：

（1）A公司的会计处理：

根据会计准则规定不满足收入确认的条件，可以暂时不确认收入。

借：营业外支出　　93 000

　贷：库存商品　　80 000

　　应交税费——应交增值税（销项税额）　　13 000

（2）A公司的税收处理：

因A公司资产所有权属已发生改变而不属于内部处置资产，应按规定视同销售确定收入，A公司可以确认收入10万元。

（四）其他收入

1. 转让财产收入。

转让财产收入是指企业转让固定资产、生物资产、无形资产、股权、债权等财产的所得。

（1）收入确认的时间。

当企业转让财产同时满足下列条件时，应当确认转让财产收入：一是企业获得已实现经济利益或潜在的经济利益的控制权；二是与交易相关的经济利益能够流入企业；三是相关的收入和成本能够合理地计量。

（2）收入金额的确认。

企业应当按照从财产受让方已收或应收的合同或协议价款确定转让财产收入金额。

2. 股息、红利等权益性投资收益。

股息、红利收入是指企业因权益性投资从被投资方取得的所得。

（1）收入确认的时间。

股息、红利收入，按照被投资方作出利润分配决定的日期确认收入的实现。

（2）收入金额的确认。

企业应当按照从被投资企业分配的股息、红利和其他利润分配收益全额确认股息、红利收益金额；企业用其他方式变相进行利润分配的，应将权益性投资的全部收益作为股息、红利收益。

3. 利息收入。

利息收入是指企业将资金提供他人使用，但不构成权益性投资，或者因他人占用本企业资金而取得的收入，包括存款利息、贷款利息、债券利息、欠款利息等所得。

（1）收入确认的时间。

利息收入，按照合同约定的债务人应付利息的日期确认收入的实现。

（2）收入金额的确认。

企业利息收入金额，应当按照有关借款合同或协议约定的金额确定。

【例2-7】2020年1月1日，A公司（增值税一般纳税人）支付价款1 100万元（含交易费用），从活跃市场上购入某公司5年期债券，面值1 000万元，票面利率4.24%，每年利息42.4万元。合同约定到期还本付息。请问在税务处理上A公司如何确认利息收入?

分析：

利息收入的税务处理是按照合同约定的债务人应付利息的日期确认收入的实现。在税务处理上，A公司2025年到期时确认利息收入200万元（$42.4 \div 1.06 \times 5$）。

4. 租金收入。

租金收入是指企业提供固定资产、包装物或者其他有形资产的使用权取得的所得。

（1）收入确认的时间。

按照合同约定的承租人应付租金的日期确认收入的实现。

（2）收入金额的确认。

企业租金收入金额，应当按照有关租赁合同或协议约定的金额全额确定。

《国家税务总局关于贯彻落实企业所得税法若干税收问题的通知》（国税函〔2010〕79号）进一步对租金收入规定：“如果交易合同或协议中规定租赁期限跨年度，且租金提前一次性支付的，根据《实施条例》第九条规定的收入与费用配比原则，出租人可对上述已确认的收入，在租赁期内，分期均匀计入相关年度收入。”可见，企业所得税对预收租金按照权责发生制原则，分期确认收入。

【例2-8】F公司对外出租部分闲置的厂房，租赁协议约定：租赁期为2020年8月到2021年7月，共计12个月，每月不含税租金20 000元，F公司

2020年8月一次收取不含税租金收入240 000元。请问在税务处理上，F公司如何确认租金收入？

分析：

F公司2020年8月一次收到不含税租金收入240 000元属于预收租金，应当在租赁期内，分期均匀计入相关年度收入。2020年F公司出租5个月，确认租金收入100 000元；2021年F公司出租7个月，确认租金收入140 000元。

5. 特许权使用费收入。

特许权使用费收入是指企业提供专利权、非专利技术、商标权、著作权以及其他特许权的使用权取得的所得。

（1）收入确认的时间。

按照合同约定的特许权使用人应付特许权使用费的日期确认收入的实现。

（2）收入的金额确认。

企业特许权使用费收入金额，应当按照有关使用合同或协议约定的金额全额确定。

6. 接受捐赠收入。

接受捐赠收入是指企业接受的来自其他企业、组织或者个人无偿赠予的货币性资产、非货币性资产。

（1）收入确认的时间。

接受捐赠收入按照实际收到捐赠资产的日期确认收入的实现。

（2）收入金额的确认。

① 企业接受捐赠的货币性资产：并入当期的应纳税所得。

② 企业接受捐赠的非货币性资产：按接受捐赠时资产的入账价值确认捐赠收入，并入当期应纳税所得。受赠非货币性资产计入应纳税所得额的内容包括：受赠资产价值和由捐赠企业代为支付的增值税，不包括由受赠企业另外支付或应付的相关税费。

③ 企业接受捐赠的存货、固定资产、无形资产和投资等，在经营中使用或将来销售处置时，可按税法规定结转存货销售成本、投资转让成本或扣除固定资产折旧、无形资产摊销额。

【例2-9】A公司2020年6月9日接受B公司捐赠一台设备，收到的增值税专用发票上注明价款10万元，B公司支付增值税1.3万元，A公司另支付运输费用1 000元。请问在税务处理上，A公司何时确认接受捐赠收入？接受捐赠收入的金额是多少？

分析：

根据税法规定，A公司2020年6月确认接受捐赠收入，接受捐赠收入的金额包括：受赠资产价值10万元和由捐赠企业B公司代为支付的增值税1.3万元，不包括由受赠企业A公司支付的运输费用1 000元，总共确认接受捐赠收入的金额为11.3万元。

7. 其他收入。

其他收入是指企业取得的除以上收入外的其他收入，包括企业资产溢余收入、逾期未退包装物押金收入、确实无法偿付的应付款项、已作坏账损失处理后又收回的应收款项、债务重组收入、补贴收入、违约金收入、汇兑收益等。

二、不征税收入和免税收入

国家为了扶持和鼓励某些特殊的纳税人和特定的项目，或者避免因征税影响企业的正常经营，对企业取得的某些收入予以不征税或免税的特殊政策，以减轻企业负担，促进经济协调发展。

（一）不征税收入

从根源和性质上，不征税收入不属于营利性活动带来的经济利益，是专门从事特定项目的收入，这些收入从企业所得税原理上讲应为永久不列为征税范围的收入。

1. 财政拨款。

财政拨款是指各级人民政府对纳入预算管理的事业单位、社会团体等组织拨付的财政资金，但国务院和国务院财政、税务主管部门另有规定的除外。

【例2-10】G公司系上海市招商引资的企业，由于其对地方经济发展的贡献，2020年5月市政府奖励该公司200万元。请问市政府奖励是G公司的不征税收入吗？

分析：

税法规定，财政拨款是指各级人民政府对纳入预算管理的事业单位、社会团体等组织拨付的财政资金。显然，G公司不是纳入预算管理的事业单位、团体或组织，200万元虽由市财政拨付，但属于奖励款项，不属于财政拨款，应当计入收入总额，缴纳所得税。

2. 依法收取并纳入财政管理的行政事业性收费、政府性基金。

行政事业性收费是指依照法律法规等有关规定，按照规定程序批准，在实施社会公共管理，以及在向公民、法人或者其他组织提供特定公共服务过程中，向特定对象收取并纳入财政管理的费用。政府性基金，是指企业依照法律、行政法规等有关规定，代政府收取的具有专项用途的财政资金。

3. 国务院规定的其他不征税收入。

国务院规定的其他不征税收入是指企业取得的，由国务院财政、税务主管部门规定专项用途并经国务院批准的财政性资金。

财政性资金是指企业取得的来源于政府及其有关部门的财政补助、补贴、贷款贴息，以及其他各类财政专项资金，包括直接减免的增值税和即征即退、先征后退、先征后返的各种税收，但不包括企业按规定取得的出口退税款。

（1）企业取得的各类财政性资金，除属于国家投资和资金使用后要求归还本金的以外，均应计入企业当年收入总额。国家投资，是指国家以投资者身份投入企业、并按有关规定相应增加企业实收资本（股本）的直接投资。

（2）对企业取得的由国务院财政、税务主管部门规定专项用途并经国务院批准的财政性资金，准予作为不征税收入，在计算应纳税所得额时从收入总额中减除。

（3）纳入预算管理的事业单位、社会团体等组织按照核定的预算和经费报领关系收到的由财政部门或上级单位拨入的财政补助收入，准予作为不征税收入，在计算应纳税所得额时从收入总额中减除，但国务院和国务院财政、税务主管部门另有规定的除外。

4. 企业接收政府和股东划入资产的所得税处理。

（1）企业接收政府划入资产的企业所得税处理。

① 县级以上人民政府（包括政府有关部门，下同）将国有资产明确以股权投资方式投入企业，企业应作为国家资本金（包括资本公积）处理。该项资产如为非货币性资产，应按政府确定的接收价值确定计税基础。

② 县级以上人民政府将国有资产无偿划入企业，凡指定专门用途并按规定进行管理的，企业可作为不征税收入进行企业所得税处理。该项资产属于非货币性资产的，应按政府确定的接收价值计算不征税收入。

③ 县级以上人民政府将国有资产无偿划入企业，属于上述①②项以外情形的，应按政府确定的接收价值计入当期收入总额计算缴纳企业所得税。政府没有确定接收价值的，按资产的公允价值计算确定应税收入。

（2）企业接收股东划入资产的企业所得税处理。

① 企业接收股东划入资产（包括股东赠予资产、上市公司在股权分置改革过程中接收原非流通股股东和新非流通股股东赠予的资产、股东放弃本企业的股权，下同），凡合同、协议约定作为资本金（包括资本公积）且在会计上已做实际处理的，不计入企业的收入总额，企业应按公允价值确定该项资产的计税基础。

② 企业接收股东划入资产，凡作为收入处理的，应按公允价值计入收入总额，计算缴纳企业所得税，同时按公允价值确定该项资产的计税基础。

（二）免税收入

免税收入是纳税人应税收入的重要组成部分，是国家为了实现某些经济和社会目标，在特定时期或对特定项目取得的经济利益给予税收优惠，并在一定时期又有可能恢复征税的收入。按照税法规定免税项目包括：

1. 国债利息收入。为鼓励企业积极购买国债，支援国家建设，税法规定，企业因购买国债所得的利息收入，免征企业所得税。

2. 符合条件的居民企业之间的股息、红利等权益性收益。是指居民企业直接投资于其他居民企业取得的投资收益。

3. 在中国境内设立机构、场所的非居民企业从居民企业取得与该机构、场所有实际联系的股息、红利等权益性投资收益。

上述2、3项中的“权益性投资收益”不包括连续持有居民企业公开发行并上市流通的股票不足12个月取得的投资收益。

4. 符合条件的非营利组织下列收入为免税收入：

（1）接受其他单位或者个人捐赠的收入；

（2）除《企业所得税法》第七条规定的财政拨款以外的其他政府补助收入，但不包括因政府购买服务取得的收入；

（3）按照省级以上民政、财政部门规定收取的会费；

（4）不征税收入和免税收入孳生的银行存款利息收入；

（5）财政部、国家税务总局规定的其他收入。

5.对企业和个人取得的2009年及以后年度发行的地方政府债券利息所得，免征企业所得税。

收入总额减去不征税收入和免税收入计算出征税收入。

【综合案例】分析2-3

ABC科技有股息红利收益80 000元，符合居民企业之间的股息、红利等权益性收益条件，属于免税收入。

第二节 《A101010一般企业收入明细表》的填写

本表属于二级报表，列示“主营业务收入”“其他业务收入”和“营业外收入”，相关结果结转至表A100000。

一、行次填报

按行次分，本表分为两大部分：

1. 第一部分反映主营业务收入、其他业务收入的数额，在第1行～第15行反映。

第1行反映合计数。

2. 第二部分反映计入营业外收入科目核算的与生产经营无直接关系的各项收入，在第16行～第26行反映。

第16行反映合计数。

二、表间关系

1. 第1行=表A100000第1行。

2. 第16行=表A100000第11行。

三、案例解析

【综合案例】分析2-4

根据ABC科技2020年主营业务收入、其他业务收入和营业外收入账簿资料填写《A101010一般企业收入明细表》，见表2-1。

表2-1　A101010　一般企业收入明细表

单位：元（列至角分）

行次	项　目	金　额
1	一、营业收入（2+9）	97 847 284.52
2	（一）主营业务收入（3+5+6+7+8）	97 847 284.52
3	1. 销售商品收入	76 605 882.50
4	其中：非货币性资产交换收入	
5	2. 提供劳务收入	21 241 402.02
6	3. 建造合同收入	
7	4. 让渡资产使用权收入	
8	5. 其他	
9	（二）其他业务收入（10+12+13+14+15）	

续表

行次	项　　目	金　额
10	1. 销售材料收入	
11	其中：非货币性资产交换收入	
12	2. 出租固定资产收入	
13	3. 出租无形资产收入	
14	4. 出租包装物和商品收入	
15	5. 其他	
16	二、营业外收入（17+18+19+20+21+22+23+24+25+26）	17 296.40
17	（一）非流动资产处置利得	
18	（二）非货币性资产交换利得	
19	（三）债务重组利得	
20	（四）政府补助利得	
21	（五）盘盈利得	
22	（六）捐赠利得	
23	（七）罚没利得	
24	（八）确实无法偿付的应付款项	
25	（九）汇兑收益	
26	（十）其他	17 296.40

填写要点：

1. 2020年ABC科技嵌入式软件销售收入40 152 625.37元和信息系统集成产品销售收入36 453 257.13元的合计金额76 605 882.50元填入第3行“1.销售商品收入”；

2. 2020年ABC科技技术服务收入21 241 402.02元填入第5行“2.提供劳务收入”；

3. 第3行“1.销售商品收入” 76 605 882.50元和第5行“2.提供劳务收

入”21 241 402.02元合计金额97 847 284.52元填入第1行“一、营业收入”，第1行“一、营业收入”97 847 284.52元再转入主表A100000第1行“一、营业收入”；

4. 其他收入17 296.40元填入第26行“（十）其他”；

5. 第17行“（一）非流动资产处置利得”至第26行“（十）其他”合计金额17 296.40元填入第16行“营业外收入”，第16行“营业外收入”17 296.40元再转入主表第11行“加：营业外收入”。

第三章 扣除项目的确认及申报

【学习目标】

1. 了解税前扣除项目的原则；
2. 熟悉扣除项目的范围；
3. 掌握《A102010一般企业成本支出明细表》的填写；
4. 掌握《A104000期间费用明细表》的填写。

第一节 扣除项目的确认

一、税前扣除项目的原则

企业申报的扣除项目和金额要真实、合法。真实是指能提供相关资料，证明有关支出确属已经实际发生。合法是指符合国家税法的规定，若其他法规规定与税收法规规定不一致，应以税收法规的规定为标准。除税收法规另有规定外税前扣除一般应遵循以下原则。

（一）权责发生制原则

权责发生制原则是指企业费用应在发生的所属期扣除，而不是在实际支付时确认扣除。

（二）配比原则

配比原则是指企业发生的费用应当与收入配比扣除。除特殊规定外，企业发生的费用不得提前或滞后申报扣除。

（三）合理性原则

合理性原则是指符合生产经营活动常规，应当计入当期损益或者有关资产成本的必要和正常的支出。

【例3-1】2020年4月，Z公司委托V事务所对该企业2019年度的企业所得税进行汇算清缴鉴证。税务师事务所经对Z公司的账务进行审核，取得如下资料：

2019年Z公司的固定资产少计提折旧40万元，2020年Z公司补提2019年固定资产折旧40万元，并在税前扣除；

该公司业务招待费10万元，全年销售收入1 000万元，业务招待费占销售收入的1%，同行业业务招待费占销售收入的0.5%左右。

请问如果上述支出在税前扣除是否符合税前扣除的原则？

分析：

税前扣除原则第二项是配比原则。配比原则要求企业发生的费用不得提前或滞后申报扣除。因此Z公司2019年的折旧不能滞后到2020年扣除。

税前扣除原则第三项是合理性原则。合理性的具体判断，主要是根据发生支出的计算和分配方法是否符合一般经营常规。Z公司业务招待费10万元，全年销售收入1 000万元，业务招待费占销售收入的1%，同行业业务招待费占销售收入的0.5%左右，业务招待费过高，可能没有据实列支，不符合合理性原则。

二、扣除项目的范围

《企业所得税法》规定，企业实际发生的与取得收入有关的、合理的支出，包括成本、费用、税金、损失和其他支出，准予在计算应纳税所得额时扣除。实际业务中，计算应纳税所得额时还应注意三方面的内容：①企业发生的支出应当区分收益性支出和资本性支出。收益性支出在发生当期直接扣除；资本性支出应当分期扣除或者计入有关资产成本，不得在发生当期直接扣除。②企业的不征税收入用于支出所形成的费用或者财产，不得扣除或者计算对应的折旧、摊销扣除。③除《企业所得税法》及其实施条例另有规定外，企业实际发生的成本、费用、税金、损失和其他支出，不得重复扣除。

【例3–2】A公司2020年取得财政拨款800万元，实现其他所得150万元（假设该项所得应税），当年发生支出500万元，其中用财政拨款形成的支出为200万元，假设支出均在税法规定的额度之内，不考虑其他因素，请分析该公司2020年税前可以扣除的金额是多少。

分析：

A公司取得财政拨款800万元是不征税收入，用财政拨款形成的支出200万元，属于不征税收入用于支出所形成的费用，因此不得扣除。所以该公司2020年税前可以扣除的金额是300万元（500–200）。

（一）成本

成本是指企业在生产经营活动中发生的销售成本、销货成本、业务支出以及其他耗费，即企业销售商品（产品、材料、下脚料、废料、废旧物资等）、提供劳务、转让固定资产、无形资产（包括技术转让）的成本。

企业必须将经营活动中发生的成本合理划分为直接成本和间接成本。直接成本是可直接计入有关成本计算对象或劳务的经营成本中的直接材料、直接人工等；间接成本是指多个部门为同一成本对象提供服务的共同成本，或者同一种投入可以制造、提供两种或两种以上的产品或劳务的联合成本。

直接成本可根据有关会计凭证、记录直接计入有关成本计算对象或劳务的经营成本中。间接成本必须根据与成本计算对象之间的因果关系、成本计算对象的产量等，以合理的方法分配计入有关成本计算对象中。

【综合案例】分析3–1

ABC科技的营业成本49 473 881.24元属于2020年度成本。

（二）费用

费用是指企业每一个纳税年度为生产、经营商品和提供劳务等所发生的销售（经营）费用、管理费用和财务费用。已经计入成本的有关费用除外。

销售费用是指应由企业负担的为销售商品而发生的费用，包括广告费、运输费、装卸费、包装费、展览费、保险费、销售佣金（能直接认定的进口佣金调整商品进价成本）、代销手续费、经营性租赁费及销售部门发生的差旅费、工资、福利费等费用。

管理费用是指企业的行政管理部门为管理组织经营活动提供各项支援性服务而发生的费用。

财务费用是指企业筹集经营性资金而发生的费用，包括利息净支出、汇兑净损失、金融机构手续费以及其他非资本化支出。

【综合案例】分析3-2

ABC科技的销售费用12 498 150.58元、管理费用18 756 617.63元、财务费用2 156 168.51元属于2020年度的费用。

（三）税金

税金是指企业发生的除企业所得税和允许抵扣的增值税以外的企业缴纳的各项税金及其附加。即企业按规定缴纳的消费税、城市维护建设税、关税、资源税、土地增值税、房产税、车船税、城镇土地使用税、印花税、教育费附加等产品税金及附加。这些已纳税金准予税前扣除。扣除的方式有两种：一是在发生当期扣除；二是在发生当期计入相关资产的成本，在以后各期分摊扣除。

【例3-3】A公司2020年销售货物实际缴纳增值税30万元、消费税20万元、城市维护建设税3.5万元、教育费附加1.5万元，还缴纳房产税2万元、城镇土地使用税1万元、印花税1.2万元，个人所得税2万元，A公司当期所得税前可扣除的税金是多少？

分析：

计入税金及附加的金额＝20+3.5+1.5+2+1+1.2＝29.2（万元）

当期所得税前可扣除的税金合计为29.2万元。

【综合案例】分析3-3

ABC科技的税金及附加1 309 056.99元属于2020年度的税金。

（四）损失

损失是指企业在生产经营活动中发生的固定资产和存货的盘亏、毁损、报废损失，转让财产损失，呆账损失，坏账损失，自然灾害等不可抗力因素造成的损失以及其他损失。企业发生的损失减除责任人赔偿和保险赔款后的余额依照国务院财政、税务主管部门的规定扣除。

企业已经作为损失处理的资产，在以后纳税年度又全部收回或者部分收回时，应当计入当期收入。

【例3-4】A公司2020年发生的资产损失业务如下：管理人员在仓库抽烟造成火灾，毁损的原材料价值为200万元，责任人赔偿为10万元，保险公司赔偿为100万元，请问这项财产损失所得税前扣除的金额是多少？

分析：

《财政部　国家税务总局关于企业资产损失税前扣除政策的通知》（财税〔2009〕57号，以下简称财税〔2009〕57号文件）第十条规定："企业因存货盘亏、毁损、报废、被盗等原因不得从增值税销项税额中抵扣的进项税额，可以与存货损失一起在计算应纳税所得额时扣除。"因此，A公司毁损的存货造成不得从增值税销项税额中抵扣的进项税额26万元（200×13%）可以与存货损失一起在计算应纳税所得额时扣除。

财税〔2009〕57号文件第八条规定："对企业毁损、报废的固定资产或存货，以该固定资产的账面净值或存货的成本减除残值、保险赔款和责任人赔偿后的余额，作为固定资产或存货毁损、报废损失在计算应纳税所得额时扣除。"A公司毁损存货成本＝200+26＝226（万元），责任人赔偿是10万元，保险公司赔偿是100万元，毁损存货的净损失＝226−10−100＝116（万元），这116万元可以在税前扣除。

（五）扣除的其他支出

扣除的其他支出是指除成本、费用、税金、损失外，企业在生产经营活动中发生的与生产经营活动有关的、合理的支出。

关于扣除类项目的纳税调整，将在本书“第五章　扣除类项目的纳税调整及申报”中介绍。

三、企业所得税税前扣除凭证管理办法

2018年6月6日，国家税务总局制定了《企业所得税税前扣除凭证管理办法》（国家税务总局公告2018年第28号，以下简称28号公告），自2018年7月1日起实施，该公告从扣除的概念、种类、管理原则、基本和特殊情形的税务处理等对税前扣除凭证的相关问题予以明确。

（一）税前扣除凭证的概念及种类

1. 概念。

税前扣除凭证，是指企业在计算企业所得税应纳税所得额时，证明与取得收入有关的、合理的支出实际发生，并据以税前扣除的各类凭证。这里企业包括企业所得税法及其实施条例规定的居民企业和非居民企业。

2. 种类。

税前扣除凭证按照来源分为内部凭证和外部凭证。

内部凭证是指企业自制用于成本、费用、损失和其他支出核算的会计原始凭证。内部凭证的填制和使用应当符合国家会计法律、法规等相关规定。

外部凭证是指企业发生经营活动和其他事项时，从其他单位、个人取得的用于证明其支出发生的凭证，包括但不限于发票（包括纸质发票和电子发票）、财政票据、完税凭证、收款凭证、分割单等。

（二）税前扣除凭证的管理

1. 原则。

税前扣除凭证在管理中遵循真实性、合法性、关联性原则。

（1）真实性是指税前扣除凭证反映的经济业务真实，且支出已经实际发生；企业应将与税前扣除凭证相关的资料，包括合同协议、支出依据、付款凭证等留存备查，以证实税前扣除凭证的真实性。

（2）合法性是指税前扣除凭证的形式、来源符合国家法律、法规等相关规定。

（3）关联性是指税前扣除凭证与其反映的支出相关联且有证明力。

2. 具体规定。

关于税前扣除凭证的具体规定见表3–1。

表3–1　　税前扣除凭证具体规定

项　目	交易对方	取得凭证类型	备　注
增值税应税项目	已办理税务登记的增值税纳税人	以发票（包括按照规定由税务机关代开的发票）	税务总局对应税项目开具发票另有规定的，以规定的发票或者票据作为税前扣除凭证
	依法无须办理税务登记的单位或者从事小额零星经营业务的个人	税务机关代开的发票或者收款凭证及内部凭证	
不属于应税项目	单位	以对方开具的发票以外的其他外部凭证	按税务总局规定可以开具发票的，可以发票作为税前扣除凭证
	个人	内部凭证	
从境外购进货物或者劳务	单位	发票或者具有发票性质的收款凭证、相关税费缴纳凭证	
境内共同接受应纳增值税劳务	企业（包括关联企业）、个人	独立交易原则进行分摊，企业以发票和分割单作为税前扣除凭证	共同接受应税劳务的其他企业以企业开具的分割单作为税前扣除凭证
租用办公、生产用房等资产发生的水、电、燃气、冷气、暖气、通讯线路、有线电视、网络等费用	（包括企业作为单一承租方租用）出租方	出租方作为应税项目开具的发票；出租方采取分摊方式的，出租方开具的其他外部凭证	

企业取得私自印制、伪造、变造、作废、开票方非法取得、虚开、填写不规范等不符合规定的发票（以下简称不合规发票），以及取得不符合国家

法律、法规等相关规定的其他外部凭证（以下简称不合规其他外部凭证），不得作为税前扣除凭证。

（三）税前扣除凭证换开、补开的相关规定

1.需要换开、补开税前扣除凭证的情形。

企业应当取得而未取得发票、其他外部凭证或者取得不合规发票、不合规其他外部凭证的，若支出真实且已实际发生，应当在当年度汇算清缴期结束前，要求对方补开、换开发票、其他外部凭证。补开、换开后的发票、其他外部凭证符合规定的，可以作为税前扣除凭证。

汇算清缴期结束后，税务机关发现企业应当取得而未取得发票、其他外部凭证或者取得不合规发票、不合规其他外部凭证并且告知企业的，企业应当自被告知之日起60日内补开、换开符合规定的发票、其他外部凭证。

2.无法换开、补开发票情形下的补救措施。

企业在补开、换开发票、其他外部凭证过程中，因对方注销、撤销、依法被吊销营业执照、被税务机关认定为非正常户等特殊原因无法补开、换开发票、其他外部凭证的，可凭以下资料证实支出真实性后，其支出允许税前扣除：

（1）无法补开、换开发票、其他外部凭证原因的证明资料（包括工商注销、机构撤销、列入非正常经营户、破产公告等证明资料）；

（2）相关业务活动的合同或者协议；

（3）采用非现金方式支付的付款凭证；

（4）货物运输的证明资料；

（5）货物入库、出库内部凭证；

（6）企业会计核算记录以及其他资料。

因对方特殊原因无法补开、换开发票、其他外部凭证的，企业应当自被告知之日起60日内提供可以证实其支出真实性的相关资料。

企业在规定的期限未能补开、换开符合规定的发票、其他外部凭证，并且未能提供相关资料证实其支出真实性的，相应支出不得在发生年度税前扣除。

企业以前年度应当取得而未取得发票、其他外部凭证，且相应支出在该

年度没有税前扣除的，在以后年度取得符合规定的发票、其他外部凭证或者提供可以证实其支出真实性的相关资料，相应支出可以追补至该支出发生年度税前扣除，但追补年限不得超过五年。

【例3-5】 2020年1月，A公司写字楼共十层。甲公司租用A公司写字楼一层到五层，乙公司租用A公司写字楼六层到十层。2020年A公司统一支付该写字楼电费20 000元，水费10 000元。甲公司和乙公司各自负担电费10 000元，水费5 000元。电力公司和供水公司向A公司开具发票。请分析甲公司和乙公司是否可以税前扣除支付电费和水费。

分析：

通常来说，电费、水费等各项费用是由写字楼的出租方A公司统一缴纳支付，对于租户甲公司和乙公司来说，是无法取得电力公司、供水公司开具的一一对应的发票，这种情况，可以由出租方A公司开具分割单，租户甲公司和乙公司以此作为税前扣除凭证。因此，甲公司和乙公司可以凭借A公司分割单作为税前扣除凭证。

【例3-6】 甲公司与乙公司签订房屋经营租赁合同，房屋用于办公，租赁期限3年，自2020年1月1日起至2022年12月31日止，租赁期满一次性支付3年租金300万元。甲公司2020年、2021年未能取得发票，管理费用中列支的100万元租赁费能否在2020年、2021年企业所得税汇缴时扣除？

分析：

《企业所得税法实施条例》第九条规定：企业应纳税所得额的计算，以权责发生制为原则，属于当期的收入和费用，不论款项是否收付，均作为当期的收入和费用；不属于当期的收入和费用，即使款项已经在当期收付，均不作为当期的收入和费用。本条例和国务院财政、税务主管部门另有规定的除外。乙公司提供租赁服务的增值税纳税义务发生时间为2022年12月31日，乙公司应于2022年12月开具发票300万元。因此2020年、2021年不属于应取得发票的情形，不适用《企业所得税税前扣除凭证管理办法》，不能因为无发票而不允许企业税前扣除。甲公司应适用《企业所得税法实施条例》规定，因此2020年、2021年租赁费可以税前扣除，将租赁合同、付款凭证等证明租赁费真实性的税前扣除凭证留存备查。

承【例3–6】若2022年12月31日前甲公司仍未取得发票，甲公司怎样进行税务处理？

分析：

乙公司提供租赁服务的增值税纳税义务发生时间为2022年12月31日，乙公司应于2022年12月开具发票300万元。《企业所得税税前扣除凭证管理办法》第六条规定：企业应在当年度企业所得税法规定的汇算清缴期结束前取得税前扣除凭证。甲公司应要求乙公司在2023年5月31日前补开发票，只要2023年5月31日前取得发票就可以税前扣除。若2023年5月31日前仍未取得发票，2020年、2021年和2022年各年度租赁费支出均不得在税前扣除。《企业所得税税前扣除凭证管理办法》第十七条规定："除发生本办法第十五条规定的情形外，企业以前年度应当取得而未取得发票、其他外部凭证，且相应支出在该年度没有税前扣除的，在以后年度取得符合规定的发票、其他外部凭证或者按照本办法第十四条的规定提供可以证实其支出真实性的相关资料，相应支出可以追补至该支出发生年度税前扣除，但追补年限不得超过5年。"追补年限从支出发生年度的次年起计算，以2021年租赁支出扣除为例，追补年限为2022到2026年，因此，如果2026年12月31日前能够取得补开发票，2021年度租赁费允许追补扣除，此后即便取得补开发票，也不得追补扣除。

承【例3–6】若每年汇算清缴期结束后，税务机关发现企业应当取得而未取得发票，甲公司怎样进行税务处理？有何补救措施？

分析：

《企业所得税税前扣除凭证管理办法》第十五条规定："汇算清缴期结束后，税务机关发现企业应当取得而未取得发票、其他外部凭证或者取得不合规发票、不合规其他外部凭证并且告知企业的，企业应当自被告知之日起60日内补开、换开符合规定的发票、其他外部凭证。其中，因对方特殊原因无法补开、换开发票以及其他外部凭证的，企业应当按照本办法第十四条的规定，自被告知之日起60日内提供可以证实其支出真实性的相关资料。"《企业所得税税前扣除凭证管理办法》第十六条规定："企业在规定的期限未能补开、换开符合规定的发票、其他外部凭证，并且未能按照本办法第十四条的规定提供相关资料证实其支出真实性的，相应支出不得在发生年度税前扣除。"以2021年租赁支出扣除为例，甲公司2022年5月31日之前未取得发票，2023年6月1日税务机关发现企业应当取得而未取得发票并且告知企业的，企业应当自被告知之日起60日内补开符合规定的发票，若甲公司能够在60日内取得补开发票，可以税前扣除；反之，若甲公司被告知之日起60日内仍未取得补开发票，则不能税前扣除，即便是在5年追补年限2026年12月31日内取得补开发票，也不得追补扣除。即企业补救措施期限为企业应当自被告知之日起60日、5年追补年限较早者。

第二节　《A102010一般企业成本支出明细表》的填写

本表属于二级报表，列示"营业成本"和"营业外支出"，相关结果结转至表A100000。

一、行次填报

按行次分，本表分为两大部分：

1. 第一部分反映主营业务成本、其他业务成本的数额，在第1行～第15行反映。

第1行反映合计数。

2. 第二部分反映计入营业外支出科目核算的与生产经营无直接关系的各项支出，在第16行～第26行反映。

第16行反映合计数。

二、表间关系

1. 第1行=表A100000第2行。
2. 第16行=表A100000第12行。

三、案例解析

【综合案例】分析3-4

根据ABC科技2020年度业务填写《A102010一般企业成本支出明细表》，见表3-2。

表3-2 A102010 一般企业成本支出明细表

单位：元（列至角分）

行次	项　　目	金　额
1	一、营业成本（2+9）	49 473 881.24
2	（一）主营业务成本（3+5+6+7+8）	49 473 881.24
3	1. 销售商品成本	45 319 256.05
4	其中：非货币性资产交换成本	
5	2. 提供劳务成本	4 154 625.19
6	3. 建造合同成本	
7	4. 让渡资产使用权成本	
8	5. 其他	
9	（二）其他业务成本（10+12+13+14+15）	—
10	1. 材料销售成本	
11	其中：非货币性资产交换成本	
12	2. 出租固定资产成本	
13	3. 出租无形资产成本	
14	4. 包装物出租成本	
15	5. 其他	
16	二、营业外支出（17+18+19+20+21+22+23+24+25+26）	10 575.16
17	（一）非流动资产处置损失	
18	（二）非货币性资产交换损失	

续表

行次	项　　目	金　额
19	（三）债务重组损失	
20	（四）非常损失	
21	（五）捐赠支出	8 000.00
22	（六）赞助支出	
23	（七）罚没支出	2 575.16
24	（八）坏账损失	
25	（九）无法收回的债券股权投资损失	
26	（十）其他	—

填写要点：

1. 2020年ABC科技嵌入式软件销售成本22 731 524.45元和信息系统集成产品销售成本22 587 731.60元的合计金额45 319 256.05元填入第3行“1.销售商品成本”；

2. 2020年ABC科技技术服务成本4 154 625.19元填入第5行“2.提供劳务成本”；

3. 第3行“1.销售商品成本”45 319 256.05元和第5行“2.提供劳务成本”4 154 625.19元合计金额49 473 881.24元填入第1行“一、营业成本”，第1行“一、营业成本” 49 473 881.24元再转入主表A100000第2行“减：营业成本”；

4. 罚没支出2 575.16元填入第23行“（七）罚没支出”，捐赠支出8 000.00元填入第21行“（五）捐赠支出”；

5. 第17行“非流动资产处置损失”到第26行“其他”合计金额10 575.16元填入第16行“二、营业外支出”，第16行“二、营业外支出”10 575.16元再转入主表第12行“减：营业外支出”。

第三节 《A104000期间费用明细表》的填写

本表属于一级报表，列示“销售费用”“管理费用”和“财务费用”，相关结果结转至表A100000。

一、列次填报

按列次分，本表分为三大部分：

1. 第一部分反映销售费用，填报在销售费用科目进行核算的相关明细项目的金额，其中金融企业填报在业务及管理费科目进行核算的相关明细项目的金额，在第1列和第2列反映。

2. 第二部分反映管理费用，填报在管理费用科目进行核算的相关明细项目的金额，在第3列和第4列反映。

3. 第三部分反映财务费用，填报在财务费用科目进行核算的相关明细项目的金额，在第5列和第6列反映。

二、行次填报

1. 第26行第1列填报第1行～第25行第1列的合计数。
2. 第26行第2列填报第1行～第25行第2列的合计数。
3. 第26行第3列填报第1行～第25行第3列的合计数。
4. 第26行第4列填报第1行～第25行第4列的合计数。
5. 第26行第5列填报第1行～第25行第5列的合计数。
6. 第26行第6列填报第1行～第25行第6列的合计数。

三、表间关系

1. 第25行第1列=表A100000第4行。

2. 第25行第3列=表A100000第5行。

3. 第25行第5列=表A100000第6行。

四、案例解析

【综合案例】分析3-5

根据ABC科技2020年度业务填写《A104000期间费用明细表》，见表3-3。

表3-3　　A104000　期间费用明细表

单位：元（列至角分）

行次	项　目	销售费用	其中：境外支付	管理费用	其中：境外支付	财务费用	其中：境外支付
		1	2	3	4	5	6
1	一、职工薪酬	6 364 538.45	*	4 675 819.37	*	*	*
2	二、劳务费	57 125.15		9 246.76		*	*
3	三、咨询顾问费	389 791.56		2 568 418.53		*	*
4	四、业务招待费		*	197 458.15	*	*	*
5	五、广告费和业务宣传费	542 743.72	*		*	*	*
6	六、佣金和手续费						
7	七、资产折旧摊销费	132 408.64	*	1 180 755.36	*	*	*
8	八、财产损耗、盘亏及毁损损失		*		*	*	*
9	九、办公费	1 975 316.80	*	2 003 921.20	*	*	*
10	十、董事会费		*		*	*	*
11	十一、租赁费	675 269.08		1 500 255.77		*	*
12	十二、诉讼费		*		*	*	*

续表

行次	项　目	销售费用	其中：境外支付	管理费用	其中：境外支付	财务费用	其中：境外支付
		1	2	3	4	5	6
13	十三、差旅费	1 214 359.52	*	390 533.31	*	*	*
14	十四、保险费		*		*	*	*
15	十五、运输、仓储费	135 683.60		186 584.24		*	*
16	十六、修理费	9 907.00		2 111.60		*	*
17	十七、包装费	846 327.90	*		*	*	*
18	十八、技术转让费					*	*
19	十九、研究费用			5 945 378.52		*	*
20	二十、各项税费		*	89 317.44	*	*	*
21	二十一、利息收支	*	*	*	*	2 123 647.15	
22	二十二、汇兑差额	*	*	*	*		
23	二十三、现金折扣	*	*	*	*		*
24	二十四、党组织工作经费	*	*		*	*	*
25	二十五、其他	154 679.16		6 817.38		32 521.36	
26	合计(1+2+3+…+25)	12 498 150.58		18 756 617.63		2 156 168.51	

填写要点：

1. 第1列填写销售费用的明细情况，根据2020年ABC科技销售费用明细账余额填列：第1行“一、职工薪酬” 6 364 538.45元，第2行“二、劳务费”57 125.15元，第3行“三、咨询顾问费” 389 791.56元，第5行“五、广告费和业务宣传费” 542 743.72元，第7行“七、资产折旧摊销费” 132 408.64元，第9行“九、办公费”1 975 316.80元，第11行“十一、租赁费”675 269.08元，第13行“十三、差旅费” 1 214 359.52元，第15行“十五、运输、仓储费”135 683.60元，第16行“十六、修理费”9 907.00元，第17行“十七、包装费”846 327.90元，第25行“二十五、其他”154 679.16元。

第26行“合计”填写第1至25行合计数12 498 150.58元。同时转入主表第4行“销售费用”。

2. 第3列填写管理费用的明细情况，根据2020年ABC科技管理费用明细账填写：第1行“一、职工薪酬”4 675 819.37元，第2行“二、劳务费”9 246.76元，第3行“三、咨询顾问费” 2 568 418.53元，第4行“四、业务招待费” 197 458.15元，第7行“七、资产折旧摊销费”1 180 755.36元，第9行“九、办公费”2 003 921.20元，第11行“十一、租赁费”1 500 255.77元，第13行“十三、差旅费”390 533.31元，第15行“十五、运输、仓储费” 186 584.24元，第16行“十六、修理费” 2 111.60元，第19行“十九、研究费用” 5 945 378.52元，第20行“二十、各项税费” 89 317.44元，第25行“二十五、其他” 6 817.38元。

第26行“合计”填写第1至25行合计数18 756 617.63元，再转入主表第5行“管理费用”。

3. 第5列填写财务费用的明细情况，根据2020年ABC科技财务费用明细账填写：第21行“二十一、利息收支” 2 123 647.15元，第25行“二十五、其他” 32 521.36元。

第26行“合计”填写第1至25行合计数2 156 168.51元，再转入主表第6行“财务费用”。

第四章　收入类项目的纳税调整及申报

【学习目标】

1. 掌握《A105010视同销售和房地产开发企业特定业务纳税调整明细表》的填写；

2. 掌握《A105020未按权责发生制确认收入纳税调整明细表》的填写；

3. 掌握《A105030投资收益纳税调整明细表》的填写；

4. 掌握《A105040专项用途财政性资金纳税调整明细表》的填写。

第一节　视同销售和房地产开发企业特定业务的纳税调整及申报

【案例4-1】

A房地产开发企业，2020年发生业务如下：

1. 11月20日，以其运输产品的货运汽车与B公司作为运输工具的货运汽车进行交换。换出货运汽车的账面原价为120 000元，已提折旧为20 000元，预计未来现金流量现值为110 000元，税法上允许扣除的折旧为18 000元，同时以银行存款支付了设备清理费用100元，换出设备未计提减值准备。假定A房地产开发企业换入的货运汽车仍然作为运输公司产品所用，并作为固定资产管理，此项交易是不具有商业实质的非货币性资产交换[①]（假定不考虑增值税）。

2. 12月1日，赠送扇子用于市场推广，市场价格1 000元，采购价格900元，适用的增值税税率为13%。

3. 发生2个开发项目，开发项目一：2018年、2019年预售不含税收入7 000万元，2020年结转开发产品不含税收入7 000万元、结转开发产品成本5 000万元，实际发生税金及附加525万元，并在2020年转入当期损益；开发项目二：2020年新开发项目，当年预售不含税收入8 000万元，实际发生税金及附加600万元，并在2020年计入当期损益（假定：开发项目一和开发项目二的预计毛利额均为15%，不考虑土地增值税和增值税因素）[②]。

请完成下列问题：

1. 分析A房地产开发企业视同销售收入的税务处理及纳税调整。

2. 分析A房地产开发企业特定业务的纳税调整。

3. 填写《A105010视同销售和房地产开发企业特定业务纳税调整明细表》。

一、视同销售的税务处理

视同销售是指会计上不作为销售核算，而在税收上作为销售、确认收入计缴税金的销售货物、转让财产或提供劳务的行为。具体包括非货币性交易视同销售收入，货物、财产、劳务视同销售收入，以及其他视同销售收入。

（一）非货币性交易视同销售收入

1. 税法规定。

《企业所得税法实施条例》第二十五条规定：企业发生非货币性资产交换，以及将货物、财产、劳务用于捐赠、偿债、赞助、集资、广告、样品、职工福利或者利润分配等用途的，应当视同销售货物、转让财产或者提供劳

① 王玉娟，冯秀娟. 企业所得税报税实务［M］. 北京：北京大学出版社，2011：142.

② 《新企业所得税年度纳税申报表项目解析与申报实务》编写组. 新企业所得税年度纳税申报表项目解析与申报实务［M］. 北京：法律出版社，2015：106.

务，但国务院财政、税务主管部门另有规定的除外。关于资产处置收入的税务处理在第二章收入的确认中已介绍，这里不再赘述。

2. 会计规定。

非货币性资产交换是交易双方主要以存货、固定资产、无形资产和长期股权投资等非货币性资产进行的交换。在非货币性资产交换的情况下，非货币性资产交换准则规定了确认换入资产成本的两种计量基础和交换所产生损益的确认原则：

第一，非货币性资产交换具有商业实质且公允价值能够可靠计量的，应当以换出资产的公允价值和应支付的相关税费作为换入资产的成本，公允价值与换出资产账面价值的差额计入当期损益。其会计处理视换出资产的类别不同而有所区别：换出资产为存货的，应当按照销售处理；换出资产为固定资产、无形资产的，换出资产公允价值和换出资产账面价值之间的差额计入资产处置损益；换出资产为长期股权投资、可供出售金融资产的，换出资产公允价值和换出资产账面价值之间的差额计入投资收益。

第二，非货币性资产交换不具有商业实质，或者交换涉及资产的公允价值均不能可靠计量的，应当以换出资产的账面价值为基础确定换入资产成本，无论是否支付补价，均不确认损益。收到或支付的补价作为确定换入资产成本的调整因素，其中收到补价方应当以换出资产的账面价值减去补价加上应支付的相关税费作为换入资产的成本；支付补价方应当以换出资产的账面价值加上补价和应支付的相关税费作为换入资产的成本。

根据非货币性资产交换准则的规定，符合下列条件之一的，视为具有商业实质：一是换入资产的未来现金流量在风险、时间和金额方面与换出资产显著不同；二是换入资产与换出资产的预计未来现金流量现值不同，且其差额与换入资产和换出资产的公允价值相比是重大的。

3. 税会差异。

对于具有商业实质且公允价值能够可靠计量的非货币性资产交换，会计与税法的规定是相同的。不具有商业实质或者换入资产或换出资产公允价值不能可靠计量的非货币性资产交换，在会计上，应当以换出资产的账面价值和应支付的相关税费作为换入资产的成本，均不确认损益；而在税法上应当视同销售收入，因此在计算应纳税所得额时应当在会计利润的基础上进行纳税调增处理。

税法上所说的“非货币性交易视同销售收入”，是指纳税人发生非货币性资产交换在不具有商业实质或者交换涉及资产的公允价值均不能可靠计量时，会计中未确认收入，而税法中应确认的收入。

【案例4-1】分析1

2020年11月20日，A房地产开发企业以其运输产品的货运汽车与B公司作为运输工具的货运汽车进行交换的会计处理：

借：固定资产清理 100 000

累计折旧 20 000

贷：固定资产 120 000

支付清理费用

借：固定资产清理 100

贷：银行存款 100

换入货运汽车的入账价值=100 000+100=100 100（元）

借：固定资产 100 100

贷：固定资产清理 100 100

A房地产开发企业的税收处理：

在会计上A房地产开发企业没有确认收入，但是A房地产开发企业的货运汽车所有权已经转移给B公司，税法规定应当缴纳企业所得税，属于非货币性交易视同销售收入。其销售收入应当以公允价值110 000元计算。

（二）货物、财产、劳务视同销售收入

1. 税法规定。

同“非货币性资产交换”的税法规定一致。

2. 会计规定。

企业将非货币资产用于对外捐赠、市场推广、交际应酬等方面时，不确认为销售收入，而应该借记相应的成本费用或支出，贷记“库存商品”，如果根据增值税的规定需要视同销售的，需要同时贷记“应交税费——应交增

值税（销项税额）”。

3. 税会差异。

如果资产的所有权属没有发生改变，会计和税法都不确认收入，会计和税法没有差异。如果资产的所有权属发生改变，在新会计准则下，会计和税法都确认收入，会计和税法没有差异；如果会计上没有确认为收入，但是资产的所有权属发生改变，税法上视同销售，在计算应纳税所得额时应在会计利润的基础上进行纳税调增。

【案例4-1】分析2

A房地产开发企业采购扇子的会计处理如下：

借：库存商品　　900

　　应交税费——应交增值税（进项税额）　　117

　　贷：银行存款　　1 017

A房地产开发企业赠送扇子的会计处理如下：

借：销售费用　　1 030

　　贷：库存商品　　900

　　　　应交税费——应交增值税（销项税额）　　130

应交的增值税销项税额 = 1 000 × 13% = 130（元）

A房地产开发企业在年底汇算清缴所得税时，对赠送扇子用于市场促销的行为应该视同销售，其销售收入应当以公允价值1 000元计算。

（三）其他视同销售收入

其他视同销售收入是指按照税收规定的上述货物、财产、劳务之外的其他视同销售确认收入金额。

1. 税法规定。

企业所得税法规定，同时满足四个条件，确认收入实现：即商品销售合同已经签订，企业已将商品所有权相关的主要风险和报酬转移给购货方；企业对已售出的商品既没有保留通常与所有权相联系的继续管理权，也没有实施有效控制；收入的金额能够可靠地计量；已发生或将发生的销售方的成本能够可靠地核算。

2. 会计规定。

2017年7月，财政部正式修订发布了《企业会计准则第14号——收入》（财会〔2017〕22号，以下简称新收入准则），对企业收入的确认提出了新的要求。新收入准则第二条规定："收入，是指企业在日常活动中形成的、会导致所有者权益增加的、与所有者投入资本无关的经济利益的总流入。"

新收入准则下，收入的确认计量分为五步：

第一步，识别与客户订立的合同。收入确认的起点是合同，收入确认的关键条件是客户取得相关商品控制权。

其中，合同指双方或多方之间订立有法律约束力的权利义务的协议，包括书面形式、口头形式以及其他可验证的形式。当客户拥有主导该商品的使用，能够获得源自该商品的全部经济利益的现时权利时，就取得了商品控制权。当合同满足以下5个要件时，在客户取得商品控制权时确认收入。

（1）合同各方已批准该合同并承诺将履行各自义务；

（2）该合同明确了合同各方与所转让商品或提供劳务（以下简称转让商品）相关的权利和义务；

（3）该合同有明确的与所转让商品相关的支付条款；

（4）该合同具有商业实质，即履行该合同将改变企业未来现金流量的风险、时间分布或金额；

（5）企业因向客户转让商品而有权取得的对价很可能收回。

【例4-1】2020年8月A公司与客户B公司签订销售并安装设备的合同，合同期3个月，合同已经交易双方批准，明确双方的权利义务，合同约定A公司履约完毕，才能从B公司收取全部合同金额160万元。该设备单独售价为120万元，安装服务单独售价为80万元，B公司支付银行存款100万元，从A公司购入并取得设备的控制权，当日按照合同约定直接运抵B公司指定地点开始安装。B公司对设备进行验收并取得控制权，此时A公司向B公司销售设备的履约义务已经完成。A公司实际发生安装费60万元，均为A公司员工的报酬。估计还将发生安装费20万元。A公司向B公司提供安装服务，属于在一个时段内履行的履约义务，按照实际发生的成本估计总成本比例确定履约进度。假定不考虑增值税等相关税费及其他因素。

分析1：

A公司与B公司签订的合同，满足5个要件，在B公司取得商品控制权时，可以确认收入。

第二步，识别合同中的单项履约义务。合同开始日，企业应当对合同进行评估，识别该合同所包含的各单项履约义务，并确定各单项履约义务是在某一时段内履行，还是在某一时点履行，时间段的履约义务应当按照履约进度确认收入，时间点履约义务在客户取得商品控制权时确认收入。

分析2：

该合同的单项履约义务包括设备销售和设备安装两项义务。其中，设备销售是时间点履约义务，设备安装是时间段履约义务。

第三步，确定交易价格。交易价格是指企业因向客户转让商品而预期有权收取的对价金额。企业代第三方收取的款项以及企业预期将退还给客户的款项，应当作为负债进行会计处理，不计入交易价格。企业与客户的合同中约定的对价金额可能会因折扣、价格折让、返利、退款、奖励积分、激励措施、业绩奖金、索赔等因素而变化时，称为存在可变对价的情形。可变对价需要确定最佳估计数。

分析3：

合同交易价格为160万元。

第四步，将交易价格分摊至各单项履约义务。当合同中包含两项或多项履约义务时，为了使企业分摊至每一单项履约义务的交易价格能够反映其因向客户转让已承诺的相关商品（或提供已承诺的相关服务）而预期有权收取的对价金额，企业应当在合同开始日，按照各单项履约义务所承诺商品的单独售价的相对比例，将交易价格分摊至各单项约义务。当单独售价无法观察时，采用市场调整法、成本加成法、余值法等方法合理估计单独售价。

分析4：

设备分摊的交易价格=160×120÷（120+80）=96（万元）

安装劳务分摊的交易价格=160×80÷（120+80）=64（万元）

第五步，履行每一单项履约义务时确认收入。企业应当在履行了合同中的履约义务，即客户取得相关商品控制权时确认收入。对于在某一时段内履行的履约义务，企业应当选取产出法或投入法确定恰当的履约进度；对于在某一时点履行的履约义务，企业应当综合分析控制权转移的迹象，判断其转移时点。

分析5：

8月A公司销售设备应确认的收入为96万元。

设备安装履约进度=60÷（60+20）=75%

8月A公司应确认的设备安装收入=64×75%=48（万元）

3. 税会差异分析。

新收入准则下，合同在会计核算实务中的重要性更加凸显，合同约定中是否存在可变对价、各单项履约义务的单独售价是否可直接观察等，都会对合同交易价格的分摊产生影响，进而影响各单项履约义务收入的确认和计量，会产生与税法规定确认收入的差异，通常是暂时性差异，在合同结束时差异消除。

分析6：

税法确认收入的时间应当在设备安装完毕后，B公司按合同金额付款时确认，与会计确认收入的时间有差异，但在同一年度中，不影响应纳税所得额，不需要进行纳税调整。

二、房地产开发企业特定业务的纳税调整

（一）税法规定

《国家税务总局关于印发〈房地产开发经营业务企业所得税处理办法〉的通知》（国税发〔2009〕31号），《国家税务总局关于房地产开发企业成本对象管理问题的公告》（国家税务总局公告2014年第35号）中对于房地产开发企业的特定业务收入确认、成本费用的扣除等做出了明确的规定。

1. 销售收入实现的确定。

企业通过正式签订《房地产销售合同》或《房地产预售合同》所取得的收入，应确认为销售收入的实现，具体按以下规定确认：

（1）采取一次性全额收款方式销售开发产品的，应于实际收讫价款或

取得索取价款凭据（权利）之日，确认收入的实现。

（2）采取分期收款方式销售开发产品的，应按销售合同或协议约定的价款和付款日确认收入的实现。付款方提前付款的，在实际付款日确认收入的实现。

（3）采取银行按揭方式销售开发产品的，应按销售合同或协议约定的价款确定收入额，其首付款应于实际收到日确认收入的实现，余款在银行按揭贷款办理转账之日确认收入的实现。

（4）采取委托方式销售开发产品的，应按以下原则确认收入的实现：

① 采取支付手续费方式委托销售开发产品的，应按销售合同或协议中约定的价款于收到受托方已销开发产品清单之日确认收入的实现。

② 采取视同买断方式委托销售开发产品的，属于企业与购买方签订销售合同或协议，或企业、受托方、购买方三方共同签订销售合同或协议的，如果销售合同或协议中约定的价格高于买断价格，则应按销售合同或协议中约定的价格计算的价款于收到受托方已销开发产品清单之日确认收入的实现；如果属于前两种情况中销售合同或协议中约定的价格低于买断价格，以及属于受托方与购买方签订销售合同或协议的，则应按买断价格计算的价款于收到受托方已销开发产品清单之日确认收入的实现。

③ 采取基价（保底价）并实行超基价双方分成方式委托销售开发产品的，属于由企业与购买方签订销售合同或协议，或企业、受托方、购买方三方共同签订销售合同或协议的，如果销售合同或协议中约定的价格高于基价，则应按销售合同或协议中约定的价格计算的价款于收到受托方已销开发产品清单之日确认收入的实现，企业按规定支付受托方的分成额，不得直接从销售收入中减除；如果销售合同或协议约定的价格低于基价的，则应按基价计算的价款于收到受托方已销开发产品清单之日确认收入的实现。属于由受托方与购买方直接签订销售合同的，则应按基价加上按规定取得的分成额于收到受托方已销开发产品清单之日确认收入的实现。

④ 采取包销方式委托销售开发产品的，包销期内可根据包销合同的有关约定，参照上述①～③项规定确认收入的实现；包销期满后尚未出售的开发产品，企业应根据包销合同或协议约定的价款和付款方式确认收入的实现。

2. 视同销售收入。

企业将开发产品用于捐赠、赞助、职工福利、奖励、对外投资、分配给股东或投资人、抵偿债务、换取其他企事业单位和个人的非货币性资产等行为，应视同销售，于开发产品所有权或使用权转移，或于实际取得利益权利时确认收入（或利润）的实现。确认收入（或利润）的方法和顺序为：

（1）按本企业近期或本年度最近月份同类开发产品市场销售价格确定。

（2）由主管税务机关参照当地同类开发产品市场公允价值确定。

（3）按开发产品的成本利润率确定。开发产品的成本利润率不得低于15%，具体比例由主管税务机关确定。

3. 企业销售未完工开发产品应确认收入规定。

企业销售未完工开发产品取得的收入，应先按预计计税毛利率分季（或月）计算出预计毛利额，计入当期应纳税所得额。开发产品完工后，企业应及时结算其计税成本并计算此前销售收入的实际毛利额，同时将其实际毛利额与其对应的预计毛利额之间的差额，计入当年度企业本项目与其他项目合并计算的应纳税所得额。

在年度纳税申报时，企业须出具对该项开发产品实际毛利额与预计毛利额之间差异调整情况的报告以及税务机关需要的其他相关资料。

4. 成本、费用扣除的税务处理。

（1）企业在进行成本、费用的核算与扣除时，必须按规定区分期间费用和开发产品计税成本、已销开发产品计税成本与未销开发产品计税成本。

（2）企业发生的期间费用、已销开发产品计税成本、税金及附加、土地增值税准予当期按规定扣除。

（3）已销开发产品的计税成本，按当期已实现销售的可售面积和可售面积单位工程成本确认。可售面积单位工程成本和已销开发产品的计税成本按下列公式计算确定：

可售面积单位工程成本=成本对象总成本÷成本对象总可售面积

已销开发产品的计税成本=已实现销售的可售面积×可售面积单位工程成本

（二）会计规定

《企业会计准则第14号——收入》第四条规定："企业应当在履行了合同中的履约义务，即在客户取得相关商品控制权时确认收入。取得相关商品控制权，是指能够主导该商品的使用并从中获得几乎全部的经济利益。"企业未完工产品预售时，不符合上述规定，在会计上不确认收入。会计上，企业是在实际交付开发产品时确认会计收入、结转会计成本的。

（三）税会差异

对于前期预售收入，税收规定在预售当年按照预计计税毛利额扣除相应的税金及附加、土地增值税后的净额计入预售当年的应纳税所得额，会计规定不确认收入及相应的税费，因此，应调增应纳税所得额。预售收入转为会计收入后，应调减应纳税所得额。

【案例4-1】分析3

（1）会计处理

开发项目一：

2020年结转开发产品收入、成本时

借：预收账款　　70 000 000

　　贷：主营业务收入　　70 000 000

借：主营业务成本　　50 000 000

　　贷：开发产品　　50 000 000

借：税金及附加　　5 250 000

　　贷：应交税费　　5 250 000

开发项目二：

2020年预售收入

借：银行存款　　80 000 000

　　贷：预收账款　　80 000 000

借：应交税费　　6 000 000

　　贷：银行存款　　6 000 000

借：税金及附加　　6 000 000

　　贷：应交税费　　6 000 000

（2）税务处理

开发项目一，2020年结转完工产品收入、成本，对原已进行纳税调增的预计毛利额1 050万元（7 000×15%）进行纳税调减，对已转入当期损益的税金及附加525万元进行纳税调增。开发项目二，2020年销售未完工产品，应按税收规定计算毛利额1 200万元（8 000×15%）进行纳税调增，其缴纳的600万元税金及附加，已计入当期损益，不再进行纳税调整。

三、《A105010视同销售和房地产开发企业特定业务纳税调整明细表》的填写

附表《A105010视同销售和房地产开发企业特定业务纳税调整明细表》包括视同销售（营业）收入、视同销售（营业）成本和房地产开发企业特定业务计算的纳税调整额三部分内容，这三部分的数字需要通过分析填列。

（一）行次填报

按行次分，本表分为三大部分：

1. 第一部分包括第1行～第10行，反映视同销售收入。

第1行反映合计数。

2. 第二部分包括第11行～第20行，反映视同销售成本。

第11行反映合计数。

3. 第三部分包括第21行～第29行，反映房地产开发企业特定业务计算的纳税调整额。

第21行反映合计数。

（二）列次填报

按列次分，本表分为两大部分：

第一部分：第1列，反映视同销售收入、视同销售成本和房地产开发企

业特定业务的税收金额。

第二部分：第2列，反映视同销售收入、视同销售成本和房地产开发企业特定业务的税会差异纳税调整金额。

（三）表间关系

1. 第1行第1列=表A105000第2行第2列。
2. 第1行第2列=表A105000第2行第3列。
3. 第11行第1列=表A105000第13行第2列。
4. 第11行第2列的绝对值=表A105000第13行第4列。
5. 第21行第1列=表A105000第39行第2列。
6. 第21行第2列，若≥0，填入表A105000第39行第3列；若<0，将绝对值填入表A105000第39行第4列。

（四）案例解析

【案例4-1】分析4

根据A房地产开发企业2020年度业务填写《A105010视同销售和房地产开发企业特定业务纳税调整明细表》，见表4-1。

表4-1　A105010　视同销售和房地产开发企业特定业务纳税调整明细表

单位：元（列至角分）

行次	项　目	税收金额	纳税调整金额
		1	2
1	一、视同销售（营业）收入（2+3+4+5+6+7+8+9+10）	111 000.00	111 000.00
2	（一）非货币性资产交换视同销售收入	110 000.00	110 000.00
3	（二）用于市场推广或销售视同销售收入	1 000.00	1 000.00
4	（三）用于交际应酬视同销售收入		—
5	（四）用于职工奖励或福利视同销售收入		—
6	（五）用于股息分配视同销售收入		—

续表

行次	项　　目	税收金额	纳税调整金额
		1	2
7	（六）用于对外捐赠视同销售收入		—
8	（七）用于对外投资项目视同销售收入		—
9	（八）提供劳务视同销售收入		—
10	（九）其他		—
11	二、视同销售（营业）成本（12+13+14+15+16+17+18+19+20）	101 000.00	-101 000.00
12	（一）非货币性资产交换视同销售成本	100 100.00	-100 100.00
13	（二）用于市场推广或销售视同销售成本	900.00	-900.00
14	（三）用于交际应酬视同销售成本		—
15	（四）用于职工奖励或福利视同销售成本		—
16	（五）用于股息分配视同销售成本		—
17	（六）用于对外捐赠视同销售成本		—
18	（七）用于对外投资项目视同销售成本		—
19	（八）提供劳务视同销售成本		—
20	（九）其他		—
21	三、房地产开发企业特定业务计算的纳税调整额（22-26）	6 750 000.00	6 750 000.00
22	（一）房地产企业销售未完工开发产品特定业务计算的纳税调整额（24-25）	12 000 000.00	12 000 000.00
23	1. 销售未完工产品的收入	80 000 000.00	
24	2. 销售未完工产品预计毛利额	12 000 000.00	12 000 000.00
25	3. 实际发生的税金及附加、土地增值税	0.00	0.00
26	（二）房地产企业销售的未完工产品转完工产品特定业务计算的纳税调整额（28-29）	5 250 000.00	5 250 000.00
27	1. 销售未完工产品转完工产品确认的销售收入	70 000 000.00	*

续表

行次	项　目	税收金额	纳税调整金额
		1	2
28	2. 转回的销售未完工产品预计毛利额	10 500 000.00	10 500 000.00
29	3. 转回实际发生的税金及附加、土地增值税	5 250 000.00	5 250 000.00

填写要点：

1. 第2行"（一）非货币性资产交换视同销售收入"填写11月20日非货币性交易视同销售收入110 000元，填入第1列、第2列；

2. 第3行"（二）用于市场推广或销售视同销售收入"填写12月1日赠送扇子用于市场促销视同销售收入1 000元，填入第1列和第2列；

3. 第1行"一、视同销售（营业）收入"是第2行～第10行的合计数，第1列和第2列都填111 000元。第1列再转入《A105000纳税调整项目明细表》（简称A105000）第1行"一、收入类调整项目" 第2列"税收金额"，第2列转入纳税调整表第3列"调增金额"；

4. 第12行"（一）非货币性资产交换视同销售成本"填写非货币性交易视同销售成本100 100元，填入第1列，需要做纳税调减，第2列填–100 100元；

5. 第13行"（二）用于市场推广或销售视同销售成本" 将扇子用于市场促销视同销售成本900元填入第1列，需要做纳税调减，第2列填–900元；

6. 第11行"二、视同销售（营业）成本"是第12行～第20行的合计数，第1列填101 000元，第2列填–101 000元，该行数字同时转入纳税调整表第13行"二、视同销售（营业）成本" 第1列"税收金额"和第4列"调减金额"；

7. 第23行"1.销售未完工产品的收入"填写2020年预售收入80 000 000元；

8. 第24行"2.销售未完工产品预计毛利额" 填写开发项目二2020年预计毛利额12 000 000元；

9. 第25行"3.实际发生的税金及附加、土地增值税"，开发项目二缴纳的税金及附加6 000 000元，已计入当期损益，不存在税会差异，不进行纳税调整，因此，第1列和第2 列填0；

10. 第22行“（一）房地产企业销售未完工开发产品特定业务计算的纳税调整额”等于第24行–第25行，第1列和第2列填12 000 000元；

11. 第27行“1.销售未完工产品转完工产品确认的销售收入”填开发项目一2017年产品收入70 000 000元；

12. 第28行“2.转回的销售未完工产品预计毛利额”填写2020年预计毛利额10 500 000元；

13. 第29行“3.转回实际发生的税金及附加、土地增值税”，开发项目二缴纳的税金及附加5 250 000元，已计入当期损益，需要进行纳税调增，第1列和第2列填5 250 000元；

14. 第26行“（二）房地产企业销售的未完工产品转完工产品特定业务计算的纳税调整额”等于第28行–第29行，第1列和第2列填5 250 000元；

15. 第21行“三、房地产开发企业特定业务计算的纳税调整额”等于第22行–第26行，第1列和第2列填6 750 000元；同时分别转入A105000第40行“（四）房地产开发企业特定业务计算的纳税调整额”第2列“税收金额”，第3列“调增金额”。

第二节 未按权责发生制确认收入的纳税调整及申报

【案例4-2】

A公司2020年发生业务如下：

1. 1月1日，A公司支付价款1 000万元（含交易费用）从活跃市场上购入R公司面值为1 250万元、票面利率为4.72%、期限为5年的债券，合同约定于最终到期日2025年1月1日支付本金和利息。不考虑增值税。

2. 1月1日，出售大型设备一台，协议约定采用分期收款方式，从销售当年末分5年分期收款，每年200万元，合计1 000万元，制造成本500万元，假定购货方在销售成立日支付货款，只需付800万元即可。不考虑增值税。

3. 1月1日，A公司收到政府补助10 000 000元，用于厂房建设，建设期限2年。

4. 6月1日，A公司与B公司签订了一项总金额为2 000万元的建造合同，第一年实际发生工程成本500万元。A公司在2020年末时对该项工程的完工进度无法可靠确定，预计工程发生的成本能够收回400万元。假设主管税务机关核定的工程完工进度为30%。不考虑增值税。

请完成下列问题：

1. 分析A公司购入R公司债券业务的会计处理、税务处理及纳税调整。

2. 分析A公司建造业务的会计处理、税务处理及纳税调整。

3. 分析A公司收到政府补助的会计处理、税务处理及纳税调整。

4. 填写《A105020未按权责发生制确认收入纳税调整明细表》。

一、未按权责发生制确认的收入及纳税调整

（一）税法规定

企业应纳税所得额的计算，以权责发生制为原则，属于当期的收入和费用，不论款项是否收付，均作为当期的收入和费用；不属于当期的收入和费用，即使款项已经在当期收付，均不作为当期的收入和费用。《企业所得税法实施条例》和国务院财政、税务主管部门另有规定的除外。

税法在以权责发生制确认收入的同时，对某些收入采用类似收付实现制的原则进行收入的确认。如分期收款方式销售商品收入、利息收入、租金收入、持续超过12个月的劳务收入、特许权使用费收入的确认采用了类似于收付实现制的原则。

（二）会计规定

会计上按照权责发生制原则确认收入，属于当期的收入，不论款项是否收取，均作为当期的收入。

（三）税会差异

1. 跨期收取的租金、利息、特许权使用费收入。

（1）跨期收取的租金收入。

会计处理中，出租人应按照履约进度在租赁期内确认租金收益，但在某些特殊情况下，则应采用比直接法更系统合理的方法。企业所得税法规定按照合同约定的承租人应付租金的日期和金额确认收入的实现。租金提前一次性支付的，出租人可对上述已确认的收入，在租赁期内分期均匀计入相关年度收入。因此，租赁期限跨年度，且租金提前一次性支付的，会计和税法不再存在差异，无须进行纳税调整；跨期后收取租金，税法依旧按照合同约定的承租人应付租金的日期和金额确认收入的实现，会计和税法仍然存在差异需要进行纳税调整。

（2）利息收入。

《企业会计准则第37号——金融工具列报》（以下简称金融工具准则）中，将金融资产分为以摊余成本计量的金融资产，以公允价值计量且其变动计入其他综合收益的金融资产，以公允价值计量且其变动计入当期损益的金融资产。银行贷款，企业持有至到期的普通债券，具有一定信用期限的应收账款都分类为摊余成本计量的金融资产。以摊余成本计量的金融资产按实际利率法确认收入的实现。税法上以合同约定的债务人应付利息的日期确定收入的实现，由此造成的会计和税法的差异需要进行纳税调整。

【案例4-2】分析1

A公司通过插值法计算出该债券的实际利率为9.05%。

2020年1月1日会计处理：

借：债权投资——成本　　12 500 000

　　贷：银行存款　　10 000 000

　　　　债权投资——利息调整　　2 500 000

2020年年底确认实际利息收入时：

借：债权投资——应计利息　　590 000（12 500 000×4.72%）

　　　　　　——利息调整　　315 000

　　贷：投资收益　　905 000

税法上按照合同约定确认利息收入，合同约定与2025年1月1日支付利息。因此，在税务处理上，A公司制造2025年确认利息收入2 950 000元（12 500 000×4.72%×5）。

（3）特许权使用费收入。

新收入准则中特许权使用费的会计处理按照“授予知识产权许可业务”的规定执行。企业向客户授予知识产权许可的，应当按照要求评估该知识产权许可是否构成单项履约义务。

对于不构成单项履约义务的，企业应当将该知识产权许可和其他商品一起作为一项履约义务进行会计处理。授予知识产权许可不构成单项履约义务的情形包括：

① 该知识产权许可构成有形商品的组成部分并且对于该商品的正常使用不可或缺。② 客户只有将该知识产权许可和相关服务一起使用才能够从中获益。

对于构成单项履约义务的，应当进一步确定其是在某一时段内履约还是在某一时点履行，同时满足下列条件时，应当作为在某一时段内履形的履约义务确认相关收入：① 合同要求或客户能够合理预期企业将从事对该项知识产权有重大影响的活动。② 该活动对客户将产生有利或不利影响。③ 该活动不会导致向客户转让商品。否则，应当作为在某一时点履行的履约义务确认相关收入。

从上述规定中我们可以看到，会计与税法对特许权使用费收入的确认分为以下情形：① 依据合同约定，构成单项履约义务的特许权使用费，如果作为某一时点的履约义务，税法和会计都是在合同约定的日期确认收入实现；如果作为某一时段内的履约义务，按照合同或协议约定的收款时间和金额，按照履约进度确认收入；② 依据合同约定，不构成单项履约义务的特许权使用费，会计和税法都规定在交付资产或转移资产所有权，或者称为客户获得商品控制权时确认收入。因此，对于特许权使用费而言，会计和税法的差异已经基本消除。

2. 分期确认收入。

（1）分期收款方式销售货物收入。

新收入准则中规定：合同中存在重大融资成分的，企业应当按照假定客户在取得商品控制权时即以现金支付的应付金额确定交易价格。该交易价格与合同对价之间的差额，应当在合同期间内采用实际利率法摊销。其中，交易价格应当是合同或协议价款的公允价值，通常按照其未来现金流量的现值或商品现销价格计算确定。

【案例4-2】分析2

A公司1月1日分期收款出售大型设备，应收金额的公允价值可以认定为800万元，据此可计算得出年金为200万元、期数为5年、现值为800万元的折现率为7.93%（见表4-2）。（假定收入按合同进度履约）

表4-2　　各期利息收益和本金收现计算表

单位：万元

年　份	未收本金 A=A-C	财务费用 B=A×7.93%	本金收现 C=D-B	总收现 D
销售日	800	0	0	0
2020年12月31日	800	63	137	200
2021年12月31日	663	53	147	200
2022年12月31日	516	41	159	200
2023年12月31日	357	28	172	200
2024年12月31日	185	15	185	200
合　　计	3 321	200	800	1 000

相关会计处理：

（1）2020年1月1日

借：长期应收款　　10 000 000

　　贷：主营业务收入　　8 000 000

　　　　未实现融资收益　　2 000 000

借：主营业务成本　　5 000 000

　　贷：库存商品　　5 000 000

（2）2020年12月31日

借：银行存款　　2 000 000

　　贷：长期应收款　　2 000 000

借：未实现融资收益　　630 000

　　贷：财务费用　　630 000

（3）2021年12月31日

借：银行存款　　2 000 000

　　贷：长期应收款　　2 000 000

借：未实现融资收益　　530 000

　　贷：财务费用　　530 000

A公司2020年会计上确认收入800万元，确认成本500万元，冲减财务费用63万元，实现会计利润363万元。税法上应确认收入200万元，确认销售成本100万元，应确认所得100万元。因此应当在会计利润363万元基础上纳税调减263万元，从而计算出应纳税所得额100万元。

A公司2021年会计上冲减财务费用53万元，实现会计利润53万元。税收上应确认收入200万元、成本100万元，应确认所得100万元。因此应当在会计利润53万元基础上纳税调增47万元，从而计算出应纳税所得额100万元。

A公司2022—2024年的纳税调整情况与2021年方法相同，请自行分析。

（2）持续时间超过12个月的建造合同收入。

依据新收入准则规定，工程建筑服务业务一般属于“在某一时段内履行的履约义务”，企业应当在该段时间内按照履约进度确认收入，履约进度不能合理确定的除外。

① 资产负债表日，建造合同的结果能够可靠估计，即建筑服务控制权转移给客户时，可以按照投入法或产出法确定履约进度，确定合同收入，结转合同费用合同履约成本。

② 资产负债表日，合同履约进度不能可靠估计，合同成本能得到补偿，按照实际发生成本确定履约进度，结转合同收入，合同成本在发生当期，确认为合同费用履约成本，直到履约进度可以合理确认为止；当合同成本不能得到补偿的，在发生时立即确认为合同履约成本。

可见，第一类，在资产负债表日，建造合同的结果能够可靠地估计的，会计与税法确认收入的方法是基本一致的。但是，第二类，在资产负债表日，建造合同的结果不能可靠地估计，会计与税法确认收入的时间不一致，需要进行纳税调整处理。

【案例4-2】分析3

此例建筑工程属于持续时间超过12个月的劳务，按照完工进度确认收入。A公司在2020年末时对该项工程的完工进度无法可靠确定，所以按照税务机关核定工程完工进度为30%。因此在税务处理上，此项业务确认的收入为600万元（2 000 × 30%）。会计因考虑谨慎性原则确认的收入为400万元。因此纳税申报时需要纳税调增200万元。（假定收入按合同进度履约）

3. 政府补助递延收入。

与收益相关的政府补助通常直接计入利润表，与资产相关的政府补助通常是分年度计入利润表的。特别注意，符合税法规定不征税收入条件的政府补助收入，在《A105020未按权责发生制确认收入纳税调整明细表》不作调整，在《A105040专项用途财政性资金纳税调整明细表》中纳税调整。税法上对收到的政府补助收入一次性计入收入，而会计上分期核算。

【案例4-2】分析4

2020年1月A公司收到政府补助10 000 000元，按照税法规定2020年A公司一次性确认收入10 000 000元；会计上分2年确认收入，2020年和2021年A公司分别确认收入5 000 000元。因此，A公司2020年纳税申报时需要纳税调增5 000 000元，A公司2021年纳税申报时需要纳税调减5 000 000元。

二、《A105020未按权责发生制确认收入纳税调整明细表》的填写

（一）行次填报

按行次分，本表分为四大部分：

1. 第一部分包括第1行～第4行，反映跨期收取的租金、利息、特许权使用费收入。

第1行反映合计数。

2. 第二部分包括第5行～第8行，反映分期确认收入。

第5行反映合计数。

3. 第三部分包括第9行～第12行，反映政府补助递延收入。

第9行反映合计数。

4. 第四部分包括第13行，反映其他未按权责发生制确认收入。

（二）列次填报

按列次分，本表分为三大部分：

第一部分：第1列“合同金额或交易金额”，反映会计处理按照权责发

生制确认收入、税法规定未按权责发生制确认收入的项目的合同总额或交易总额。

第二部分：第2列“本年账载金额”，反映纳税人会计处理按权责发生制在本期确认金额。

第3列：第3列“累计账载金额”，反映纳税人会计处理按权责发生制历年累计确认金额。

第三部分：第4列“本年税收金额”，反映纳税人按税法规定未按权责发生制本期确认金额。

第5列“累计税收金额”，反映纳税人按税法规定未按权责发生制历年累计确认金额。

第6列“纳税调整金额”，填报纳税人会计处理按权责发生制确认收入、税法规定未按权责发生制确认收入的差异需纳税调整金额，为第4列–第2列的余额。

（三）表间关系

1. 第14行第2列=表A105000第3行第1列。

2. 第14行第4列=表A105000第3行第2列。

3. 第14行第6列，若≥0，填入表A105000第3行第3列；若<0，将绝对值填入表A105000第3行第4列。

（四）案例解析

【案例4–2】分析5

根据A公司2020年度业务填写表4–3《A105020未按权责发生制确认收入纳税调整明细表》。

表4-3　A105020　未按权责发生制确认收入纳税调整明细表

单位：元

行次	项　目	合同金额（交易金额）	账载金额		税收金额		纳税调整金额
			本年	累计	本年	累计	
		1	2	3	4	5	6（4-2）
1	一、跨期收取的租金、利息、特许权使用费收入（2+3+4）	10 000 000	905 000	905 000	0	0	-905 000
2	（一）租金						—
3	（二）利息	10 000 000	905 000	905 000	0	0	-905 000
4	（三）特许权使用费						—
5	二、分期确认收入（6+7+8）	30 000 000	12 000 000	12 000 000	8 000 000	8 000 000	-4 000 000
6	（一）分期收款方式销售货物收入	10 000 000	8 000 000	8 000 000	2 000 000	2 000 000	-6 000 000
7	（二）持续时间超过12个月的建造合同收入	20 000 000	4 000 000	4 000 000	6 000 000	6 000 000	2 000 000
8	（三）其他分期确认收入						—
9	三、政府补助递延收入（10+11+12）	10 000 000	5 000 000	5 000 000	10 000 000	10 000 000	5 000 000
10	（一）与收益相关的政府补助						—
11	（二）与资产相关的政府补助	10 000 000	5 000 000	5 000 000	10 000 000	10 000 000	5 000 000
12	（三）其他						—
13	四、其他未按权责发生制确认收入						—
14	合计（1+5+9+13）	50 000 000	17 905 000	17 905 000	18 000 000	18 000 000	95 000

填写要点：

《A105020未按权责发生制确认收入纳税调整明细表》的填写结果如下：

1. 第3行“（二）利息”的填写：第1列填10 000 000元，第2列填905 000元，第3列填905 000元，第4列填 0，第5列填0，第6列填–905 000元；

2. 第1行“一、跨期收取的租金、利息、特许权使用费收入”是第2行～第4行各列合计数；

3. 第6行“（一）分期收款方式销售货物收入” 的填写：第1列填10 000 000元，第2列填8 000 000元，第3列填8 000 000元，第4列填2 000 000元，第5列填2 000 000元，第6列填–6 000 000元；

4. 第7行“（二）持续时间超过12个月的建造合同收入”的填写：第1列填20 000 000元，第2列填4 000 000元，第3列填4 000 000元，第4列填6 000 000元，第5列填6 000 000元，第6列填2 000 000元；

5. 第5行“二、分期确认收入”是第6行～第8行各列合计数，第1列填30 000 000元，第2列填12 000 000元，第3列填12 000 000元，第4列填8 000 000元，第5列填8 000 000元，第6列填–4 000 000元；

6. 第11行“ （二）与资产相关的政府补助”的填写：第1列填10 000 000元，第2列填5 000 000元，第3列填5 000 000元，第4列填10 000 000元，第5列填10 000 000元，第6列填5 000 000元；

7. 第9行“三、政府补助递延收入”是第10行～第12行各列合计数；

8. 第14行“合计”是第1行、第5行、第9行、第13行的合计数，第1列填50 000 000元，第2列填17 905 000元，第3列填17 905 000元，第4列填18 000 000元，第5列填18 000 000元，第6列填95 000元；

第14行第2列“本年账载金额”17 905 000元再转入A105000第3行“（二）未按权责发生制原则确认的收入”第1列“账载金额”，第4列“本年税收金额” 18 000 000元再转入A105000第3行“（二）未按权责发生制原则确认的收入”第2列“税收金额”，第6列“纳税调整金额”95 000元转入A105000第3行“（二）未按权责发生制原则确认的收入”第3列“调增金额”。

第三节　投资收益的纳税调整及申报

【案例4-3】

A公司2020年度投资性资产的详细情况如下：

1. 支付208.8万元在证券市场上购入10万股B公司股票，每股买价20.8元，其中含已宣告但未发放的现金股利0.8元，支付交易费用0.8 万元。A公司将其划分为以公允价值计量且其变动计入当期损益的金融资产。12月31日该股票公允价值为210万元。

2. 由于市场因素影响，4月6日，A公司将账面余额（成本）为300万元的债权投资的债券出售20%，收取价款64万元，市场公允价值为320万元，剩余的债权投资进行重分类，划为以公允价值计量且其变动计入其他综合收益的金融资产。4月30日出售全部债券，收取价款260万元。

3. 7月1日支付价款200万元购入C公司发行的3年期债券，该公司债券面值为220万元，票面利率为5%，相关交易费用1万元，每半年计息一次，付息日为6月30日和12月31日，A公司将其划分为以公允价值计量且其变动计入其他综合收益的金融资产，12月31日该债券市场价格为210万元。

4. 9月25日支付现金2000万元，取得D公司30%的股权，对其具有重大影响，D公司可辨认净资产公允价值为7000万元。D公司2020年度实现利润200万元，其他综合收益增加100万元。

请根据上述资料完成下列问题：

1. 完成A公司2020年度各项投资性资产的会计处理并分析税会差异及调整。

2. 填写A公司2020年度《A105030投资收益纳税调整明细表》。

一、投资收益的纳税调整

（一）投资性资产的税务处理

企业对外进行权益性投资和债权性投资形成的资产在税法上都作为投资性资产。

其中，权益性投资是指以购买被投资企业股票、股份、股权等类似形式进行的投资，投资企业拥有被投资企业的产权，是被投资单位的所有者之一，投资企业有权参与被投资单位的经营管理和利润分配。

债权性投资主要是指以购买债券、债权等形式进行的投资，投资企业与被投资企业之间形成了一种债权、债务关系，投资企业对被投资企业只有投资本金和利息的索偿权，没有参与被投资企业的经营管理权和利润分配权。

投资资产的计税基础的确定：

1. 通过支付现金方式取得的投资资产，以购买价款为成本。其成本除了购买价款外，还应包括相关交易费用，但不应包括已宣告但尚未发放的债券利息或现金股利。

2. 通过支付现金以外的方式取得的投资资产，以该资产的公允价值和支付的相关税费为成本。即通过投资者投入、接受捐赠、非货币性资产交换、债务重组等方式取得的投资资产，按该投资资产的公允价值和应支付的相关税费作为计税基础。

企业持有各项资产期间资产增值或者减值，除国务院财政、税务主管部门规定可以确认损益外，不得调整该资产的计税基础。

会计上关于金融工具的核算主要依据财政部2017年修订发布的《企业会计准则第22号——金融工具确认和计量》（财会〔2017〕7号）、《企业会计准则第23号——金融资产转移》（财会〔2017〕8号）和《企业会计准则第24号——套期会计》（财会〔2017〕9号）等三项金融工具会计准则（以下简称新金融工具准则）。金融工具是指形成一个企业的金融资产，并形成其他单位的金融负债或权益工具的合同，包括金融资产、金融负债和权益工具。

新金融工具准则中将金融资产划分为三大类：以摊余成本计量的金融资

产；以公允价值计量且其变动计入其他综合收益的金融资产；以公允价值计量且其变动计入当期损益的金融资产。为了便于读者将金融工具准则内容与《A105030投资收益纳税调整明细表》（以下简称A105030）的填写结合学习，本章采用以投资收益表列示的项目为准，结合新金融工具准则来讲解投资性资产的税会差异。

（二）交易性金融资产的纳税调整

交易性金融资产属于新金融工具准则中规定的以公允价值计量且其变动计入当期损益的金融资产，包括股票、基金和可转换债券。持有交易性金融资产的目的是为了获取短期转让收益。

1. 交易性金融资产的会计核算（表4–4）。

表4–4 交易性金融资产的会计核算

<table>
<tr><td></td><td>会计科目</td><td>交易性金融资产——成本（取得交易性金融资产的公允价值）
交易性金融资产——公允价值变动（企业交易性金融资产等公允价值变动调整的资产账面价值）</td></tr>
<tr><td rowspan="4">交易性金融资产的会计处理</td><td>初始计量</td><td>借：交易性金融资产——成本（公允价值）
投资收益（发生的交易费用）
应收股利（实际支付的款项中含有已宣告但尚未发放的现金股利）
应收利息（实际支付的款项中含有已到付息期尚未领取的利息）
贷：其他货币资金——存出投资款</td></tr>
<tr><td>后续计量</td><td>持有期间的股利或利息
借：应收股利（被投资单位宣告发放的现金股利×投资持股比例）
应收利息（资产负债表日计算的应收利息）
贷：投资收益
资产负债表日公允价值变动，按公允价值与账面余额的差额
1. 公允价值>账面余额
借：交易性金融资产——公允价值变动
贷：公允价值变动损益
2. 公允价值<账面余额
作相反分录</td></tr>
<tr><td rowspan="2">处　置</td><td>处置时，售价与账面价值的差额计入投资收益</td></tr>
<tr><td>将持有交易性金融资产期间公允价值变动损益转入投资收益</td></tr>
</table>

2. 交易性金融资产的税会差异及调整。

（1）取得时，交易性金融资产会计初始价值与计税基础的差异是对交易费用的处理，税法规定计入资产价值，会计借记“投资收益”，需要做纳税调增。

（2）会计上对于以公允价值计量且其变动计入当期损益的金融资产，于每一会计期末按照该时点的公允价值对其账面价值进行调整，并确认公允价值变动损益。

税法规定企业持有各项资产期间资产增值或者减值，除国务院财政、税务主管部门规定可以确认损益外，不得调整该资产的计税基础，即交易性金融资产在某一会计期末的计税基础为其历史成本。

因此，在会计期末公允价值变动的情况下，会造成该类金融资产的账面价值与计税基础之间的差异。将会计确认的“公允价值变动损益”的贷方余额做纳税调减，借方余额做纳税调增。

（3）在交易性金融资产转让时确认的收益无差异。

【案例4-3】分析1

A公司3月10日购入的B公司股票相关会计处理：

购入时：

借：交易性金融资产——成本（B公司股票）　2 000 000
　　应收股利　80 000
　　投资收益　8 000
　　贷：其他货币资金——存出投资款　2 088 000

12月31日按公允价值计量：

借：交易性金融资产——公允价值变动（B公司股票）　100 000
　　贷：公允价值变动损益　100 000

初始投资时的交易费用8 000元，会计借记“投资收益”，按税法规定应当作为交易性金融资产的计税基础，需要做纳税调增8 000元。

会计采用公允价值计量交易性金融资产，确认的公允价值变动损益100 000元，按照税法规定在资产持有期间的增值减值不调整资产计税基础，因此，需要纳税调减100 000元。

（三）可供出售金融资产（以公允价值计量且其变动计入其他综合收益的金融资产）的纳税调整

原准则中的可供出售金融资产在新金融工具准则中属于以公允价值计量且其变动计入其他综合收益的金融资产。需要同时符合下列条件：

（1）企业管理该金融资产的业务模式既以收取合同现金流量为目标又以出售该金融资产为目标。

（2）该金融资产的合同条款规定，在特定日期产生的现金流量，仅为对本金和以未偿付本金金额为基础的利息的支付。

“其他债权投资”科目、“其他权益工具投资”科目分别核算以公允价值计量变动计入其他综合收益的债券投资、股票投资。因此在投资收益表中需要根据“其他债权投资”“其他权益工具投资”来填写“可供出售金融资产”的纳税调整。

1. 公允价值计量且其变动计入其他综合收益的金融资产会计核算（表4-5）。

表4–5　　公允价值计量且其变动计入其他综合收益的金融资产会计核算

	债券投资	股票投资
会计科目	其他债权投资——成本 ——利息调整 ——公允价值变动	其他权益工具——成本 ——公允价值变动
初始计量	借：其他债权投资——成本（面值） 应收利息（已到付息期尚未领取的利息） 借或贷：其他债权投资——利息调整（实际支付价款与面值差额） 贷：银行存款	借：其他权益工具——成本（公允价值与交易费用之和） 应收股利（已宣告但尚未发放的现金股利） 贷：银行存款
后续计量	1. 资产负债表日计算利息 借：应收利息（分期付息债券按票面利率计算的利息） 其他债权投资——应计利息（到期一次还本付息债券按票面利率计算的利息） 贷：投资收益（摊余成本和实际利率计算确定的利息收入） 其他债权投资——利息调整（差额，也可能在借方） 2. 资产负债表日公允价值正常变动 公允价值上升： 借：其他债权投资——公允价值变动（期末公允价值——摊余成本——期初公允价值变动累计金额） 贷：其他综合收益——其他债权投资公允价值变动 公允价值下降作相反分录 3.期末预计信用损失为基础，计提减值准备 借：信用减值损失 贷：其他综合收益——信用减值准备	1. 资产负债表日股票价格发生变动 公允价值上升： 借：其他权益工具投资——公允价值变动 贷：其他综合收益——其他权益工具投资公允价值变动 公允价值下降作相反分录 2. 收到现金股利 借：应收股利 贷：投资收益

续表

	债券投资	股票投资
转让时	借：银行存款等 借或贷：其他综合收益——其他债权投资公允价值变动（转销余额） 借或贷：其他债权投资——利息调整（转销余额） 贷：其他债权投资——成本 投资收益（差额，也可能在借方）	1. 转销其他综合收益——其他权益工具投资公允价值变动余额 借方余额结转分录： 借：盈余公积——法定盈余公积（其他综合收益余额的10%） 利润分配——未分配利润（其他综合收益余额的90%） 贷：其他综合收益——其他权益工具投资公允价值变动 贷方余额作相反分录 2. 结转处置收益或损失 借：银行存款等 借或贷：其他权益工具投资——公允价值变动（转销余额） 借或贷：盈余公积——法定盈余公积（转让收益或损失余额的10%） 借或贷：利润分配——未分配利润（转让收益或损失余额的90%） 贷：其他权益工具投资——成本

2. 可供出售金融资产（以公允价值计量且其变动计入其他综合收益的金融资产）的税会差异及调整。

（1）初始计量的税会差异。

在取得可供出售金融资产（以公允价值计量且其变动计入其他综合收益的金融资产）时，会计以公允价值计量和相关交易费用之和作为初始入账金额，税法以取得该资产的公允价值和支付的相关税费为计税基础，会计确认的初始投资成本与税法应确认的计税基础是一致的。

（2）后续计量的税会差异。

可供出售金融资产（以公允价值计量且其变动计入其他综合收益的金融资产）后续计量的差异主要体现在2个方面：

① 以公允价值计量且其变动计入其他综合收益的债券投资收益，会计确认的投资收益为“其他债权投资”的摊余成本和实际利率计算确定的利息收入，按票面利率计算的利息与债券的摊余成本和实际利率计算确定的利息收入的差额作为“其他债权投资——利息调整”；税法规定按照票面利率计算利息收益。当票面利率与实际利率不一致时，会计与税法确认投资收益存在差异。汇算清缴时，需要按照税法确定的投资收益对会计已确认的投资收益进行相应的调整。

② “其他债权投资”“其他权益工具投资”公允价值变动，在资产负债表日会计处理中按照公允价值调整资产账面价值，计入“其他综合收益”，预计发生信用损失，计入信用减值损失；税法规定企业持有各项资产期间资产增值或者减值，除国务院财政、税务主管部门规定可以确认损益外，不得调整该资产的计税基础。因此，汇算清缴时，会计确认的“其他综合收益”的贷方余额需要进行纳税调减，“其他综合收益”的借方余额需要进行纳税调增。“信用减值损失”的借方余额进行调增。

（3）处置时的税会差异。

在处置可供出售金融资产（以公允价值计量且其变动计入其他综合收益的金融资产）时，会计按照实际取得的价款与账面价值的差额确认投资收益，同时持有期间计入其他综合收益的金额转入投资收益；税法按实际取得的价款与计税基础的差额确认投资收益，会计与税法确认的收益相同。

【案例4-3】分析2

A公司7月1日购入的C公司债券相关会计处理如下：

设A公司购入C公司债券实际利率为r，2 200 000×5%÷2×（P/A, r/2, 6）+ 2 200 000×（P/F, r/2, 6）=2 000 000，r≈8.64%。

购入时：

借：其他债权投资——成本　　2 210 000

　　贷：银行存款　　2 010 000

　　　　其他债权投资——利息调整　　200 000

12月31日计提利息，按票面利率计算的利息=2 200 000×5%÷2=55 000（元）。

实际利息=2 000 000×8.64%÷2=86 400（元）

借：应收利息　　55 000

　　其他债权投资——利息调整　　31 400

　　贷：投资收益　　86 400

其他债权投资期末摊余成本=2 000 000+86 400−55 000=2 031 400（元）

12月31日按市场公允价值调整其他债权投资的账面价值：2 100 000−2 031 400=68 600（元）

借：其他债权投资——公允价值变动　　68 600

　　贷：其他综合收益——其他债权投资公允价值变动　　68 600

税法确认的投资收益为55 000元，会计确认的投资收益86 400元，和其他综合收益68 600元需要进行纳税调减，金额为100 000元。

（四）持有至到期投资（债权投资）的纳税调整

原准则中的持有至到期投资在新金融工具准则中属于以摊余成本计量的金融资产。需要同时符合下列条件：

（1）企业管理该金融资产的业务模式是以收取合同现金流量为目标。

（2）该金融资产的合同条款规定，在特定日期产生的现金流量，仅为对本金和以未偿付本金金额为基础的利息的支付。

“债权投资”科目核算企业持有的到期收回本金，在合同期间内按时收取股东或浮动利息，或者到期收回本金利息的债券投资。因此，在投资收益表中需要根据“债权投资”来填写“持有至到期投资”的纳税调整。

1. 持有至到期投资（债权投资）的会计核算（表4–6）。

表4–6　　持有至到期投资（债权投资）的会计核算一览表

<table>
<tr><td></td><td>会计科目</td><td>债权投资——成本（取得债券的面值）
债权投资——利息调整（债券面值与实际支付价款扣除应收利息之后的差额）</td></tr>
<tr><td rowspan="4">持有至到期投资（债权投资）的会计处理</td><td>初始计量</td><td>借：债权投资——成本（面值）
——利息调整（差额，也可能在贷方）
应收利息（已到付息期但尚未领取的利息）
贷：银行存款等</td></tr>
<tr><td>后续计量</td><td>1. 计提利息
借：应收利息（分期付息债券按票面利率计算的利息）
债权投资——应计利息（到期一次还本付息债券按票面利率计算的利息）
贷：投资收益（持有至到期投资摊余成本乘以实际利率计算确定的利息收入）
债权投资——利息调整（差额，也可能在借方）
2. 发生预期信用损失
发生未来可能的违约事件造成损失时，应当预期信用损失，借记“信用减值损失”，贷记“债权投资减值准备”。
3. 以摊余成本计量的金融资产重分类
借：其他债权投资（重分类日公允价值）
债权投资减值准备
贷：债权投资（账面价值）
其他综合收益（差额，也可能在借方）</td></tr>
<tr><td>处　置</td><td>借：银行存款等
债权投资减值准备
贷：债权投资（账面价值）
投资收益（差额，也可能在借方）</td></tr>
</table>

2. 债权投资的税会差异及调整。

（1）初始计量的税会差异。

债权投资初始计量时会计入账价值和税法的计税基础无差异。

（2）后续计量的税会差异及调整。

在后续计量中的税会差异主要体现2个方面：

一是投资收益的确认方法，会计按实际利率法确认投资收益，税法依据合同规定来确认应税收入，产生暂时性差异需要在报告日进行所得税会计处理，如果产生应纳税暂时性差异确认递延所得税负债，如果产生可抵扣暂时性差异确认递延所得税资产，待到债权投资收回时转销，在企业所得税汇算清缴时进行纳税调整。

二是关于债权投资减值的处理，金融工具减值采用预期信用损失法，金融资产减值的计提是以未来可能的违约事件造成的损失的期望值为依据。当发行方或债务人发生重大财务困难，债务人违反合同，如偿付利息或本金违约或逾期等，债权人出于与债务人财务困难有关的经济或合同考虑，给予债务人在任何其他情况下都不会做出的让步，发行方或债务人财务困难导致该金融资产的活跃市场消失等可观察信息出现是，证明金融资产已发生信用减值，需要计提减值准备。按照税法规定，投资性资产持有期间的增值、减值均不调整计税基础，因此会计和税法产生暂时性差异，计提的减值准备需要做纳税调增。

（3）处置的税会差异及调整。

会计确认的投资收益是按照处置收入与账面价值的差额来确认，税法确认的投资收益是处置收入与计税基础的差额，当会计对债权投资计提减值准备，会计确认的投资收益低于税法确认的投资收益，需要做纳税调增。

【案例4-3】分析3

A公司出售持有至到期投资，并进行重分类的会计处理：

分录	借方	贷方
借：银行存款	640 000	
贷：债权投资——成本		600 000
投资收益		40 000
借：其他债权投资	2 560 000	
贷：债权投资——成本		2 400 000
其他综合收益		160 000

4月30日出售债券：

分录	借方	贷方
借：银行存款	2 600 000	

贷：其他债权投资 2 560 000

投资收益 40 000

借：其他综合收益 160 000

贷：投资收益 160 000

A公司持有至到期投资债券的会计确认的投资收益40 000元，税法与会计无差异。

债权投资重分类时，其他债权投资的计税基础应当是2 400 000元，转让收款2 600 000元，税收确认的投资收益应为200 000元，会计确认的投资收益是200 000元，会计和税法无差异，不需调整。

（五）长期股权投资的纳税调整

长期股权投资包括三个方面：①投资企业能够对被投资单位实施控制的权益性投资，即对子公司的投资；②投资企业与其他合营方一同对被投资单位实施共同控制的权益性投资，即对合营企业投资；③投资企业对被投资单位有重大影响的权益性投资，即对联营企业的投资。

长期股权投资在取得时应按初始投资成本入账。长期股权投资的初始投资成本，应分别根据形成控股合并和不形成控股合并情况确定。后续计量分别采用成本法和权益法。

1. 长期股权投资的会计核算（表4–7）。

表4-7

长期股权投资的会计核算

<table>
<tr><td rowspan="6">长期股权投资的会计处理</td><td>会计科目</td><td colspan="3">长期股权投资——投资成本（投资时点）
——损益调整（持有期间被投资单位净损益及利润分配变动）
——其他综合收益（投资后其他综合收益变动）
——其他权益变动（投资后其他权益变动）</td></tr>
<tr><td rowspan="3">初始计量</td><td colspan="2">形成控股合并</td><td>不形成控股合并</td></tr>
<tr><td>同一控制</td><td>非同一控制</td><td rowspan="2">1. 以支付现金取得的长期股权投资，应当按照实际支付的购买价款作为长期股权投资的初始投资成本，包括与取得长期股权投资直接相关的费用。
2. 以发现权益证券取得长期股权投资，其成本为发行权益性证券的公允价值。
3. 以债务重组、非货币性资产交换等方式取得的长期股权投资，以换出资产的公允价值及相关税费作为换入资产的入账价值</td></tr>
<tr><td>1. 合并方以支付现金、转让非现金资产或承担债务方式作为合并对价：
按合并日按照取得被合并方所有者权益在最终控制方合并财务报表中账面价值的份额，作为长期股权投资的初始成本；按应享有被投资单位已宣告但尚未发放的现金股利或利润借记“应收股利”；按支付的合并对价的账面价值，贷记有关资产或负债科目，如为贷方差额，贷记“资本公积——资本溢价或股本溢价”；如为借方差额，借记“资本公积——资本溢价或股本溢价”，不足冲减的，借记“盈余公积”“利润分配——未分配利润”。
审计、法律服务等相关费用计入“管理费用”。
2. 以发行权益性证券为合并对价：
按合并日按照取得被合并方所有者权益在最终控制方合并财务报表中账面价值的份额，作为长期股权投资的初始成本；按发行的权益性债券的面值总额作为股本，长期股权投资初始投资成本与发行权益性证券面值总额的差额，调整资本公积（资本溢价或股本溢价），如为借方差额，资本公积不足冲减的，应调整留存收益</td><td>按合并成本作为长期股权投资的初始投资成本，合并成本包括购买方付出的资产、承担的负债或发行的权益性证券的公允价值之和。
购买日按企业合并成本，借记“长期股权投资”科目，按享有被投资单位已宣告但尚未发放的现金股利或利润借记“应收股利”；按支付的合并对价的账面价值，贷记有关资产或负债科目，合并对价资产公允价值与其账面价值的差额应分别记入“资产处置损益”“投资收益”等科目。
以发行权益证券作为合并对价的，购买日按照发行的权益性证券的公允价值，借记“长期股权投资”科目，按按发行的权益性债券的面值总额作为股本，差额贷记“资本公积——资本溢价或股本溢价”</td></tr>
<tr><td rowspan="2">后续计量</td><td>成本法</td><td colspan="2">权益法</td></tr>
<tr><td>投资方能够对被投资单位实施控制</td><td colspan="2">投资企业对被投资单位具有共同控制或重大影响</td></tr>
</table>

续表

		成本法	权益法
长期股权投资的会计处理	后续计量	1. “长期股权投资——投资成本”科目反映取得时的成本。 2. 被投资单位宣告发放现金股利： 借：应收股利（享有被投资单位宣告发放的现金股利或利润） 　　贷：投资收益 3. 计提减值准备： 借：资产减值损失 　　贷：长期股权投资减值准备	1. 长期股权投资的初始投资成本＞投资时应享有被投资单位可辨认净资产公允价值份额的，不调整长期股权投资的初始投资成本； 长期股权投资的初始投资成本＜投资时应享有被投资单位可辨认净资产公允价值份额的，应按其差额，借记“长期股权投资——投资成本”科目，贷记“营业外收入”科目。 2. 投资企业取得长期股权投资后，应当按照应享有或应分担的被投资单位实现的净损益的份额，确认投资损益并调整长期股权投资的账面价值。 （1）被投资单位实现净利润： 借：长期股权投资——损益调整 　　贷：投资收益 （2）亏损做相反分录。 3. 当被投资单位其他综合收益发生变动时，投资企业应当按照归属于本企业的部分，相应调整长期股权投资的账面价值，同时增加或减少其他综合收益。 借：长期股权投资——其他综合收益 　　贷：其他综合收益 （或相反分录） 被投资单位除净损益、其他综合收益以及利润分配以外所有者权益的其他变动： 借：长期股权投资——其他权益变动 　　贷：资本公积——其他资本公积 　　（或相反分录）
	处置	借：银行存款等 　　长期股权投资减值准备 　　贷：长期股权投资 　　　　投资收益（差额，也可能在借方）	1. 确认投资收益： 借：银行存款等 　　长期股权投资减值准备 　　贷：长期股权投资 　　　　投资收益（差额，也可能在借方） 2. 结转其他综合收益和利润分配以外的其他所有者权益变动而确认的所有者权益，应当在终止采用权益法核算时全部转入当期投资收益

2. 长期股权投资的税会差异及调整。

（1）初始计量的税会差异及调整。

长期股权投资在初始计量的税会差异主要体现在：

同一控制下的控股合并会计入账价值与计税基础不同，会计上以被合并方所有者权益账面价值的份额，作为长期股权投资的初始成本，税法规定投资性资产的计税基础为实际支付的价款或通过支付现金以外的方式取得的投资性资产，以该资产的公允价值和支付的相关税费为成本。

非同一控制下的合并和不形成控股合并取得的长期股权投资会计上将咨询费等计入管理费用，税法以实际支付的价款或通过支付现金以外的方式取得的长期股权投资，以该换出资产的公允价值和支付的相关税费为成本。

（2）后续计量的税会差异及调整。

会计上将长期股权投资的后续计量分为成本法和权益法，税会差异主要体现在以下两个方面：

一是会计规定对存在减值迹象的长期股权投资计提减值准备，税法规定资产持有期间增值减值不得调整计税基础。

2014年7月1日开始实施的《企业会计准则第2号——长期股权投资》（财会〔2014〕14号）中规定：在成本法下，按照被投资单位宣告发放股利的时间确认投资收益的实现，不管有关利润分配是属于取得投资前还是取得投资后被投资单位实现净利润的分配。这与税法按照被投资单位宣告发放股利确认投资收益的规定是一致的。

但是，在成本法下，投资企业确认自被投资单位应分得的现金股利或利润后，需要对长期股权投资进行减值测试，如果可收回金额低于长期股权投资账面价值，应当计提减值准备，与税法的规定存在差异，在所得税汇算清缴时需要将已计提的减值准备纳税调增。

二是在权益法下，按照被投资单位所有者权益的变动调整长期股权投资的账面价值，税法规定资产持有期间增值减值不得调整计税基础。

权益法下，在初始计量时，需要将长期股权投资的初始投资成本低于被投资单位可辨认净资产公允价值份额的部分确认收益，在持有期间应当按照应享有或应分担的被投资单位实现的净损益的份额，确认投资损益或损失，并相应调整长期股权投资的账面价值。

（3）转让时的税会差异及调整。

一是因账面价值低于计税基础产生的税会差异。

采用成本法核算的长期股权投资，税会差异主要体现在会计确认的投资收益是以实际收到的处置收入扣除账面价值后的余额，税法确认的投资收益是以实际收到的处置收入扣除计税基础后的余额，如果计提了长期股权投资减值准备，账面价值低于计税基础，会计确认的收益高于税法确认的收益，需要纳税调减。

二是因权益法确认的其他综合收益及其他所有者权益变动引起的税会差异。

采取权益法核算的长期股权投资，结转其他综合收益（除设定受益计划外）和利润分配以外的其他所有者权益变动而确认的所有者权益，应当在终止采用权益法核算时全部转入当期投资收益。税法确认的投资收益是以实际收到的处置收入扣除计税基础后的余额，会产生会计与税法在收益确认上的差异，需要做相应的纳税调整。

【案例4-3】分析4

A公司9月25日取得D公司30%股权，具有重大影响，采用权益法核算，其会计处理：

取得时：

借：长期股权投资——投资成本　　20 000 000

　　贷：银行存款　　20 000 000

按照在被投资单位D公司可辨认净资产公允价值中占的份额调整长期股权投资账面价值：7 000 × 30% = 2 100（万元）

借：长期股权投资——投资成本　　1 000 000

　　贷：营业外收入　　1 000 000

D公司2020年度实现利润200万元，A公司调整长期股权投资账面价值

借：长期股权投资——损益调整　　600 000

　　贷：投资收益　　600 000

D公司2020年其他综合收益增加，A公司调整长期股权投资账面价值

借：长期股权投资——损益调整　　　　300 000

　　贷：其他综合收益　　　　300 000

会计采用权益法核算D公司的长期股权投资，对初始投资成本调增1 000 000元，以及随着被投资单位所有者权益变动对长期股权投资账面价值调增并确认的投资收益600 000元和其他综合收益300 000元均需要进行纳税调减。

二、《A105030投资收益纳税调整明细表》的填写

（一）行次填报

按行次分，本表分为九大部分，分别反映交易性金融资产、可供出售金融资产、持有至到期投资、衍生工具、交易性金融负债、长期股权投资、短期投资、长期债券投资、其他投资等的持有期和转让时确认的投资收益纳税调整情况。

（二）列次填报

按列次分，本表分为三大部分：

1. 第一部分：第1列～第3列反映持有收益。

第1列“账载金额”，反映纳税人持有投资项目，会计核算确认的投资收益。

第2列“税收金额”，反映纳税人持有投资项目，按照税法规定确认的投资收益。

第3列“纳税调整金额”，反映纳税人持有投资项目，会计核算确认投资收益与税法规定投资收益的差异需纳税调整金额，为第2列-第1列的余额。

2. 第二部分：第4列～第10列反映处置收益。

第4列“会计确认的处置收入”，反映纳税人收回、转让或清算处置投资项目，会计核算确认的扣除相关税费后的处置收入金额。

第5列“税收计算的处置收入”，反映纳税人收回、转让或清算处置投

资项目，按照税法规定计算的扣除相关税费后的处置收入金额。

第6列“处置投资的账面价值”，反映纳税人收回、转让或清算处置的投资项目，会计核算的投资处置成本的金额。

第7列“处置投资的计税基础”，反映纳税人收回、转让或清算处置的投资项目，按税法规定计算的投资处置成本的金额。

第8列“会计确认的处置所得或损失”，反映纳税人收回、转让或清算处置投资项目，会计核算确认的处置所得或损失，为第4列–第6列的余额。

第9列“税收计算的处置所得”，反映纳税人收回、转让或清算处置投资项目，按照税法规定计算的处置所得，为第5列–第7列的余额，税收计算为处置损失的，本表不作调整，在《A105090资产损失税前扣除及纳税调整明细表》进行纳税调整。

第10列“纳税调整金额”，反映纳税人收回、转让或清算处置投资项目，会计处理与税法规定不一致需纳税调整金额，为第9列–第8列的余额。

3. 第三部分：第11列反映持有收益和处置收益的纳税调整金额。

（三）表间关系

1. 第10行第1列+第8列=表A105000第4行第1列。

2. 第10行第2列+第9列=表A105000第4行第2列。

3. 第10行第11列，若≥0，填入表A105000第4行第3列；若<0，将绝对值填入表A105000第4行第4列。

（四）案例解析

【案例4–3】分析5

根据A公司2020年度业务填写《A105030投资收益纳税调整明细表》，见表4–8。

表4-8

A105030 投资收益纳税调整明细表

单位：元

行次	项目	持有收益			处置收益							纳税调整金额
		账载金额	税收金额	纳税调整金额	会计确认的处置收入	税收计算的处置收入	处置投资的账面价值	处置投资的计税基础	会计确认的处置所得或损失	税收计算的处置所得	纳税调整金额	
		1	2	3（2–1）	4	5	6	7	8（4–6）	9（5–7）	10（9–8）	11（3+10）
1	一、交易性金融资产	100 000	0	–100 000								–100 000
2	二、可供出售金融资产	155 000	55 000	–100 000	2 600 000	2 600 000	2 400 000	2 400 000	200 000	200 000	0	–100 000
3	三、持有至到期投资				640 000	640 000	600 000	600 000	40 000	40 000	0	0
4	四、衍生工具											
5	五、交易性金融负债											
6	六、长期股权投资	900 000	0	–900 000								–900 000
7	七、短期投资											
8	八、长期债券投资											
9	九、其他											
10	合计（1+2+3+4+5+6+7+8+9）	1 155 000	55 000	–1 100 000	3 240 000	3 240 000	3 000 000	3 000 000	240 000	240 000	0	–1 100 000

填写要点：

《A105030投资收益纳税调整明细表》（以下简称表A105030）仅反映各类投资性资产持有期和转让时的投资收益，初始计量的税会差异直接在《A105000纳税调整项目明细表》（以下简称表A105000）中填报。

1. 交易性金融资产初始交易费用8 000元需要做纳税调增，填列表A105000第6行第3列“调增金额”。持有期公允价值变动会计确认收益100 000元，税法不确认收益在表A105030第1行第1列“账载金额”填100 000元，第2列“税收金额”填0，第3列“纳税调增金额”–100 000元。

2. 第2行填写“可供出售金融资产”的持有收益和转让收益，其中：

第1列～第2列填写7月1日购入的债券，第1列填2020年投资收益的“账载金额”，为86 400元和68 600元之和155 000元，第2列填“税收金额”55 000元，第3列填–100 000元。

4月30日出售债券的结果填写第4列～第9列，第4列填2 600 000元，第5列填2 600 000元，第6列填2 400 000元，第7列填2 400 000元，第8列填200 000元，第9列填200 000元，第10列0，第11列为第3列与第10列的和填–100 000元。

3. 第3行填写“持有至到期投资”，4月6日转让持有至到期投资，第4列填640 000元，第5列填640 000元，第6列填600 000元，第7列填600 000元，第8列填40 000元，第9列填40 000元，第10列填0。

4. 第6行填写“长期股权投资”，9月25日取得的D公司股权，采用权益法，对初始投资成本的调整确认的收益100 000填入A105000第5行第4列“调减金额”；持有期收益填写本表，第1列填900 000元，第2列填0，第3列填–900 000元。

5. 第10行为合计数，第1列1 155 000元与第8列240 000元合计数1 395 000元转入表A105000第4行“（三）投资收益”第1列“账载金额”，第2列55 000元与第9列240 000元合计数295 000元转入表A105000第4行第2列“税收金额”，第11列–1 100 000元的绝对值转入表A105000第4行第4列“调减金额”。

第四节　专项用途财政性资金的纳税调整及申报

【案例4-4】

A公司2020年收到财政专项资金100万元，当年一次性计入营业外收入，符合不征税收入的条件，支出80万元；同时，若2018年同样有一笔不征税收入800万元，计入2020年利润表收入100万元，2018年开始A公司每年支付100万元，2015年12月有一笔不征税收入1 000万元，计入2020年利润表收入150万元，2015年开始，每年支出150万元，结余100万元未支出，没有上缴财政。

请完成下列问题：

1. 分析A公司2020年度不征税收入的会计处理、税务处理及纳税调整。
2. 填写《A105040专项用途财政性资金纳税调整明细表》。

一、专项用途财政性资金的纳税调整

（一）税法规定

《企业所得税法》第七条规定：收入总额中的下列收入为不征税收入，包括财政拨款，依法收取并纳入财政管理的行政事业性收费、政府性基金，国务院规定的其他不征税收入。《企业所得税法实施条例》第二十六条规定：《企业所得税法》第七条第（三）项所称国务院规定的其他不征税收入，是指企业取得的，由国务院财政、税务主管部门规定专项用途并经国务院批准的财政性资金。

《财政部　国家税务总局关于专项用途财政性资金企业所得税处理问题的通知》（财税〔2011〕70号，以下简称财税〔2011〕70号文件）规定：对企业从县级以上各级人民政府财政部门及其他部门取得的应计入收入总额的财政性资金，自2011年1月1日起，凡同时符合以下条件的，可以作为不征税收入，在计算应纳税所得额时从收入总额中减除：

（1）企业能够提供规定资金专项用途的资金拨付文件；

（2）财政部门或其他拨付资金的政府部门对该资金有专门的资金管理办法或具体管理要求；

（3）企业对该资金以及以该资金发生的支出单独进行核算。

企业将符合财税〔2011〕70号文件第一条规定条件的财政性资金作不征税收入处理后，在5年（60个月）内未发生支出且未缴回财政部门或其他拨付资金的政府部门的部分，应计入取得该资金第六年的应税收入总额；计入应税收入总额的财政性资金发生的支出，允许在计算应纳税所得额时扣除。

也就是说，企业取得的财政性资金必须同时满足上述3个条件才可以享受不征税收入的待遇。否则，应并入应纳税所得额缴纳企业所得税。

（二）会计规定

《企业会计准则第16号——政府补助》中规定：政府补助时指企业从政府无偿取得的货币性资产或非货币性资产。主要包括政府对企业的无偿拨款、税收返还、财政贴息，以及无偿给予的非货币性资产等。根据政府补助给企业带来经济利益或者弥补相关成本或费用形式的不同，政府补助划分为与资产相关的政府补助和与收益相关的政府补助。

1. 与资产相关的政府补助。

通常是指企业取得的、用于购建或以其他方式形成长期资产的政府补助。会计上可以选择两种核算方法，一是总额法，将与资产相关的政府补助确认为递延收益，随着资产的使用，逐步转入损益；二是净额法，将补助冲减资产账面价值，以反映长期资产的实际取得成本。

2. 与收益相关的政府补助。

此类补助主要用于补偿企业已发生或即将发生的费用或损失，在发生时计入当期损益或冲减相关成本。

（三）税会差异

与收益相关的政府补助，税法与会计准则的规定一致，没有差异。与资产相关的政府补助，在总额法下，会计上将政府补助随着资产使用逐步转入损益，税法是收到政府补助当期确认收入，会产生时间性差异，需要做纳税调整。净额法下，会计收到政府补助不确认收益，直接冲减长期资产账面价值，会影响折旧等费用，最终影响应纳税所得额，产生时间性差异，需要做纳税调整。

【案例4-4】分析1

按照财税〔2011〕70号文件规定，A公司取得的2015年财政专项资金1 000万元、2018年财政专项资金800万元、2020年财政专项资金100万元满足3个条件作为不征税收入，同时不征税收入用于支出所形成的费用，不得在计算应纳税所得额时扣除。用于支出所形成的资产，其计算的折旧、摊销不得在计算应纳税所得额时扣除。

基于以上分析，本案例中A公司2020年财政专项资金计入2020年损益的金额330万元（150+100+80），不得在计算应纳税所得额时扣除，需要做纳税调减，2015年财政专项资金1 000万元已经使用900万元（150+150+150+150+150+150），2020年没有使用完的2015年的财政专项资金100万元（1 000－900），因为超过5年，不再属于不征税收入，因此属于应税收入，需要在2020年纳税调增100万元。

二、《A105040专项用途财政性资金纳税调整明细表》的填写

《A105040专项用途财政性资金纳税调整明细表》对不征税收入用于支出形成的费用进行调整，不征税收入的资本化支出要通过《A105080资产折旧、摊销及纳税调整明细表》进行纳税调整。

（一）行次填报

按行次分，本表前6行分别反映本年起依次向前推进5个年度的专项用途财政性资金纳税调整情况。第7行反映合计数。

（二）列次填报

本表列次分六大部分：

1. 第一部分：第1列“取得年度”，反映取得专项用途财政性资金的公历年度。第5行~第1行依次从6行往前倒推，第6行为申报年度。

2. 第二部分：第2列“财政性资金”，反映纳税人相应年度实际取得的财政性资金金额。

3. 第三部分：第3列~第4列反映符合不征税收入条件的财政性资金的情况。

第3列“其中：符合不征税收入条件的财政性资金金额”，反映纳税人相应年度实际取得的符合不征税收入条件且已作不征税收入处理的财政性资金金额。

第4列“其中：计入本年损益的金额”，反映第3列“其中：符合不征税收入条件的财政性资金金额”中，会计处理时计入本年（申报年度）损益的金额。本列第7行金额为《A105000纳税调整项目明细表》第9行“其中：专项用途财政性资金”的第4列“调减金额”。

4. 第四部分：第5列~第9列，反映纳税人作为不征税收入处理的符合条件的财政性资金，在申报年度以前的5个纳税年度发生的支出金额。前一年度，填报本年的上一纳税年度，以此类推。

5. 第五部分：第10列~第11列反映本年不征税收入支出情况。

第10列“支出金额”，反映纳税人历年作为不征税收入处理的符合条件的财政性资金，在本年（申报年度）用于支出的金额。

第11列“其中：费用化支出金额”，反映纳税人历年作为不征税收入处理的符合条件的财政性资金，在本年（申报年度）用于支出计入本年损益的费用金额，本列第7行金额为《A105000纳税调整项目明细表》第25行“其中：专项用途财政性资金用于支出所形成的费用”的第3列“调增金额”。

6. 第六部分：第12列～第14列反映本年不征税收入结余情况。

第12列“结余金额”，反映纳税人历年作为不征税收入处理的符合条件的财政性资金，减除历年累计支出（包括费用化支出和资本性支出）后尚未使用的不征税收入余额。

第13列“其中：上缴财政金额”，反映第12列“结余金额”中向财政部门或其他拨付资金的政府部门缴回的金额。

第14列“应计入本年应税收入金额”，反映企业以前年度取得财政性资金且已作为不征税收入处理后，在5年（60个月）内未发生支出且未缴回财政部门或其他拨付资金的政府部门，应计入本年应税收入的金额。本列第7行金额为《A105000纳税调整项目明细表》第9行“其中：专项用途财政性资金”的第3列“调增金额”。

（三）表间关系

1. 第7行第4列=表A105000第9行第4列。
2. 第7行第11列=表A105000第25行第3列。
3. 第7行第14列=表A105000第9行第3列。

（四）案例解析

【案例4-4】分析2

根据A公司2020年度业务填写《A105040专项用途财政性资金纳税调整明细表》，见表4-9。

表4-9　　A105040　专项用途财政性资金纳税调整明细表

单位：元

行次	项目	取得年度	财政性资金	其中：符合不征税收入条件的财政性资金		以前年度支出情况					本年支出情况		本年结余情况		
				金额	其中：计入本年损益的金额	前五年度	前四年度	前三年度	前二年度	前一年度	支出金额	其中：费用化支出金额	结余金额	其中：上缴财政金额	应计入本年应税收入金额
		1	2	3	4	5	6	7	8	9	10	11	12	13	14
1	前五年度	2015	10 000 000	10 000 000	1 500 000	1 500 000	1 500 000	1 500 000	1 500 000	1 500 000	1 500 000	1 500 000	1 000 000	0	1 000 000
2	前四年度	2016				*							—		
3	前三年度	2017				*	*						—		
4	前二年度	2018	8 000 000	8 000 000	1 000 000	*	*	*	1 000 000	1 000 000	1 000 000	1 000 000	5 000 000		
5	前一年度	2019				*	*	*	*						
6	本年	2020	1 000 000	1 000 000	800 000	*	*	*	*	*	800 000	800 000	200 000		
7	合计（1+2+3+4+5+6）	*	19 000 000	19 000 000	3 300 000	*	*	*	*	*	3 300 000	3 300 000	6 200 000		1 000 000

填写要点：

1. A公司2020年所得税纳税申报表《A105040专项用途财政性资金纳税调整明细表》第1列“取得年度”：第6行“本年”填2020，第5行“前一年度”填2019，第4行“前二年度”填2018，第3行“前三年度”填2017，第2行“前四年度”填2016，第1行“前五年度”填2015；

2. 第1行反映“前五年度”即2015年专项用途财政性资金纳税调整的情况，2015年有一笔不征税收入10 000 000元因此第2列“财政性资金”填10 000 000元，第3列“其中：符合不征税收入条件的财政性资金金额”填10 000 000元，第4列“其中：计入本年损益的金额”填1 500 000元，自2015年每年支出1 500 000元因此第5列到第10列分别填写1 500 000元，2019年支出1 500 000元属于费用化支出因此第11列“其中：费用化支出金额”填写1 500 000元，2020年有未支出专项用途财政性资金1 000 000元因此第12列“结余金额”填写1 000 000元，2015年未发生支出且未缴回财政部门的不征税收入1 000 000元超过60个月，应计入应税收入。因此，第14列“应计入本年应税收入金额”填写1 000 000元；

3. 第4行反映“前二年度”即2018年专项用途财政性资金纳税调整的情况，2018年有一笔不征税收入8 000 000元因此第2列“财政性资金”填8 000 000元，第3列“其中：符合不征税收入条件的财政性资金金额”填8 000 000元，第4列“其中：计入本年损益的金额”填1 000 000元，自2018年每年支出1 000 000元因此第8列到第10列分别填写1 000 000元，2019年支出1 000 000元属于费用化支出因此第11列“其中：费用化支出金额”填写1 000 000元，第12列“结余金额”填写5 000 000元；

4. 第6行反映“本年”即2020年专项用途财政性资金纳税调整的情况，2020年有一笔不征税收入1 000 000元因此第2列“财政性资金”填1 000 000元，第3列“其中：符合不征税收入条件的财政性资金金额”填1 000 000元，第4列“其中：计入本年损益的金额”填800 000元，2019年支出800 000元因此第10列填写800 000元，2020年支出800 000元属于费用化支出因此第11列“其中：费用化支出金额”填写800 000元，第12列“结余金额”填写200 000元；

5. 第7行“合计”计算第2行到第6行的合计金额，第4列“其中：计入本年损益的金额”3 300 000元再转入《A105000纳税调整项目明细表》第9行“其中：专项用途财政性资金”第4列“调减金额”；第14列“应计入本年应税收入金额”1 000 000元再转入《A105000纳税调整项目明细表》第9行“其中：专项用途财政性资金”第3列“调增金额”。

第五章　扣除类项目的纳税调整及申报

【学习目标】

1. 掌握主要扣除类项目的税务处理及纳税调整；

2. 掌握扣除类调整项目的纳税申报。

按照税法扣除的标准对企业的扣除项目分成三类：税前全额扣除项目、税前限额扣除项目和税前不得扣除项目。

1. 税前全额扣除项目。

指纳税人实际发生的成本费用等项目，税法允许全额税前扣除。如纳税人实际计算缴纳的税金及附加、实际发生的销货成本等，会计和税法没有差异，无须纳税调整。

2. 税前限额扣除项目。

指税法对部分扣除项目的税前扣除限额做了规定，实际发生的扣除项目在不超过该限额的范围内进行税前扣除。主要针对一些可能不合理的支出项目，如福利费、业务招待费、利息支出等。企业实际发生的扣除项目金额未超过限额的，据实扣除；超过限额的，对超过部分需要进行纳税调增。

3. 税前不得扣除项目。

指会计计入当期损益而税法明确规定不允许税前扣除的成本、费用和损失。如税收滞纳金、行政罚款、与取得收入无关的支出等，需全额进行纳税调增。

第一节　职工薪酬的纳税调整及申报

《企业会计准则第9号——职工薪酬》（财会〔2014〕8号，以下简称《职工薪酬准则》）规定，职工薪酬，是指企业为获得职工提供的服务或解除劳动关系而给予的各种形式的报酬或补偿。职工薪酬包括短期薪酬、离职后福利、辞退福利和其他长期职工福利。企业提供给职工配偶、子女、受赡养人、已故员工遗属及其他受益人等的福利，也属于职工薪酬。

其中所称职工，是指与企业订立劳动合同的所有人员，含全职、兼职和临时职工，也包括虽未与企业订立劳动合同但由企业正式任命的人员。包括通过企业与劳务中介公司签订用工合同而向企业提供服务的人员。

《职工薪酬准则》规定，企业应当在职工为其提供服务的会计期间，将应付的职工薪酬确认为负债，根据职工提供服务的受益对象，分情况进行处理。应由生产产品、提供劳务负担的职工薪酬，计入产品成本或劳务成本；应由在建工程、无形资产负担的职工薪酬，计入固定资产或无形资产成本；其他的计入当期损益。在应付职工薪酬总账下分别设置工资、职工福利、社会保险费、住房公积金、工会经费、职工教育经费、非货币性福利、辞退福利、累计带薪缺勤等明细账。

职工薪酬的纳税调整主要通过《A105050职工薪酬支出及纳税调整明细表》体现。

一、工资、薪金支出的纳税调整

（一）会计规定

《职工薪酬准则》规定：职工工资、奖金、津贴和补贴，包括计时工资、计件工资、支付给职工的超额劳动报酬、为了补偿职工特殊或额外的劳动消耗和其他特殊原因支付给职工的津贴，以及为了保证职工工资水平不受物价影响支付给职工的奖金、津贴和物价补贴等。

（二）税法规定

《企业所得税法实施条例》规定，企业发生的合理的工资薪金支出，准予扣除。所称的“工资薪金总额”，是企业每一纳税年度支付给本企业任职或者受雇的员工的所有现金形式或非现金形式的劳动报酬，包括基本工资、奖金、津贴、补贴、年终加薪、加班工资，以及与员工任职或者受雇有关的其他支出。

根据《国家税务总局关于企业工资薪金及职工福利费扣除问题的通知》（国税函〔2009〕3号，以下简称国税函〔2009〕3号文件），合理工资薪金，是指企业按照股东大会、董事会、薪酬委员会或相关管理机构制定的工资薪金制度规定实际发放给员工的工资薪金。税务机关在对工资薪金进行合理性确认时，可以按照以下原则掌握：

1. 企业制定了较为规范的员工工资薪金制度；

2. 企业所制定的工资薪金制度符合行业及地区水平；

3. 企业在一定时期所发放的工资薪金是相对固定的，工资薪金的调整是有序进行的；

4. 企业对实际发放的工资薪金，已依法履行了代扣代缴个人所得税义务；

5. 有关工资薪金的安排，不以减少或逃避税款为目的。

（三）差异分析

税法上允许扣除的工资薪金要强调两点：一是准予税前扣除的，应该是企业实际所发生的工资薪金支出，即企业已经实际支付给职工的那部分薪金支出，尚未支付的工资薪金支出，不能在其未支付的纳税年度内扣除，只有等到实际发生后，才准予税前扣除。二是所发生的工资薪金的合理性。凡是符合企业生产经营活动常规而发生的工资薪金支出都可以在税前据实扣除，支付给职工的不合理工资薪金支出，不允许税前扣除。

【综合案例】分析5-1

ABC科技应付职工薪酬中工资计提18 254 667.85元，并已实际发放，该工资标准符合当地工资水平标准，属于合理工资薪金，准予税前扣除。

二、职工福利费支出的纳税调整

（一）会计规定

根据《财政部关于企业加强职工福利费财务管理的通知》（财企〔2009〕242号）规定，企业职工福利费是指企业为职工提供的除职工工资、奖金、津贴、纳入工资总额管理的补贴、职工教育经费、社会保险费和补充养老保险费（年金）、补充医疗保险费及住房公积金以外的福利待遇支出，包括发放给职工或为职工支付的以下各项现金补贴和非货币性集体福利：

1. 为职工卫生保健、生活等发放或支付的各项现金补贴和非货币性福利，包括职工因公外地就医费用、暂未实行医疗统筹企业职工医疗费用、职工供养直系亲属医疗补贴、职工疗养费用、自办职工食堂经费补贴或未办职工食堂统一供应午餐支出、符合国家有关财务规定的供暖费补贴、防暑降温费等。

2. 企业尚未分离的内设集体福利部门所发生的设备、设施和人员费用，包括职工食堂、职工浴室、理发室、医务所、托儿所、疗养院、集体宿舍等集体福利部门设备、设施的折旧、维修保养费用以及集体福利部门工作人员的工资薪金、社会保险费、住房公积金、劳务费等人工费用。

3. 职工困难补助，或者企业统筹建立和管理的专门用于帮助、救济困难职工的基金支出。

4. 离退休人员统筹外费用，包括离休人员的医疗费及离退休人员其他统筹外费用。企业重组涉及的离退休人员统筹外费用，按照《财政部关于企业重组有关职工安置费用财务管理问题的通知》（财企〔2009〕117号）执行。国家另有规定的，从其规定。

5. 按规定发生的其他职工福利费，包括丧葬补助费、抚恤费、职工异地安家费、独生子女费、探亲假路费，以及符合企业职工福利费定义但没有列出的其他支出。

企业为职工提供的交通、住房、通信待遇，已经实行货币化改革的，按月按标准发放或支付的住房补贴、交通补贴或者车改补贴、通信补贴，应当纳入职工工资总额，不再纳入职工福利费管理；尚未实行货币化改革的，企业发生的相关支出作为职工福利费管理，但根据国家有关企业住房制度改革政策的统一规定，不得再为职工购建住房。

企业给职工发放的节日补助、未统一供餐而按月发放的午餐费补贴，应当纳入工资总额管理。

（二）税法规定

1. 职工福利费开支范围。

根据国税函〔2009〕3号文件规定，企业职工福利费包括以下内容：

（1）尚未实行分离办社会职能的企业，其内设福利部门所发生的设备、设施和人员费用，包括职工食堂、职工浴室、理发室、医务所、托儿所、疗养院等集体福利部门的设备、设施及维修保养费用和福利部门工作人员的工资薪金、社会保险费、住房公积金、劳务费等。

（2）为职工卫生保健、生活、住房、交通等所发放的各项补贴和非货币性福利，包括企业向职工发放的因公外地就医费用、未实行医疗统筹企业职工医疗费用、职工供养直系亲属医疗补贴、供暖费补贴、职工防暑降温费、职工困难补贴、救济费、职工食堂经费补贴、职工交通补贴等。

（3）按照其他规定发生的其他职工福利费，包括丧葬补助费、抚恤费、安家费、探亲假路费等。

企业发生的职工福利费，应该单独设置账册，进行准确核算。没有单独设置账册准确核算的，税务机关应责令企业在规定的期限内进行改正。逾期仍未改正的，税务机关可对企业发生的职工福利费进行合理的核定。

2. 职工福利费支出比例。

企业发生的职工福利费支出，不超过工资、薪金总额14%的部分准予扣除。工资、薪金总额是指企业实际发生的合理的工资、薪金总额。

根据《国家税务总局关于企业工资薪金和职工福利费等支出税前扣除问题的公告》（国家税务总局公告2015年第34号）规定，对职工工资薪金和职工福利费等支出在企业所得税中税前扣除问题又做了进一步的规定：

（1）关于企业福利性补贴支出税前扣除问题。列入企业员工工资薪金制度、固定与工资薪金一起发放的福利性补贴，符合国税函〔2009〕3号文件第一条规定的有关合理工资薪金支出的，可作为企业发生的工资薪金支出，按规定在税前扣除。不能同时符合有关合理工资薪金条件的福利性补贴，应作为国税函〔2009〕3号文件第三条规定的职工福利费，按规定计算限额税前扣除。

（2）关于企业接受外部劳务派遣用工支出税前扣除问题。企业接受外部劳务派遣用工所实际发生的费用，应分两种情况按规定在税前扣除：按照协议（合同）约定直接支付给劳务派遣公司的费用，应作为劳务费支出；直接支付给员工个人的费用，应作为工资薪金支出和职工福利费支出。其中属于工资薪金支出的费用，准予计入企业工资薪金总额的基数，作为计算其他各项相关费用扣除的依据。

（三）税法与会计差异

会计按实际发生的职工福利费金额在计算利润总额时全额扣除，但税法则规定允许扣除的职工福利费，第一必须是企业实际发生并支付的，第二不超过工资薪金总额14%的部分，超过部分，不得税前扣除。

【综合案例】分析5-2

ABC科技当年合理工资总额18 254 667.85元，以其作为计算职工福利费税前扣除限额的基数。

职工福利费扣除限额=18 254 667.85×14%=2 555 653.5（元）

实际发生的职工福利费为208 243.41 元，因实际发生数未超过限额，按实际发生数扣除，无须进行纳税调整。

三、职工教育经费支出的纳税调整与申报

（一）会计规定

财政部、全国总工会等部门联合印发的《关于企业职工教育经费提取与使用管理的意见》（财建〔2006〕317号）规定：

1. 企业要足额提取职工教育培训经费。要保证经费专项用于职工特别是一线职工的教育和培训，严禁挪作他用。

2. 企业的职工教育培训经费提取、列支与使用必须严格遵守国家有关财务会计和税收制度的规定。

3. 职工教育培训经费必须专款专用，面向全体职工开展教育培训，特别是要加强各类高技能人才的培养。

4. 企业职工教育培训经费列支范围包括：①上岗和转岗培训；②各类岗位适应性培训；③岗位培训、职业技术等级培训、高技能人才培训；④专业技术人员继续教育；⑤特种作业人员培训；⑥企业组织的职工外送培训的经费支出；⑦职工参加的职业技能鉴定、职业资格认证等经费支出；⑧购置教学设备与设施；⑨职工岗位自学成才奖励费用；⑩职工教育培训管理费用；⑪有关职工教育的其他开支。

（二）税法规定

为鼓励企业加大职工教育投入《财政部　税务总局关于企业职工教育经费税前扣除政策的通知》（财税〔2018〕51号）规定：自2018年1月1日起，企业发生的职工教育经费支出，不超过工资薪金总额8%的部分，准予在计算企业所得税应纳税所得额时扣除；超过部分，准予在以后年度结转扣除。

根据《财政部　国家税务总局关于进一步鼓励软件产业和集成电路产业发展企业所得税政策的通知》（财税〔2012〕27号）规定，集成电路设计企业和符合条件软件企业的职工培训费用，应单独进行核算并按实际发生额在计算应纳税所得额时扣除。

企业职工参加社会上的学历教育以及个人为取得学位而参加的在职教

育，所需费用应由个人承担，不能挤占企业的职工教育培训经费。企业高层管理人员的境外培训和考察，其一次单项支出较高的费用应从其他管理费用中支出。

【综合案例】分析5-3

ABC科技当年实际发生的职工职工教育经费为2 765 312.47 元，因为ABC科技被认定为软件生产企业，其职工培训费用支出应单独进行核算并可以按实际发生额税前扣除。

（三）差异分析

会计上计入利润总额的职工教育经费，一般情况下可以通过“应付职工薪酬——职工教育经费”科目的贷方累计发生额填列，但应注意企业直接计入成本费用，没有通过该科目的职工教育经费也影响利润总额，而税收规定允许扣除的职工教育经费，是企业发生的不超过工资总额8%的部分，超过部分准予结转以后纳税年度扣除，二者之间的差额应当进行纳税调整。

【例5-1】W公司2019年发生工资薪金总额350万元，当年实际发生职工教育经费支出31.25万元；2020年实际发生工资薪金总额600万元，当年实际发生职工教育经费支出10万元。假定该企业各年度工资薪金支出均符合合理标准，分析W公司2019年度和2020年度税前允许扣除的职工教育经费金额。

分析：

W公司2019年可在所得税前列支的职工教育经费限额=350×8%=28（万元）

因为W公司2019年实际发生的职工教育经费31.25万元大于税前扣除限额，所以按照税前扣除限额28万元扣除，2019年纳税调增3.25万元，同时未扣除的3.25万元结转到以后年度扣除。

2020年可税前列支的职工教育经费限额=600×8%=48（万元）

2020年W公司实际发生职工教育经费10万元以及2019年度结转下来的3.25万元合计为13.25万元，未超过税法规定的限额，可税前全部扣除。2020年度W公司纳税调减3.25万元。至此，在职工教育经费上税法和会计差异消失。

四、工会经费支出的纳税调整与申报

（一）会计规定

根据《企业财务通则》（财政部令第41号）的规定，建立工会组织的企业，按每月全部职工工资总额的2%拨缴经费，并在成本费用中列支。企业无正当理由拖延或者拒不拨缴工会经费的，基层工会或者上级工会可以向当地人民法院申请支付令；拒不执行支付令的，工会可以依法申请人民法院强制执行。

（二）税法规定

企业拨缴的工会经费，不超过工资、薪金总额2%的部分，准予扣除。企业划拨工会组织经费时，凭工会组织开具的《工会经费拨缴款专用收据》入账，在税法允许的扣除限额内扣除。在委托税务机关代收工会经费的地区，企业拨缴的工会经费也可凭合法、有效的工会经费代收凭据依法在税前扣除。企业自行列支的工会经费税前不得扣除。

（三）差异分析

税法允许扣除的工会经费的计算基数是税法口径的工资薪金，而会计上计提工会经费的基数是会计口径上的工资总额，如果会计和税法的计提基数不同，由此造成的差异需要进行纳税调整。另外，企业在划拨给企业工会组织经费时，必须取得工会组织开具的《工会经费拨缴款专用收据》，才能在税法允许的扣除限额内扣除。

五、各类基本社会保障性缴款的纳税调整

基本社会保障性缴款包括基本养老保险、基本医疗保险、失业保险、工伤保险、生育保险等。

（一）会计规定

企业应按照国家有关部门或者省级人民政府规定的范围和标准为职工缴纳各类社会保障性缴款。企业按照工资总额的一定比例计提各类社会保障性缴款，按照受益对象借记相应的成本费用账户，贷记“应付职工薪酬——社会保险”。

（二）税法规定

企业依照国务院有关主管部门或者省级人民政府规定的范围和标准为职工缴纳的基本养老保险、基本医疗保险、失业保险、工伤保险、生育保险等社会保障性缴款准予扣除。

企业依照国家有关规定为特殊工种职工支付的人身安全保险费和符合国务院财政、税务主管部门规定可以扣除的商业保险费准予扣除。

（三）差异分析

对于基本社会保障性缴款税法和会计基本上无差异，一般主要审查会计是否按国家有关主管部门或者省级人民政府规定的范围和标准计提各类社会保障性缴款，其次要注意的是税前允许扣除的各类社会保障性缴款是企业已计提并实际向当地社会保险管理机构缴纳的各种款项。

【综合案例】分析5-4

ABC科技依照国务院有关主管部门或者省级人民政府规定的范围和标准为职工缴纳的住房公积金、基本医疗保险、基本养老保险、失业保险、工伤保险、生育保险，共计2 433 654.60元，准予在税前扣除。

六、住房公积金的纳税调整

（一）会计规定

企业应按照国家有关部门或者省级人民政府规定的范围和标准为职工缴

纳住房公积金。企业按照工资总额的一定比例计提住房公积金时，按照受益对象借记相应的成本费用账户，贷记“应付职工薪酬——住房公积金”。

（二）税法规定

企业依照国务院有关主管部门或者省级人民政府规定的范围和标准为职工缴纳的住房公积金准予扣除。

（三）差异分析

对于住房公积金税法和会计基本上无差异，一般主要审查会计是否按国家有关主管部门或者省级人民政府规定的范围和标准计提住房公积金，其次要注意的是税前允许扣除的住房公积金是企业已计提并实际向当地住房公积金管理机构缴纳的款项。

【综合案例】分析5-5

ABC科技住房公积金符合国务院有关部门及省级人民政府的相关规定，其实际发生的住房公积金521 475.30元准予税前扣除。

七、补充养老保险、补充医疗保险的纳税调整

（一）会计规定

《企业财务通则》规定，已参加基本养老保险、基本医疗保险的企业，具有持续盈利能力和支付能力的，可以为职工建立补充医疗保险和补充养老保险，所需费用按照省级以上人民政府规定的比例从成本费用中提取。超出规定比例的部分，由职工个人负担。

为建立多层次的养老保险制度，推动企业年金发展，更好地保障职工退休后的生活，中华人民共和国人力资源和社会保障部和中华人民共和国财政部规定，自2018年2月1日起实施《企业年金办法》。企业年金，是指企业及其职工在依法参加基本养老保险的基础上，自主建立的补充养老保险制度。企业年金基金由企业缴费、职工个人缴费、企业年金基金投资运

营收益构成。企业缴费每年不超过本企业职工工资总额的8%。企业和职工个人缴费合计不超过本企业职工工资总额的12%。企业当期缴费计入职工企业年金个人账户的最高额与平均额不得超过5倍。

（二）税法规定

根据《财政部 国家税务总局关于补充养老保险费、补充医疗保险费有关企业所得税政策问题的通知》（财税〔2009〕27号）规定，自2008年1月1日起，企业根据国家有关政策规定，为在本企业任职或者受雇的全体员工支付的补充养老保险费、补充医疗保险费，分别在不超过职工工资总额5%标准内的部分，在计算应纳税所得额时准予扣除；超过的部分，不予扣除。

为在本企业任职或受雇的全体员工支付的企业年金费用，在不超过职工工资总额的5%标准内的部分，在计算应纳税所得额时准予扣除。

（三）差异分析

税法同样要审查的两点，一是会计是否按规定标准计提补充养老保险和补充医疗保险，二是看企业是否已实际缴纳了补充养老保险费和补充医疗保险费。企业按照规定标准已经计提但没有实际缴纳的补充养老保险费和补充医疗保险费，在计算应纳税所得额时应在会计利润的基础上进行纳税调增处理。

八、《A105050职工薪酬支出及纳税调整明细表》的填写

与职工薪酬有关的各项支出的纳税调整需要填报《A105050职工薪酬支出及纳税调整明细表》。

（一）行次填报

表A105050共13行，第1行、第3行、第4行、第7行、第8行、第9行、第10行、第11行、第12行分别反映工资薪金支出、职工福利费支出、职工教育经费支出、工会经费支出、各类基本社会保障性缴款、住房公积金、补充养老保险、补充医疗保险的纳税调整。第13行是合计行。

（二）列次填报

第1列填报账载金额，根据纳税人会计核算计入成本费用的职工工资、职工福利费、职工教育经费、工会经费、基本养老保险、基本医疗保险、失业保险、工伤保险、生育保险、住房公积金、补充养老保险、补充医疗保险金额填写；

第2列分析填报纳税人“应付职工薪酬”会计科目下各明细科目的借方发生额（实际发生额）；

第3列填报税法规定的扣除比例；

第4列填报以前年度结转本年扣除的职工教育经费；

第5列第2行“股权激励\税收金额”按第2行第2列金额填报；第5行第5列“按税收规定比例扣除的职工教育经费\税收金额”按本表第1行第5列×税收规定扣除率后的金额，与第5行第2+4列金额的孰小值填报；

第6列填报第1列–第5列纳税调整金额；

第7列填报本年累计结转以后年度扣除的职工教育经费，第5行第7列按第2+4–5列金额填报。

（三）表间关系

1. 第13行第1列=表A105000第14行第1列。

2. 第13行第5列=表A105000第14行第2列。

3. 第13行第6列，若≥0，则纳税调增，填入表A105000第14行第3列；若<0，则纳税调减，将其绝对值填入表A105000第14行第4列。

【综合案例】分析5–6

ABC科技职工薪酬纳税调整的所有填报情况见表5–1。

表5-1　A105050　职工薪酬支出及纳税调整明细表

单位：元

行次	项　　目	账载金额	实际发生额	税收规定扣除率	以前年度累计结转扣除额	税收金额	纳税调整金额	累计结转以后年度扣除额
		1	2	3	4	5	6（1–5）	7（2+4–5）
1	一、工资薪金支出	18 254 667.85	18 254 667.85	*	*	18 254 667.85	0	*
2	其中：股权激励			*	*			*
3	二、职工福利费支出	208 243.41	208 243.41	14%	*	208 243.41	0	*
4	三、职工教育经费支出	2 765 312.47	2 765 312.47	*			0	0
5	其中：按税收规定比例扣除的职工教育经费							
6	按税收规定全额扣除的职工培训费用	2 765 312.47	2 765 312.47	100%	*	2 765 312.47	0	*
7	四、工会经费支出				*			*
8	五、各类基本社会保障性缴款	2 433 654.60	2 433 654.60	*	*	2 433 654.60	0	*
9	六、住房公积金	521 475.30	521 475.30	*	*	521 475.30	0	*
10	七、补充养老保险				*			*
11	八、补充医疗保险				*			*
12	九、其他			*	*			*
13	合计（1+3+4+7+8+9+10+11+12）	24 183 353.63	24 183 353.63	*		24 183 353.63	0	

填写要点：

1. 第1行的工资薪金支出税法和会计无差异，无须纳税调整，该行第1列和第5列分别填写实际发生数即18 254 667.85元；

2. 第3行职工福利费未超过税法规定的扣除限额，无须纳税调整。该行的第1列和第5列分别填写实际发生数即208 243.41元；

3. 第6行职工教育经费实际发生数可全额税前扣除，无须纳税调整。该行的第1列和第5列填写实际发生数2 765 312.47元；第4行第1列和第5列也填2 765 312.47元；

4. 第8行基本社会保障性缴款税法和会计无差异，无须纳税调整，该行第1列和第5列分别填写实际发生数2 433 654.6元；

5. 第9行住房公积金税法和会计无差异，无须纳税调整，该行第1列和第5列分别填写实际发生数即521 475.3元；

6. 第13行是合计行，第1列、第3列均为24 183 353.63元；该表为二级附表，结果需转入一级附表（A105000）第14行中；第13行第1列转入表A105000的第14行第1列“账载金额”中；第13行第5列转入表A105000的第14行第2列“税收金额”中。

第二节　广告费和业务宣传费跨年度纳税调整及申报

一、会计规定

纳税人发生的广告费和业务宣传费通常通过“销售费用”核算，根据实际发生额在计算利润总额时全额扣除。

二、税法规定

（一）一般规定

《企业所得税法实施条例》第四十四条规定：企业发生的符合条件的广

告费和业务宣传费支出，除国务院财政、税务主管部门另有规定外，不超过当年销售（营业）收入15%的部分，准予扣除；超过部分，准予在以后年度结转扣除。

（二）特殊规定

1.根据《国家税务总局关于企业所得税应纳税所得额若干税务处理问题的公告》（国家税务总局公告2012年第15号）规定，企业在筹建期间，发生的广告费和业务宣传费，可按实际发生额计入企业筹办费，并按上述规定在税前扣除。

2.《财政部　税务总局关于广告费和业务宣传费支出税前扣除政策的通知》（财税〔2017〕41号）规定，自2016年1月1日起至2020年12月31日止，广告费和业务宣传费执行以下政策：

（1）对化妆品制造或销售、医药制造和饮料制造（不含酒类制造）企业发生的广告费和业务宣传费支出，不超过当年销售（营业）收入30%的部分，准予扣除；超过部分，准予在以后纳税年度结转扣除。

（2）对签订广告费和业务宣传费分摊协议（以下简称分摊协议）的关联企业，其中一方发生的不超过当年销售（营业）收入税前扣除限额比例内的广告费和业务宣传费支出可以在本企业扣除，也可以将其中的部分或全部按照分摊协议归集至另一方扣除。另一方在计算本企业广告费和业务宣传费支出企业所得税税前扣除限额时，可将按照上述办法归集至本企业的广告费和业务宣传费不计算在内。

（3）烟草企业的烟草广告费和业务宣传费支出，一律不得在计算应纳税所得额时扣除。《财政部　税务总局关于广告费和业务宣传费支出税前扣除有关事项的公告》（财政部　税务总局公告2020年第43号）规定，上述政策执行期自2021年起至2025年12月31日止。

企业申报扣除的广告费支出应与赞助支出严格区分。企业申报扣除的广告费支出，必须符合下列条件：广告是通过工商部门批准的专门机构制作的；已实际支付费用，并已取得相应发票；通过一定的媒体传播。

【例5-2】B公司2019年度销售收入总计900万元，实际发生的广告费和业务宣传费150万元；2020年的有关数据如下：

销售产品收入1 000万元；销售材料收入10万元；将自产产品用于在建工程，同类产品售价10万元；将自产产品无偿赠送他人，同类产品售价5万元；接受捐赠收入5万元。

该公司2020年实际支出的广告费和业务宣传费为140万元，请问在2020年计算应纳税所得额时如何对广告费和业务宣传费进行纳税调整？

分析：

2019年实际发生的广告费和业务宣传费150万元，扣除限额=900×15%=135（万元），则税法允许税前扣除的广告费和业务宣传费为135万元，税会差异=150－135=15（万元），做2019年纳税调增处理，超标准的15万元可结转以后年度扣除。

2020年进行纳税调整时需要解决两个问题：一是广告费和业务宣传费扣除限额的计算基数，二是税法和会计的差异及纳税调整金额。

年度销售（营业）收入包括视同销售收入，则该公司的销售收入=1 000+10+10+5=1 025（万元），接受捐赠的收入为营业外收入，不在计算基数内。

广告费和业务宣传费扣除限额=1 025×15%=153.75（万元）

2020年实际广告费和业务宣传费140万元，因2019年有15万元结转过来尚未扣除的广告费和业务宣传费，总计155万元，超限额1.25万元，税法允许税前扣除的金额为153.75万元。税会差异=140－153.75=－13.75（万元），做纳税调减处理。超限额的1.25万元结转以后年度扣除。

三、差异分析

（一）金额差异

会计对发生的广告费和业务宣传费支出，按实际发生额计入当期损益，减少利润总额，而税法对此有限额规定。如果某一年度企业发生的广告费和业务宣传费超过税法规定的扣除限额，则须将超过部分进行纳税调增处理；若本年度将以前年度结转的广告费和业务宣传费在税法规定的扣除限额内进行税前扣除，则需进行纳税调减处理。

（二）范围差异

如前所述，税法所称的广告费和业务宣传费需符合一定的条件，如果没有取得合乎规定的发票，则需要将其金额从广告费和业务宣传费中扣除；反之如果符合广告性质的赞助支出，则要从“营业外支出”账中提出并入广告费和业务宣传费中一起计算税收金额。

【综合案例】分析5-7

ABC科技2020年度计入“销售费用”中的广告费和业务宣传费总计542 743.72元；营业收入总计 97 847 284.52元，广告费和业务宣传费的扣除限额=97 847 284.52×15%=14 677 092.68（元），实际发生数未超过扣除限额，税法和会计无差异，纳税调整金额为0。

四、关于手续费和佣金支出的税会差异分析

（一）手续费和佣金支出的会计处理

纳税人发生的手续费和佣金支出根据通常计入“营业费用”或“销售费用”，同时设置“销售费用——手续费及佣金”进行明细核算。保险企业发生的手续费和佣金支出一般计入“手续费支出”，期末结转计入“本年利润”。

（二）手续费及佣金的税务处理

根据《财政部　税务总局关于保险企业手续费及佣金支出税前扣除政策的公告》（财政部　税务总局公告2019年第72号）的规定：自2019年1月1日起，保险企业发生与其经营活动有关的手续费及佣金支出，不超过当年全部保费收入扣除退保金等后余额的18%（含）的部分，在计算应纳税所得额时准予扣除；超过部分，允许结转以后年度扣除。其中，代理手续费是指企业向受其委托，并在其授权范围内代为办理保险业务的保险代理人支付的费

用；佣金是指公司向专门推销寿险业务的个人代理人支付的费用。

企业应与具有合法经营资格中介服务企业或个人签订代办协议或合同，并按国家有关规定支付手续费及佣金。不得将手续费及佣金支出计入回扣、业务提成、返利、进场费等费用。已计入固定资产、无形资产等相关资产的手续费及佣金支出，应当通过折旧、摊销等方式分期扣除，不得在发生当期直接扣除。保险企业应建立健全手续费及佣金的相关管理制度，并加强手续费及佣金结转扣除的台账管理。企业支付的手续费及佣金不得直接冲减服务协议或合同金额，并如实入账。

以下两种情形的手续费、佣金不得税前扣除：

（1）除委托个人代理外，企业以现金等非转账方式支付的手续费及佣金不得在税前扣除。

（2）企业为发行权益性证券支付给有关证券承销机构的手续费及佣金不得在税前扣除。

（3）无服务合同的佣金及手续费支出不得税前扣除。

（三）税会差异分析

会计处理是按照实际发生金额据实列支，税法规定限额扣除，并且对税前扣除的范围有限制，包括代理服务的提供方应具有合法经营资格，税前扣除要依据服务合同，手续费和佣金要求转账方式结算。

五、《A105060广告费和业务宣传费跨年度纳税调整明细表》的填写

对纳税人发生广告费和业务宣传费纳税调整项目（含广告费和业务宣传费结转），保险企业手续费及佣金支出纳税调整项目（含保险企业手续费及佣金支出结转）的纳税人需要填写《A105060广告费和业务宣传费跨年度纳税调整项目明细表》（见表5-2）（以下简称表105060）。

（一）列次填报

1. 第1列“广告费和业务宣传费”：填报广告费和业务宣传费会计处

理、税收规定，以及跨年度纳税调整情况。

2. 第2列“保险企业手续费及佣金支出”：填报保险企业手续费及佣金支出会计处理、税收规定，以及跨年度纳税调整情况。

（二）行次填报

1. 第4行“三、本年计算扣除限额的基数”：填报按照税收规定计算扣除限额的基数。“广告费和业务宣传费”列次填写计算扣除限额的当年销售（营业）收入。“保险企业手续费及佣金支出”列次填报当年保险企业全部保费收入扣除退保金等后余额。

2. 第5行“税收规定扣除率”：填报税收规定的扣除比例。“广告费和业务宣传费”列次填写15%或30%，“保险企业手续费和佣金支出”列次填写18%。

表A105060填报完成后，将第12行第1列数据转入表A105000第16行；将第12行第2列数据转入表A105000第23行。转入数据时注意若表第12行<0，则纳税调减，将数据的绝对值转入表A105000相应行次第4列；若第12行≥0，则纳税调增，转入表A105000相应行次第3列。

【综合案例】分析5-8

ABC科技广告费和业务宣传费的填报见表5-2。

表5-2　　A105060　广告费和业务宣传费等跨年度纳税调整明细表

单位：元（列至角分）

行次	项　　目	广告费和业务宣传费	保险企业手续费及佣金支出
		1	2
1	一、本年支出	542 743.72	
2	减：不允许扣除的支出		
3	二、本年符合条件的支出（1-2）	542 743.72	
4	三、本年计算扣除限额的基数	97 847 284.52	
5	乘：税收规定扣除率	15%	

续表

行次	项　　目	广告费和业务宣传费	保险企业手续费及佣金支出
		1	2
6	四、本企业计算的扣除限额（4×5）	14 677 092.68	
7	五、本年结转以后年度扣除额（3>6，本行=3−6；3≤6，本行=0）	0	
8	加：以前年度累计结转扣除额	0	
9	减：本年扣除的以前年度结转额［3>6，本行=0；3≤6，本行=8与（6−3）孰小值］	0	
10	六、按照分摊协议归集至其他关联方的金额（10≤3与6孰小值）	0	*
11	按照分摊协议从其他关联方归集至本企业的金额	0	*
12	七、本年支出纳税调整金额（3>6，本行=2+3−6+10−11；3≤6，本行=2+10−11−9）	0	
13	八、累计结转以后年度扣除额（7+8−9）	0	

第三节　捐赠支出的纳税调整及申报

一、捐赠支出的税务处理

捐赠支出的税收政策及纳税申报，可扫码观看视频讲解

（一）税法关于捐赠税前扣除的规定

捐赠支出的分类

按照企业的捐赠支出是否可以所得税前扣除，将捐赠分为非公益性捐

赠、限额扣除的公益性捐赠，和全额扣除的公益性捐赠。

其中，公益性捐赠是指企业通过公益性社会组织或县级（含县级）以上人民政府及其组织部门和直属机构，用于《中华人民共和国公益事业捐赠法》规定的公益事业捐赠或者《中华人民共和国慈善法》规定的慈善活动的捐赠。具体包括：

（1）救助灾害、救济贫困、扶助残疾人等困难的社会群体和个人的活动。

（2）教育、科学、文化、卫生、体育事业。

（3）环境保护、社会公共设施建设。

（4）促进社会发展和进步的其他社会公共和福利事业。

（5）企事业单位、社会团体及其他组织捐赠住房作为廉租住房的视同公益性捐赠。

（二）公益性社会组织的资格认定标准

所称的公益性社会组织，包括依法设立或登记并按规定条件和程序取得公益性捐赠税前扣除资格的慈善组织、其他社会组织和群众团体。其公益性捐赠税前扣除资格的确认及管理须满足下列条件：

（1）依法登记，具有法人资格。

（2）以发展公益事业为宗旨，且不以盈利为目的。

（3）全部资产及其增值为该法人所有。

（4）收益和营运结余主要用于符合该法人设立目的的事业。

（5）终止后的剩余财产不归属任何个人或者营利组织。

（6）不经营与其设立目的无关的业务。

（7）有健全的财务会计制度。

（8）捐赠者不以任何形式参与社会团体财产的分配。

（9）国务院财政、税务主管部门会同国务院民政部门等登记管理部门规定的其他条件。

另外，根据《财政部　税务总局　民政部关于公益性捐赠税前扣除有关事项的公告》（财政部公告2020年第27号）规定，在民政部门依法登记的慈善组织和其他社会组织（统称社会组织），取得公益性捐赠税前扣除资格除上述条件外还应当同时符合以下规定：

（1）每年应当在3月31日前按要求向登记管理机关报送经审计的上年度专项信息报告。报告应当包括财务收支和资产负债总体情况、开展募捐和接受捐赠情况、公益慈善事业支出及管理费用情况等内容。

首次确认公益性捐赠税前扣除资格的，应当报送经审计的前两个年度的专项信息报告。

（2）具有公开募捐资格的社会组织，前两年度每年用于公益慈善事业的支出占上年总收入的比例均不得低于70%。不具有公开募捐资格的社会组织，前两年度每年用于公益慈善事业的支出占上年末净资产的比例均不得低于8%。

（3）具有公开募捐资格的社会组织，前两年度每年支出的管理费用占当年总支出的比例均不得高于10%。不具有公开募捐资格的社会组织，前两年每年支出的管理费用占当年总支出的比例均不得高于12%。

（4）具有非营利组织免税资格，且免税资格在有效期内。

（5）前两年度未受到登记管理机关行政处罚（警告除外）。

（6）前两年度未被登记管理机关列入严重违法失信名单。

（7）社会组织评估等级为3A以上（含3A）且该评估结果在确认公益性捐赠税前扣除资格时仍在有效期内。

（三）公益性捐赠的扣除限额规定

企业当年发生及以前年度结转的公益性捐赠支出，不超过年度利润总额12%的部分，准予扣除；超过年度利润总额12%的部分，准予结转以后3年内在计算应纳税所得额时扣除。

（四）适用全额扣除的公益性捐赠

1. 目标脱贫地区的扶贫捐赠支出。

《财政部　税务总局　国务院扶贫办关于企业扶贫捐赠所得税税前扣除政策的公告》（财政部　税务总局　国务院扶贫办公告2019年第49号）规定：自2019年1月1日—2022年12月31日，企业通过公益性社会组织或者县级（含县级）以上人民政府及其组成部门和直属机构，用于目标脱贫地区的扶贫捐赠支出，准予在计算企业所得税应纳税所得额时据实扣除。

以下两种情形的扶贫捐赠，可继续适用税前据实扣除的政策。

（1）在正常执行期限内，目标脱贫地区已实现脱贫的。

（2）在2015年1月1日—2018年12月31日期间已发生的符合上述条件的扶贫捐赠支出，尚未在计算企业所得税应纳税所得额时扣除的部分。

其中，“目标脱贫地区”包括832个国家扶贫开发工作重点县、集中连片特困地区县（新疆阿克苏地区6县1市享受片区政策）和建档立卡贫困村。

【例5-3】A企业2020年利润总额为10 000 000元，2020年“营业外支出”本期发生的捐赠支出总额为1 800 000元。其中，通过教育部门进行的公益性捐赠支出共计1 100 000元；直接向养老院捐赠200 000元；通过甲县政府对所在县的农村进行扶贫捐款500 000元（该农村为建档立卡贫困村）。另外A企业2018年尚有未扣除的公益性捐赠200 000元。请分析A企业2020年捐赠支出的纳税调整情况。

分析1：

1. A企业直接性养老院的捐赠不得税前扣除，捐赠额200 000元纳税调增；

2. 对农村进行的扶贫捐赠可全额税前扣除，不用进行纳税调整；

3. 通过教育部门进行的公益性捐赠1 100 000元和2018年未扣除完的公益性捐赠200 000元允许限额扣除。

扣除限额=10 000 000×12%=1 200 000（元），先扣除2018年的捐赠支出200 000元（纳税调减），余额1 000 000元再扣除本年度的捐赠支出，本年度有100 000元结转至以后年度税前扣除，纳税调增。

A企业2020年度捐赠支出纳税调增总计300 000元，纳税调减总计200 000元。

2. 北京2022年冬奥会、冬残奥会、测试赛捐赠支出。

《财政部　税务总局关于北京2022年冬奥会和冬残奥会税收政策的通知》（财税〔2017〕60号）规定，对企业、社会组织和团体赞助、捐赠北京

2022年冬奥会、冬残奥会、测试赛的资金、物资、服务支出，在计算企业应纳税所得额时予以全额扣除。

3. 杭州2022年亚运会捐赠支出。

《财政部　税务总局　海关总署关于杭州2022年亚运会和亚残运会税收政策的公告》（财政部　税务总局　海关总署公告2020年第18号）规定，对企业、社会组织和团体赞助、捐赠杭州亚运会的资金、物资、服务支出，在计算企业应纳税所得额时予以全额扣除。

4. 支持新型冠状病毒感染的肺炎疫情防控捐赠支出。

《财政部　税务总局关于支持新型冠状病毒感染的肺炎疫情防控有关捐赠税收政策的公告》（财政部　税务总局公告2020年第9号）规定，2020年1月1日起，一些两类捐赠可以所得税前全额扣除：

一是企业和个人通过公益性社会组织或者县级以上人民政府及其部门等国家机关，捐赠用于应对新型冠状病毒感染的肺炎疫情的现金和物品，允许在计算应纳税所得额时全额扣除。

二是企业和个人直接向承担疫情防治任务的医院捐赠用于应对新型冠状病毒感染的肺炎疫情的物品，允许在计算应纳税所得额时全额扣除。

二、捐赠支出的纳税调整

会计上将实际发生的捐赠支出计入当期损益，计算利润总额时据实扣除。但税法对此一方面要进行公益性捐赠和非公益性捐赠的划分，公益性捐赠支出分为限额扣除和全额扣除两类。对于非公益性捐赠支出，税法规定不得税前扣除，做纳税调增处理；对限额扣除的公益性捐赠支出，超过扣除限额的公益性捐赠部分，也要进行纳税调增处理。全额扣除的公益性捐赠支出根据捐赠支出实际发生在企业所得税前扣除。

纳税人进行公益性捐赠时需要注意以下点：

（1）纳税人通过公益性社会组织进行捐赠，应在省级以上财政、税务、民政部门的官方网站上查询具备公益性捐赠税前扣除资格的公益性社会组织名单及其资格有效期，避免受赠主体资格不全符合规定而蒙受捐赠额不能税前扣除的损失。

（2）纳税人进行公益性捐赠支出应当取得符合规定的相关票据。

根据财政部公告2020年第27号规定，自2020年1月1日起，公益性社会组织、县级以上人民政府及其部门等国家机关在接受捐赠时，应当按照行政管理级次分别使用由财政部或省、自治区、直辖市财政部门监（印）制的公益事业捐赠票据，并加盖本单位的印章。对于27号公告发布前，按照原税法规定确定的捐赠扣除票据，如财政部门统一印制的公益性捐赠票据或者《非税收入一般缴款书》，不再使用。

（3）纳税人发生的货币性资产捐赠，以实际捐赠金额确认捐赠额；纳税人进行非货币性资产捐赠，以其公允价值确认捐赠额，并提供注明捐赠非货币性资产公允价值的证明。不能提供证明的，接受捐赠方不得向其开具捐赠票据。

三、《A150070捐赠支出及纳税调整明细表》的填写

发生捐赠支出（含捐赠支出结转）的纳税人，无论是否需要纳税调整，均需填写《表A105070捐赠支出及纳税调整明细表》（以下简称A150070），该表是《A105000纳税调整项目明细表》的附表，填写完毕相关信息需要转入表A105000中。A150070按税前扣除的类型分为三大部分：

1. 第1行填写税前不得扣除的捐赠支出。

第1行“非公益性捐赠支出”：填报纳税人本年发生且已计入本年损益的税收规定公益性捐赠以外的其他捐赠支出及纳税调整情况。将第1列“账载金额”数值直接填入第5列“纳税调增金额”。

2. 第2行至第6行填写限额扣除的公益性捐赠支出。

（1）第6行填写本年度限额扣除的公益性捐赠支出的情况。

第1列填写本年“账载金额”、第3列填写“按税收规定计算的扣除限额”、第4列填写“税收金额”、第5列填写“纳税调增金额”，第7列填写“可结转以后年度扣除的捐赠额”。

（2）第5行至第3行，依次填写前一至前三年度捐赠支出。

第2列填写“以前年度结转可扣除的捐赠额”，第6列填写“纳税调减金

额”，其中前一年度、前二年度未扣完的捐赠支出还可以往以后年度结转，因此需要填写第7列“可结转以后年度扣除的捐赠额”。

3. 第7行至第10行，填写全额扣除的公益性捐赠。

第1列填写“账载金额”，第4列填写“税收金额”，无须做纳税调整。

第11行为合计行，第1列=表A105000第17行第1列；第4列=表A105000第17行第2列；第5列=表A105000第17行第3列；第6列=表A105000第17行第4列。

【综合案例】分析5-9

ABC科技公司“营业外支出——捐赠支出”借方金额8 000元，为中国社会福利基金会的捐款，属于公益性捐赠，税前扣除的限额=10 652 970.35×12%=1 278 356.44（元），本年度公益性捐赠支出未超过税前扣除限额，可以全额税前扣除，填写方法见表5-3。

表5-3　A105070　捐赠支出及纳税调整明细表

单位：元

行次	项　目	账载金额	以前年度结转可扣除的捐赠额	按税收规定计算的扣除限额	税收金额	纳税调增金额	纳税调减金额	可结转以后年度扣除的捐赠额
		1	2	3	4	5	6	7
1	一、非公益性捐赠		*	*	*		*	*
2	二、限额扣除的公益性捐赠（3+4+5+6）	8 000	0	1 278 356.44	8 000	0	0	0
3	前三年度（2017年）	*		*	*	*		*
4	前二年度（2018年）	*		*	*	*		
5	前一年度（2019年）	*		*	*	*		
6	本　年（2020年）	8 000	*	1 278 356.44	8 000	0	*	0
7	三、全额扣除的公益性捐赠		*	*		*	*	*
8	1.		*	*		*	*	*
9	2.		*	*		*	*	*
10	3.		*	*		*	*	*
11	合计（1+2+7）	8 000		1 278 356.44	8 000	0	0	0
附列资料	2017年度至本年发生的公益性扶贫捐赠合计金额		*	*		*	*	*

第四节　其他扣除类的纳税调整

一、业务招待费的纳税调整

企业实际发生的与生产经营活动有关的业务招待费支出，按照发生额的60%扣除，但最高不得超过当年销售（营业）收入的5‰。从事股权投资业务的企业（包括集团公司总部、创业投资企业等），其从被投资单位所分配的股息、红利以及股权转让收入，可以按规定比例计算业务招待费扣除限额。

会计上按照实际发生的业务招待费计入当期损益，减少当期的会计利润，而税法上对业务招待费实行限额扣除，因此，对超过扣除限额的业务招待费支出，在计算应纳税所得额时应进行纳税调增处理。

【综合案例】分析5-10

ABC科技计入管理费用中的业务招待费为197 458.15元，当年营业收入共计97 847 284.52元。

业务招待费发生额的60%＝197 458.15×60%＝118 474.89（元）

销售（营业）收入的5‰＝97 847 284.52 ×5‰＝489 236.42（元）

由于业务招待费发生额的60%低于销售（营业）收入的5‰，所以在计算应纳税所得额时按照发生额的60%扣除，纳税调增78 983.26元。

二、利息支出的纳税调整

企业在生产、经营活动中发生的利息费用，按下列规定扣除：

非金融企业向金融企业借款的利息支出、金融企业的各项存款利息支出和同业拆借利息支出、企业经批准发行债券的利息支出可据实扣除。

非金融企业向非金融企业借款的利息支出，不超过按照金融企业同期同类贷款利率计算的数额的部分可据实扣除，超过部分不许扣除。

企业为购置、建造固定资产、无形资产和经过12个月以上的建造才能达到预定可销售状态的存货发生借款的，在有关资产购置、建造期间发生的合理的借款费用，应予以资本化，作为资本性支出计入有关资产的成本；有关资产交付使用后发生的借款利息，可在发生当期扣除。

【综合案例】分析5-11

ABC科技2020年度发生的借款利息支出2 156 168.51元全部是向金融机构的借款利息和相关手续费，可税前据实扣除，不做纳税调整。

三、罚金、罚款和被没收财物的损失的纳税调整

企业实际发生的各种罚金、罚款和被没收财物的损失通常通过“营业外支出”核算，但是，在计算应纳税所得额时，罚金、罚款和被没收财物的损失不得扣除。

其中，罚金、罚款和被没收财物的损失是因为企业生产、经营违反国家法律、法规和规章，被司法机关、政府有关部门处以的罚款以及被没收财务的损失，属于行政性罚款和损失，不得税前扣除。

企业正常生产经营期间因违背经营合同而支付的违约金、罚款等因没有违法违规行为，如银行罚息，未按期交货支付的违约金等属于经营性罚款和损失，符合税前扣除的相关性原则，准予税前扣除。

【例5-4】2020年A公司支付“营业外支出”核算的各种罚款如下：

1. 没有按期偿还工商银行贷款，支付工商银行逾期贷款的罚款和罚息1万元。

2. 没有按合同约定期限交货，支付合同违约金2万元。

3. 没有按税法规定的期限缴纳企业所得税，支付税务机关罚款3万元。

4. 没有按规定处理污水，支付环保部门罚款1.5 万元。

请分析哪些罚款可以在税前扣除，哪些罚款不可以在税前扣除？

分析：

A公司支付工商银行逾期贷款的罚款、罚息1万元以及合同违约金2万元是经营性罚款，在计算应纳税所得额时准予扣除；A公司支付支付税务机关罚款3万元和环保部门罚款1.5万元是行政性罚款，在计算应纳税所得额时不准予扣除。

四、税收滞纳金、加收利息的纳税调整

企业实际发生税收滞纳金、加收利息通常通过“营业外支出”核算，在计算应纳税所得额时，纳税人违反税收法规，被税务机关处以的滞纳金不得扣除。

税收滞纳金是企业未按规定期限缴纳税款，而被税务机关处以从滞纳税款之日起，按日加收滞纳税款0.05%的款项。

加收利息是税务机关根据《企业所得税法》及其实施条例的规定，对企业做出特别纳税调整的，应对2008年1月1日以后发生交易补征的企业所得税税款，按日加收的利息。

【综合案例】分析5-12

ABC科技2020年“营业外支出”中有税务机关的罚款和滞纳金2 575.16元不得在税前扣除，需要纳税调增。

五、赞助支出的纳税调整与申报

企业实际发生的赞助支出通常通过“营业外支出”核算，在计算应纳税所得额时，非广告性质的赞助支出不得扣除，广告性质的赞助支出应该并入广告费按照相关规定扣除。

六、跨期扣除项目的纳税调整

跨期扣除项目是指会计上根据权责发生制可以预提并计入相应期间成本

费用科目中的维简费、安全生产费、预提费用、预计负债等。但是税前扣除项目在一定程度上要遵循收付实现制，并且这些项目是估计数额，不符合税前扣除原则中的确定性原则，因此企业预提的费用不得税前扣除，要进行纳税调增，在实际发生支出时允许扣除。

【综合案例】分析5-13

ABC科技“预计负债”有贷方发生额224 022.45元，为计提的产品质量保障金，会计处理：

借：销售费用　　224 022.45

　　贷：预计负债　　224 022.45

ABC科技2020年未发生产品质量问题，没有实际支出。所以税前允许扣除金额为0。预提的产品质量保障金全额纳税调增。

七、其他不得扣除项目的纳税调整

企业实际发生与取得收入无关的支出时，因不符合税前扣除原则中的相关性原则，因此在计算应纳税所得额时不得税前扣除，应在会计利润的基础上进行纳税调增处理。

与其他扣除类相关的纳税申报将在本书第七章第五节中介绍。

第六章　资产类项目的纳税调整及申报

【学习目标】

1. 掌握固定资产折旧的纳税调整及申报；
2. 掌握无形资产摊销的纳税调整及申报；
3. 了解长期待摊费用的纳税调整及申报；
4. 掌握资产损失税前扣除的确认及申报。

第一节　资产折旧、摊销的纳税调整及申报

【案例6-1】

A公司是一家生物药品制造企业，2020年固定资产变动情况如下：

1. 1月20日购入货车3辆，购买价款及相关税费共计120万元，拟将折旧年限缩短为3年。

2. 3月6日以分期付款方式购入一台大型设备，价款共计500万元，在2016—2020年内每年末支付100万元，未发生其他费用，A公司适用的折现率为10%，采用平均年限法计提折旧，折旧年限10年。

3. 6月21日融资租入一条药品生产线，合同约定租赁期开始日为2018年7

月1日，租赁期为6年，该资产尚可使用8年，市场公允价值为300万元，合同约定每年12月31日支付租金60万元，合同规定利率为8%，采用平均年限法计提折旧，折旧年限10年，按实际利率法分摊未确认融资费用，发生相关手续费10 000元。

4. 8月1日购入研发用的电子设备1台，购买价款及相关税费共计80万元，拟在所得税前一次性扣除。

5. 7—10月对公司厂房进行了改扩建，提升使用功能，该厂房账面价值为1 520万元，改扩建过程中发生的可予以资本化的支出为300万元，达到可使用状态后，该厂房尚可使用10年。

假定A公司所有固定资产残值为零，不考虑增值税。

请完成下列问题：

1. A公司2020年新增各项固定资产的入账价值和计税基础分别为多少？

2. 分析A公司2020年各项新增资产应计提的折旧及纳税调整。

3. 根据A公司2020年度新增固定资产填写《A105080资产折旧、摊销及纳税调整明细表》。

一、固定资产的税务处理及纳税调整

固定资产是指企业为生产产品、提供劳务、出租或者经营管理而持有的、使用时间超过12个月的非货币性资产，包括房屋、建筑物、机器、机械、运输工具以及其他与生产经营活动有关的设备、器具、工具等。由于所得税法和会计准则在固定资产初始计量和后续计量的规定方面存在一些差异，因而需要进行纳税调整。

（一）固定资产初始入账价值及计税基础的确定

固定资产初始入账价值及计税基础的确定见表6-1。

表6-1　　固定资产初始入账价值及计税基础的确定

<table>
<tr><th>取得形式</th><th>计税基础</th><th colspan="2">入账价值</th></tr>
<tr><td rowspan="2">外购</td><td rowspan="2">购买价款和支付的相关税费以及直接归属于使该资产达到预定用途发生的其他支出</td><td>一般情形</td><td>企业外购固定资产的成本，包括购买价款、相关税费（不含可抵扣的增值税进项税额）、使固定资产达到预定可使用状态前所发生的可归属于该项资产的运输费、装卸费、安装费和专业人员服务费等</td></tr>
<tr><td>分期付款</td><td>购买固定资产的价款超过正常信用条件延期支付，实质上具有融资性质的，固定资产的成本以购买价款的现值为基础确定。实际支付的价款与购买价款的现值之间的差额，应当在信用期间内计入当期损益。其中，购买价款的现值是指以各期支付的款项按照适当的折现率进行折现后的金额</td></tr>
<tr><td>自行建造</td><td>竣工结算前发生的全部支出</td><td colspan="2">建造该项资产达到预定可使用状态前所发生的必要支出</td></tr>
<tr><td>融资租入</td><td>以租赁合同约定的付款总额和承租人在签订租赁合同过程中发生的相关费用为计税基础，租赁合同未约定付款总额的，以该资产的公允价值和承租人在签订租赁合同过程中发生的相关费用为计税基础</td><td colspan="2">在租赁期开始日，承租人应当将租赁资产公允价值与最低租赁付款额的现值两者中较低者作为租入资产的入账价值，承租人在租赁谈判和签订租赁合同过程中发生的，可归属于租赁项目的手续费等初始直接费用，计入租入资产价值。
其中，最低租赁付款额的现值以各期支付的租金按照一定折现率折现计算，折现率可以选择出租人租赁内含利率、租赁协议规定的利率或银行同期贷款利率</td></tr>
<tr><td>盘盈</td><td>以同类固定资产的重置完全价值</td><td colspan="2">作为前期差错处理，在按管理权限报经批准前通过“以前年度损益调整”核算</td></tr>
<tr><td rowspan="2">捐赠、投资、非货币性资产交换、债务重组</td><td rowspan="2">按该资产的公允价值和应支付的相关税费作为计税基础</td><td>捐赠、投资、具有商业实质非货币性资产交换、债务重组</td><td>按该资产的公允价值和应支付的相关税费作为初始入账价值</td></tr>
<tr><td>不具有商业实质的非货币性资产交换</td><td>换入资产就应当按照换出资产的账面价值作为计量基础</td></tr>
<tr><td>改建</td><td>除已足额提取折旧固定资产的改建支出和租入固定资产的改建支出以外，以改建过程中发生的改建支出增加计税基础</td><td colspan="2">固定资产更新改造支出符合资本化条件的，要计入固定资产成本</td></tr>
</table>

（二）固定资产初始计量的税会差异分析

1. 外购取得固定资产时，计税基础与入账价值的差异体现在分期付款购入固定资产，税法以取得该资产实际发生的支出为计税基础，会计以购买价款的现值作为固定资产入账价值，实际支付的价款与现值间的差额计入“未确认融资费用”。

【案例6-1】分析1

3月6日以分期付款方式购入的大型设备，计税基础为实际支付的价款500万元；初始入账价值为购买价款的现值，即每年末支付100万元，分5年支付，折现率为10%，该设备的现值$=100\times(P/A,10\%,5)=100\times3.7908=379.08$（万元），会计处理为：

借：固定资产——机器设备	3 790 800	
未确认融资费用	1 209 200	
贷：长期应付款		5 000 000

分期付款购入固定资产由于初始入账价值与计税基础的差异，将对该资产的后续计量产生两个方面的影响，一是由于计提折旧的基础不同，在折旧方法相同的情况下，对固定资产折旧额产生影响；二是未确认融资费用在以后年度需要按照实际利率法进行摊销，确认为财务费用，税会差异引起的相关纳税调整见“案例【6-1】分析4”。

2. 自行建造的固定资产，税会差异主要是达到预定可使用状态至竣工决算前的支出，按照税法规定应当作为计税基础，而会计将该支出资本化，导致资产账面价值低于计税基础。

3. 融资租入的固定资产，计税基础与入账价值的差异主要体现：计税基础是租赁合同约定的付款总额和承租人在签订租赁合同过程中发生的相关费用，入账价值以租赁资产公允价值与最低租赁付款额的现值两者中较低者加上相关初始费用。

【案例6-1】分析2

6月21日租入的药品生产线，租赁期（6年）占该资产尚可使用年限（8年）的75%，满足融资租赁的标准，合同约定每年12月31日支付租金60万元，6年共计支付租金3 600 000元，相关手续费10 000元，该资产的计税基础为3 610 000元；最低付款额现值=600 000×（P/A，8%，6）=600 000×4.622 9=2 773 740（元），低于市场公允价值3 000 000元，因此，初始入账价值为最低付款额现值与手续费之和2 783 740元，会计处理为：

借：固定资产——融资租入固定资产　　2 783 740
　　未确认融资费用　　826 260
　　贷：长期应付款——应付融资租赁款　　3 600 000
　　　　银行存款　　10 000

融资租赁固定资产由于初始入账价值与计税基础的差异，将对该资产的后续计量产生两个方面的影响，一是由于计提折旧的基础不同，在折旧方法相同的情况下，对固定资产折旧额产生影响；二是未确认融资费用在以后年度需要按照实际利率法进行摊销，确认为财务费用，税会差异引起的相关纳税调整见“案例【6-1】分析4”。

4. 以捐赠、投资、非货币性资产交换、债务重组等形式取得固定资产，计税基础与入账价值的差异主要体现在不具有商业实质的非货币性资产交换，税法规定按资产的公允价值加相关税费作为计税基础，会计上以换出资产的账面价值加相关税费作为换入资产的入账价值。

5. 固定资产改扩建过程中新增的固定资产税法与会计的处理相同，都将改扩建发生的支出作为固定资产成本。《国家税务总局关于企业所得税若干问题的公告》（国家税务总局公告2011年第34号）中明确了：自2011年7月1日起，企业对房屋、建筑物固定资产在未足额提取折旧前进行改扩建的，如属于推倒重置的，该资产原值减除提取折旧后的净值，应并入重置后的固定资产计税成本，并在该固定资产投入使用后的次月起，按照税法规定的折旧年限，一并计提折旧；如属于提升功能、增加面积的，该固定资产的改扩建支出，并入固定资产计税基础，并从改扩建完工投入使用后的次月起，重新按税法规定的该固定资产折旧年限计提折旧，如该改扩建后的固定资产尚可使用的年限低于税法规定的最低年限的，可以按尚可使用的年限计提折旧。

【案例6-1】分析3

7—10月对公司厂房进行改扩建，厂房的账面价值为1 520万元，改扩建过程中发生的可予以资本化的支出为300万元，则计税基础为1 820万元，初始入账价值为1 820万元。

（三）固定资产折旧的税会差异分析

固定资产折旧税法与会计规定比较见表6-2。

表6-2 固定资产折旧税法与会计规定的比较

项 目	税法规定	会计规定
折旧的资产范围	企业按规定计算的固定资产折旧，准予扣除。 下列固定资产不得计算折旧扣除： 1. 房屋、建筑物以外未投入使用的固定资产； 2. 以经营租赁方式租入的固定资产； 3. 以融资租赁方式租出的固定资产； 4. 已足额提取折旧仍继续使用的固定资产； 5. 与经营活动无关的固定资产； 6. 单独估价作为固定资产入账的土地； 7. 其他不得计算折旧扣除的固定资产	企业应对所有固定资产计提折旧，但是，以下情况除外： 1. 已提足折旧仍继续使用的固定资产； 2. 按规定单独估价作为固定资产入账的土地； 3. 融资租赁方式租出的固定资产； 4. 以经营租赁方式租入的固定资产
折旧的时间范围	企业应自固定资产投入使用月份的次月起计提折旧；停止使用的固定资产，应自停止使用的次月起停止折旧	企业在具体计提折旧时，一般应按月提取折旧，当月增加的固定资产，当月不提折旧，从下月起计提折旧；当月减少的固定资产，当月照提折旧，从下月起停止折旧。 固定资产提足折旧后，不论能否继续使用，均不再提取折旧；提前报废的固定资产，也不再补提折旧。 已达到预定可使用状态尚未办理竣工决算的固定资产，应当按照估计价值确定其成本，并计提折旧；待办理竣工决算后，再按实际成本调整原来的暂估价值，但不需要调整原已计提的折旧额

续表

项 目	税法规定	会计规定
折旧年限	除国务院财政、税务主管部门另有规定外，固定资产计税折旧的最低年限如下： 1. 房屋、建筑物，为20年； 2. 飞机、火车、轮船、机器、机械和其他生产设备，为10年； 3. 与生产经营活动有关的器具、工具、家具等，为5年； 4. 飞机、火车、轮船以外的运输工具，为4年； 5. 电子设备，为3年	企业根据资产的预计生产能力或实物产量，有形损耗和无形损耗以及其他因素确定固定资产使用寿命
影响折旧的因素	固定资产计税基础、折旧年限、预计净残值	固定资产原值、使用寿命、预计净残值、固定资产减值准备
折旧方法	固定资产按照直线法计提折旧，特殊情况下允许采用加速折旧方法	年限平均法、工作量法、双倍余额递减法、年数总和法

从表6-2中可以看出税法与会计在折旧方面的差异主要体现在以下几方面：

1. 折旧资产范围方面，税法允许计提折旧的固定资产范围小于会计，除房屋、建筑物以外未投入使用的固定资产，与生产经营活动无关的固定资产不得计提折旧。

2. 折旧的时间范围方面，对自建固定资产，会计规定在达到预定可使用状态后就可以按暂估成本计提折旧，税法未做出明确规定，但是自建固定资产计税基础是在竣工决算后确定，计提折旧的时间也应当是竣工决算后。

3. 折旧年限规定方面，税法对最低折旧年限做出明确规定，而会计没有明确的规定。

4. 影响折旧因素方面，税法规定：企业按会计规定提取的固定资产减值准备不得税前扣除，因此，在其他因素相同情况下，当会计计提固定资产折旧时考虑了固定资产减值准备，会产生税会差异，需要按照税法规定进行调整。

5. 折旧方法方面，税法规定按直线法计提折旧，只有特殊情况允许加速折旧，会计可以根据与固定资产有关的经济利益的预期实现方式，合理选择折旧方法。

6. 另外在《国家税务总局关于企业所得税应纳税所得额若干问题的公告》（国家税务总局公告2014年第29号）中进一步明确：

（1）企业固定资产会计折旧年限如果短于税法规定的最低折旧年限，其按会计折旧年限计提的折旧高于按税法规定的最低折旧年限计提的折旧部分，应调增当期应纳税所得额；企业固定资产会计折旧年限已期满且会计折旧已提足，但税法规定的最低折旧年限尚未到期且税收折旧尚未足额扣除，其未足额扣除的部分准予在剩余的税收折旧年限继续按规定扣除。

（2）企业固定资产会计折旧年限长于税法规定的最低折旧年限，其折旧应按照会计折旧年限计算扣除。

（3）企业按会计规定提取的固定资产减值准备，不得税前扣除，其折旧仍按税法确定的固定资产计税基础计算扣除。

（四）固定资产加速折旧的税务处理

关于固定资产加速折旧的税务处理在《企业所得税法》及其实施条例、《国家税务总局关于企业固定资产加速折旧所得税处理有关问题的通知》（国税发〔2009〕81号）、《财政部　国家税务总局关于进一步鼓励软件产业和集成电路产业发展企业所得税政策的通知》（财税〔2012〕27号）、《财政部　国家税务总局发布关于完善固定资产加速折旧企业所得税政策的通知》（财税〔2014〕75号）、《国家税务总局关于进一步完善固定资产加速折旧企业所得税政策有关问题的公告》（国家税务总局公告2015年第68号）、《财政部　税务总局关于设备、器具扣除有关企业所得税政策的通知》（财税〔2018〕54号）《财政部　税务总局关于扩大固定资产加速折旧优惠政策适用范围的公告》（财政部　税务总局公告2019年第66号）中做出如下规定：

1. 适用于所有行业的规定。

企业的固定资产由于技术进步等原因，确需加速折旧的，可以缩短折旧年限或者采取加速折旧的方法。

可以采取缩短折旧年限或者采取加速折旧的方法的固定资产，包括：

（1）由于技术进步，产品更新换代较快的固定资产；

（2）常年处于强震动、高腐蚀状态的固定资产。

采取缩短折旧年限方法的，最低折旧年限不得低于实施条例所规定折旧年限的60%；若为购置已使用过的固定资产，其最低折旧年限不得低于实施条例规定的最低折旧年限减去已使用年限后剩余年限的60%。最低折旧年限一经确定，一般不得变更。采取加速折旧方法的，可以采取双倍余额递减法或者年数总和法。

对于采取缩短折旧年限的固定资产，足额计提折旧后继续使用而未进行处置（包括报废等情形）超过12个月的，今后对其更新替代、改造改建后形成的功能相同或者类似的固定资产，不得再采取缩短折旧年限的方法。

2014年1月1日后新购进的专门用于研发的仪器、设备，单位价值不超过100万元的，允许一次性计入当期成本费用在计算应纳税所得额时扣除，不再分年度计算折旧；单位价值超过100万元的，可缩短折旧年限或采取加速折旧的方法。

自2014年1月1日起，对所有行业企业持有的单位价值不超过5 000元的固定资产，允许一次性计入当期成本费用在计算应纳税所得额时扣除，不再分年度计算折旧。

企业在2018年1月1日至2020年12月31日期间新购进的设备、器具，单位价值不超过500万元的，允许一次性计入当期成本费用在计算应纳税所得额时扣除，不再分年度计算折旧；单位价值超过500万元的，仍按《企业所得税法实施条例》《财政部　国家税务总局关于完善固定资产加速折旧企业所得税政策的通知》（财税〔2014〕75号）、《财政部　国家税务总局关于进一步完善固定资产加速折旧企业所得税政策的通知》（财税〔2015〕106号）等相关规定执行。

2. 针对特定行业、产业的规定。

（1）6大行业的加速折旧。

生物药品制造业，专用设备制造业，铁路、船舶、航空航天和其他运输设备制造业，计算机、通信和其他电子设备制造业，仪器仪表制造业，信息传输、软件和信息技术服务业6大行业（以下简称6大行业）的企业，

2014年1月1日后新购进的固定资产，可缩短折旧年限或采取加速折旧的方法。

上述6大行业的小型微利企业2014年1月1日后新购进的研发和生产经营共用的仪器、设备，单位价值不超过100万元的，允许一次性计入当期成本费用在计算应纳税所得额时扣除，不再分年度计算折旧；单位价值超过100万元的，可缩短折旧年限或采取加速折旧的方法。

（2）制造业加速折旧。

为支持制造业企业加快技术改造和设备更新，规定了适用制造业的加速折旧办法。分两步走：

第一步：自2015年1月1日起部分行业适用。轻工、纺织、机械、汽车4个领域重点行业（以下简称4个领域重点行业）的企业，2015年1月1日后新购进的固定资产（包括自行建造，下同），可由企业选择缩短折旧年限或采取加速折旧的方法。4个领域重点行业中的小型微利企业2015年1月1日后新购进的研发和生产经营共用的仪器、设备，单位价值不超过100万元（含）的，允许一次性计入当期成本费用在计算应纳税所得额时扣除，不再分年度计算折旧；单位价值超过100万元的，可由企业选择缩短折旧年限或采取加速折旧的方法。

第二步：自2019年1月1日起扩大至全部制造业。自2019年1月1日起，适用于4个领域重点行业的加速折旧优惠，扩大至全部制造业领域。在2019年月（季）度预缴申报时享受优惠或在2019年度汇算清缴时享受优惠。

（3）软件产业和集成电路产业的加速折旧。

企业外购的软件，凡符合固定资产或无形资产确认条件的，可以按照固定资产或无形资产进行核算，其折旧或摊销年限可以适当缩短，最短可为2年（含）。

集成电路生产企业的生产设备，其折旧年限可以适当缩短，最短可为3年（含）。

【案例6-1】分析4

A公司2020年度新增各项固定资产折旧计提如下：

（1）A公司属于生物药品制造业，2014年1月1日后新购入的固定资产可以采用加速折旧的方法，因此：

1月20日购入货车，属于税法中规定的“飞机、货车、轮船以外的运输工具”，最低折旧年限为4年，采用缩短年限的方式加速折旧，不得低于最低折旧年限的60%，即不得低于2.4年，A公司拟将折旧年限缩短为3年，长于税法的折旧年限，按会计折旧年限计算扣除，2020年度应计提的折旧 $=120\div3\times11/12\approx36.67$（万元），税法与会计计提的折旧相同。

（2）3月6日分期付款购入的固定资产，计税基础为500万元，初始入账价值为379.08万元，采用平均年限法折旧，折旧年限为10年，按税法规定计提的折旧额 $=500\div10\times9/12=37.5$（万元），会计计提折旧额 $=379.08\div10\times9/12=28.43$（万元），会计计提的折旧额低于税法允许扣除的折旧额，可以纳税调减9.07万元，但同时，初始确认的“未确认融资费用120.92万元”12月31日需要按照实际利率法进行摊销，本期摊销额 $=379.08\times10\%=37.908$（万元），会计处理为：

借：财务费用　　379 080

　　贷：未确认融资费用　　379 080

借：长期应付款　　1 000 000

　　贷：银行存款　　1 000 000

该笔财务费用不得税前扣除，需要纳税调增379 080元，填写在《A105000纳税调整项目明细表》中第30行“其他”中。

（3）6月21日融资租入生产线，计税基础为3 610 000元，初始入账价值为2 783 740元，采用平均年限法折旧，折旧年限为10年，按税法规定计提的折旧额 $=3\ 610\ 000\div10\times6/12=180\ 500$（元），会计计提折旧额 $=2\ 783\ 740\div10\times6/12=139\ 187$（元），会计计提的折旧额低于税法允许扣除的折旧额，可以纳税调减41 313元，但同时，初始确认的“未确认融资费用826 260元”12月31日需要按照实际利率法进行摊销，本期摊销额 $=2\ 783\ 740\times8\%=222\ 699.2$（元），会计处理为：

借：财务费用　　222 699.2

　　贷：未确认融资费用　　222 699.2

借：长期应付款　　600 000

　　贷：银行存款　　600 000

该笔财务费用不得税前扣除，需要纳税调增222 699.2元，填写在《A105000纳税调整项目明细表》中第30行“其他”中。

（4）8月1日购入的研发电子设备，属于2014年1月1日后新购进的专门用于研发的仪器、设备，单位价值不超过100万元的，税法规定允许一次性计入当期成本费用在计算应纳税所得额时扣除，因此，设备购买价款及相关税费共计80万元可以所得税前一次性扣除，税法与会计规定相同。

（5）7—9月对公司厂房进行改扩建，计税基础与初始入账价值相同，改扩建后按资产尚可使用的年限为10年，按尚可使用的年限计提折旧，本年应计提的折旧额＝18 200 000÷10×3/12＝455 000（元）。

二、生产性生物资产的税务处理及纳税调整

生产性生物资产是指为产出农产品、提供劳务或出租等目的而持有的生物资产，包括经济林、薪炭林、产畜和役畜等。生产性生物资产在一定程度上具有固定资产的特征。

（一）生产性生物资产的计税基础

生产性生物资产按照以下方法确定计税基础：

1. 外购的生产性生物资产，以购买价款和支付的相关税费为计税基础；

2. 通过捐赠、投资、非货币性资产交换、债务重组等方式取得的生产性生物资产，以该资产的公允价值和支付的相关税费为计税基础。

（二）生产性生物资产的折旧

生产性生物资产按照直线法计算的折旧，准予扣除。

企业应当自生产性生物资产投入使用月份的次月起计算折旧；停止使用的生产性生物资产，应当自停止使用月份的次月起停止计算折旧。

企业应当根据生产性生物资产的性质和使用情况，合理确定生产性生物资产的预计净残值。生产性生物资产的预计净残值一经确定，不得变更。

林木类生产性生物资产最短折旧年限为10年；畜类生产性生物资产最短折旧年限为3年。

（三）生产性生物资产的税会差异

1. 允许采用的折旧方法不同。

会计准则规定：企业应当根据生产性生物资产的性质、使用情况和有关经济利益的预期实现方式，合理确定其使用寿命、预计净残值和折旧方法。可选用的折旧方法包括年限平均法、工作量法、产量法等。生产性生物资产的使用寿命、预计净残值和折旧方法一经确定，不得随意变更。

税法只允许采用直线法计提折旧。

2. 关于生物资产减值准备规定不同。

会计准则规定：企业至少应当于每年年度终了对消耗性生物资产和生产性生物资产进行检查，有确凿证据表明由于遭受自然灾害、病虫害、动物疫病侵袭或市场需求变化等原因，使消耗性生物资产的可变现净值或生产性生物资产的可收回金额低于其账面价值的，应当按照可变现净值或可收回金额低于账面价值的差额，计提生物资产跌价准备或减值准备，并计入当期损益。

税法规定未经核定的生产性生物资产准备不得扣除。

（四）生产性生物资产的纳税调整

1. 因生产性生物资产的账面价值与计税基础的差异而导致的当年会计计提的生产性生物资产折旧与税法允许计提的折旧的差异。

2. 因会计采用的折旧方法与税法允许采用的折旧方法不一致而导致的会计与税法折旧的差异。

3. 调整的方法。

本期纳税调整额=会计本期计提的折旧－税法允许计提的折旧

三、无形资产的税务处理及纳税调整

【案例6-2】

A公司2020年新增的无形资产如下：

（1）3月18日，A公司购入一项商品生产特许权，实际支付价款300万元，相关税费2万元，专业服务费5万元，为引入该商品发生了广告宣传费3万元，预计使用寿命为10年。

（2）5月12日，采用分期付款方式购入一项商标权，每年末支付50万元，分6年付清，银行同期贷款利率为5%，假定不考虑其他税费，该资产预计使用寿命为10年。

（3）7月18日，购入一项市场领先产品的专利权，成本1 000万元，该专利还有5年的保护期，但是在保护期届满时，A公司可以申请延期，有关调查表明，根据产品生命周期、市场竞争力等方面综合判断，该专利权将在不定期内带来现金流量，2019年年底，对该专利权进行减值测试，表明该资产已发生减值，其公允价值为800万元。

假定A公司无形资产采用直线法摊销。

请完成下列问题：

（1）A公司2020年新增各项无形资产的入账价值和计税基础分别为多少？

（2）分析A公司2020年各项新增无形资产应计提的摊销及纳税调整。

（一）无形资产计税基础及初始入账价值的差异分析

无形资产通常包括专利权、非专利技术、商标权、著作权、特许权、土地使用权等。

表6–3　　无形资产初始计税基础及入账价值的确定

取得形式	计税基础	入账价值	
外购	购买价款和支付的相关税费以及直接归属于使该资产达到预定用途发生的其他支出	一般情形	企业外购无形资产的成本，包括购买价款、相关税费以及直接归属于资产达到预定用途发生的其他支出。下列各项不包括在无形资产的初始成本中： 1. 为引入新产品进行宣传发生的广告费、管理费用及其他间接费用； 2. 无形资产已达到预定用途后发生的费用

续表

<table>
<tr><th>取得形式</th><th>计税基础</th><th colspan="2">入账价值</th></tr>
<tr><td>外购</td><td>购买价款和支付的相关税费以及直接归属于使该资产达到预定用途发生的其他支出</td><td>分期付款</td><td>购买无形资产超过正常信用条件延期支付价款，实质上具有融资性质的，无形资产的成本以购买价款的现值为基础确定。实际支付的价款与购买价款的现值之间的差额，应当在信用期间内计入当期损益</td></tr>
<tr><td>自行开发</td><td>以开发过程中该资产符合资本化条件后达到预定用途发生的其他支出为计税基础</td><td colspan="2">开发阶段将符合资本化条件的支出计入无形资产成本</td></tr>
<tr><td rowspan="2">捐赠、投资、非货币性资产交换、债务重组</td><td rowspan="2">按该资产的公允价值和应支付的相关税费作为计税基础</td><td>捐赠、投资、具有商业实质非货币性资产交换、债务重组</td><td>按该资产的公允价值和应支付的相关税费作为初始入账价值</td></tr>
<tr><td>不具有商业实质的非货币性资产交换</td><td>换入资产就应当按照换出资产的账面价值作为计量基础</td></tr>
</table>

从表6-3中可以得出取得无形资产时计税基础和入账价值的税会差异体现在以下几个方面：

1. 初始购入时，与引入新产品相关的宣传费不计入无形资产的初始入账价值，而计税基础则应当包括资产达到预定用途发生的各项支出。

2. 分期付款购入无形资产的税会差异同分期付款购入固定资产，这里不再赘述。

3. 不具有商业实质的非货币性资产交换，换入的无形资产以换出资产的账面价值加相关税费作为初始入账价值，计税基础仍按公允价值。

【案例6-2】分析1

2020年A公司新增的无形资产计税基础及初始入账价值分别为：

（1）3月18日购入一项商品生产特许权，计税基础为实际支付价款300万元与相关税费2万元，专业服务费5万元，以及为引入该商品发生了广告宣传费3万元之和，共310万元；入账价值不包括为引入该商品发生的广告宣传费3万元，应当是307万元。

（2）5月12日分期付款方式，计税基础为付款总额，每年年末支付50万元，分6年付清，共计300万元；初始入账价值为未来应付款的现值=500 000×（*P*/*A*，5%，6）=500 000×5.075 7=2 537 850（元），相关会计处理为：

借：无形资产　　　　　　　　　　2 537 850
　　未确认融资费用　　　　　　　　462 150
　　贷：长期应付款　　　　　　　　　3 000 000

（3）7月18日购入的无形资产计税基础和初始入账价值均为1 000万元。

（二）无形资产后续计量的税会差异分析

表6-4　无形资产摊销税法与会计规定的比较

<table>
<tr><th>项目</th><th>税法规定</th><th>会计规定</th></tr>
<tr><td rowspan="2">摊销范围</td><td rowspan="2">下列无形资产不得计算摊销费用扣除：
（1）自行开发的支出已在计算应纳税所得额时扣除的无形资产；
（2）自创商誉；
（3）与经营活动无关的无形资产；
（4）其他不得计算摊销费用扣除的无形资产</td><td>使命寿命有限的无形资产在估计使用寿命采用系统合理的方法进行摊销</td></tr>
<tr><td>使用寿命不确定的无形资产不需要摊销</td></tr>
<tr><td rowspan="2">摊销期</td><td>摊销期限不得低于10年</td><td>按预计使用寿命内进行摊销。
估计无形资产使用寿命应当考虑的因素包括：该资产通常的产品寿命周期、技术工艺等方面的现实情况、现在和潜在的竞争者预期采取的行动等。
使用寿命不确定的无形资产，在持有期内不需要摊销，但在每个会计期间进行减值测试</td></tr>
<tr><td>自无形资产可供使用时起至终止确认时止，当月增加的无形资产当月开始摊销，当月减少的无形资产，当月不再摊销</td><td>自无形资产可供使用时起至终止确认时止，当月增加的无形资产当月开始摊销，当月减少的无形资产，当月不再摊销</td></tr>
<tr><td>摊销方法</td><td>直线法</td><td>直线法、产量法等</td></tr>
</table>

从表6–4可以看出，无形资产后续计量方面存在如下差异：

1. 在摊销范围方面，税法与会计的差异主要是两个方面：一是“与经营活动无关的无形资产”税法规定不得摊销，会计没有相关规定；二是税法未对使用寿命不确定的无形资产是否需要摊销做出规定，而会计上规定不需要摊销。

关于“自行开发的支出已在计算应纳税所得额时扣除的无形资产、自创商誉不得摊销扣除”，在会计处理中商誉是企业在合并或整体转让时才确认，自行研发无形资产的研发支出属于费用化的支出，在计算应纳税所得额时已经扣除，属于资本化的支出计入无形资产的价值进行摊销，因此，税法和会计的规定不存在差异。

2. 在摊销年限方面，税法有明确的摊销年限规定，会计对使用寿命确定的无形资产按预计寿命摊销，使用寿命不确定的无形资产不计提摊销。

3. 在摊销方法方面，税法规定采用直线法，会计有多种方法可以选择。

【案例6–2】分析2

A公司2020年各项新增无形资产应计提的摊销及纳税调整：

（1）3月18日购入商品生产特许权，计税基础为310万元，按税法规定当年可以税前扣除的摊销额=3 100 000 ÷ 10 × 10/12=258 333.3（元）；入账价值307万元，会计当年计提的摊销额=3 070 000 ÷ 10 × 10/12=255 833.3（元）；需要纳税调减2 500元。

（2）5月12日分期付款方式购入一项商标权，计税基础为3 000 000元，按税法规定当年可以税前扣除的摊销额=3 000 000 ÷ 10 × 8/12=200 000（元）；入账价值为2 537 850元，预计使用寿命10年，当年会计摊销额=2 537 850 ÷ 10 × 8/12=169 190（元），纳税调减30 810元；当年摊销的未确认融资费用为462 150元，12月31日需要按照实际利率法进行摊销，本期摊销额=2 537 850 × 5%=126 892.5（元）。会计处理为：

借：财务费用　　126 892.5

　　贷：未确认融资费用　　126 892.5

借：长期应付款　　500 000

　　贷：银行存款　　500 000

该笔财务费用不得税前扣除，需要纳税调增126 892.5元，填写在《A105000纳税调整项目明细表》第30行“其他”中。

（3）7月18日购入的专利权，计税基础为1 000万元，按税法规定当年可以税前扣除的摊销额＝10 000 000 ÷ 10 × 6/12＝500 000（元），会计对使用寿命不确定的无形资产不进行摊销，2019年年底进行减值测试，其公允价值为800万元，会计处理：

借：资产减值损失　　　　　　　　　　2 000 000

　　贷：无形资产减值准备——专利权　　　　2 000 000

税法规定会计计提的减值准备税前一律不得扣除，因此，需要纳税调增2 000 000元。

四、长期待摊费用的税务处理及纳税调整

表6–5　　　　长期待摊费用税法及会计规定的比较

项目	税法规定	会计规定
核算范围	企业发生的下列支出作为长期待摊费用，按照规定摊销的，准予扣除： 1. 已足额提取折旧的固定资产的改建支出； 2. 租入固定资产的改建支出； 3. 固定资产的大修理支出； 4. 其他应当作为长期待摊费用的支出	核算企业已经支出，但摊销期限在1年以上（不含1年）的各项费用，包括固定资产修理支出、租入固定资产的改良支出以及摊销期限在1年以上的其他待摊费用
摊销年限	税法规定了长期待摊费用的最短摊销年限： 1. 已足额提取折旧的固定资产的改建支出按照固定资产预计尚可使用年限分期摊销。 2. 租入固定资产的改建支出按照合同约定的剩余租赁期限分期摊销。 3. 固定资产的大修理支出按照固定资产尚可使用年限分期摊销。 4. 其他应当作为长期待摊费用的支出，自支出发生月份的次月起，分期摊销，摊销年限不得低于3年	企业在筹建期间发生的费用，除购置和建造固定资产以外，应先在长期待摊费用中归集，待企业开始生产经营起一次计入开始生产经营当期的损益。 租入固定资产改良支出应当在租赁期限与预计可使用年限两者孰短的期限内平均摊销。 固定资产大修理支出采取待摊方法的，实际发生的大修理支出应当在大修理间隔期内平均摊销。 其他长期待摊费用应当在受益期内平均摊销

根据表6-5，税法与会计在长期待摊费用规定方面的差异主要体现为：

1. 在核算范围方面，税法对长期待摊费用做出更明确的规定，如已足额提取折旧和租入的固定资产的改建支出才可以作为长期待摊费用；固定资产的大修理支出需要同时符合下列条件：修理支出达到取得固定资产时的计税基础50%以上；修理后固定资产的使用年限延长2年以上。

2. 在摊销年限方面，关于筹建期间发生的费用，税法中应按照其他长期待摊费用，摊销期不得低于3年，会计上在企业开始生产经营起一次计入开始生产经营当期的损益；租入固定资产改良支出，税法按照合同约定的剩余租赁期限分期摊销，会计选用租赁期限与预计可使用年限两者孰短摊销。

五、全民所有制企业公司制改制企业所得税处理

《国家税务总局关于全民所有制企业公司制改制企业所得税处理问题的公告》（国家税务总局公告2017年第34号）中明确全民所有制企业公司制改制（以下简称改制）过程中，资产评估增值不计入应纳税所得额；资产的计税基础按其原有计税基础确定；资产增值部分的折旧或者摊销不得在税前扣除。

“改制”仅指法律形式的简单改变，即由全民所有制企业改制为国有独资公司或者国有全资子公司，改制前后股东没有变化，财产权属没有变化，都是100%国家所有，改制为国有控股公司等其他情形的，不适用国家税务总局公告2017年第34号所述政策。改制后的公司应将评估增值相关资料留存备查。

六、海南自由贸易港设立的企业资产折旧及摊销的税收优惠

海南自由贸易港的税收优惠及纳税申报，可扫码观看视频讲解

《财政部　税务总局关于海南自由贸易港企业所得税优惠政策的通知》（财税〔2020〕31号）规定，2020年1月1日—2024年12月31日，对在海南自由贸易港设立的企业，新购置或自建的除房屋、建筑物以外的固定资产，单位价

值不超过500万元（含）的，允许一次性计入当期成本费用在计算应纳税所得额时扣除，不再分年度计算折旧；单位价值超过500万元的，可以缩短折旧年限或采取加速折旧的方法。新购置或自行开发的无形资产，单位价值不超过500万元（含）的，允许一次性计入当期成本费用在计算应纳税所得额时扣除，不再分年度计算摊销；单位价值超过500万元的，可以缩短摊销年限或采取加速摊销的方法。

【例6-1】B公司2020年4月在海南自由贸易港注册成立，5月18日，购入生产经营设备一台，价款及相关税费共计230万元。7月自行研发完成专利一项，市场评估价为540万元，B公司2020年度企业所得税前可以扣除的折旧及摊销为多少？

分析：

根据财税〔2020〕31号规定，B公司5月购入的生产经营设备单位价值不超过500万元，可以一次性计入成本费用，在企业所得税前扣除。自行研发的专利，单位价值超过500万元，可以采用缩短年限摊销，按照税法规定，无形资产摊销年限不低于10年，缩短折旧年限后不得低于最低折旧年限的60%，因此，可以选择按6年摊销。2020年度摊销额=540÷6×6/12=45（万元）。

七、疫情防控重点保障物资生产企业购入设备税前扣除的规定

《财政部　税务总局关于支持新型冠状病毒感染的肺炎疫情防控有关税收政策的公告》（财政部　税务总局公告2020年第8号）、《财政部　税务总局关于支持疫情防控保供等税费政策实施期限的公告》（财政部　税务总局公告2020年第28号）规定，2020年1月1日起至2020年12月31日止，为进一步做好新型冠状病毒感染的肺炎疫情防控工作，支持相关企业发展，对疫情防控重点保障物资生产企业为扩大产能新购置的相关设备，允许一次性计入当期成本费用在企业所得税税前扣除。

第二节 《A105080资产折旧、摊销情况及纳税调整明细表》的填写

在年度报表体系中，《A105080资产折旧、摊销情况及纳税调整明细表》（以下简称A105080）属于二级附表，适用于发生资产折旧、摊销的纳税人，无论是否纳税调整，均须填报。其纳税调整结果需要结转至一级附表A105000《纳税调整项目明细表》（以下简称A105000）第32行。本表的结构如下：

一、填写方法

（一）行次填报

本表共41行，外加附列资料1行。分六大部分：

1. 第一部分反映固定资产计提的折旧及相关纳税调整，第2至7行填列所有固定资产的情况，分为6类，包括：房屋、建筑物；飞机、火车、轮船、机器、机械和其他生产设备；与生产经营活动有关的器具、工具、家具等；飞机、火车、轮船以外的运输工具；电子设备；其他。第1行是固定资产折旧及相关纳税调整的合计数。

第8至17行全面反映企业享受固定资产加速折旧的情形，填列享受固定资产加速折旧及一次性扣除政策的资产加速折旧额大于一般折旧额的部分，包括：重要行业固定资产加速折旧（不含一次性扣除），其他行业研发设备加速折旧，海南自由贸易港企业固定资产加速折旧，500万元以下设备器具一次性扣除，疫情防控重点保障物资生产企业单价500万元以上设备一次性扣除，海南自由贸易港企业固定资产一次性扣除，技术进步、更新换代固定资产加速折旧，常年强震动、高腐蚀固定资产加速折旧，外购软件折旧，集成电路企业生产设备加速折旧。

2. 第二部分反映生产性生物资产计提的折旧及相关纳税调整，分为林木类、畜类生产性生物资产，分别在第19行、第20行填写，第18行是生产性生物资产折旧及相关纳税调整的合计数。

3. 第三部分反映无形资产的摊销及相关纳税调整，分为专利权、商标权、著作权、土地使用权、非专利技术、特许权使用费、软件、其他，分别在第22至29行反映，第21行是无形资产摊销及相关纳税调整的合计数。

第30至32行反映享受无形资产加速摊销及一次性摊销政策的资产加速摊销额大于一般摊销额的情况，包括：企业外购软件加速摊销、海南自由贸易港企业无形资产加速摊销、海南自由贸易港企业无形资产一次性摊销。

4. 第四部分反映长期待摊费用的摊销及相关纳税调整，分为已足额提取折旧的固定资产的改建支出、租入固定资产的改建支出、固定资产的大修理支出、开办费、其他，分别在第34行至第38行反映，第33行是长期待摊费用的摊销及相关纳税调整的合计数。

5. 第五、六部分反映的是油气勘探投资和油气开发投资的相关摊销及纳税调整，在第37、38行反映。

6. 第41行是各项资产折旧、摊销及相关纳税调整的合计数。

7. 附列资料反映适用全民所有制改制资产评估增值政策的资产。

（二）列次填报

本表共9列，分三部分：

1. 第一部分反映资产折旧、摊销的会计记录，包括：

（1）各项资产的账载金额填写第1列。

（2）本期折旧、摊销额填写第2列。

（3）累计折旧、摊销额填写第3列。

2. 第二部分反映资产折旧、摊销的税收金额，包括：

（1）各项资产的计税基础填写第4列。

（2）按税收一般规定计算的本年折旧、摊销额填写第5列，注意本列不包括由不征税收入形成的资产折旧、摊销额；对于第8行至第17行、第30行至第32行对应的“税收折旧额”，填报享受各种加速折旧政策的资产，当年享受加速折旧后的税法折旧额合计。本列仅填报加速后的税法折旧额大于按税法规定计算的一般折旧额月份的金额合计。

（3）享受加速折旧政策的资产按税收一般规定计算的折旧、摊销额填写第6列，仅适用于第8行至第17行、第30行至第32行，填报纳税人享受加速折旧政策的资产按照税法一般规定计算的允许税前扣除的本年资产折旧、摊销额。即该资产在不享受加速折旧情况下，按照税收规定的最低折旧年限以直线法计算的折旧额。

（4）第7列是加速折旧、摊销的统计额，是第5列减去第6列之差。统计纳税人享受各类固定资产加速折旧政策的优惠金额。

（5）累计折旧、摊销额填写第8列，填报纳税人按照税收规定计算的累计（含本年）资产折旧、摊销额。

3. 第三部分反映资产折旧、摊销的纳税调整金额，填写第9列，计算方法用会计折旧、摊销额减去税收一般规定计算的本年折旧、摊销额和本年加速折旧额。各项资产纳税调整额的合计数在41行第9列，若41行第9列金额≥0，填入表A105000第32行第3列；若41行第9列＜0，将绝对值填入表A105000第32行第4列。

二、表内、表间关系

（一）表内关系

1. 第1行=第2+3+…+7行。

2. 第18行=第19+20行。

3. 第21行=第22+23+…+29行。

4. 第33行=第34+35+36+37+38行。

5. 第41行=第1+18+21+33+39+40行。（其中第41行第6列=第8+9+10+11+12+13+14+15+16+17+30+31+32行第6列；第41行第7列=第8+9+10+11+12+13+14+15+16+17+30+31+32行第7列）。

6. 第7列=第5-6列。

7. 第9列=第2-5列。

（二）表间关系

1. 第41行第2列=表A105000第32行第1列。

2. 第41行第5列=表A105000第32行第2列。

3. 若第41行第9列≥0，第41行第9列=表A105000第32行第3列；若第41行第9列＜0，第41行第9列的绝对值=表A105000第32行第4列。

三、案例解析

根据【案例6-1】、【案例6-2】中，A公司2020年度新增固定资产、无形资产填写《A105080资产折旧、摊销情况及纳税调整明细表》，见表6-6。

表6-6 A105080 资产折旧、摊销及纳税调整明细表

单位：元

行次	项目		账载金额			税收金额					纳税调整金额
			资产原值	本年折旧、摊销额	累计折旧、摊销额	资产计税基础	税收折旧、摊销额	享受加速折旧政策的资产按税收一般规定计算的折旧、摊销额	加速折旧、摊销统计额	累计折旧、摊销额	
			1	2	3	4	5	6	7（5–6）	8	9（2–5）
1	一、固定资产（2+3+4+5+6+7）		26 774 540	2 045 187	2 045 187	28 810 000	2 177 166.67	*	*	2 177 166.67	–131 979.67
2	所有固定资产	（一）房屋、建筑物	18 200 000	455 000	455 000	18 200 000	455 000	*	*	455 000	0
3		（二）飞机、火车、轮船、机器、机械和其他生产设备	3 790 800	2 843 333.33	2 843 333.33	5 000 000	375 000	*	*	375 000	–90 666.67
4		（三）与生产经营活动有关的器具、工具、家具等	2 783 740	139 187	139 187	3 610 000	180 500	*	*	180 500	–41 313
5		（四）飞机、火车、轮船以外的运输工具	1 200 000	366 666.67	366 666.67	1 200 000	366 666.67	*	*	366 666.67	0
6		（五）电子设备	800 000	800 000	800 000	800 000	800 000	*	*	800 000	0
7		（六）其他						*	*		

续表

行次	项目		账载金额			税收金额					纳税调整金额
			资产原值	本年折旧、摊销额	累计折旧、摊销额	资产计税基础	税收折旧、摊销额	享受加速折旧政策的资产按税收一般规定计算的折旧、摊销额	加速折旧、摊销统计额	累计折旧、摊销额	
			1	2	3	4	5	6	7（5–6）	8	9（2–5）
8	其中：享受固定资产加速折旧及一次性扣除政策的资产加速折旧额大于一般折旧额的部分	（一）重要行业固定资产加速折旧（不含一次性扣除）	1 200 000	366 666.67	366 666.67	1 200 000	366 666.67	275 000	91 666.67	366 666.67	*
9		（二）其他行业研发设备加速折旧									*
10		（三）海南自由贸易港企业固定资产加速折旧									
11		（四）500万元以下设备器具一次性扣除	800 000	800 000	800 000	800 000	800 000	88 888.89	711 111.11	800 000	*
12		（五）疫情防控重点保障物资生产企业单价500万元以上设备一次性扣除									*
13		（六）海南自由贸易港企业固定资产一次性扣除									*

续表

行次	项目		账载金额			税收金额					纳税调整金额
			资产原值	本年折旧、摊销额	累计折旧、摊销额	资产计税基础	税收折旧、摊销额	享受加速折旧政策的资产按税收一般规定计算的折旧、摊销额	加速折旧、摊销统计额	累计折旧、摊销额	
			1	2	3	4	5	6	7（5–6）	8	9（2–5）
14	其中：享受固定资产加速折旧及一次性扣除政策的资产加速折旧额大于一般折旧额的部分	（七）技术进步、更新换代固定资产加速折旧									*
15		（八）常年强震动、高腐蚀固定资产加速折旧									*
16		（九）外购软件加速折旧									*
17		（十）集成电路企业生产设备加速折旧									*
18	二、生产性生物资产（19+20）							*	*		
19	（一）林木类							*	*		
20	（二）畜类							*	*		
21	三、无形资产（22+23+24+25+26+27+28+29）		15 607 850	425 023.33	425 023.33	16 100 000	958 333.33	*	*	9 558 333.33	–533 310

续表

行次	项目		账载金额			税收金额					纳税调整金额
			资产原值	本年折旧、摊销额	累计折旧、摊销额	资产计税基础	税收折旧、摊销额	享受加速折旧政策的资产按税收一般规定计算的折旧、摊销额	加速折旧、摊销统计额	累计折旧、摊销额	
			1	2	3	4	5	6	7（5–6）	8	9（2–5）
22	所有无形资产	（一）专利权	10 000 000	0	0	10 000 000	500 000	*	*	500 000	–500 000
23		（二）商标权	2 537 850	169 190	169 190	3 000 000	200 000	*	*	200 000	–30 810
24		（三）著作权						*	*		
25		（四）土地使用权						*	*		
26		（五）非专利技术						*	*		
27		（六）特许权使用费	3 070 000	255 833.33	255 833.33	3 100 000	258 333.33	*	*	2 558 333.33	–2 500
28		（七）软件						*	*		
29		（八）其他						*	*		

续表

行次	项目		账载金额			税收金额					纳税调整金额
			资产原值	本年折旧、摊销额	累计折旧、摊销额	资产计税基础	税收折旧、摊销额	享受加速折旧政策的资产按税收一般规定计算的折旧、摊销额	加速折旧、摊销统计额	累计折旧、摊销额	
			1	2	3	4	5	6	7（5–6）	8	9（2–5）
30	其中：享受无形资产加速摊销及一次性摊销政策的资产加速摊销额大于一般摊销额的部分	（一）企业外购软件加速摊销									*
31		（二）海南自由贸易港企业无形资产加速摊销									*
32		（三）海南自由贸易港企业无形资产一次性摊销									*
33	四、长期待摊费用（34+35+36+37+38）							*	*		
34	（一）已足额提取折旧的固定资产的改建支出							*	*		
35	（二）租入固定资产的改建支出							*	*		

续表

行次	项目		账载金额			税收金额					纳税调整金额
			资产原值	本年折旧、摊销额	累计折旧、摊销额	资产计税基础	税收折旧、摊销额	享受加速折旧政策的资产按税收一般规定计算的折旧、摊销额	加速折旧、摊销统计额	累计折旧、摊销额	
			1	2	3	4	5	6	7（5–6）	8	9（2–5）
36	（三）固定资产的大修理支出							*	*		
37	（四）开办费							*	*		
38	（五）其他							*	*		
39	五、油气勘探投资							*	*		
40	六、油气开发投资							*	*		
41	合计（1+18+21+33+39+40）		42 382 390	2 470 210.33	2 470 210.33	44 910 000	3 135 500	363 888.89	802 777.78	3 133 000	–665 289.67
附列资料		全民所有制企业公司制改制资产评估增值政策资产						*	*		

填写要点：

A公司2020年度新增固定资产、无形资产的填写方法如下：

1. A公司属于生物药品制造业，2014年1月1日后新购入的固定资产可以采用加速折旧的方法，1月20日购入货车，属于税法中规定的“飞机、货车、轮船以外的运输工具”，应当分别在第5行、第8行列示该资产折旧及纳税调整的信息：在第5行，第1列填1 200 000元，第2列填366 666.67元，第3列填366 666.67元，第4列填1 200 000元，第5列填366 666.67元，第8列填366 666.67元，第9列填0；同时，在第8行列示加速折旧的统计情况，第1至5列及第8列的填写方法同第5行，第6列填该资产按照税收一般规定计算的折旧、摊销额，税法规定：飞机、货车、轮船以外的运输工具最低折旧年限为4年，正常折旧额=1 200 000÷4×11/12=275 000（元），第7列等于第5列–第6列填91 666.67元。

提示：如果在海南自由贸易港设立的企业，新购置（含自建）500万元以上的固定资产，按照税收规定采取缩短折旧年限或加速折旧方法的，若固定资产同时符合重要行业加速折旧政策条件，纳税人自行选择在第10行“（三）海南自由贸易港企业固定资产加速折旧”或在本表第8行填报，但不得重复填报。

2. 3月6日以分期付款方式购入的设备，属于“飞机、火车、轮船、机器、机械和其他生产设备”相关信息填写第3行，第1列填3 790 800元，第2列填2 843 333.33元，第3列填2 843 333.33元，第4列填5 000 000元，第5列填375 000元，第8列填375 000元，第9列填–90 666.67元。

3. 6月21日融资租入的药品生产线，属于“与生产经营活动有关的器具、工具、家具等”相关信息填写第4行，第1列填278 3740元，第2列填139 187元，第3列填139 187元，第4列填3 610 000元，第5列填180 500元，第8列填180 500元，第9列填–41 313元。

4. 8月1日购入的研发电子设备，属于2014年1月1日后新购进的专门用于研发的仪器、设备，单位价值不超过100万元的，税法规定允许一次性计入当期成本费用在计算应纳税所得额时扣除，分别在第6行和第11行列示该资产折旧及纳税调整的信息：在第6行，第1列填800 000元，第2列填800 000元，第3列填800 000元，第4列填800 000元，第5列填800 000元，第8列填

800 000元，第9列填0元。在第11行，第1至5列及第8列的填写方法同第6行，第6列填该资产按照税收一般规定计算的折旧、摊销额，税法规定：电子设备最低折旧年限为3年，正常折旧额=800 000÷3×4/12=88 888.89（元），第7列等于第5列–第6列填711 111.11元。

提示：如果在海南自由贸易港设立的企业，新购置（含自建）固定资产按照税收规定采取一次性摊销方法，若固定资产同时符合“500万元以下设备器具一次性扣除”政策的，纳税人自行选择在第13行“（六）海南自由贸易港企业固定资产一次性扣除”或本表第11行填报，但不得重复填报。

5. 第1行各列为第2行至第7行各列的合计数，第1列填26 774 540元，第2列填2 045 187元，第3列填2 045 187元，第4列填28 810 000元，第5列填2 177 166.67元，第8列填2 177 166.67元，第9列填–131 979.67元。

6. 3月18日购入商品生产特许权，与“特许权使用费”相关的摊销及纳税调整的信息填写在第27行，第1列填3 070 000元，第2列填255 833.3元，第3列填255 833.33元，第4列填3 100 000元，第5列填258 333.33元，第8列填258 333.33元，第9列填–2 500元。

7. 5月12日采用分期付款方式购入的商标权，与“商标权”相关的摊销及纳税调整的信息填写在第23行，第1列填2 537 850元，第2列填169 190元，第3列填169 190元，第4列填3 000 000元，第5列填200 000元，第8列填200 000元，第9列填–30 810元。

8. 7月18日购入专利权，与“专利权”相关的摊销及纳税调整的信息填写在第22行，第1列填10 000 000元，第2列填0元，第3列填0元，第4列填10 000 000元，第5列填500 000元，第8列填500 000元，第9列填–500 000元。

9. 第21行各列为第22行至29行各列的合计数，第1列填15 607 850元，第2列填425 023.33元，第3列填425 023.33元，第4列填16 100 000元，第5列填958 333.33元，第8列填958 333.33元，第9列填–533 310元。

10. 第41行=第1+18+21+33+39+40行。（其中第41行第6列=第8+9+…+17+30+31+32行第6列；第41行第7列=第8+9+…+17+30+31+32行第7列）第1列填42 382 390元，第2列填2 470 210.33元，第3列填2 470 210.33元，第4列填44 910 000元，第5列填3 135 500元，第6列填363 888.89元，第7列填802 777.78元，第8列填3 133 000元，第9列填–665 289.67元。

第41行结果转入《A105000纳税调整项目明细表》（以下简称A105000）第32行“资产折旧、摊销”，A105080第2列金额转入A105000第1列“账载金额”，A105080第5列金额转入A105000第2列“税收金额”，A105080第9列的绝对值金额转入A105000第4列“调减金额”。

四、综合案例解析

【综合案例】

《A105080资产折旧、摊销情况及纳税调整明细表》的填写根据综合案例中关于ABC科技资产折旧、摊销的资料，填写结果见表6–7。

表6-7 A105080 资产折旧、摊销及纳税调整明细表

单位：元

行次	项目		账载金额			税收金额					纳税调整金额
			资产原值	本年折旧、摊销额	累计折旧、摊销额	资产计税基础	税收折旧、摊销额	享受加速折旧政策的资产按税收一般规定计算的折旧、摊销额	加速折旧、摊销统计额	累计折旧、摊销额	
			1	2	3	4	5	6	7（5-6）	8	9（2-5）
1	一、固定资产（2+3+4+5+6+7）		5 034 939.98	1 051 462.28	2 114 637.38	5 034 939.98	1 051 462.28	*	*	2 114 637.38	0
2	所有固定资产	（一）房屋、建筑物						*	*		0
3		（二）飞机、火车、轮船、机器、机械和其他生产设备						*	*		0
4		（三）与生产经营活动有关的器具、工具、家具等	695 259.33	134 310.12	251 068.57	695 259.33	134 310.12	*	*	251 068.57	0
5		（四）飞机、火车、轮船以外的运输工具	1 239 542	154 123.64	261 736.45	1 239 542	154 123.64	*	*	261 736.45	0
6		（五）电子设备	3 100 138.65	763 028.52	1 601 832.36	3 100 138.65	763 028.52	*	*	1 601 832.36	0
7		（六）其他						*	*		

续表

行次	项目		账载金额			税收金额					纳税调整金额
			资产原值	本年折旧、摊销额	累计折旧、摊销额	资产计税基础	税收折旧、摊销额	享受加速折旧政策的资产按税收一般规定计算的折旧、摊销额	加速折旧、摊销统计额	累计折旧、摊销额	
			1	2	3	4	5	6	7（5–6）	8	9（2–5）
8	其中：享受固定资产加速折旧及一次性扣除政策的资产加速折旧额大于一般折旧额的部分	（一）重要行业固定资产加速折旧（不含一次性扣除）									*
9		（二）其他行业研发设备加速折旧									*
10		（三）海南自由贸易港企业固定资产加速折旧									
11		（四）500万元以下设备器具一次性扣除									*
12		（五）疫情防控重点保障物资生产企业单价500万元以上设备一次性扣除									*
13		（六）海南自由贸易港企业固定资产一次性扣除									*

续表

行次	项　目		账载金额			税收金额					纳税调整金额
			资产原值	本年折旧、摊销额	累计折旧、摊销额	资产计税基础	税收折旧、摊销额	享受加速折旧政策的资产按税收一般规定计算的折旧、摊销额	加速折旧、摊销统计额	累计折旧、摊销额	
			1	2	3	4	5	6	7（5–6）	8	9（2–5）
14	其中：享受固定资产加速折旧及一次性扣除政策的资产加速折旧额大于一般折旧额的部分	（七）技术进步、更新换代固定资产加速折旧									*
15		（八）常年强震动、高腐蚀固定资产加速折旧									*
16		（九）外购软件加速折旧									*
17		（十）集成电路企业生产设备加速折旧									*
18	二、生产性生物资产（19+20）							*	*		
19	（一）林木类							*	*		
20	（二）畜类							*	*		
21	三、无形资产（22+23+24+25+26+27+28+29）		8 293 866.75	1 049 454.39	2 501 149.53	8 293 866.75	524 727.20	*	*	1 250 574.77	524 727.20

续表

行次	项目		账载金额			税收金额					纳税调整金额
			资产原值	本年折旧、摊销额	累计折旧、摊销额	资产计税基础	税收折旧、摊销额	享受加速折旧政策的资产按税收一般规定计算的折旧、摊销额	加速折旧、摊销统计额	累计折旧、摊销额	
			1	2	3	4	5	6	7（5–6）	8	9（2–5）
22	所有无形资产	（一）专利权						*	*		0.00
23		（二）商标权						*	*		0.00
24		（三）著作权	7 968 854.50	994 253.16	2 458 511.36	7 968 854.50	497 126.58	*	*	1 229 255.68	497 126.58
25		（四）土地使用权						*	*		
26		（五）非专利技术						*	*		
27		（六）特许权使用费	325 012.25	55 201.23	42 638.17	325 012.25	27 600.62	*	*	21 319.09	27 600.62
28		（七）软件						*	*		
29		（八）其他						*	*		

续表

行次	项目		账载金额			税收金额					纳税调整金额
			资产原值	本年折旧、摊销额	累计折旧、摊销额	资产计税基础	税收折旧、摊销额	享受加速折旧政策的资产按税收一般规定计算的折旧、摊销额	加速折旧、摊销统计额	累计折旧、摊销额	
			1	2	3	4	5	6	7（5–6）	8	9（2–5）
30	其中：享受无形资产加速摊销及一次性摊销政策的资产加速摊销额大于一般摊销额的部分	（一）企业外购软件加速摊销									*
31		（二）海南自由贸易港企业无形资产加速摊销									*
32		（三）海南自由贸易港企业无形资产一次性摊销									*
33	四、长期待摊费用（34+35+36+37+38）		1 249 678.82	536 791.34	985 694.76	1 249 678.82	536 791.34	*	*	985 694.76	0.00
34	（一）已足额提取折旧的固定资产的改建支出							*	*		
35	（二）租入固定资产的改建支出		1 249 678.82	536 791.34	985 694.76	1 249 678.82	536 791.34	*	*	985 694.76	0.00

续表

行次	项目	账载金额			税收金额					纳税调整金额
		资产原值	本年折旧、摊销额	累计折旧、摊销额	资产计税基础	税收折旧、摊销额	享受加速折旧政策的资产按税收一般规定计算的折旧、摊销额	加速折旧、摊销统计额	累计折旧、摊销额	
		1	2	3	4	5	6	7（5–6）	8	9（2–5）
36	（三）固定资产的大修理支出						*	*		*
37	（四）开办费						*	*		
38	（五）其他						*	*		
39	五、油气勘探投资						*	*		
40	六、油气开发投资						*	*		
41	合计（1+18+21+33+39+40）	14 578 485.55	2 637 708.01	5 601 481.67	14 578 485.55	2 112 980.82	0.00	0.00	4 350 906.91	524 727.20
附列资料	全民所有制企业公司制改制资产评估增值政策资产						*	*		

填写要点：

ABC科技各项长期资产账载金额与计税基础相等，会计计提的固定资产折旧金额与企业所得税法规定一致，固定资产没有纳税调整；长期待摊费用的账面摊销金额与税法规定一致，没有纳税调整；所有无形资产会计摊销年限均为5年，税法规定的最低折旧年限为10年，会计多计提的摊销额，需要进行纳税调增。

因此根据综合案例（四）、主要财务信息中《资产折旧、摊销明细表》（见本书导读部分），填写结果如下：

1. 固定资产折旧部分的填写：

第4行第1列填695 259.33元，第2列填134 310.12元，第3列填251 068.57元，第4列填695 259.33元，第5列填134 310.12元，第8列填251 068.57元，第9列填0。

第5行第1列填1 239 542元，第2列填154 123.64元，第3列填261 736.45元，第4列填1 239 542元，第5列填154 123.64元，第8列填261 736.45元，第9列为0。

第6行第1列填3 100 138.65元，第2列填763 028.52元，第3列填1 601 832.36元，第4列填3 100 138.65元，第5列填763 028.52元，第8列填1 601 832.36元，第9列为0。

第1行为第2至7行的合计数，第1列填5 034 939.98元，第2列填1 051 462.28元，第3列填2 114 637.38元，第4列填5 034 939.98元，第5列填1 051 462.28元，第8列填2 114 637.38元，第9列为0。

2. 无形资产摊销部分的填写

第24行第1列填7 968 854.50元，第2列填994 253.16元，第3列填2 458 511.36元，第4列填7 968 854.50元，第5列等于第2列的1/2为497 126.58元，第8列等于第3列的1/2，1 229 255.68元，第9列为497 126.58元。

第27行第1列填325 012.25元，第2列填55 201.23元，第3列填42 638.17元，第4列填325 012.25元，第5列等于27 600.62元，第8列等于第3列的1/2为21 319.09元，第9列为27 600.62元。

第21行是第22至29行的合计数，第1列填8 293 866.75元，第2列填1 049 454.39元，第3列填2 501 149.53元，第4列填8 293 866.75元，第5列等

于524 727.20元，第8列等于1 250 574.77元，第9列为524 727.20元。

3. 长期待摊费用部分的填写：

第35行第1列填1 249 678.82元，第2列填536 791.34元，第3列填985 694.76元，第4列填1 249 678.82元，第5列填536 791.34元，第8列填985 694.76元，第9列为0。

第33行是第34行至38行的合计数。

第41行是第1、18、21、33、39、40行的合计数，第1列填14 578 485.55元，第2列填2 637 708.01元，第3列填5 601 481.67元，第4列填14 578 485.55元，第5列等于2 112 980.82元，第8列等于4350906.91元，第9列为524 727.20元。同时，将第2列金额转入A105000第32行“（一）资产折旧、摊销”第1列“账载金额”，第5列金额转入第2列“税收金额”，第9列金额转入第3列“调增金额”。

第三节　资产损失的税务处理及申报

【案例6-3】

A公司是一家商业零售企业，2020年度发生了以下资产损失：

1. 4月15日进行存货盘点，发现部分甲商品变质损坏，账面成本为30万元，转出增值税3.9万元，甲商品账面总成本为200万元，已计提减值准备2万元，4月26日查明原因是管理不善造成的，要求责任人赔偿1万元，其余损失A公司承担。乙商品属于易碎品，在搬运过程中损坏0.5万元。

2. 4月14日因客户B公司在地震中发生了巨大损失，其所欠货款23.4万元无法收回，A公司声明放弃债权。

3. 4月25日盘点当日收取的现金，发现短缺80元，属于收银员少收，由责任人赔偿。

4. 6月2日出售一台不需用的机器设备，设备原价50万元，已计提折旧8

万元，计提减值准备1万元，购入时已抵扣进项税额8.5万元，出售设备取得增值税专用发票，注明价款40万元，增值税税额5.2万元。

5. 10月26日被投资企业C公司因经营管理不善而破产，A公司投资额100万元全部无法收回。

根据以上资料完成下列问题：

1. 分析上述各项资产损失会计确认的损失金额和税收确认的损失金额各为多少？

2. A公司各项资产损失应留存哪些备查资料？

3. 填写《A105090资产损失税前扣除及纳税调整明细表》。

资产损失，是指企业在生产经营活动中实际发生的、与取得应税收入有关的资产损失。这里的资产是指企业拥有或者控制的、用于经营管理活动相关的资产，包括现金、银行存款、应收及预付款项（包括应收票据、各类垫款、企业之间往来款项）等货币性资产，存货、固定资产、无形资产、在建工程、生产性生物资产等非货币性资产，以及债权性投资和股权（权益）性投资。

关于资产损失的税前扣除，在《企业所得税法》及其实施条例、《财政部　国家税务总局关于企业资产损失税前扣除政策的通知》（财税〔2009〕57号）、《国家税务总局关于发布〈企业资产损失所得税税前扣除管理办法〉的公告》（国家税务总局公告2011年第25号）、《国家税务总局关于企业股权投资损失所得税处理问题的公告》（国家税务总局公告2010年第6号）、《国家税务总局关于商业零售企业存货损失税前扣除问题的公告》（国家税务总局公告2014年第3号）、《国家税务总局关于电网企业输电线路部分报废损失税前扣除问题的公告》（国家税务总局公告2010年第30号）、《国家税务总局关于企业因国务院决定事项形成的资产损失税前扣除问题的公告》（国家税务总局公告2014年第18号）、《国家税务总局关于企业所得税资产损失资料留存备查有关事项的公告》（国家税务总局公告2018年第15号）中做出了明确的规定。

在企业所得税税前准予扣除的资产损失包括两类，一类是企业在实际处置、转让上述资产过程中发生的合理损失，另一类是企业虽未实际处置、转让上述资产，但符合相关规定条件计算确认的损失。

一、资产损失的确认依据

确认企业资产损失相关的证据包括具有法律效力的外部证据和特定事项的企业内部证据。

（一）具有法律效力的外部证据

具有法律效力的外部证据，是指经司法机关、行政机关、专业技术鉴定部门等依法出具的与本企业资产损失相关的具有法律效力的书面文件，主要包括：

1. 司法机关的判决或者裁定；
2. 公安机关的立案结案证明、回复；
3. 工商部门出具的注销、吊销及停业证明；
4. 企业的破产清算公告或清偿文件；
5. 行政机关的公文；
6. 专业技术部门的鉴定报告；
7. 具有法定资质的中介机构的经济鉴定证明；
8. 仲裁机构的仲裁文书；
9. 保险公司对投保资产出具的出险调查单、理赔计算单等保险单据；
10. 符合法律规定的其他证据。

（二）特定事项的企业内部证据

特定事项的企业内部证据，是指会计核算制度健全、内部控制制度完善的企业，对各项资产发生毁损、报废、盘亏、死亡、变质等提供的内部证明或承担责任的声明，主要包括：

1. 有关会计核算资料和原始凭证；
2. 资产盘点表；
3. 相关经济行为的业务合同；
4. 企业内部技术鉴定部门的鉴定文件或资料；
5. 企业内部核批文件及有关情况说明；

6. 对责任人由于经营管理责任造成损失的责任认定及赔偿情况说明；

7. 法定代表人、企业负责人和企业财务负责人对特定事项真实性承担法律责任的声明。

【案例6-3】分析1

（1）4月15日存货盘点中，甲商品的会计处理为：

借：待处理财产损溢——待处理流动资产损溢 319 000

　　存货跌价准备 20 000

　　贷：库存商品——甲商品 300 000

　　　　应交税费——应交增值税（进项税额转出） 39 000

乙商品损失计入该商品存货成本，待存货发出时进行成本结转。

4月26日甲商品的损失查明原因后，

借：管理费用 309 000

　　其他应收款 10 000

　　贷：待处理财产损溢——待处理流动资产损溢 319 000

会计确认的损失=30+3.9－2−1=30.9（万元），所得税法规定减值准备税前不得扣除，准予税前扣除的损失=30+3.9－1=32.9（万元）

（2）4月14日无法收回的应收账款会计确认营业外支出23.4万元，税收应当确认的损失也为23.4万元。

（3）4月25日，短缺现金由责任人赔偿，企业会计不确认损失，税收也不确认损失。

（4）6月2日出售机器设备的会计处理：

借：固定资产清理 410 000

　　累计折旧 80 000

　　固定资产减值准备 10 000

　　贷：固定资产 500 000

借：银行存款 452 000

　　贷：固定资产清理 400 000

　　　　应交税费——应交增值税（销项税额） 52 000

借：营业外支出——非流动资产处置损失 10 000

贷：固定资产清理　　　　　　　　　　　　　　　10 000

会计确认的损失为1万元，准予税前扣除的损失=50–8–40=2（万元）。

（5）10月26日无法收回的投资损失100万元，会计全部确认为损失，准予税前扣除的损失为100万元。

二、资产损失备查资料

为了进一步深化税务系统“放管服”改革，简化企业纳税申报资料报送，减轻企业办税负担，2017年度及以后年度企业所得税汇算清缴，企业向税务机关申报扣除资产损失，仅需填报企业所得税年度纳税申报表《A105090资产损失税前扣除及纳税调整明细表》，不再报送资产损失相关资料。相关资料由企业留存备查，企业应当完整保存资产损失相关资料，保证资料的真实性、合法性。各类资产损失应留存的备查资料见表6–8。

表6–8　　各类资产损失备查资料一览表

类别	细目	备查资料
货币资产损失	现金损失	1. 现金保管人确认的现金盘点表（包括倒推至基准日的记录）； 2. 现金保管人对于短缺的说明及相关核准文件； 3. 对责任人由于管理责任造成损失的责任认定及赔偿情况的说明； 4. 涉及刑事犯罪的，应有司法机关出具的相关材料
	银行存款损失	1. 企业存款类资产的原始凭据； 2. 金融机构破产、清算的法律文件； 3. 金融机构清算后剩余资产分配情况资料。 金融机构应清算而未清算超过三年的，企业可将该款项确认为资产损失，但应有法院或破产清算管理人出具的未完成清算证明
	应收及预付款项损失	1. 相关事项合同、协议或说明； 2. 属于债务人破产清算的，应有人民法院的破产、清算公告； 3. 属于诉讼案件的，应出具人民法院的判决书或裁决书或仲裁机构的仲裁书，或者被法院裁定终（中）止执行的法律文书； 4. 属于债务人停止营业的，应有工商部门注销、吊销营业执照证明； 5. 属于债务人死亡、失踪的，应有公安机关等有关部门对债务人个人的死亡、失踪证明； 6. 属于债务重组的，应有债务重组协议及其债务人重组收益纳税情况说明； 7. 属于自然灾害、战争等不可抗力而无法收回的，应有债务人受灾情况说明以及放弃债权申明；

续表

<table>
<tr><th>类别</th><th>细目</th><th colspan="2">备查资料</th></tr>
<tr><td>货币资产损失</td><td>应收及预付款项损失</td><td colspan="2">8. 企业逾期三年以上的应收款项在会计上已作为损失处理的，可以作为坏账损失，但应说明情况，并出具专项报告；
9. 企业逾期一年以上，单笔数额不超过五万或者不超过企业年度收入总额万分之一的应收款项，会计上已经作为损失处理的，可以作为坏账损失，但应说明情况，并出具专项报告</td></tr>
<tr><td rowspan="5">非货币性资产损失</td><td rowspan="3">存货损失</td><td>盘亏</td><td>盘亏金额扣除责任人赔偿后的余额，应依据以下证据材料确认：
1. 存货计税成本确定依据；
2.企业内部有关责任认定、责任人赔偿说明和内部核批文件；
3. 存货盘点表；
4. 存货保管人对于盘亏的情况说明</td></tr>
<tr><td>报废、毁损或变质</td><td>计税成本扣除残值及责任人赔偿后的余额，应依据以下证据材料确认：
1. 存货计税成本的确定依据；
2. 企业内部关于存货报废、毁损、变质、残值情况说明及核销资料；
3. 涉及责任人赔偿的，应当有赔偿情况说明；
4. 该项损失数额较大的（指占企业该类资产计税成本10%以上，或减少当年应纳税所得、增加亏损10%以上，下同），应有专业技术鉴定意见或法定资质中介机构出具的专项报告等</td></tr>
<tr><td>被盗</td><td>计税成本扣除保险理赔以及责任人赔偿后的余额，应依据以下证据材料确认：
1. 存货计税成本的确定依据；
2. 向公安机关的报案记录；
3. 涉及责任人和保险公司赔偿的，应有赔偿情况说明等</td></tr>
<tr><td rowspan="2">固定资产损失</td><td>盘亏、丢失</td><td>账面净值扣除责任人赔偿后的余额，应依据以下证据材料确认：
1. 企业内部有关责任认定和核销资料；
2. 固定资产盘点表；
3. 固定资产的计税基础相关资料；
4. 固定资产盘亏、丢失情况说明；
5. 损失金额较大的，应有专业技术鉴定报告或法定资质中介机构出具的专项报告等</td></tr>
<tr><td>报废、毁损</td><td>账面净值扣除残值和责任人赔偿后的余额，应依据以下证据材料确认：
1. 固定资产的计税基础相关资料；
2. 企业内部有关责任认定和核销资料；
3. 企业内部有关部门出具的鉴定材料；
4. 涉及责任赔偿的，应当有赔偿情况的说明；
5. 损失金额较大的或自然灾害等不可抗力原因造成固定资产毁损、报废的，应有专业技术鉴定意见或法定资质中介机构出具的专项报告等</td></tr>
</table>

续表

<table>
<tr><th>类别</th><th>细目</th><th colspan="2">备查资料</th></tr>
<tr><td rowspan="9">非货币性资产损失</td><td>固定资产损失</td><td>被盗</td><td>账面净值扣除责任人赔偿后的余额，应依据以下证据材料确认：
1. 固定资产计税基础相关资料；
2. 公安机关的报案记录，公安机关立案、破案和结案的证明材料；
3. 涉及责任赔偿的，应有赔偿责任的认定及赔偿情况的说明等</td></tr>
<tr><td>在建工程停建、报废损失</td><td colspan="2">为其工程项目投资账面价值扣除残值后的余额，应依据以下证据材料确认：
1. 工程项目投资账面价值确定依据；
2. 工程项目停建原因说明及相关材料；
3. 因质量原因停建、报废的工程项目和因自然灾害和意外事故停建、报废的工程项目，应出具专业技术鉴定意见和责任认定、赔偿情况的说明等</td></tr>
<tr><td>工程物资损失</td><td colspan="2">比照存货的规定处理</td></tr>
<tr><td rowspan="3">生产性生物资产</td><td>盘亏</td><td>账面净值扣除责任人赔偿后的余额，应依据以下证据材料确认：
1. 生产性生物资产盘点表；
2. 生产性生物资产盘亏情况说明；
3. 生产性生物资产损失金额较大的，企业应有专业技术鉴定意见和责任认定、赔偿情况的说明等</td></tr>
<tr><td>因森林病虫害、疫情、死亡而产生的损失</td><td>账面净值扣除残值、保险赔偿和责任人赔偿后的余额，应依据以下证据材料确认：
1. 损失情况说明；
2. 责任认定及其赔偿情况的说明；
3. 损失金额较大的，应有专业技术鉴定意见</td></tr>
<tr><td>被盗伐、被盗、丢失而产生的损失</td><td>账面净值扣除保险赔偿以及责任人赔偿后的余额，应依据以下证据材料确认：
1. 生产性生物资产被盗后，向公安机关的报案记录或公安机关立案、破案和结案的证明材料；
2. 责任认定及其赔偿情况的说明</td></tr>
<tr><td>抵押资产被拍卖或变卖损失</td><td colspan="2">账面净值大于变卖价值的差额，可认定为资产损失，按以下证据材料确认：
1. 抵押合同或协议书；
2. 拍卖或变卖证明、清单；
3. 会计核算资料等其他相关证据材料</td></tr>
<tr><td>无形资产损失</td><td colspan="2">被其他新技术所代替或已经超过法律保护期限，已经丧失使用价值和转让价值，尚未摊销的无形资产损失，应提交以下证据备案：
1. 会计核算资料；
2. 企业内部核批文件及有关情况说明；
3. 技术鉴定意见和企业法定代表人、主要负责人和财务负责人签章证实无形资产已无使用价值或转让价值的书面申明；
4. 无形资产的法律保护期限文件</td></tr>
</table>

续表

<table>
<tr><th>类别</th><th>细目</th><th colspan="2">备查资料</th></tr>
<tr><td rowspan="10">投资损失</td><td rowspan="8">债权性投资损失</td><td colspan="2">企业债权投资损失应依据投资的原始凭证、合同或协议、会计核算资料等相关证据材料确认。下列情况债权投资损失的，还应出具相关证据材料</td></tr>
<tr><td>债务人或担保人依法被宣告破产、关闭、被解散或撤销、被吊销营业执照、失踪或者死亡</td><td>资产清偿证明或者遗产清偿证明。无法出具资产清偿证明或者遗产清偿证明，且上述事项超过三年以上的，或债权投资（包括信用卡透支和助学贷款）余额在300万元以下的，应出具对应的债务人和担保人破产、关闭、解散证明、撤销文件、工商行政管理部门注销证明或查询证明以及追索记录等（包括司法追索、电话追索、信件追索和上门追索等原始记录）</td></tr>
<tr><td>债务人遭受重大自然灾害或意外事故，企业对其资产进行清偿和对担保人进行追偿后，未能收回的债权</td><td>债务人遭受重大自然灾害或意外事故证明、保险赔偿证明、资产清偿证明等</td></tr>
<tr><td>债务人因承担法律责任，其资产不足归还所借债务，又无其他债务承担者</td><td>出具法院裁定证明和资产清偿证明</td></tr>
<tr><td>人民法院对债务人和担保人强制执行，债务人和担保人均无资产可执行，人民法院裁定终结或终止（中止）执行</td><td>人民法院裁定文书</td></tr>
<tr><td>企业提出诉讼后被驳回起诉的、人民法院不予受理或不予支持的，或经仲裁机构裁决免除（或部分免除）债务人责任，经追偿后无法收回的债权</td><td>法院驳回起诉的证明，或法院不予受理或不予支持证明，或仲裁机构裁决免除债务人责任的文书</td></tr>
<tr><td>国务院专案批准核销的债权</td><td>国务院批准文件或经国务院同意后由国务院有关部门批准的文件</td></tr>
<tr><td colspan="2" style="display:none"></td></tr>
<tr><td rowspan="2">金融企业债权性投资损失</td><td>单户贷款余额不超过300万元（含300万元）</td><td>应依据向借款人和担保人的有关原始追索记录（包括司法追索、电话追索、信件追索和上门追索等原始记录之一，并由经办人和负责人共同签章确认）</td></tr>
<tr><td>单户贷款余额超过300万元至1 000万元（含1 000万元）</td><td>原始追索记录（应当包括司法追索记录，并由经办人和负责人共同签章确认）</td></tr>
</table>

续表

类别	细目	备查资料
投资损失	股权（权益）性投资损失	1. 股权投资计税基础证明材料； 2. 被投资企业破产公告、破产清偿文件； 3. 工商行政管理部门注销、吊销被投资单位营业执照文件； 4. 政府有关部门对被投资单位的行政处理决定文件； 5. 被投资企业终止经营、停止交易的法律或其他证明文件； 6. 被投资企业资产处置方案、成交及入账材料； 7. 企业法定代表人、主要负责人和财务负责人签章证实有关投资（权益）性损失的书面申明； 8. 会计核算资料等其他相关证据材料
其他资产损失	不同类别的资产捆绑（打包）出售损失	以拍卖、询价、竞争性谈判、招标等市场方式出售，其出售价格低于计税成本的差额，可以作为资产损失并准予在税前申报扣除，但应出具资产处置方案、各类资产作价依据、出售过程的情况说明、出售合同或协议、成交及入账证明、资产计税基础等确定依据
	内部控制制度不健全引起的损失	出现操作不当、不规范或因业务创新但政策不明确、不配套等原因形成的资产损失，应由企业承担的金额，可以作为资产损失并准予在税前申报扣除，但应出具损失原因证明材料或业务监管部门定性证明、损失专项说明
	刑事案件原因形成的损失	应由企业承担的金额，或经公安机关立案侦查两年以上仍未追回的金额，可以作为资产损失并准予在税前申报扣除，但应出具公安机关、人民检察院的立案侦查情况或人民法院的判决书等损失原因证明材料

【案例6-3】分析2

（1）4月15日存货盘亏损失，乙商品属于正常损耗，需要准备的备查资料包括：存货盘点表，存货保管人对于盘亏的情况说明。甲商品属于非正常损失，该项损失数额较大，损失资产30万元，占该类资产计税成本200万元的15%，需要准备的备查资料包括：存货计税成本的确定依据，企业内部关于存货报废、毁损、变质、残值情况说明及核销资料，涉及责任人赔偿的，应当有赔偿情况说明，专业技术鉴定意见或法定资质中介机构出具的专项报告等。

（2）4月14日无法收回的应收账款23.4万元，属于因自然灾害、战争等不可抗力而无法收回的货币性资产损失，应准备债务人受灾情况说明以及放弃债权申明。

（3）6月2日出售不需要的机器设备，发生的资产处置损失，属于企业在正常经营管理活动中，按照公允价格销售、转让、变卖非货币性资产损失，留存固定资产的计税基础相关资料，交易合同等资料。

（4）10月26日因被投资企业破产，无法收回的股权投资，需要准备的备查资料包括：股权投资计税基础证明材料，被投资企业破产公告、破产清偿文件，被投资企业资产处置方案、成交及入账材料，企业法定代表人、主要负责人和财务负责人签章证实有关投资（权益）性损失的书面申明，会计核算资料等其他相关证据材料。

三、资产损失税前扣除的纳税申报

关于资产损失税前扣除在《A105090资产损失税前扣除及纳税调整明细表》（以下简称表A105090）中反映。本表属于2级附表，列示资产损失税前扣除的项目及纳税调整，相关调整结果转至表A105000。

（一）行次填报

本表分为十二部分，分别列示现金及银行存款损失，应收及预付款项坏账损失，存货损失，固定资产损失，无形资产损失，在建工程损失，生产性生物资产损失，债权性投资损失，股权（权益）性投资损失，通过各种交易场所、市场买卖债券、股票、期货、基金以及金融衍生产品等发生的损失，打包出售资产损失，其他资产损失，第29行是各类资产损失的合计数。

（二）列次填报

1. 第1列“资产损失直接计入本年损益金额”：填报纳税人会计核算计入当期损益的对应项目的资产损失金额，不包含当年度通过准备金项目核销的资产损失金额。

2. 第2列“资产损失准备金核销金额”：填报纳税人会计核算当年度通过准备金项目核销的资产损失金额。

3. 第3列“资产处置收入”：填报纳税人处置发生损失的资产可收回的残值或处置收益。

4. 第4列“赔偿收入”：填报纳税人发生的资产损失，取得的相关责任人、保险公司赔偿的金额。

5. 第5列“资产计税基础”：填报纳税人按税收规定计算的发生损失时资产的计税基础，含损失资产涉及的不得抵扣增值税进项税额。

6. 第6列“资产损失的税收金额”：填报按税收规定允许当期税前扣除的资产损失金额，按第5–3–4列金额填报。

7. 第7列“纳税调整金额”：政策性银行、商业银行、财务公司、城乡信用社、金融租赁公司以及经省级金融管理部门（金融办、局等）批准成立的小额贷款公司第1至15行、第24至26行、第28行填报第1–6列金额；第17至22行、第27行填报第1+2–6列金额。其他企业填报第1–6列金额。

（三）表内关系

1. 第16行=第17+23行。
2. 第17行=第18+22行。
3. 第29行=第1+2+5+7+9+12+14+16+24+26+27+28行。
4. 第6列=第5–3–4列。

（四）表间关系

若第29行第7列≥0，第29行第7列=表A105000第34行第3列；若第29行第7列＜0，第29行第7列的绝对值=表A105000第34行第4列。

（五）案例解析

根据【案例6–3】资料A公司的资产损失相关申报填写表6–9。

表6-9　A105090　资产损失税前扣除及纳税调整明细表

单位：元

行次	项　　目	资产损失直接计入本年损益金额	资产损失准备金核销金额	资产处置收入	赔偿收入	资产计税基础	资产损失的税收金额	纳税调整金额
		1	2	3	4	5	6（5-3-4）	7
1	一、现金及银行存款损失		*					
2	二、应收及预付款项坏账损失	234 000	0	0	0	234 000	234 000	0
3	其中：逾期三年以上的应收款项损失							
4	逾期一年以上的小额应收款项损失							
5	三、存货损失	309 000	20 000	0	10 000	339 000	329 000	-20 000
6	其中：存货盘亏、报废、损毁、变质或被盗损失	309 000	20 000	0	10 000	339 000	329 000	-20 000
7	四、固定资产损失	10 000	10 000	400 000	0	420 000	20 000	-10 000
8	其中：固定资产盘亏、丢失、报废、损毁或被盗损失							
9	五、无形资产损失							
10	其中：无形资产转让损失							
11	无形资产被替代或超过法律保护期限形成的损失							

续表

行次	项　目	资产损失直接计入本年损益金额	资产损失准备金核销金额	资产处置收入	赔偿收入	资产计税基础	资产损失的税收金额	纳税调整金额
		1	2	3	4	5	6（5–3–4）	7
12	六、在建工程损失		*					
13	其中：在建工程停建、报废损失		*					
14	七、生产性生物资产损失							
15	其中：生产性生物资产盘亏、非正常死亡、被盗、丢失等产生的损失							
16	八、债权性投资损失（17+23）							
17	（一）金融企业债权性投资损失（18+22）							
18	1. 贷款损失							
19	其中：符合条件的涉农和中小企业贷款损失							
20	其中：单户贷款余额300万（含）以下的贷款损失							
21	单户贷款余额300万元至1 000万元（含）的贷款损失							

续表

行次	项　目	资产损失直接计入本年损益金额	资产损失准备金核销金额	资产处置收入	赔偿收入	资产计税基础	资产损失的税收金额	纳税调整金额
		1	2	3	4	5	6（5–3–4）	7
22	2. 其他债权性投资损失							
23	（二）非金融企业债权性投资损失							
24	九、股权（权益）性投资损失	1 000 000	0	0	0	1 000 000	1 000 000	0
25	其中：股权转让损失							
26	十、通过各种交易场所、市场买卖债券、股票、期货、基金以及金融衍生产品等发生的损失							
27	十一、打包出售资产损失							
28	十二、其他资产损失							
29	合计（1+2+5+7+9+12+14+16+24+26+27+28）	1 553 000	30 000	400 000	10 000	1 993 000	1 583 000	–30 000
30	其中：分支机构留存备查的资产损失							

填写要点：

1. 4月15日盘亏甲商品属于存货管理不善的变质损失资产损失，填写第6行，第1列填309 000元，第2列填20 000元，第3列填0元，第4列填10 000元，第5列填339 000元，第6列填329 000元，第7列纳税调整为–20 000元。第5行存货损失累计额等于第6行。

2. 4月14日无法收回的应收账款填写第2行，第1列填234 000元，第2列填0元，第3列填0元，第4列填0元，第5列填234 000元，第6列填234 000元，第7列纳税调整为0元。

3. 6月2日处置固定资产属于正常经营管理活动，按照公允价格销售、转让、变卖非货币资产的损失，填写第7行，第1列填10 000元，第2列填10 000元，第3列填400 000元，第4列填0元，第5列填420 000元，第6列填20 000元，第7列纳税调整为–10 000元。

4. 10月26日无法收回的股权投资属于股权（权益）性投资损失，填写第24行，第1列填1 000 000元，第2列填0元，第3列填0元，第4列填0元，第5列填1 000 000元，第6列填1 000 000元，第7列纳税调整为0元。

5. 第29行=第1+2+5+7+9+12+14+16+24+26+27+28行，第1列填1 553 000元，第2列填30 000元，第3列填400 000元，第4列填10 000元，第5列填1 993 000元，第6列填1 583 000元，第7列纳税调整为–30 000元。同时，第29行第7列绝对值金额转入表A105000第34行第4列。

第七章　特殊事项的纳税调整及申报

【学习目标】

1. 掌握企业重组及递延纳税事项的税务处理及纳税调整；
2. 掌握政策性搬迁的税务处理及纳税调整；
3. 理解特殊行业准备金的纳税调整；
4. 了解特别纳税调整；
5. 熟悉《A105000纳税调整项目明细表》的体系。

第一节　企业重组及递延纳税事项的纳税调整及申报

【案例7-1】

A公司2020年发生下列重组业务：

1. 因发生财务困难，欠B公司货款58.5万元3月1日到期无法支付，经双方协商，B公司同意A公司以其生产的产品抵偿债务，B公司5月25日收到抵债产品，该产品市场公允价值35万元，成本20万元。A公司为增值税一般纳税人，适用增值税税率为13%，A公司2019年度应纳税所得额为30万元，B公司已计提3万元坏账准备。

2. 7月A公司通过向B公司定向增发股票的形式，收购B公司持有的×股票100%股权，×股票的公允价值为900万元，B公司×股票的账面价值为600万元（假设与计税基础一致）。A公司定向增发300万股，每股面值1元，公允价值900万元。7月底完成股权变更手续。

3. 8月A公司以自产的产品对外投资，成立C公司，该产品账面价值为100万元，与计税基础一致，市场价格为150万元。

根据资料完成下列问题：

1. 进行A公司、B公司的财务及税务处理，分析税会差异。

2. 填写A公司2020年度《A105100企业重组及递延纳税事项纳税调整明细表》。

关于企业重组业务的相关税务处理，《企业所得税法》及其实施条例、《财政部 国家税务总局关于企业重组业务企业所得税处理若干问题的通知》（财税〔2009〕59号）、《财政部 国家税务总局关于促进企业重组有关企业所得税处理问题的通知》（财税〔2014〕109号）、《财政部 国家税务总局关于非货币性资产投资企业所得税政策问题的通知》（财税〔2014〕116号，以下简称财税〔2014〕116号文件）、《国家税务总局关于非货币性资产投资企业所得税有关征管问题的公告》（国家税务总局公告2015年第33号）、《国家税务总局关于企业重组业务企业所得税征收管理若干问题的公告》（国家税务总局公告2015年第48号）、《财政部 国家税务总局关于完善股权激励和技术入股有关所得税政策的通知》（财税〔2016〕101号）、《国家税务总局关于股权激励和技术入股所得税征管问题的公告》（国家税务总局公告2016年第62号）等文件做出了详细的规定。

企业在日常经营活动之外发生法律结构或经济结构重大改变的交易，包括企业法律形式改变、债务重组、股权收购、资产收购、合并、分立等。

一、债务重组的税务处理及纳税调整

（一）债务重组的税务及会计处理

债务重组，是指在债务人发生财务困难的情况下，债权人按照其与债务人达成的书面协议或者法院裁定书，就其债务人的债务做出让步的事项；债务重组的主要形式包括以现金清偿债务、以非货币性资产清偿债务、债务转资本等。债务重组的税务及会计处理规定见表7-1。

表7-1 债务重组的税务及会计处理

形式	一般性税务处理	特殊性税务处理	会计处理
以非货币资产清偿债务	应当分解为转让相关非货币性资产和按非货币性资产公允价值清偿债务两项业务确认相关资产的所得或损失	企业债务重组确认的应纳税所得额占该企业当年应纳税所得额50%以上，可以在5个纳税年度的期间内，均匀计入各年度的应纳税所得额（下同）	以非现金资产清偿债务的，债务人应当将重组债务的账面价值与转让的非现金资产公允价值之间的差额，计入当期损益（营业外收入）。转让的非现金资产公允价值与其账面价值之间的差额，计入当期损益。债权人按照重组债权的账面余额与非现金资产公允价值间的差额冲减已计提的减值准备后作为债务重组损失
债权转股权	应当分解为债务清偿和股权投资两项业务，确认有关债务清偿所得或损失	企业发生债权转股权业务，对债务清偿和股权投资两项业务暂不确认有关债务清偿所得或损失，股权投资的计税基础以原债权的计税基础确定。企业的其他相关所得税事项保持不变	将债务转为资本的，债务人应当将债权人放弃债权而享有股份的面值总额确认为股本（或者实收资本），股份的公允价值总额与股本（或者实收资本）之间的差额确认为资本公积。重组债务的账面价值与股份的公允价值总额之间的差额，计入当期损益（营业外收入）
现金清偿	债务人应当按照支付的债务清偿额低于债务计税基础的差额，确认债务重组所得；债权人应当按照收到的债务清偿额低于债权计税基础的差额，确认债务重组损失		以现金清偿债务的，债务人应当将重组债务的账面价值与实际支付现金之间的差额，计入当期营业外收入。债权人应当将重组债权的账面余额与收到的现金之间的差额，扣除已计提的减值准备计入营业外支出

（二）债务重组的税会差异分析

对应纳税所得额有重大影响的债务重组（以下简称重大债务重组）的税

会差异：在债务重组过程中，重大债务重组是指企业债务重组确认的应纳税所得额占该企业当年应纳税所得额50%以上的，税法规定可以进行特殊性税务处理，可以在5个纳税年度期间内，均匀计入各年度的应纳税所得额。会计上债务重组业务的结果均计入当期损益。

1. 以非货币性资产清偿债务的税会差异。

（1）因非现金资产的账面价值与计税基础的差异而产生会计与税法确认的资产转让收益不同。

以非现金资产清偿债务时，债务人确认转让相关非货币性资产损益时，会计按公允价值与账面价值的差额，税法按公允价值与计税基础的差额，如果用于偿债的资产已计提减值准备，会计确认的债务重组收益就小于税法确认的收益，应当纳税调增。

（2）因重组债权的计税基础与账面余额不同而产生会计与税法债务重组损失不同。

债权人的处理，税法允许税前扣除的债务重组损失等于重组债权的计税基础扣除接受的非现金资产公允价值间的差额，会计确认的债务重组损失以重组债权的账面余额为基础计算，当债权人对应收账款计提坏账准备时，会计确认的债务重组损失小于税法允许扣除的损失，应当进行纳税调减。

2. 以债权转股权清偿债务的税会差异。

（1）重大债务重组的特殊税务处理，税法规定暂不确认有关债务清偿所得或损失，股权投资的计税基础以原债权的计税基础确定；会计以重组债务的账面价值与股份的公允价值总额之间的差额，计入当期损益。

（2）重组债权的计税基础与账面余额不同而产生会计与税法债务重组损失不同。相关分析在非现金资产清偿债务的税会差异中已分析，这里不再赘述。

【案例7-1】分析1

表7-2　　A公司、B公司的财务、税务处理及税会差异

项目	债务人A公司	债权人B公司
财务处理	借：应付账款　585 000 　贷：主营业务收入　350 000 　　应交税费——应交增值税 　　（销项税额）　45 500 　　营业外收入——债务重组利得 　　189 500 借：主营业务成本　200 000 　贷：库存商品　200 000	借：库存商品　350 000 　应交税费——应交增值税 　（进项税额）　45 500 　坏账准备　30 000 　营业外支出——债务重组损失 　159 500 　贷：应收账款　585 000
税务处理	债务重组利得=585 000（应付账款计税基础）-350 000（抵债产品公允价值）-45 500（抵债产品增值税销项税额）=189 500（元） 债务重组利得占应纳税所得额的比重=189 500/300 000=63.2%，可以适用特殊性税务处理，债务重组利得分5年确认，2019年确认的债务重组利得=189 500/5=37 900（元）	债务重组损失=585 000（应收账款计税基础）-350 000（抵债产品公允价值）-45 500（抵债产品增值税销项税额）=189 500（元） 债务重组损失填报表A105090
税会差异	会计确认的收益为189 500元，税法规定可以在5个纳税年度内均匀计入应纳税所得额，2019年确认37 900元，A公司纳税调减151 600元	会计确认的损失为159 500元，税收允许税前扣除的损失为189 500元，2019年度B公司纳税调减30 000元

二、股权、资产收购的税务处理及纳税调整

（一）股权、资产收购的税务及会计处理

股权收购，是指一家企业（以下简称收购企业）购买另一家企业（以下简称被收购企业）的股权，以实现对被收购方控制的交易。收购方支付对价的形式包括股权支付、非股权支付或两者的组合；资产收购，是指一家企业（以下简称受让企业）购买另一家企业（以下简称转让企业）实质经营性资产的交易。受让方支付对价的形式包括股权支付、非股权支付或两者的组合；股权、资产收购的税务及会计处理见表7-3。

表7-3 股权、资产收购的税务及会计处理

<table>
<tr><th colspan="2">一般性税务处理</th><th colspan="2">特殊性税务处理</th><th colspan="2">会计处理</th></tr>
<tr><td colspan="2">除特殊性税务处理之外的股权、资产收购</td><td colspan="2">收购企业购买的股权、资产不低于被收购企业全部股权、资产的50%，且收购企业在该股权收购发生时的股权支付金额不低于其交易支付总额的85%</td><td colspan="2">适用《企业会计准则第22号——金融工具确认和计量》《企业会计准则第7号——非货币性资产交换》等准则。
分为形成控股合并的长期股权投资和不形成控股合并的长期股权投资，控股合并分为同一控制下的合并和非同一控制下的合并</td></tr>
<tr><td>被收购方应确认股权、资产转让所得或损失。被收购方的相关所得税事项原则上保持不变</td><td>收购方取得股权、资产的计税基础应以公允价值为基础确定</td><td>被收购企业的股东取得收购企业股权的计税基础以被收购股权、资产的原有计税基础确定</td><td>收购企业取得被收购企业股权、资产的计税基础，以被收购股权、资产的原有计税基础确定</td><td>同一控制下合并：
合并方在企业合并中取得的资产和负债，应当按照合并日在被合并方的账面价值计量。合并方取得的净资产账面价值与支付的合并对价账面价值（或发行股份面值总额）的差额，应当调整资本公积（资本溢价或股本溢价）；资本公积（资本溢价或股本溢价）不足冲减的，调整留存收益</td><td>非同一控制下合并：
即将企业合并视为购买企业以一定的价款购进被并企业的机器设备、存货等资产项目，同时承担该企业的所有负债的行为，应按合并时的公允价值计量被并企业的净资产，将投资成本（购买价格）超过净资产公允价值的差额确认为商誉的会计处理</td></tr>
</table>

（二）股权、资产收购的税会差异分析

1. 适用一般性税务处理时的税会差异。

收购方在收购股权或资产比例较低时，适用一般性税务处理，收购方以实际支付的购买价款作为长期股权投资的初始成本，以收到资产的公允价值为基础确定其入账价值；被收购方确认股权、资产转让所得或损失。

税法和会计的差异体现在账面余额与计税基础的不同，如分期付款购入资产、融资租赁租入资产、不具有商业实质的非货币性资产交易取得资产，以及计提资产减值准备等情形下，因会计资产价值计量与计税基础不同，产生资产转让时的所得或损失不同。

2. 适用特殊性税务处理时的税会差异。

收购方在收购股权或资产符合特殊性税务处理的条件时，同一控制下的企业合并税会差异主要体现在账面价值和计税基础的差异，非同一控制下的

企业合并税会差异主要体现在税法以被收购企业股权、资产的计税基础作为收购企业股东取得股权的计税基础，会计上以公允价值计量被合并企业的净资产，投资成本超过净资产公允价值的差额确认为商誉。

【案例7-1】分析2

表7-4 A公司、B公司的财务、税务处理及税会差异

项目	收购方A公司	被收购方B公司
财务处理	借：长期股权投资——×股票 9 000 000 贷：股本 3 000 000 资本公积——股本溢价 6 000 000	借：长期股权投资——A公司 9 000 000 贷：长期股权投资——×股票 6 000 000 投资收益 3 000 000
税务处理	A公司收购B公司股权占B公司全部股权的100%，适用特殊性税务处理，收购的×股票计税基础是其原有计税基础，即6 000 000元	B公司取得A公司股票的入账价值应当以被收购×股票的原有计税基础来确定，即账面价值应当是6 000 000元
税会差异	会计入账价值9 000 000元，计税基础6 000 000元，会计上确认为递延所得税负债，对所得税费用影响为3 000 000×25%=750 000（元），需要纳税调增750 000元	会计入账价值为9 000 000元，计税基础为6 000 000元，B公司确认的投资收益需要纳税调减3 000 000元，对所得税费用影响为3 000 000×25%=750 000（元），需要纳税调增750 000元

三、企业合并、分立的税务处理及纳税调整

（一）企业合并、分立的税务及会计处理

合并，是指一家或多家企业（以下简称被合并企业）将其全部资产和负债转让给另一家现存或新设企业（以下简称合并企业），被合并方股东换取合并方的股权或非股权支付，实现两个或两个以上企业的依法合并。

分立，是指一家企业（以下简称被分立企业）将部分或全部资产分离转让给现存或新设的企业（以下简称分立企业），被分立企业股东换取分立企业的股权或非股权支付，实现企业的依法分立。

其中：股权支付，是指企业重组中购买、换取资产的一方支付的对价中，以本企业或其控股企业的股权、股份作为支付的形式；非股权支付，是

指以本企业的现金、银行存款、应收款项、本企业或其控股企业股权和股份以外的有价证券、存货、固定资产、其他资产以及承担债务等作为支付的形式。企业合并、分立的会计处理适用企业合并准则（表7–5），股权资产收购的相关会计处理、税务处理见表7–3。

表7–5　　企业合并、分立税务会计处理

<table>
<tr><td colspan="4">企业合并</td></tr>
<tr><td colspan="2">一般性税务处理</td><td colspan="2">特殊性税务处理</td></tr>
<tr><td colspan="2"></td><td colspan="2">适用范围：
企业股东在该企业合并发生时取得的股权支付金额不低于其交易支付总额的85%，以及同一控制下且不需要支付对价的企业合并，可以选择按以下规定处理</td></tr>
<tr><td>合并企业应按公允价值确定接受被合并企业各项资产和负债的计税基础</td><td>被合并企业及其股东都应按清算进行所得税处理。
被合并企业的亏损不得在合并企业结转弥补</td><td>合并企业接受被合并企业资产和负债的计税基础，以被合并企业的原有计税基础确定。
合并企业弥补的被合并企业亏损的限额=被合并企业净资产公允价值×截至合并业务发生当年年末国家发行的最长期限的国债利率</td><td>被合并企业合并前的相关所得税事项由合并企业承继。
被合并企业股东取得合并企业股权的计税基础，以其原持有的被合并企业股权的计税基础确定</td></tr>
<tr><td colspan="4">企业分立</td></tr>
<tr><td colspan="2">一般性税务处理</td><td colspan="2">特殊性税务处理</td></tr>
<tr><td colspan="2"></td><td colspan="2">适用范围：
被分立企业所有股东按原持股比例取得分立企业的股权，分立企业和被分立企业均不改变原来的实质经营活动，且被分立企业股东在该企业分立发生时取得的股权支付金额不低于其交易支付总额的85%，可以选择按以下规定处理</td></tr>
<tr><td>被分立企业对分立出去资产应按公允价值确认资产转让所得或损失。
被分立企业继续存在时，其股东取得的对价应视同被分立企业分配进行处理。
被分立企业不再继续存在时，被分立企业及其股东都应按清算进行所得税处理</td><td>分立企业应按公允价值确认接受资产的计税基础。
企业分立相关企业的亏损不得相互结转弥补</td><td>被分立企业已分立出去资产相应的所得税事项由分立企业承继。
被分立企业未超过法定弥补期限的亏损额可按分立资产占全部资产的比例进行分配，由分立企业继续弥补</td><td>分立企业接受被分立企业资产和负债的计税基础，以被分立企业的原有计税基础确定。
被分立企业的股东取得分立企业的股权（以下简称“新股”），如需部分或全部放弃原持有的被分立企业的股权（以下简称“旧股”），“新股”的计税基础应以放弃“旧股”的计税基础确定</td></tr>
</table>

（二）合并、分立的税会差异

会计上的合并是将两个或两个以上单独的企业合并形成一个报告主体的交易或事项，是指通过合并取得对另一个或多个企业（或业务）的控制权，所合并的企业必须构成业务。购买子公司的少数股权，两方或多方形成合营企业，不属于企业合并。因此，会计上的合并业务都应当适用特殊性税务处理。

同一控制下的合并，会计规定在企业合并中，合并方取得的资产和负债，应当按照合并日在被合并方的账面价值计量，税法规定以被合并企业的原有计税基础确定，因此，同一控制下的合并税会差异体现在资产负债原有计税基础与账面价值的差异。各类资产计量的税会差异在本书第六章第一节已进行过分析，不再赘述。

非同一控制下的合并，会计规定将企业合并视为购买企业以一定的价款购进被并企业的机器设备、存货等资产项目，同时承担该企业的所有负债的行为，从而按合并时的公允价值计量被合并企业的净资产，税法规定以被合并企业的原有计税基础确定。因此，非同一控制下的合并税会差异体现在计税基础和公允价值的不同。

四、非货币性资产对外投资的税务处理及纳税调整

财税〔2014〕116号文件对非货币性资产投资做出了详细的规定。

非货币性资产投资，限于居民企业（以下简称企业）以非货币性资产出资设立新的居民企业，或将非货币性资产注入现存的居民企业。非货币性资产，是指现金、银行存款、应收账款、应收票据以及准备持有至到期的债券投资等货币性资产以外的资产。

（一）非货币性资产对外投资的税务处理

1. 非货币性资产转让所得的确认及税务处理。

非货币性资产转让所得，是指企业以非货币性资产对外投资，以非货币性资产评估后的公允价值扣除计税基础后的余额确认转让所得。非货币性资

产转让所得，可在不超过5年期限内，分期均匀计入相应年度的应纳税所得额，按规定计算缴纳企业所得税。企业以非货币性资产对外投资取得的被投资企业的股权，应以非货币性资产的原计税成本为计税基础，加上每年确认的非货币性资产转让所得，逐年进行调整。

2. 非货币性资产投资未到期转让收回的税务处理。

企业在对外投资5年内转让上述股权或投资收回的，应停止执行递延纳税政策，并就递延期内尚未确认的非货币性资产转让所得，在转让股权或投资收回当年的企业所得税年度汇算清缴时，一次性计算缴纳企业所得税。

3. 非货币性资产注销的税务处理。

企业在对外投资5年内注销的，应停止执行递延纳税政策，并就递延期内尚未确认的非货币性资产转让所得，在注销当年进行企业所得税年度汇算清缴时，一次性计算缴纳企业所得税。

（二）非货币性资产对外投资的会计处理

非货币型资产投资业务应遵循《企业会计准则第7号——非货币性资产交换》，具有商业实质的非货币性资产交换，换入资产的成本应以换出资产的公允价值和应支付的相关税费确认，公允价值与换出资产账面价值的差额计入当期损益。

（三）非货币性资产对外投资的税会差异及纳税调整

非货币性资产对外投资的税会差异主要体现在两个方面：

一是非货币性资产转让所得确认的时间，会计计入当期损益，税法允许在不超过5年期限内均匀计入应纳税所得额。

二是确认非货币性资产所得时，会计按照公允价值与换出资产账面价值的差额确认，税法按照公允价值扣除计税基础后的余额确认，当账面价值与计税基础不一致时，非货币性资产转让所得将存在差异。

【案例7-1】分析3

2020年8月，A公司的会计处理：

借：长期股权投资——C公司　　　　　1 755 000

贷：主营业务收入　　1 500 000

　　应交税费——应交增值税（销项税额）　　255 000

借：主营业务成本　　1 000 000

　　贷：库存商品　　1 000 000

税务处理：

A公司以非货币性资产对外投资，转让所得=非货币性资产评估后的公允价值扣除150万元–计税基础后100万元=50（万元），可在不超过5年的期限内分期均匀计入应纳税所得额，因此，2020年计入应纳税所得额为10万元，当年纳税调减40万元，在以后年度再逐年纳税调增。

五、技术入股的税务处理及纳税调整

为支持国家大众创业、万众创新战略的实施，促进我国经济结构转型升级，进一步鼓励科技创新，充分调动科研人员创新创业的活力和积极性，使科技成果最大程度地转化为现实生产力，在《财政部　国家税务总局关于完善股权激励和技术入股有关所得税政策的通知》（财税〔2016〕101号）、《国家税务总局关于股权激励和技术入股所得税征管问题的公告》（国家税务总局公告2016年第62号）中对技术入股的所得税处理做出明确规定。

（一）技术入股的税务处理

自2016年9月1日起，企业或个人以技术成果投资入股到境内居民企业，被投资企业全部以股票（权）为支付对价，企业或个人可选择继续按现行有关税收政策执行，也可选择适用递延纳税优惠政策。

选择技术成果投资入股递延纳税政策的，经向主管税务机关备案，投资入股当期可暂不纳税，允许递延至转让股权时，按股权转让收入减去技术成果原值和合理税费后的差额计算缴纳所得税。

其中，技术成果是指专利技术（含国防专利）、计算机软件著作权、集成电路布图设计专有权、植物新品种权、生物医药新品种，以及科技部、财政部、国家税务总局确定的其他技术成果。

（二）技术入股的会计处理

技术入股应遵循《企业会计准则第7号——非货币性资产交换》，具有商业实质的非货币性资产交换，换入资产的成本应以换出资产的公允价值和应支付的相关税费确认，公允价值与换出资产账面价值的差额计入当期损益。

股权转让时，应按照《企业会计准则第22号——金融工具确认和计量》，按股权转让收入减去长期股权账面价值及合理税费后的差额确认损益。

（三）技术入股的税会差异及纳税调整

选择递延纳税方式的企业技术入股的税会差异主要为体现在三个方面：

一是技术入股时，转出技术所得确认的时间，会计计入当期损益，税法规定当期可暂不纳税。

二是确认转出技术所得，会计按照换出无形资产的公允价值衡量换入股权的账面价值，无形资产公允价值与账面价值的差额，会计确认技术转让所得，税法按照公允价值扣除计税基础后的余额确认，当账面价值与计税基础不一致时，技术转让所得将存在差异。

三是转让取得的股权时，会计按照转让收入与股权的账面价值及相关税费的差额确认损益，税法按照股权转让收入减去技术成果原值和合理税费后的差额确认损益。

【例7-1】B公司2019年3月以账面价值为2 000 000元的新型计算机软件著作权作价5 000 000元，投入甲企业，换取甲企业10%的股份，甲企业股票市场价值为50 000 000元，2020年B公司将甲企业股权转让，取得收入6 000 000元。试分析B公司技术入股的会计处理及税会差异。假定资产的计税基础与账面价值相同，不考虑增值税和交易费用。

分析：

B公司投资入股时：

借：长期股权投资——甲企业　　5 000 000

　　贷：无形资产——软件著作权　　2 000 000

　　　　资产处置损益　　3 000 000

B公司技术入股时，会计上确认的所得为3 000 000元，根据税法规定选择递延纳税政策，2018年调减3 000 000元。

2019年B公司转让甲企业股权时：

借：银行存款	6 000 000	
贷：长期股权投资——甲企业		5 000 000
投资收益		1 000 000

B公司股权转让时，会计上确认的所得为1 000 000元，税法规定股权转让时，按股权转让收入减去技术成果原值和合理税费后的差额计算缴纳所得税，则应纳税所得额=6 000 000－2 000 000=4 000 000（元），2020年需要做纳税调增3 000 000元。

六、资产、股权划转的税务处理及纳税调整

《财政部　国家税务总局关于促进企业重组有关企业所得税处理问题的通知》（财税〔2014〕109号），《国家税务总局关于资产（股权）划转企业所得税征管问题的公告》（国家税务总局公告2015年第40号）中明确了资产、股权划转的企业所得税处理。

（一）资产、股权划转的税务处理一般规定

对100%直接控制的居民企业之间，以及受同一或相同多家居民企业100%直接控制的居民企业之间按账面净值划转股权或资产，凡具有合理商业目的、不以减少、免除或者推迟缴纳税款为主要目的，股权或资产划转后连续12个月内不改变被划转股权或资产原来实质性经营活动，且划出方企业和划入方企业均未在会计上确认损益的，可以选择按以下规定进行特殊性税务处理：

1. 划出方企业和划入方企业均不确认所得。

2. 划入方企业取得被划转股权或资产的计税基础，以被划转股权或资产的原账面净值确定。

3. 划入方企业取得的被划转资产，应按其原账面净值计算折旧扣除。

（二）资产、股权划转的税务及会计处理差异分析

表 7–6　　资产、股权划转的税务及会计处理

适用情形	税务处理	会计处理
100% 直接控制的母子公司之间，母公司向子公司按账面净值划转其持有的股权或资产，母公司获得子公司 100% 的股权支付	母公司按增加长期股权投资处理，子公司按接受投资。母公司获得子公司股权的计税基础以划转股权或资产的原计税基础确定	母公司： 借：长期股权投资——子公司 　贷：长期股权投资——划转的股权或资产 子公司： 借：长期股权投资——划转的股权或资产 　贷：实收资本 / 资本公积
100% 直接控制的母子公司之间，母公司向子公司按账面净值划转其持有的股权或资产，母公司没有获得任何股权或非股权支付	母公司按冲减实收资本（包括资本公积，下同）处理，子公司按接受投资处理	母公司： 借：实收资本 / 资本公积 　贷：长期股权投资——划转的股权或资产 子公司： 借：长期股权投资——划转的股权或资产 　贷：实收资本 / 资本公积
100% 直接控制的母子公司之间，子公司向母公司按账面净值划转其持有的股权或资产，子公司没有获得任何股权或非股权支付	母公司按收回投资处理，或按接受投资处理，子公司按冲减实收资本处理。母公司应按被划转股权或资产的原计税基础，相应调减持有子公司股权的计税基础	母公司： 借：长期股权投资——划转的股权或资产 　贷：长期股权投资——子公司 子公司： 借：实收资本 / 资本公积 　贷：长期股权投资——划转的股权或资产
受同一或相同多家母公司 100% 直接控制的子公司之间，在母公司主导下，一家子公司向另一家子公司按账面净值划转其持有的股权或资产，划出方没有获得任何股权或非股权支付	划出方按冲减所有者权益处理，划入方按接受投资处理	划出方： 借：实收资本 / 资本公积 　贷：长期股权投资——划转的股权或资产 划入方： 借：长期股权投资——划转的股权或资产 　贷：实收资本 / 资本公积

无偿划转是一种不支付对价的资产转移行为，这种行为的目的是优化企业内部资源配置，提高资源使用效率，在满足具有合理商业目的、不以减少、免除或者推迟缴纳税款为主要目的，股权或资产划转后连续12个

月内不改变被划转股权或资产原来实质性经营活动，且划出方企业和划入方企业均未在会计上确认损益等条件下，税法明确了允许采用特殊税务处理，从资产、股权划转的税务处理和会计处理上，税法和会计的处理保持了一致。

七、《A105100企业重组及递延纳税事项纳税调整明细表》的填写

（一）报表结构及填写要点

《A105100企业重组及递延纳税事项纳税调整明细表》适用于发生企业重组及发生企业重组、非货币性资产对外投资、技术入股等业务的纳税人填报。

1. 行次填报。

本表共16行分九个部分，分别反映债务重组、股权收购、资产收购、企业合并、企业分立、非货币性资产对外投资、技术入股、股权划转、资产划转及其他形式的企业重组的纳税调整。

（1）第一部分债务重组的纳税调整，填写第1至3行，其中以非货币性资产清偿债务和债转股单独列示；

（2）第二部分股权收购的纳税调整，填写第4至5行，其中涉及跨境重组的股权收购单独列示；

（3）第三部分资产收购的纳税调整，填写第6至7行，其中涉及跨境重组的资产收购单独列示；

（4）第四部分企业合并的纳税调整，填写第8至10行，按同一控制下的企业合并和非同一控制下的企业合并分别列示，第8行为合计数；

（5）第五部分企业分立的纳税调整，填写第11行；

（6）第六部分非货币性资产对外投资，填写第12行；

（7）第七部分技术入股，填写第13行；

（8）第八部分股权划转、资产划转，填写第14行；

（9）第九部分其他重组的纳税调整，填写第15行；

（10）第16行为合计行，等于第1+4+6+8+11+12+13+14+15行。

2. 列次填报。

本表列次共分7列，分别反映在各类重组方式下，适用一般性重组、特殊性重组的纳税调整，以及纳税调整的合计数。

（1）适用一般性重组填写第1至3列，第1列填写“账载金额”，第2列填写“税收金额”，第3列填写纳税调整额=第2列–1列；

（2）适用特殊性重组填写第4至6列，第4列填写“账载金额”，第5列填写“税收金额”，第6列填写纳税调整额=第5列–4列；

第7列=第3+6列

对于发生债务重组业务且选择特殊性税务处理（即债务重组所得可以在5个纳税年度均匀计入应纳税所得额）的纳税人，重组日所属纳税年度的以后纳税年度，也在本表进行债务重组的纳税调整。除上述债务重组所得可以分期确认应纳税所得额的企业重组外，其他涉及资产计税基础与会计核算成本差异调整的企业重组，本表不作调整，在《A105080资产折旧、摊销及纳税调整明细表》进行纳税调整。

3. 表间关系。

（1）第14行第1+4列=表A105000第37行第1列。

（2）第14行第2+5列=表A105000第37行第2列。

（3）第14行第7列金额，若≥0，填入表A105000第37行第3列；若<0，将绝对值填入表A105000第37行第4列。

（二）案例解析

根据【案例7–1】A公司2020年度资料填写，《A105100企业重组及递延纳税事项纳税调整明细表》，见表7–7。

表7-7　A105100　企业重组及递延纳税事项纳税调整明细表

单位：元

行次	项　　目	一般性税务处理			特殊性税务处理（递延纳税）			纳税调整金额
		账载金额	税收金额	纳税调整金额	账载金额	税收金额	纳税调整金额	
		1	2	3（2–1）	4	5	6（5–4）	7（3+6）
1	一、债务重组				189 500	37 900	–151 600	–151 600
2	其中：以非货币性资产清偿债务				189 500	37 900	–151 600	–151 600
3	债转股							
4	二、股权收购				–750 000	0	750 000	750 000
5	其中：涉及跨境重组的股权收购							
6	三、资产收购							
7	其中：涉及跨境重组的资产收购							
8	四、企业合并（9+10）							
9	（一）同一控制下企业合并							
10	（二）非同一控制下企业合并							
11	五、企业分立							
12	六、非货币性资产对外投资				500 000	100 000	–400 000	–400 000
13	七、技术入股							
14	八、股权划转、资产划转							
15	九、其他							
16	合计（1+4+6+8+11+12+13+14+15）				–60 500	137 900	198 400	198 400

填写要点：

1. 5月进行的债务重组属于以非货币性资产抵偿债务，同时属于税法规定的特殊性重组，因此填第2行，第4列填189 500元，第5列填37 900元，第6列填-151 600元，第7列填-151 600元，A公司本年度无其他形式债务重组，因此第1行与第2行填写金额相同。

2. 7月进行股权收购填写第4行，第4列填-750 000元，第5列填0，第6列填750 000元，第7列填750 000元。

3. 8月进行的投资属于以非货币性资产对外投资，填写第12行第4列填500 000元，第5列填100 000元，第6列填-400 000元，第7列填-400 000元。

第16行合计数第4列填-60 500元，第5列填137 900元，第6列填198 400元，第7列填198 400元。本表16行1+4列合计数-60 500转入表A105000第37行第1列“账载金额”，第2+5列合计数137 900转入表A105000第37行第2列“税收金额”，第7列198 400＞0，填入表A105000第37行第3列“调增金额”。

第二节　政策性搬迁的纳税调整及申报

【案例7-2】

A公司2018年3月因市政规划需要，与政府签订了《搬迁补偿协议》，实施整体搬迁，搬迁中发生以下业务：

1. 2019年1月收到财政预算直接拨付补偿款3 000万元；

2. 2019年5月采用置换形式取得新土地一块，换出土地使用权原价2 000万元，累计摊销500万元；

3. 2019年7月在被搬迁当月报废固定资产，账面原值为1 800万元，累计折旧600万元，取得处置收入30万元，保险公司赔偿80万元；

4. 2019年9月销售以前年度存货，取得不含税收入500万元，该存货成本为200万元；

5. 2019年12月支付职工安置费300万元；

6. 2020年6月购置固定资产归管理部门使用，取得增值税专用发票注明价款300万元，税款51万元，预计使用年限10年，采用直线法折旧（不考虑残值）。

7. 2020年12月搬迁完成。企业搬迁符合政策性搬迁条件，并向税务机关报送相关材料。

请完成下列问题：

1. 请计算A公司政策性搬迁过程中的搬迁收入、搬迁支出和搬迁所得。

2. 进行相关会计处理（不考虑增值税），分析与税务规定的差异。

3. 完成A公司《A105110政策性搬迁纳税调整明细表》的填写。

一、政策性搬迁的范围

企业政策性搬迁，是指由于社会公共利益的需要，在政府主导下企业进行整体搬迁或部分搬迁。但是，企业自行搬迁或商业性搬迁不属于政策性搬迁的范畴。关于政策性搬迁适用的税收政策主要包括《国家税务总局关于发布〈企业政策性搬迁所得税管理办法〉的公告》（国家税务总局公告2012年第40号，以下简称国家税务总局公告2012年第40号文件）、《国家税务总局关于企业政策性搬迁所得税有关问题的公告》（国家税务总局公告2013年第11号，以下简称国家税务总局公告2013年第11号文件）等相关规定。

企业满足下列需要之一的，并能够提供相关文件证明资料的，属于政策性搬迁：

1. 国防和外交的需要；

2. 由政府组织实施的能源、交通、水利等基础设施的需要；

3. 由政府组织实施的科技、教育、文化、卫生、体育、环境和资源保护、防灾减灾、文物保护、社会福利、市政公用等公共事业的需要；

4. 由政府组织实施的保障性安居工程建设的需要；

5. 由政府依照《中华人民共和国城乡规划法》有关规定组织实施的对危

房集中、基础设施落后等地段进行旧城区改建的需要；

6. 法律、行政法规规定的其他公共利益的需要。

二、政策性搬迁的税务处理

（一）搬迁收入

在政策性搬迁过程中，企业取得的搬迁收入分为两部分：一是搬迁补偿收入，二是搬迁资产处置收入。

1. 搬迁补偿收入，是指企业从本企业以外（包括政府或其他单位）因搬迁而取得的货币性和非货币性补偿收入。

具体包括：对被征用资产价值的补偿；因搬迁、安置而给予的补偿；对停产停业形成的损失而给予的补偿；资产搬迁过程中遭到毁损而取得的保险赔款；其他补偿收入。

2. 搬迁资产处置收入，是指企业由于搬迁而处置企业各类资产所取得的收入。

企业由于搬迁处置存货而取得的收入，应按正常经营活动取得的收入进行所得税处理，不作为企业搬迁收入。

【案例7-2】分析1

A公司政策性搬迁过程中的搬迁收入包括：

2019年1月收到的财政预算直接拨付补偿款3 000万元，2019年7月取得的处置收入为30万元，保险赔款80万元，共计3 110万元。

（二）搬迁支出

企业的搬迁支出分为两部分：一是搬迁费用支出，二是搬迁所发生的企业资产处置支出。

1. 搬迁费用支出，是指企业搬迁期间所发生的各项费用，包括安置职工实际发生的费用、停工期间支付给职工的工资及福利费、临时存放搬迁资产而发生的费用、各类资产搬迁安装费用以及其他与搬迁相关的费用。

2. 资产处置支出，是指企业由于搬迁而处置各类资产所发生的支出，包括变卖及处置各类资产的净值、处置过程中所发生的税费等支出。企业由于搬迁而报废的资产，如无转让价值，其净值作为企业的资产处置支出。

【案例7-2】分析2

A公司政策性搬迁过程中的搬迁支出包括：

2019年7月报废固定资产的支出1 200万元（1 800–600）；2019年12月支付职工安置费300万元；共计1 500万元。

（三）搬迁资产税务处理

企业搬迁的资产税务处理分以下几种情况：

1. 简单安装或不需要安装即可继续使用的搬迁资产，在该项资产重新投入使用后，就其净值按《企业所得税法》及其实施条例规定的该资产尚未折旧或摊销的年限，继续计提折旧或摊销。

2. 需要进行大修理后才能重新使用的，应就该资产的净值，加上大修理过程所发生的支出，作为该资产的计税成本。在该项资产重新投入使用后，按该资产尚可使用的年限，计提折旧或摊销。

3. 搬迁中被征用的土地，采取土地置换的，以及该换入土地投入使用前所发生的各项费用支出，为该换入土地的计税成本，在该换入土地投入使用后，按《企业所得税法》及其实施条例规定年限摊销。

4. 采取资产置换的，其换入资产的计税成本按被征用资产的净值，加上换入资产所支付的税费（涉及补价，还应加上补价款）计算确定。

5. 搬迁期间新购置的各类资产，应按《企业所得税法》及其实施条例等有关规定，计算确定资产的计税成本及折旧或摊销年限。企业发生的购置资产支出，不得从搬迁收入中扣除。

【案例7-2】分析3

2019年5月采用置换形式取得新土地一块，换出土地使用权原价2 000万元，累计摊销500万元，换入土地的计税成本为1 500万元。

（四）应税所得

1. 搬迁所得的处理。

搬迁所得是企业的搬迁收入，是扣除搬迁支出后的余额。如果为负数则作为搬迁损失，可以在搬迁完成年度一次性作为损失进行扣除，或自搬迁完成年度起分3个年度均匀在税前扣除。企业自行选择任意一种方法，但一经选定，不得改变。

企业在搬迁期间发生的搬迁收入和搬迁支出，可以暂不计入当期应纳税所得额，而在完成搬迁的年度，对搬迁收入和支出进行汇总清算。

2. 搬迁完成的条件。

当企业同时符合下列条件时，视为已经完成搬迁：搬迁规划已基本完成；当年生产经营收入占规划搬迁前年度生产经营收入50%以上。

在搬迁完成年度，企业应进行搬迁清算，计算搬迁所得，搬迁完成年度指符合下列情形之一的：从搬迁开始，5年内（包括搬迁当年度）任何一年完成搬迁的；从搬迁开始，搬迁时间满5年（包括搬迁当年度）的年度。

3. 以前年度亏损的弥补。

企业以前年度发生尚未弥补的亏损，凡企业由于搬迁停止生产经营无所得的，从搬迁年度次年起，至搬迁完成年度前一年度止，可作为停止生产经营活动年度，从法定亏损结转弥补年限中减除；企业边搬迁、边生产的，其亏损结转年度应连续计算。

企业边搬迁、边生产的，搬迁年度应从实际开始搬迁的年度计算。

【案例7-2】分析4

2020年12月搬迁完毕，确认搬迁所得1 610万元（3 110–1 500）。

三、政策性搬迁税会差异

关于政策性搬迁的会计处理按照《财政部关于印发企业会计准则解释第3号的通知》（财会〔2009〕8号）和《企业会计准则第16号——政府补助》进行。

（一）搬迁收入的会计核算

企业取得搬迁收入，会计核算时分以下几种情况：

1. 企业因城镇整体规划、库区建设、棚户区改造、沉陷区治理等公共利益进行搬迁，收到政府从财政预算直接拨付的搬迁补偿款，应作为专项应付款处理。

其中，属于对企业在搬迁和重建过程中发生的固定资产和无形资产损失、有关费用性支出、停工损失及搬迁后拟新建资产进行补偿的，应自专项应付款转入递延收益，并按照《企业会计准则第16号——政府补助》进行会计处理。

企业取得的搬迁补偿款扣除转入递延收益的金额后如有结余的，应当作为资本公积处理。

2. 企业收到除上述之外的搬迁补偿款，应当按照《企业会计准则第4号——固定资产》《企业会计准则第16号——政府补助》等会计准则进行处理。

与资产相关的政府补助，应当确认为递延收益，并在相关资产使用寿命期内平均分配，计入当期损益。

与收益相关的政府补助，分别处理：

（1）用于补偿企业以后期间的相关费用或损失的，确认为递延收益，并在确认相关费用的期间，计入当期损益；

（2）由于补偿企业已发生的相关费用或损失的，直接计入当期损益。

会计上在取得搬迁收入时按上述方法确定，按照税法规定在搬迁完成年度确认搬迁所得，应当调减应纳税所得额。

（二）搬迁支出的会计核算

企业发生的搬迁费用支出在发生的当期计入损益，资产处置支出应当在处置或报废过程中将资产的净值和处置过程中的费用计入当期损益。

企业重建或恢复生产过程中购置的各类资产，应当按照搬迁协议签订的时间来确认是否属于税收规定的搬迁支出。以国家税务总局公告2012年第40号文生效的时间为准：

（1）国家税务总局公告2012年第40号文生效前已经签订搬迁协议且尚未完成搬迁清算的企业政策性搬迁项目，企业在重建或恢复生产过程中购置的各类资产，可以作为搬迁支出，从搬迁收入中扣除。但购置的各类资产，应剔除该搬迁补偿收入后，作为该资产的计税基础，并按规定计算折旧或费用摊销。

（2）凡在国家税务总局公告2012年第40号文生效后签订搬迁协议的政策性搬迁项目，应按国家税务总局公告2012年第40号文有关规定执行。

会计上在发生搬迁支出时按上述方法确认，按照税法规定在搬迁完成年度确认搬迁所得，应当调增应纳税所得额。

【案例7-2】分析5

A公司政策性搬迁过程中的相关会计处理：

1. 2019年1月收到财政预算直接拨付补偿款3 000万元。

借：银行存款　　30 000 000

　　贷：递延收益　　30 000 000

2. 2019年5月采用置换形式取得新土地一块。

借：无形资产——土地使用权（新）　　15 000 000

　　累计摊销　　5 000 000

　　贷：无形资产——土地使用权（旧）　　20 000 000

3. 2019年7月在被搬迁当月报废固定资产。

借：固定资产清理　　12 000 000

　　累计折旧　　6 000 000

　　贷：固定资产　　18 000 000

收到处置收入：

借：银行存款　　300 000

　　其他应收款——保险赔款　　800 000

　　贷：固定资产清理　　1 100 000

借：营业外支出——非流动资产处置损失　　10 900 000

　　贷：固定资产清理　　10 900 000

借：递延收益　　10 900 000

　　贷：营业外收入　　10 900 000

4. 2019年9月销售以前年度存货。

借：银行存款　　5 850 000

　　贷：主营业务收入　　5 000 000

　　　　应交税费——应交增值税（销项税额）　　850 000

借：主营业务成本　　2 000 000

　　贷：库存商品　　2 000 000

5. 2019年12月支付职工安置费300万元。

借：管理费用　　3 000 000

　　贷：银行存款　　3 000 000

借：递延收益　　3 000 000

　　贷：营业外收入　　3 000 000

税法规定搬迁收入和搬迁支出在搬迁完成时确认，2019年度搬迁收入、搬迁支出暂不计入应纳税所得额，会计上作为收入的，做纳税调减，会计上作为支出的，做纳税调增。

6. 2020年6月购置固定资产归管理部门使用，取得增值税专用发票注明价款300万元，税款39万元，预计使用年限10年，采用直线法折旧（不考虑残值）。

借：固定资产　　3 000 000

　　应交税费——应交增值税（进项税额）　　390 000

　　贷：银行存款　　3 390 000

2020年计提折旧额 = 3 000 000 ÷ 10 × 10/12 = 250 000（元）

借：管理费用　　250 000

　　贷：累计折旧　　250 000

搬迁期间企业购置的资产支出，不得从搬迁收入中扣除。

7. 2020年12月搬迁完成，企业搬迁符合政策性搬迁条件，并向税务机关报送相关材料。按税法规定确认搬迁收入、搬迁支出，计算搬迁所得。

四、《A105110政策性搬迁纳税调整明细表》的填写

（一）报表结构及填写要点

本表适用于发生政策性搬迁纳税调整项目的纳税人在完成搬迁年度及以后进行损失分期扣除的年度填报。共分七个部分。

第一部分反映搬迁收入，包括搬迁取得的各类补偿收入和资产处置收入，在第2行~第8行填列，第1行是搬迁收入的合计数；

第二部分反映搬迁支出，包括搬迁过程中发生的各类搬迁费用支出和资产处置支出，在第10行~第16行填列，第9行是搬迁支出的合计数；

第三部分是搬迁所得（损失），填报第1行与第9行的差额；

第四部分应计入本年应纳税所得额的搬迁所得或损失，在第19行~第21行填列搬迁所得和一次性或分期扣除的搬迁损失，第18行填报第19行~第21行的合计数；

第五部分应计入当期损益的搬迁收益或损失，第22行填报政策性搬迁项目会计核算计入当期损益的金额，损失以负数填报；

第六部分以前年度搬迁损失当期扣除金额，第23行填报以前年度完成搬迁形成的损失，按照税法规定在当期扣除的金额；

第七部分纳税调整金额，第24行填报第18行-第22行-第23行后得到的差额数。

第24行，若纳税调整金额≥0，填入表A105000第38行第3列；若纳税调整金额<0，将绝对值填入表A105000第38行第4列。

（二）案例解析

根据【案例7-2】A公司2020年12月搬迁完毕，确认相关搬迁收入和支出及所得，并填写《A105110政策性搬迁纳税调整明细表》，见表7-8。

表 7–8　　A105110　政策性搬迁纳税调整明细表

单位：元

行次	项　目	金额
1	一、搬迁收入（2+8）	31 100 000
2	（一）搬迁补偿收入（3+4+5+6+7）	30 000 000
3	1. 对被征用资产价值的补偿	30 000 000
4	2. 因搬迁、安置而给予的补偿	
5	3. 对停产停业形成的损失而给予的补偿	
6	4. 资产搬迁过程中遭到毁损而取得的保险赔款	
7	5. 其他补偿收入	
8	（二）搬迁资产处置收入	1 100 000
9	二、搬迁支出（10+16）	15 000 000
10	（一）搬迁费用支出（11+12+13+14+15）	3 000 000
11	1. 安置职工实际发生的费用	3 000 000
12	2. 停工期间支付给职工的工资及福利费	
13	3. 临时存放搬迁资产而发生的费用	
14	4. 各类资产搬迁安装费用	
15	5. 其他与搬迁相关的费用	
16	（二）搬迁资产处置支出	12 000 000
17	三、搬迁所得或损失（1–9）	16 100 000
18	四、应计入本年应纳税所得额的搬迁所得或损失（19+20+21）	16 100 000
19	其中：搬迁所得	16 100 000
20	搬迁损失一次性扣除	
21	搬迁损失分期扣除	
22	五、计入当期损益的搬迁收益或损失	—
23	六、以前年度搬迁损失当期扣除金额	
24	七、纳税调整金额（18–22–23）	16 100 000

填写要点：

2019年1月收到财政预算直接拨付补偿款30 000 000元，填入第2行；

2019年7月报废固定资产取得处置收入为300 000元，保险公司赔偿800 000元，属于搬迁资产处置收入共计1 100 000元，填入第8行；

第1行“搬迁收入”合计为31 100 000元；

2019年12月支付职工安置费3 000 000元，填入第11行；

2019年7月报废固定资产的资产处置支出等于固定资产净值=18 000 000–6 000 000=12 000 000（元），填入第16行；

第9行“搬迁支出”合计为15 000 000元；

第17行“搬迁所得”等于第1行减第9行等于16 100 000元；

第19行本年度的搬迁所得16 100 000元，第18行“应计入本年应纳税所得额的搬迁所得或损失”为16 100 000元；

第24行“纳税调整金额”等于16 100 000元，将该金额转入表A105000第38行第3列。

第三节 特殊行业准备金的纳税调整及申报

【案例7–3】

C保险公司2020年度资产总额为187 123万元，计提的准备金如下：

1. 经保险精算师确定计提未到期责任准备金74 112万元，寿险责任准备金64 597万元，长期健康责任准备金6 784万元；

2. 已发生已报案确定2020年应由C公司赔偿的总额为30 611万元，计提相关准备金30 611万元，2020年C公司的实际赔偿支出为191 252万元，计提已发生未报案未决赔款准备金19 125万元；

3. C公司经营财政补贴的农业险种，2020年共取得保费收入32 754万元，计提巨灾风险准备金8 120万元；

4. C公司保险保障金明细表见表7-9。

表7-9　　C公司保险保障金明细表

单位：万元

保险保障金	保费（业务）收入	规定计提比例（%）	保险保障金
非投资型财产保险业务	96 145	0.80	769.16
有保证收益的人寿保险业务	156 477	0.15	234.7155
无保证收益的人寿保险业务	153 330	0.05	76.665
短期健康保险业务	3 198	0.80	25.584
长期健康保险业务	4 514	0.15	6.771
合　计	413 664		1 112.895 5

根据上述资料完成下列问题：

1. 分析C公司本年度准予税前扣除的准备金是多少？

2. 请填写C公司《A105000纳税调整项目明细表》相关行次。

一、特殊行业准备金的纳税调整

特殊行业包括保险公司、证券行业、期货行业、金融企业、中小企业信用担保机构，财政部、国家税务总局对特殊行业准备金的计提标准有明确规定。

（一）保险公司准备金的纳税调整

财政部、国家税务总局在《关于保险公司准备金支出企业所得税税前扣除有关政策问题的通知》（财税〔2012〕45号）、《关于保险公司农业巨灾风险准备金企业所得税税前扣除政策的通知 》（财税〔2012〕23号）中做出了关于保险公司计提准备金的相关规定。

保险公司按国务院财政部门的相关规定提取的未到期责任准备金、寿险责任准备金、长期健康险责任准备金、已发生已报案未决赔款准备金和已发生未报案未决赔款准备金，准予在税前扣除。

其中，未到期责任准备金，是指保险人为尚未终止的非寿险保险责任提取的准备金；寿险责任准备金，是指保险人为尚未终止的人寿保险责任提取的准备金；长期健康险责任准备金，是指保险人为尚未终止的长期健康保险责任提取的准备金。已发生已报案未决赔款准备金，是指保险人为非寿险保险事故已经发生并已向保险人提出索赔、尚未结案的赔案提取的准备金；已发生未报案未决赔款准备金，是指保险人为非寿险保险事故已经发生、尚未向保险人提出索赔的赔案提取的准备金。具体的提取标准如下：

1. 未到期责任准备金、寿险责任准备金、长期健康险责任准备金依据经中国保监会核准任职资格的精算师或出具专项审计报告的中介机构确定的金额提取。

2. 已发生已报案未决赔款准备金，按最高不超过当期已经提出的保险赔款或者给付金额的100%提取；已发生未报案未决赔款准备金按不超过当年实际赔款支出额的8%提取。

3. 保险公司计提的巨灾风险准备金符合下列规定，准予所得税前扣除：

保险公司经营财政给予保费补贴的种植业险种（以下简称补贴险种）的，按不超过补贴险种当年保费收入25%的比例计提的巨灾风险准备金，准予在企业所得税前据实扣除。具体计算公式如下：

本年度扣除的巨灾风险准备金=本年度保费收入×25%－上年度已在税前扣除的巨灾风险准备金结存余额

按上述公式计算的数额如为负数，应调增当年应纳税所得额。

其中，补贴险种是指各级财政部门根据财政部关于种植业保险保费补贴管理的相关规定确定，各级财政部门补贴比例之和不低于保费60%的种植业险种。

4. 保险保障基金，是指按照《中华人民共和国保险法》和《保险保障基金管理办法》（保监会　财政部　人民银行令第2号）规定缴纳形成的，在规定情形下用于救助保单持有人、保单受让公司或者处置保险业风险的非政府性行业风险救助基金。

保险公司按下列规定缴纳的保险保障基金，准予据实税前扣除：

（1）非投资型财产保险业务，不得超过保费收入的0.8%。

（2）投资型财产保险业务，有保证收益的，不得超过业务收入的

0.08%，无保证收益的，不得超过业务收入的0.05%。

（3）有保证收益的人寿保险业务，不得超过业务收入的0.15%；无保证收益的人寿保险业务，不得超过业务收入的0.05%。

（4）短期健康保险业务，不得超过保费收入的0.8%；长期健康保险业务，不得超过保费收入的0.15%。

（5）非投资型意外伤害保险业务，不得超过保费收入的0.8%；投资型意外伤害保险业务，有保证收益的，不得超过业务收入的0.08%，无保证收益的，不得超过业务收入的0.05%。

其中，保费收入，是指投保人按照保险合同约定，向保险公司支付的保险费；业务收入，是指投保人按照保险合同约定，为购买相应的保险产品支付给保险公司的全部金额；非投资型财产保险业务，是指仅具有保险保障功能而不具有投资理财功能的财产保险业务；投资型财产保险业务，是指兼具有保险保障与投资理财功能的财产保险业务；有保证收益，是指保险产品在投资收益方面提供固定收益或最低收益保障；无保证收益，是指保险产品在投资收益方面不提供收益保证，投保人承担全部投资风险。

保险公司有下列情形之一的，其缴纳的保险保障基金不得在税前扣除：

（1）财产保险公司的保险保障基金余额达到公司总资产6%的；

（2）人身保险公司的保险保障基金余额达到公司总资产1%的。

【案例7-3】分析

1. C公司计提的未到期责任准备金74 112万元，寿险责任准备金64 597万元，长期健康责任准备金6 784万元是经保险精算师确定的金额，按照税法规定准予税前扣除。

2. C公司2020年计提的已发生已报案未决赔款准备金30 611万元，未超过当年赔款金额，准予税前扣除；税法规定已发生未报案未决赔款准备金的提取比例不超过当年实际赔偿支出的8%，C公司当年准予税前扣除的金额＝191 252×8%＝15 300.16（万元），实际计提金额为19 125万元，多计提3 824.84万元需要做纳税调增。

3. C公司经营财政补贴的农业险种，准予税前扣除的巨灾风险准备金＝32 754×25%＝8 188.5（万元），C公司计提巨灾风险准备金8 120万元未超过税前扣除的标准，准予税前扣除。

4. C公司计提保险保障金共计1 112.895 5万元，各项保险保障金的计提比例符合税法允许税前扣除的规定，总额未超过资产187 123万元的1%，因此保险保障金准予税前扣除。

5. C公司《A105000纳税调整项目明细表》的相关行次填写见表7-10。

表7-10　　A105000　纳税调整项目明细表（部分）

单位：万元

行次	项　目	账载金额	税收金额	调增金额	调减金额
		1	2	3	4
……	……				
39	（三）特殊行业准备金（39.1+39.2+39.4+39.5+39.6+39.7）	*	*		
39.1	1. 保险公司保险保障基金	11 128 955	11 128 955	0	
39.2	2. 保险公司准备金	2 033 490 000	1 995 241 600	38 248 400	
39.3	其中：已发生未报案未决赔款准备金	191 250 000	153 001 600	38 248 400	

（二）证券行业准备金

财政部、国家税务总局在《关于证券行业准备金支出企业所得税税前扣除有关政策问题的通知》（财税〔2012〕11号）中作了关于证券行业准备金计提的相关规定。

1. 证券交易所风险基金。

上海、深圳证券交易所依据有关规定，按证券交易所交易收取经手费的20%、会员年费的10%提取的证券交易所风险基金，在各基金净资产不超过10亿元的额度内，准予在企业所得税税前扣除。

2. 证券结算风险基金。

中国证券登记结算公司所属上海分公司、深圳分公司依据有关规定，按证券登记结算公司业务收入的20%提取的证券结算风险基金，在各基金净资产产不超过30亿元的额度内，准予在企业所得税税前扣除。

证券公司依据有关规定，作为结算会员按人民币普通股和基金成交金额的十万分之三、国债现货成交金额的十万分之一、1天期国债回购成交额的千万分之五、2天期国债回购成交额的千万分之十、3天期国债回购成交额的千万分之十五、4天期国债回购成交额的千万分之二十、7天期国债回购成交额的千万分之五十、14天期国债回购成交额的十万分之一、28天期国债回购成交额的十万分之二、91天期国债回购成交额的十万分之六、182天期国债回购成交额的十万分之十二逐日缴纳的证券结算风险基金，准予在企业所得税税前扣除。

3. 证券投资者保护基金。

上海、深圳证券交易所依据有关规定，在风险基金分别达到规定的上限后，按交易经手费的20%缴纳的证券投资者保护基金，准予在企业所得税税前扣除。

证券公司依据有关规定，按其营业收入0.5%～5%缴纳的证券投资者保护基金，准予在企业所得税税前扣除。

（三）期货行业准备金

1. 期货交易所风险准备金。

大连商品交易所、郑州商品交易所和中国金融期货交易所依据有关规定，分别按向会员收取手续费收入的20%计提的风险准备金，在风险准备金余额达到有关规定的额度内，准予在企业所得税税前扣除。

2. 期货公司风险准备金。

期货公司依据有关规定，以其收取的交易手续费收入减去应付期货交易所手续费后的净收入的5%提取的期货公司风险准备金，准予在企业所得税税前扣除。

3. 期货投资者保障基金。

上海期货交易所、大连商品交易所、郑州商品交易所和中国金融期货交易所依据有关规定，按其向期货公司会员收取的交易手续费的3%缴纳的期货投资者保障基金，在基金总额达到有关规定的额度内，准予在企业所得税税前扣除。

期货公司依据有关规定，从其收取的交易手续费中按照代理交易额的千万分之五至千万分之十的比例缴纳的期货投资者保障基金，在基金总额达到有关规定的额度内，准予在企业所得税税前扣除。

上述准备金如发生清算、退还，应按规定补征企业所得税。

（四）金融行业准备金

【案例7-4】

D银行属于商业银行，2019年度及2020年度相关业务如下：

1. 2019年度发放贷款39 562万元，其中，涉农贷款5 200万元，中小企业贷款1 879万元，银行承兑汇票垫款1 475万元，贴现976万元，同业拆出7 398万元，接受某财务公司委托贷款6 872万元，转贷国际金融组织贷款2 797万元，应收财政贴息232万元，上交央行准备金3 970万元。涉农贷款中属于次级类贷款560万元，损失类贷款214万元，关注类贷款4 426万元；中小企业贷款中属于关注类的贷款1 421万元，可疑类贷款458万元。

2. D银行2020年度发放贷款41 346万元，其中，涉农贷款5 860万元，中小企业贷款2 516万元，银行担保垫款2 360万元，贴现1 280万元，同业拆出8 235万元，代理某金融租赁公司贷款5 136万元，转贷外国政府贷款1 879万元，应收财政贴息546万元，上交央行准备金4 212万元。涉农贷款中属于次级类贷款1 230万元，损失类贷款325万元，关注类贷款4 305万元；中小企业贷款中属于关注类的贷款1 490万元，可疑类贷款666万元。

根据上述资料完成下列问题：

1. 分析D银行2020年度应计提的贷款损失准备金余额。

2. 请填写D银行《A105020贷款损失准备金及纳税调整明细表》相关行次。

政策性银行、商业银行、财务公司、城乡信用社和金融租赁公司等金融企业提取的贷款损失准备金的企业所得税税前扣除的相关政策，在《财政部　税务总局关于金融企业贷款损失准备金企业所得税税前扣除有关政策的公告》（财政部　税务总局公告2019年第86号），《财政部　税务总局关于金融企业涉农贷款和中小企业贷款损失准备金税前扣除有关政策的公告》（财政部　税务总局公告2019年第85号）中进行了规定。政策适用期为2019年1月1日至2023年12月31日。

1. 准予税前提取贷款损失准备金的贷款资产范围包括：

（1）贷款（含抵押、质押、保证、信用等贷款）；

（2）银行卡透支、贴现、信用垫款（含银行承兑汇票垫款、信用证垫款、担保垫款等）、进出口押汇、同业拆出、应收融资租赁款等具有贷款特征的风险资产；

（3）由金融企业转贷并承担对外还款责任的国外贷款，包括国际金融组织贷款、外国买方信贷、外国政府贷款、日本国际协力银行不附条件贷款和外国政府混合贷款等资产。

金融企业的委托贷款、代理贷款、国债投资、应收股利、上交央行准备金以及金融企业剥离的债权和股权、应收财政贴息、央行款项等不承担风险和损失的资产，以及除上述列举资产之外的其他风险资产，不得提取贷款损失准备金在税前扣除。

2. 金融企业准予当年税前扣除的贷款损失准备金计算：

准予当年税前扣除的贷款损失准备金 = 本年末准予提取贷款损失准备金的贷款资产余额 × 1%− 截至上年末已在税前扣除的贷款损失准备金的余额

金融企业按上述公式计算的数额如为负数，应当相应调增当年应纳税所得额。金融企业发生的符合条件的贷款损失，应先冲减已在税前扣除的贷款损失准备金，不足冲减部分可据实在计算当年应纳税所得额时扣除。

3. 金融企业涉农贷款和中小企业贷款损失准备金。

金融企业根据《贷款风险分类指引》（银监发〔2007〕54 号），对其涉农贷款和中小企业贷款进行风险分类后，按照以下比例计提的贷款损失准备金，准予在计算应纳税所得额时扣除：

（1）关注类贷款，计提比例为 2%；

（2）次级类贷款，计提比例为 25%；

（3）可疑类贷款，计提比例为 50%；

（4）损失类贷款，计提比例为 100%。

其中，涉农贷款，是指《涉农贷款专项统计制度》（银发〔2007〕246号）统计的农户贷款和农村企业及各类组织贷款。中小企业贷款，是指金融企业对年销售额和资产总额均不超过2亿元的企业的贷款。

农户包括3类：一是长期（一年以上）居住在乡镇（不包括城关镇）行政管理区域内的住户；二是长期居住在城关镇所辖行政村范围内的住户和户口不在本地而在本地居住一年以上的住户；三是国有农场的职工和农村个体工商户。农户以户为统计单位，既可以从事农业生产经营，也可以从事非农业生产经营。

农村企业及各类组织贷款，是指金融企业发放给注册地位于农村区域的企业及各类组织的所有贷款。农村区域，是指除地级及以上城市的城市行政区及其市辖建制镇之外的区域。

【案例7-4】分析1

1. D银行2019年度应计提的贷款损失准备金及涉农和中小企业贷款损失准备金计算过程如下：

贷款资产余额=39 562+1 475+976+7 398+6 872+2 797+232+3 970=63 282（万元）

其中：接受某财务公司委托贷款6 872万元，应收财政贴息232万元，上交央行准备金3 970万元不属于税前准予提前贷款损失准备金的贷款资产，涉农和中小企业贷款损失准备金的计提比例与其他贷款资产不同。因此D公司需要分别计算提取贷款损失准备金、涉农和中小企业贷款损失准备金。

（1）贷款损失准备金的提取：

准予税前提取贷款损失准备金的贷款资产余额=（39 562−5 200−1 879）+1 475+976+7 398+2 797=45 129（万元）

计提的贷款损失准备金= 45 129×1%=451.29（万元）

（2）涉农和中小企业贷款损失准备金的提取：

关注类贷款资产余额=4 426+1 421=5847（万元）

计提的关注类贷款资产损失准备金=（4 426+1 421）×2%=116.94（万元）

次级类贷款资产余额=560（万元）

计提的次级类贷款资产损失准备金=560×25%=140（万元）

可疑类贷款资产余额=458（万元）

计提的可疑类贷款资产损失准备金=458×50%=229（万元）

损失类贷款资产余额=214（万元）

计提的损失类贷款资产损失准备金=214×100%=214（万元）

2. D银行2020年度应计提的贷款损失准备金及涉农和中小企业贷款损失准备金计算过程如下：

贷款资产余额=41 346+2 360+1 280+8 325+5 136+1 879+546+4 212=65 084（万元）

其中：代理某金融租赁公司贷款5 136万元，应收财政贴息546万元，上交央行准备金4 212万元不属于税前准予提前贷款损失准备金的贷款资产，涉农和中小企业贷款损失准备金的计提比例与其他贷款资产不同。因此D公司需要分别计算提取贷款损失准备金、涉农和中小企业贷款损失准备金，2020年度计提相关贷款准备金时需要扣除2019年度已经计提的相关贷款准备金。

（1）贷款损失准备金的提取：

准予税前提取贷款损失准备金的贷款资产余额=（41 346−5 860−2 516）+2 360+1 280+8 325+1 879=46 814（万元）

计提的贷款损失准备金= 46 814×1%−451.29 =16.85（万元）

（2）涉农和中小企业贷款损失准备金的提取：

关注类贷款资产余额=4 305+1 490=5 795（万元）

计提的关注类贷款资产损失准备金=5 795×2%−116.94 =−1.04（万元）

次级类贷款资产余额=1 230（万元）

计提的次级类贷款资产损失准备金=1 230×25%−140 =167.5（万元）

可疑类贷款资产余额=666（万元）

计提的可疑类贷款资产损失准备金=666×50%−229 =104（万元）

损失类贷款资产余额=325（万元）

计提的损失类贷款资产损失准备金=325×100%−214 =111（万元）

（五）中小企业信用担保机构

在财政部、国家税务总局《关于中小企业信用担保机构有关准备金企业所得税税前扣除政策的通知》（财税〔2012〕25 号）中，对中小企业信用担保机构计提的担保赔偿准备和未到期责任准备的所得税前扣除问题作出了相关规定。

中小企业信用担保机构是指以中小企业为主要服务对象，当年新增中小企业信用担保和再担保业务收入占新增担保业务收入总额的 70% 以上（上述收入不包括信用评级、咨询、培训等收入）；中小企业信用担保业务的平均年担保费率不超过银行同期贷款基准利率的 50%；同时具有融资性担保机构监管部门颁发的经营许可证的担保机构。

1. 担保赔偿准备金。

符合条件的中小企业信用担保机构按照不超过当年年末担保责任余额 1% 的比例计提的担保赔偿准备，允许在企业所得税税前扣除，同时将上年度计提的担保赔偿准备余额转为当期收入。

2. 未到期责任准备金。

符合条件的中小企业信用担保机构按照不超过当年担保费收入 50% 的比例计提的未到期责任准备，允许在企业所得税税前扣除，同时将上年度计提的未到期责任准备余额转为当期收入。

中小企业信用担保机构实际发生的代偿损失，符合税收法律法规关于资产损失税前扣除政策规定的，应冲减已在税前扣除的担保赔偿准备，不足冲减部分据实在企业所得税税前扣除。

（六）小额贷款公司

在《财政部　税务总局关于小额贷款公司有关税收政策的通知》（财税〔2017〕48 号）中，关于小额贷款公司贷款损失准备金的所得税前扣除作出了相关规定。

自 2017 年 1 月 1 日至 2019 年 12 月 31 日，对经省级金融管理部门（金融办、局等）批准成立的小额贷款公司按年末贷款余额的 1% 计提的贷款损失准备金准予在企业所得税税前扣除。

二、《A105120贷款损失准备金及纳税调整明细表》的填写

（一）报表结构及填写要点

A105120适用于发生贷款损失准备金的金融企业、小额贷款公司纳税人填报。只要会计上发生贷款损失准备金，不论是否纳税调整，均需填报。

1. 行次填报。

本表包括3个部分：

（1）第一部分，金融企业贷款损失准备金的纳税调整在第2行至第7行填写。第2行“（一）贷款损失准备金”，填写贷款资产及相关损失准备金的纳税调整情况；第3行至第7行填写涉农和中小企业贷款资产及损失准备金的纳税调整情况。第1行是第2行、第3行合计数。

（2）第二部分，第8行“二、小额贷款公司”：填报经省级金融管理部门批准成立的小额贷款公司贷款损失准备金的纳税调整情况。

（3）第三部分，第9行“三、其他”：填报除上述列举情形外的贷款损失准备金的纳税调整情况。

2. 列次填报

本表列次可分为3个部分：账载金额、税收金额和纳税调整金额。

（1）账载金额包括第1列至第4列，分别填写纳税人会计核算的上年末贷款资产余额、本年末贷款资产余额、上年末贷款损失准备金余额、本年末贷款损失准备金余额。

（2）税收金额包括第5列至第10列，分别填写纳税人按照税收规定上年末准予提取贷款损失准备金的贷款资产余额、本年末准予提取贷款损失准备金的贷款资产余额、准予计提贷款损失准备金的比例、按本年末准予提取贷款损失准备金的贷款资产余额与计提比例计算的准备金额、截至上年末已在税前扣除的贷款损失准备金的余额，准予当年税前扣除的贷款损失准备金。

（3）纳税调整金额在第11列，填写第4列–第3列–第10列金额。

3. 表内及表间关系。

（1）表内关系。

① 第8列=第6×7列。

② 第10列=第4列与第8列的孰小值-第9列。

③ 第11列=第4-3-10列。

④ 第1行=第2+3行（仅第1、2、5、6、8列）。

⑤ 第10行=第1+8+9行。

（2）表间关系

若第10行第11列≥0，第10行第11列=表A105000第39.7行第3列；若第10行第11列<0，第10行第11列的绝对值=表A105000第39.7行第4列。

（二）案例解析

根据【案例7-4】资料，A105120的填写结果见表7-11。

表7-11　　A105120　贷款损失准备金及纳税调整明细表

单位：万元

行次	项目	账载金额				税收金额						纳税调整金额
		上年末贷款资产余额	本年末贷款资产余额	上年末贷款损失准备金余额	本年末贷款损失准备金余额	上年末准予提取贷款损失准备金的贷款资产余额	本年末准予提取贷款损失准备金的贷款资产余额	计提比例	按本年末准予提取贷款损失准备金的贷款资产余额与计提比例计算的准备金额	截至上年末已在税前扣除的贷款损失准备金的余额	准予当年税前扣除的贷款损失准备金	
		1	2	3	4	5	6	7	8（6×7）	9	10（4与8的孰小值-9）	11（4-3-10）
1	一、金融企业（2+3）	70 361	73 100	1 151.23	1 549.54	52 208	54 830	*	1 549.54	1 151.23	398.31	0
2	（一）贷款损失准备金	63 282	65 084	*	*	45 129	46 814	1%	468.14	*	*	*
3	（二）涉农和中小企业贷款损失准备金	7 079	8 016	*	*	7 079	8 016	*	1 081.4	*	*	*
4	其中：关注类贷款	5 847	5 795	*	*	5 847	5 795	2%	115.9	*	*	*
5	次级类贷款	560	1 230	*	*	560	1 230	25%	307.5	*	*	*
6	可疑类贷款	458	666	*	*	458	666	50%	333	*	*	*

续表

行次	项目	账载金额				税收金额						纳税调整金额
		上年末贷款资产余额	本年末贷款资产余额	上年末贷款损失准备金余额	本年末贷款损失准备金余额	上年末准予提取贷款损失准备金的贷款资产余额	本年末准予提取贷款损失准备金的贷款资产余额	计提比例	按本年末准予提取贷款损失准备金的贷款资产余额与计提比例计算的准备金额	截至上年末已在税前扣除的贷款损失准备金的余额	准予当年税前扣除的贷款损失准备金	
		1	2	3	4	5	6	7	8（6×7）	9	10（4与8的孰小值-9）	11（4-3-10）
7	损失类贷款	214	325	*	*	214	325	100%	325	*	*	*
8	二、小额贷款公司							1%				
9	三、其他											
10	合计（1+8+9）	70 361	73 100	1 151.23	1 549.54	52 208	54 830	*	1 549.54	1 151.23	398.31	0

填写要点：

1. 第2行“（一）贷款损失准备金”：第1列填2019年贷款资产余额63 282万元；第2列填2020年贷款资产余额65 084万元；第5列填2019年准予提取贷款损失准备金的贷款资产余额45 129万元；第6列填2020年准予提取贷款损失准备金的贷款资产余额46 814万元；第7列填计提比例1%，第8列填计算的准备金额468.14万元。

2. 第4行至第7行分别填写“涉农和中小企业贷款损失准备金”中的其中：关注类贷款、次级类贷款、可疑类贷款以及损失类贷款的计提损失准备金的情况：第1列填写2019年贷款资产余额，分别为5 847万元、560万元、458万元、214万元；第2列填写2020年贷款资产余额，分别为5 795万元、1 230万元、666万元、325万元；第5列填2019年准予提取贷款损失准备金的贷款资产余额，分别为5 847万元、560万元、458万元、214万元；第6列填2020年准予提取贷款损失准备金的贷款资产余额，分别为5 795万元、1230万元、666万元、325万元；第7列填计提比例分别为2%、25%、50%、100%；第8列填计算的准备金额115.9万元、307.5万元、333万元、325万元。

3. 第3行填写第4行至第7行合计数：第1列填7 079万元，第2列填8 016万元，第5列填7 079万元，第6列填8 016万元，第8列填1 081.4万元。

4. 第1行填写第2行与第3行合计数，第1列填70 361万元，第2列填73 100万元，第3列填2019年末贷款损失准备金余额1 151.23万元，第4列填2020年末贷款损失准备金余额1 549.54万元，第5列填52 208万元，第6列填54 830万元，第8列填1 549.54万元，第9列填截至2019年末已在税前扣除的贷款损失准备金的余额1 151.23万元，第10列填准予当年税前扣除的贷款损失准备金，由第4列与第8列中最小的值减去第9列金额为398.31万元，第11列填第4列–第3列–第10列后的金额为0。

5. 第10行为第1行、第8行和第9行的合计数。

第四节　特别纳税调整应税所得

特别纳税调整是指企业与其关联方之间的业务往来，不符合独立交易原则而减少企业或者其关联方应纳税收入或者所得额的，税务机关有权按照合理方法进行调整。

关于特别纳税调整，在《企业所得税法》及其实施条例、《国家税务总局关于印发〈特别纳税调整实施办法（试行）〉的通知》（国税发〔2009〕2号）等文件中对特别纳税调整的适用范围、方法等做出明确规定。

一、特别纳税调整的适用范围

（一）特别纳税调整适用的纳税人范围

当企业与其关联方之间的业务往来，不符合独立交易原则而减少企业或者其关联方应纳税收入或者所得额的，税务机关有权按照合理方法进行调整。

1. 关联方的确定。

关联方通常是指企业与其他企业、组织或个人具有下列之一的关系：

（1）一方直接或间接持有另一方的股份总和达到25%以上，或者双方直接或间接同为第三方所持有的股份达到25%以上。若一方通过中间方对另一方间接持有股份，只要一方对中间方持股比例达到25%以上，则一方对另一方的持股比例按照中间方对另一方的持股比例计算。

（2）一方与另一方（独立金融机构除外）之间借贷资金占一方实收资本50%以上，或者一方借贷资金总额的10%以上是由另一方（独立金融机构除外）担保。

（3）一方半数以上的高级管理人员（包括董事会成员和经理）或至少

一名可以控制董事会的董事会高级成员是由另一方委派，或者双方半数以上的高级管理人员（包括董事会成员和经理）或至少一名可以控制董事会的董事会高级成员同为第三方委派。

（4）一方半数以上的高级管理人员（包括董事会成员和经理）同时担任另一方的高级管理人员（包括董事会成员和经理），或者一方至少一名可以控制董事会的董事会高级成员同时担任另一方的董事会高级成员。

（5）一方的生产经营活动必须由另一方提供的工业产权、专有技术等特许权才能正常进行。

（6）一方的购买或销售活动主要由另一方控制。

（7）一方接受或提供劳务主要由另一方控制。

（8）一方对另一方的生产经营、交易具有实质控制，或者双方在利益上具有相关联的其他关系，包括虽未达到上述第（1）项持股比例，但一方与另一方的主要持股方享受基本相同的经济利益，以及家族、亲属关系等。

2. 关联方业务范围。

有形资产的购销、转让和使用，无形资产的转让和使用，融通资金，包括各类长短期资金拆借和担保，以及各类计息预付款和延期付款等业务，提供劳务等。独立交易原则是指没有关联关系的交易各方，按照公平成交价格和营业常规进行业务往来遵循的原则。

（二）特别纳税调整的具体事项

特别纳税调整管理的事项具体包括：税务机关对企业的转让定价、预约定价安排、成本分摊协议、受控外国企业、资本弱化以及一般反避税等的管理。

1. 转让定价管理，是指税务机关按照有关规定，对企业与其关联方之间的业务往来（以下简称关联交易）是否符合独立交易原则进行审核评估和调查调整等工作的总称。

2. 预约定价安排管理，是指税务机关按照有关规定，对企业提出的未来年度关联交易的定价原则和计算方法进行审核评估，并与企业协商达成预约定价安排等工作的总称。

3. 成本分摊协议管理，是指税务机关按照有关规定，对企业与其关联方签署的成本分摊协议是否符合独立交易原则进行审核评估和调查调整等工作的总称。

4. 受控外国企业管理，是指税务机关按照有关规定，对受控外国企业不作利润分配或减少分配进行审核评估和调查，并对归属于中国居民企业所得进行调整等工作的总称。

5. 资本弱化管理，是指税务机关按照有关规定，对企业接受关联方债权性投资与企业接受的权益性投资的比例是否符合规定比例或独立交易原则进行审核评估和调查调整等工作的总称。

6. 一般反避税管理，是指税务机关按照有关规定，对企业实施其他不具有合理商业目的的安排而减少其应纳税收入或所得额进行审核评估和调查调整等工作的总称。

二、特别纳税调整管理的内容

（一）转让定价管理

1. 转让定价的方法。

转让定价方法包括可比非受控价格法、再销售价格法、成本加成法、交易净利润法、利润分割法和其他符合独立交易原则的方法。

（1）可比非受控价格法以非关联方之间进行的与关联交易相同或类似业务活动所收取的价格作为关联交易的公平成交价格。

（2）再销售价格法以关联方购进商品再销售给非关联方的价格减去可比非关联交易毛利后的金额作为关联方购进商品的公平成交价格。

（3）成本加成法以关联交易发生的合理成本加上可比非关联交易毛利作为关联交易的公平成交价格。

（4）交易净利润法以可比非关联交易的利润率指标确定关联交易的净利润。利润率指标包括资产收益率、销售利润率、完全成本加成率、贝里比率等。

（5）利润分割法根据企业与其关联方对关联交易合并利润的贡献计算各自应该分配的利润额。利润分割法分为一般利润分割法和剩余利润分割法。一般利润分割法根据关联交易各参与方所执行的功能、承担的风险以及使用的资产，确定各自应取得的利润。剩余利润分割法将关联交易各参与方的合并利润减去分配给各方的常规利润的余额作为剩余利润，再根据各方对剩余利润的贡献程度进行分配。

2. 可比性分析考虑的因素。

选用转让定价方法时，要进行可比性分析，需要考虑以下因素：

（1）交易资产或劳务的特性，主要包括有形资产的物理特性、质量、数量等，劳务的性质和范围，无形资产的类型、交易形式、期限、范围、预期收益等。

（2）交易各方功能和风险，功能主要包括研发、设计、采购、加工、装配、制造、存货管理、分销、售后服务、广告、运输、仓储、融资、财务、会计、法律及人力资源管理等，在比较功能时，应关注企业为发挥功能所使用资产的相似程度；风险主要包括研发风险、采购风险、生产风险、分销风险、市场推广风险、管理及财务风险等。

（3）合同条款，主要包括交易标的，交易数量、价格，收付款方式和条件，交货条件，售后服务范围和条件，提供附加劳务的约定，变更、修改合同内容的权利，合同有效期，终止或续签合同的权利。

（4）经济环境，主要包括行业概况、地理区域、市场规模、市场层级、市场占有率、市场竞争程度、消费者购买力、商品或劳务可替代性、生产要素价格、运输成本、政府管制等。

（5）经营策略，主要包括创新和开发策略、多元化经营策略、风险规避策略、市场占有策略等。

（二）预约定价安排管理

1. 预约定价安排的适用范围。

预约定价安排一般适用于同时满足以下条件的企业：

（1）年度发生的关联交易金额在4 000万元人民币以上；

（2）依法履行关联申报义务；

（3）按规定准备、保存和提供同期资料。

2. 预约定价安排的程序。

企业可以依据所得税法及其他相关规定，与税务机关就企业未来年度关联交易的定价原则和计算方法达成预约定价安排。预约定价安排的谈签与执行通常经过预备会谈、正式申请、审核评估、磋商、签订安排和监控执行6个阶段。预约定价安排包括单边、双边和多边3种类型。预约定价安排适用于自企业提交正式书面申请年度的次年起3～5个连续年度的关联交易。

（三）成本分摊协议管理

成本分摊协议是指参与方共同签署的对开发、受让的无形资产或参与的劳务活动享有受益权、并承担相应的活动成本的协议。参与方使用成本分摊协议所开发或受让的无形资产不需另支付特许权使用费。

1. 成本分摊协议的内容。

（1）参与方的名称、所在国家（地区）、关联关系、在协议中的权利和义务；

（2）成本分摊协议所涉及的无形资产或劳务的内容、范围，协议涉及研发或劳务活动的具体承担者及其职责、任务；

（3）协议期限；

（4）参与方预期收益的计算方法和假设；

（5）参与方初始投入和后续成本支付的金额、形式，价值确认的方法以及符合独立交易原则的说明；

（6）参与方会计方法的运用及变更说明；

（7）参与方加入或退出协议的程序及处理规定；

（8）参与方之间补偿支付的条件及处理规定；

（9）协议变更或终止的条件及处理规定；

（10）非参与方使用协议成果的规定。

2. 成本分摊协议的税务处理。

对于符合独立交易原则的成本分摊协议，有关税务处理如下：

（1）企业按照协议分摊的成本，应在协议规定的各年度税前扣除；

（2）涉及补偿调整的，应在补偿调整的年度计入应纳税所得额；

（3）涉及无形资产的成本分摊协议，加入支付、退出补偿或终止协议时对协议成果分配的，应按资产购置或处置的有关规定处理。

企业与其关联方签署成本分摊协议，有下列情形之一的，其自行分摊的成本不得税前扣除：

（1）不具有合理商业目的和经济实质；

（2）不符合独立交易原则；

（3）没有遵循成本与收益配比原则；

（4）未按有关规定备案或准备、保存和提供有关成本分摊协议的同期资料；

（5）自签署成本分摊协议之日起经营期限少于20年。

（四）受控外国企业管理

1. 受控外国企业的范围。

受控外国企业是指由居民企业，或者由居民企业和居民个人（以下统称中国居民股东，包括中国居民企业股东和中国居民个人股东）控制的设立在实际税负低于我国法定企业所得税税率25%水平50%的国家（地区），并非出于合理经营需要对利润不作分配或减少分配的外国企业。

控制，是指在股份、资金、经营、购销等方面构成实质控制。其中，股份控制是指由中国居民股东在纳税年度任何一天单层直接或多层间接单一持有外国企业10%以上有表决权股份，且共同持有该外国企业50%以上股份。中国居民股东多层间接持有股份按各层持股比例相乘计算，中间层持有股份超过50%的，按100%计算。

2. 受控外国企业的税务处理。

（1）计入中国居民企业股东当期的视同受控外国企业股息分配的所得，应按以下公式计算：

中国居民企业股东当期所得=视同股息分配额×实际持股天数÷受控外国企业纳税年度天数×股东持股比例

中国居民股东多层间接持有股份的，股东持股比例按各层持股比例相乘计算。

（2）受控外国企业与中国居民企业股东纳税年度存在差异的，应将视同股息分配所得计入受控外国企业纳税年度终止日所属的中国居民企业股东的纳税年度。

（3）计入中国居民企业股东当期所得已在境外缴纳的企业所得税税款，可按照所得税法或税收协定的有关规定抵免。

（4）受控外国企业实际分配的利润已根据《企业所得税法》第四十五条规定征税的，不再计入中国居民企业股东的当期所得。

（5）中国居民企业股东能够提供资料证明其控制的外国企业满足以下条件之一的，可免于将外国企业不作分配或减少分配的利润视同股息分配额，计入中国居民企业股东的当期所得：

①设立在国家税务总局指定的非低税率国家（地区）；

②主要取得积极经营活动所得；

③年度利润总额低于500万元人民币；

④中国居民企业或居民个人能够提供资料证明其控制的外国企业设立在美国、英国、法国、德国、日本、意大利、加拿大、澳大利亚、印度、南非、新西兰和挪威的，可免于将该外国企业不作分配或者减少分配的利润视同股息分配额，计入中国居民企业的当期所得。

（五）资本弱化管理

1.资本弱化的含义。

资本弱化是指在公司的资本结构中债务融资的比重大大超过了股权融资比重的一种现象。企业所得税法规定企业从其关联方接受的债权性投资与权益性投资的比例不超过以下规定比例和税法有关规定计算的部分，准予扣除，超过的部分利息支出不得在发生当期和以后年度扣除。

2.关联方利息支出的扣除规定。

企业实际支付给关联方的利息支出（包括直接或间接关联债权投资实际支付的利息、担保费、抵押费和其他具有利息性质的费用），其接受关联方债权性投资与其权益性投资的标准比例如下：

（1）金融企业为5∶1；

（2）其他企业为2∶1。

企业如果能够按照税法的有关规定提供相关资料，并证明相关交易活动符合独立交易原则的；或者该企业的实际税负不高于境内关联方的，其实际支付给境内关联方的利息支出，在计算应纳税所得额时准予扣除。

不得扣除利息支出=年度实际支付的全部关联方利息×（1-标准比例/关联债资比例）

（1）关联债资比例是指企业从其全部关联方接受的债权性投资（以下简称关联债权投资）占企业接受的权益性投资（以下简称权益投资）的比例，关联债权投资包括关联方以各种形式提供担保的债权性投资。

（2）关联债资比例的计算公式。

关联债资比例=年度各月平均关联债权投资之和/年度各月平均权益投资之和

各月平均关联债权投资 =（关联债权投资月初账面余额+月末账面余额）/2

各月平均权益投资 =（权益投资月初账面余额+月末账面余额）/2

权益投资为企业资产负债表所列示的所有者权益金额。如果所有者权益小于实收资本（股本）与资本公积之和，则权益投资为实收资本（股本）与资本公积之和；如果实收资本（股本）与资本公积之和小于实收资本（股本）金额，则权益投资为实收资本（股本）金额。

第五节　《A105000 纳税调整项目明细表》的填写

《A105000 纳税调整项目明细表》的设计思路和设计方法科学，主要体现在：第一，在设计思路方面，《A105000 纳税调整项目明细表》只展现税会差异，不再反映境外所得调整和税收优惠政策调整。在填写要点中指出《A105000 纳税调整项目明细表》适用于会计处理与税法规定不一致需纳税调整的纳税人填报。第二，在设计方法方面，《A105000 纳税调整项目明细表》优化了表格内容设计，把特殊事项调整项目、企业重组、政策性搬迁、特殊行业准备金、房地产开发企业特定业务计算的纳税调整额等项目纳入其中。

一、《A105000纳税调整项目明细表》的体系介绍

A105000是一级附表，是在整个企业所得税年度纳税申报表体系中具有统驭作用的一张表，全面反映企业所得税纳税调整的六个方面：收入类调整项目、扣除类调整项目、资产类调整项目、特殊事项调整项目、特别纳税调整应税所得和其他项目的纳税调整。表A105000的数据与相关二级附表存在着严密的钩稽关系，同时表A105000又是连接纳税调整表体系与主表的纽带。

（一）收入类调整项目

1. 第1行“一、收入类调整项目”：根据第2行至第11行（不含第9行）进行填报。

2. 第2行“（一）视同销售收入”：数据来源于《A105010视同销售和房地产开发企业特定业务纳税调整明细表》，第2列“税收金额”为表A105010第1行第1列金额；第3列“调增金额”为表A105010第1行第2列金额。

3. 第3行“（二）未按权责发生制原则确认的收入”：数据来源于《A105020未按权责发生制确认收入纳税调整明细表》，第1列“账载金额”为表A105020第14行第2列金额；第2列“税收金额”为表A105020第14行第4列金额。表A105020第14行第6列，若≥0，填入本行第3列“调增金额”；若<0，将绝对值填入本行第4列“调减金额”。

4. 第4行“（三）投资收益”：数据来源于《A105030投资收益纳税调整明细表》，第1列“账载金额”为表A105030第10行第1列+第8列的金额；第2列“税收金额”为表A105030第10行第2列+第9列的金额。表A105030第10行第11列，若≥0，填入本行第3列“调增金额”；若<0，将绝对值填入本行第4列“调减金额”。

5. 第5行“（四）按权益法核算长期股权投资对初始投资成本调整确认收益”：第4列“调减金额”填报纳税人采取权益法核算，初始投资成本小于取得投资时应享有被投资单位可辨认净资产公允价值份额的差额计入取得投资当期的营业外收入的金额。

6. 第6行“（五）交易性金融资产初始投资调整”：第3列“调增金额”

填报纳税人根据税法规定确认交易性金融资产初始投资金额与会计核算的交易性金融资产初始投资账面价值的差额。

7. 第7行“（六）公允价值变动净损益”：第1列“账载金额”填报纳税人会计核算的以公允价值计量的金融资产、金融负债以及投资性房地产类项目，计入当期损益的公允价值变动金额。若第1列≤0，将绝对值填入第3列“调增金额”；若第1列>0，填入第4列“调减金额”。

8. 第8行“（七）不征税收入”：填报纳税人计入收入总额但属于税收规定不征税的财政拨款、依法收取并纳入财政管理的行政事业性收费以及政府性基金和国务院规定的其他不征税收入。第3列“调增金额”填报纳税人以前年度取得财政性资金且已作为不征税收入处理，在5年（60个月）内未发生支出且未缴回财政部门或其他拨付资金的政府部门，应计入应税收入额的金额；第4列“调减金额”填报符合税法规定不征税收入条件并作为不征税收入处理，且已计入当期损益的金额。

9. 第9行“其中：专项用途财政性资金”：数据来源于《A105040专项用途政财政性资金纳税调整明细表》。第3列“调增金额”为表A105040第7行第14列金额；第4列“调减金额”为表A105040第7行第4列金额。

10. 第10行“（八）销售折扣、折让和退回”：填报不符合税收规定的销售折扣和折让应进行纳税调整的金额，和发生的销售退回因会计处理与税法规定有差异需纳税调整的金额。第1列“账载金额”填报纳税人会计核算的销售折扣和折让金额及销货退回的追溯处理的净调整额；第2列“税收金额”填报根据税收规定可以税前扣除的折扣和折让的金额及销货退回业务影响当期损益的金额。第1列减第2列，若余额≥0，填入第3列“调增金额”；若余额<0，将绝对值填入第4列“调减金额”。第4列仅为销货退回影响损益的跨期时间性差异。

11. 第11行“（九）其他”：填报其他因会计处理与税法规定有差异需纳税调整的收入类项目金额。第2列减第1列，若余额≥0，填入第3列“调增金额”，若余额<0，将绝对值填入第4列“调减金额”。

（二）扣除类调整项目

1. 第12行“二、扣除类调整项目”：根据第13行至第30行（不含第25

行）填报。

2. 第13行“（一）视同销售成本”：数据来源于《A105010视同销售和房地产开发企业特定业务纳税调整明细表》，第2列“税收金额”为表A105010第11行第1列金额；第4列“调减金额”为表A105010第11行第2列金额的绝对值。

3. 第14行“（二）职工薪酬”：数据来源于《A105050职工薪酬支出及纳税调整明细表》，第1列“账载金额”为A105050第13行第1列金额，第2列“税收金额”为A105050第13行第5列金额，若表A105050第13行第6列≥0，填入本行第3列“调增金额”。若表A105050第13行第6列<0，将金额的绝对值填入本行第4列“调减金额”。

4. 第15行“（三）业务招待费支出”：第1列“账载金额”填报纳税人会计核算计入当期损益的业务招待费金额；第2列“税收金额”填报按照税收规定允许税前扣除的业务招待费支出的金额，即“本行第1列×60%”与当年销售（营业收入）×5‰的孰小值；第3列“调增金额”为第1列减第2列金额。

5. 第16行“（四）广告费和业务宣传费支出”：数据来源于《A105060广告费和业务宣传费等跨年度纳税调整明细表》，若表A105060第12行第1列≥0，填入本行第3列“调增金额”，若表A105060第12行第1列<0，则将金额的绝对值填入本行第4列“调减金额”。

6. 第17行“（五）捐赠支出”：数据来源于《A105070捐赠支出及纳税调整明细表》，第1列“账载金额”为表A105070合计行第1列金额，第2列“税收金额”为表A105070合计行第4列金额，第3列“调增金额”为A105070合计行第5列金额，第4列“调减金额”为表A105070合计行第6列金额。

7. 第18行“（六）利息支出”：第1列“账载金额”填报纳税人向非金融企业借款，会计核算计入当期损益的利息支出的金额，发行永续债的利息支出不在本行填报；第2列“税收金额”填报按照税收规定允许税前扣除的利息支出的金额。若第1列≥第2列，将第1列减第2列余额填入第3列“调增金额”，若第1列<第2列，将第1列减第2列余额的绝对值填入第4列“调减金额”。

8. 第19行“（七）罚金、罚款和被没收财物的损失”：第1列“账载金额”填报纳税人会计核算计入当期损益的罚金、罚款和被没收财物的损失，不包括纳税人按照经济合同规定支付的违约金（包括银行罚息）、罚款和诉讼费；第3列“调增金额”等于第1列金额。

9. 第20行“（八）税收滞纳金、加收利息”：第1列“账载金额”填报纳税人会计核算计入当期损益的税收滞纳金、加收利息；第3列“调增金额”等于第1列金额。

10. 第21行“（九）赞助支出”：第1列“账载金额”填报纳税人会计核算计入当期损益的不符合税收规定的公益性捐赠的赞助支出的金额，包括直接向受赠人的捐赠、赞助支出等（不含广告性的赞助支出，广告性的赞助支出在表A105060中填报）；第3列“调增金额”等于第1列金额。

11. 第22行“（十）与未实现融资收益相关在当期确认的财务费用”：第1列“账载金额”填报纳税人会计核算的与未实现融资收益相关并在当期确认的财务费用的金额；第2列“税收金额”填报按照税收规定允许税前扣除的金额。若第1列≥第2列，将第1列减第2列余额填入第3列，“调增金额”；若第1列＜第2列，将第1列减第2列余额的绝对值填入第4列“调减金额”。

12. 第23行“（十一）佣金和手续费支出”：除保险企业之外的其他企业直接填报本行，第1列“账载金额”填报纳税人会计核算计入当期损益的佣金和手续费金额，第2列“税收金额”填报按照税收规定允许税前扣除的佣金和手续费支出金额，第3列“调增金额”填报第1列减第2列金额，第4列“调减金额”不可填报。

保险企业本行数据来源于《A105060广告费和业务宣传费等跨年度纳税调整明细表》，第1列“账载金额”为表A105060第1行第2列。若表A105060第3行第2列≥第6行第2列，第2列“税收金额”为A105060第6行第2列的金额；若表A105060第3行第2列＜第6行第2列，第2列“税收金额”为A105060第3行第2列加第9行第2列的金额。若表A105060第12行第2列≥0，则填入本行第3列“调增金额”，若表A105060第12行第2列＜0，则将金额绝对值填入本行第4列“调减金额”。

13. 第24行“（十二）不征税收入用于支出所形成的费用”：第3列“调

增金额”填报符合条件的不征税收入用于支出所形成的计入当期损益的费用化支出金额。

14. 第25行“其中：专项用途财政性资金用于支出所形成的费用”：数据来源于《A105040专项用途财政性资金纳税调整明细表》填报。第3列“调增金额”为表A105040第7行第11列金额。

15. 第26行“（十三）跨期扣除项目”：填报维简费、安全生产费用、预提费用、预计负债等跨期扣除项目调整情况。第1列“账载金额”填报纳税人会计核算计入当期损益的跨期扣除项目金额；第2列“税收金额”填报按照税收规定允许税前扣除的金额。若第1列≥第2列，将第1列减第2列余额填入第3列“调增金额”；若第1列＜第2列，将第1列减第2列余额的绝对值填入第4列“调减金额”。

16. 第27行“（十四）与取得收入无关的支出”：第1列“账载金额”填报纳税人会计核算计入当期损益的与取得收入无关的支出的金额；第3列“调增金额”等于第1列金额。

17. 第28行“（十五）境外所得分摊的共同支出”：第3列“调增金额”，为《A108010境外所得纳税调整后所得明细表》第10行第16列加第17列的金额。

18. 第29行“（十六）党组织工作经费”：填报纳税人根据有关文件规定，为创新基层党建工作、建立稳定的经费保障制度发生的党组织工作经费及纳税调整情况。

19. 第30行“（十七）其他”：填报其他因会计处理与税收规定有差异需纳税调整的扣除类项目金额，企业将货物、资产、劳务用于捐赠、广告等用途时，进行视同销售纳税调整后，对应支出的会计处理与税收规定有差异需纳税调整的金额填报在本行。若第1列≥第2列，第1列减第2列金额填入第3列“调增金额”，若第1列＜第2列，第1列减第2列金额的绝对值填入第4列“调减金额”。

（三）资产类调整项目

1. 第31行“三、资产类调整项目”：填报资产类调整项目第32至35行的合计数。

2. 第32行“（一）资产折旧、摊销”：数据来源于《A105080资产折旧、摊销及纳税调整明细表》。A105080第41行第2列金额填入第1列“账载金额”填报表，A105080第41行第5列金额填入第2列“税收金额”，若表A105080第41行第9列≥0，将金额填入第3列“调增金额”，若表A105080第41行第9列<0，将金额的绝对值填入第4列“调减金额”。

3. 第33行“（二）资产减值准备金”：填报坏账准备、存货跌价准备、理赔费用准备金等不允许税前扣除的各类资产减值准备金纳税调整情况。第1列“账载金额”填报纳税人会计核算计入当期损益的资产减值准备金金额（因价值恢复等原因转回的资产减值准备金应予以冲回）。第1列，若≥0，将金额填入第3列“调增金额”；若<0，将金额绝对值填入第4列“调减金额”。

4. 第34行“（三）资产损失”：数据来源于《A105090资产损失税前扣除及纳税调整明细表》，若表A105090第29行第7列≥0，将金额填入第3列“调增金额”，若表A105090第29行第7列<0，将金额的绝对值填入A105090第29行第7列金额。

5. 第35行“（四）其他”：填报其他因会计处理与税收规定有差异需纳税调整的资产类项目金额。若第1列≥第2列，将第1列减第2列余额填入第3列“调增金额”；若第1列<第2列，将第1列减第2列余额的绝对值填入第4列“调减金额”。

（四）特殊事项调整项目

1. 第36行“四、特殊事项调整项目”：填报特殊事项调整项目第37行至第43行的合计金额。

2. 第37行“（一）企业重组及递延纳税事项”：数据来源于《A105100企业重组及递延纳税事项纳税调整明细表》，第1列“账载金额”为表A105100第16行第1列加第4列金额。第2列“税收金额”为表A105100第16行第2列加第5列金额。表A105100第16行第7列，若≥0，填入本行第3列“调增金额”；若<0，将绝对值填入本行第4列“调减金额”。

3. 第38行“（二）政策性搬迁”：数据来源于《A105110政策性搬迁纳税调整明细表》表A105110第24行，若≥0，填入本行第3列“调增金额”；

若<0，将绝对值填入本行第4列“调减金额”。

4. 第39行“（三）特殊行业准备金”：填报特殊行业准备金调整项目第39.1行至第39.7行（不包含第39.3行）的合计金额。

（1）第39.1行“1.保险公司保险保障基金”：第1列“账载金额”填报纳税人会计核算的保险公司保险保障基金的金额。第2列“税收金额”填报按照税收规定允许税前扣除的金额。若第1列≥第2列，第3列“调增金额”填报第1列减第2列金额。若第1列<第2列，第4列“调减金额”填报第1列减第2列金额的绝对值。

（2）第39.2行“2.保险公司准备金”：第1列“账载金额”填报纳税人会计核算的保险公司准备金的金额。第2列“税收金额”填报按照税收规定允许税前扣除的金额。若第1列≥第2列，第3列“调增金额”填报第1列减第2列金额。若第1列<第2列，第4列“调减金额”填报第1列减第2列金额的绝对值。

（3）第39.3行“其中：已发生未报案未决赔款准备金”：第1列“账载金额”填报纳税人会计核算的保险公司未决赔款准备金中已发生未报案准备金的金额。第2列“税收金额”填报按照税收规定允许税前扣除的金额。若第1列≥第2列，第3列“调增金额”填报第1–2列金额。若第1列<第2列，第4列“调减金额”填报第1–2列金额的绝对值。

（4）第39.4行“3.证券行业准备金”：第1列“账载金额”填报纳税人会计核算的证券行业准备金的金额。第2列“税收金额”填报按照税收规定允许税前扣除的金额。若第1列≥第2列，第3列“调增金额”填报第1列减第2列金额。若第1列<第2列，第4列“调减金额”填报第1列减第2列金额的绝对值。

（5）第39.5行“4.期货行业准备金”：第1列“账载金额”填报纳税人会计核算的期货行业准备金的金额。第2列“税收金额”填报按照税收规定允许税前扣除的金额。若第1列≥第2列，第3列“调增金额”填报第1列减第2列金额。若第1列<第2列，第4列“调减金额”填报第1列减第2列金额的绝对值。

（6）第39.6行“5.中小企业融资（信用）担保机构准备金”：第1列“账载金额”填报纳税人会计核算的中小企业融资（信用）担保机构准备金

的金额。第2列“税收金额”填报按照税收规定允许税前扣除的金额。若第1列≥第2列，第3列“调增金额”填报第1列减第2列金额。若第1列<第2列，第4列“调减金额”填报第1列减第2列金额的绝对值。

（7）第39.7行“6.金融企业、小额贷款公司准备金”：数据来源于《A105120贷款损失准备金及纳税调整明细表》。若表A105120第10行第11列≥0，金额填入第3列“调增金额”，若表A105120第10行第11列<0，金额的绝对值填入第4列“调减金额”。

5. 第40行“（四）房地产开发企业特定业务计算的纳税调整额”：数据来源于《A105010视同销售和房地产开发企业特定业务纳税调整明细表》，第2列“税收金额”为表A105010第21行第1列金额。表A105010第21行第2列，若≥0，填入本行第3列“调增金额”；若<0，将绝对值填入本行第4列“调减金额”。

6. 第41行“（五）合伙企业法人合伙方应分得的应纳税所得额”：第1列“账载金额”填报合伙企业法人合伙人本年会计核算上确认的对合伙企业的投资所得；第2列“税收金额”填报纳税人按照“先分后税”原则和《财政部　国家税务总局关于合伙企业合伙人所得税问题的通知》（财税〔2008〕159号）第四条规定计算的从合伙企业分得的法人合伙方应纳税所得额；若第1列≤第2列，将第2列减第1列余额填入第3列“调增金额”，若第1列>第2列，将第2列减第1列余额的绝对值填入第4列“调减金额”。

7. 第42行“（六）发行永续债利息支出”：本行填报企业发行永续债采取的税收处理办法与会计核算方式不一致时的纳税调整情况。当永续债发行方会计上按照债务核算，税收上适用股息、红利企业所得税政策时，第1列“账载金额”填报支付的永续债利息支出计入当期损益的金额；第2列“税收金额”填报0。永续债发行方会计上按照权益核算，税收上按照债券利息适用企业所得税政策时，第1列“账载金额”填报0；第2列“税收金额”填报永续债发行方支付的永续债利息支出准予在企业所得税税前扣除的金额。若第2列≤第1列，第3列“调增金额”填报第1列减第2列金额。若第2列>第1列，第4列“调减金额”填报第1列减第2列金额的绝对值。

8. 第43行“（七）其他”：填报其他因会计处理与税收规定有差异需纳税调整的特殊事项金额。

（五）特殊纳税调整所得项目

第44行“五、特别纳税调整应税所得”：第3列“调增金额”填报纳税人按特别纳税调整规定自行调增的当年应税所得。第4列“调减金额”填报纳税人依据双边预约定价安排或者转让定价相应调整磋商结果的通知，需要调减的当年应税所得。

（六）其他

1. 第45行“六、其他”：填报其他会计处理与税收规定存在差异需纳税调整的项目金额，包括企业执行《企业会计准则第14号——收入》（财会〔2017〕22号）产生的税会差异纳税调整金额。

2. 第46行“合计”：填报第1+12+31+36+44+45行的合计金额。其中，第3列“调增金额”的数字转入主表（即《A100000中华人民共和国企业所得税年度纳税申报表（A类）》）第15行“加：纳税调整增加额”，第46行第4列“调减金额“的数字转入主表第16行“减：纳税调整减少额”。

二、案例解析

【综合案例】《A105000纳税调整项目明细表》的填写见表7–12。

表 7–12　　A105000　纳税调整项目明细表

单位：元

行次	项　目	账载金额	税收金额	调增金额	调减金额
		1	2	3	4
1	一、收入类调整项目（2+3+…+8+10+11）	*	*		
2	（一）视同销售收入（填写 A105010）	*			*
3	（二）未按权责发生制原则确认的收入（填写 A105020）				
4	（三）投资收益（填写 A105030）				

续表

行次	项　　目	账载金额	税收金额	调增金额	调减金额
		1	2	3	4
5	（四）按权益法核算长期股权投资对初始投资成本调整确认收益	*	*	*	
6	（五）交易性金融资产初始投资调整	*	*		*
7	（六）公允价值变动净损益		*		
8	（七）不征税收入	*	*		
9	其中：专项用途财政性资金（填写 A105040）	*	*		
10	（八）销售折扣、折让和退回				
11	（九）其他				
12	二、扣除类调整项目（13+14+…+24+26+27+28+29+30）	*	*	305 580.87	
13	（一）视同销售成本（填写 A105010）	*		*	
14	（二）职工薪酬（填写 A105050）	24 183 353.63	24 183 353.63		
15	（三）业务招待费支出	197 458.15	118 474.89	78 983.26	*
16	（四）广告费和业务宣传费支出（填写 A105060）	*	*		
17	（五）捐赠支出（填写 A105070）	8 000	8 000		
18	（六）利息支出	2 123 647.15	2 123 647.15		
19	（七）罚金、罚款和被没收财物的损失		*		*
20	（八）税收滞纳金、加收利息	2 575.16	*	2 575.16	*
21	（九）赞助支出		*		*
22	（十）与未实现融资收益相关在当期确认的财务费用				
23	（十一）佣金和手续费支出（保险企业填写 A105060）				

续表

行次	项　目	账载金额	税收金额	调增金额	调减金额
		1	2	3	4
24	（十二）不征税收入用于支出所形成的费用	*	*		*
25	其中：专项用途财政性资金用于支出所形成的费用（填写 A105040）	*	*		*
26	（十三）跨期扣除项目	224 022.45		224 022.45	
27	（十四）与取得收入无关的支出		*		*
28	（十五）境外所得分摊的共同支出	*	*		*
29	（十六）党组织工作经费				
30	（十七）其他				
31	三、资产类调整项目（32+33+34+35）	*	*	3 611 887.66	
32	（一）资产折旧、摊销（填写 A105080）	2 637 708.01	2 112 980.81	524 727.2	
33	（二）资产减值准备金	3 087 160.46	*	3 087 160.46	
34	（三）资产损失（填写 A105090）	*	*		
35	（四）其他				
36	四、特殊事项调整项目（37+38+…+43）	*	*		
37	（一）企业重组及递延纳税事项（填写 A105100）				
38	（二）政策性搬迁（填写 A105110）	*	*		
39	（三）特殊行业准备金（39.1+39.2+39.3+39.4+39.5+39.6+39.7）	*	*		
39.1	1. 保险公司保险保障基金				
39.2	2. 保险公司准备金				
39.3	其中：已发生未报案未决赔款准备金				
39.4	3. 证券行业准备金				

续表

行次	项　　目	账载金额	税收金额	调增金额	调减金额
		1	2	3	4
39.5	4. 期货行业准备金				
39.6	5. 中小企业融资（信用）担保机构准备金				
39.7	6. 金融企业、小额贷款公司准备金（填写A105120）	*	*		
40	（四）房地产开发企业特定业务计算的纳税调整额（填写 A105010）	*			
41	（五）合伙企业法人合伙人应分得的应纳税所得额				
42	（六）发行永续债利息支出				
43	（七）其他	*	*		
44	五、特别纳税调整应税所得	*	*		
45	六、其他	*	*		
46	合计（1+12+31+36+44+45）	*	*	3 917 468.53	

填写要点：

1. 第14行数据来源于表5–1《A105050职工薪酬支出及纳税调整明细表》，第1列"账载金额"为表5–1第13行第1列金额24 183 353.63元；第2列"税收金额" 为表5–1第13行第5列金额24 183 353.63元；无纳税调整。

2. 第15行第1列数据来源于表3–3《A104000期间费用明细表》第3列第4行197 458.15元；第2列比较 197 458.15×60%与营业收入97 847 284.52×5‰孰低，填118 474.89元，纳税调增额78 983.26元填至第3列。

3. 第17行第1列数据源于表5–3《A105070捐赠支出及纳税调整明细表》第11行第1列金额；第2列"税收金额"数据源于为表5–3第11行第4列金额；无纳税调整。

4. 第18行第1列数据源于表3–3《A104000期间费用明细表》第5列第21行2 123 647.15元；第2列等于第1列2 123 647.15元。

5. 第20行第1列数据等于表3-2《A102010一般企业成本支出明细表》第23行2 575.16元；第3列等于第1列。

6. 第26行第1列填写预计负债224 022.45元，第3列等于第1列。

7. 第12行扣除类的纳税调整第3列填写合计数305 580.87元。

8. 第32行第1列等于表6-7《A105080资产折旧、摊销及纳税调整明细表》第41行第2列2 637 708.01元，第2列等于表6-7第41行第5列2 112 980.81元，第3列调增金额为524 727.20元。

9. 第33行第1列等于3 087 160.46元属于税前不得扣除的项目，第3列调增金额为3 087 160.46元。

10. 第46行第3列等于3 917 468.53元。将该数字转入主表第15行“加：纳税调整增加额”。

第八章　税收优惠的确认及申报

【学习目标】

1. 熟悉税收优惠的方式；
2. 掌握免税、减计收入及加计扣除优惠的确认及申报；
3. 掌握所得减免优惠的确认及申报；
4. 熟悉抵扣应纳税所得额、减免所得税优惠的确认及申报；
5. 熟悉税额抵免优惠的确认及申报。

企业所得税税收优惠是政府利用税收制度，配合国家的产业政策，积极引导投资方向，对重点扶持或鼓励发展的产业和项目，给予税收优惠，以达到减除或减轻纳税人的税收负担，从而促进国家经济发展的目的。税法规定的税收优惠方式包括免税、减计收入、加计扣除、所得减免、抵扣应纳税所得额、减免所得税以及税额抵免等。

2015年，国家税务总局根据“放管服”改革要求，发布了《企业所得税优惠政策事项办理办法》（国家税务总局公告2015年第76号），全面取消对企业所得税优惠事项的审批管理，一律实行备案管理，简化办税流程、精简涉税资料、统一管理要求，为企业能够及时、精准享受所得税优惠创造了条件、提供了便利。为了进一步推进“放管服”改革的系列部署，优化税收营商环境，国家税务总局于2018年对该办法进行了修订，《国家税务总局关于发布修订后的〈企业所得税优惠政策事项办理办法〉的公告》（国家税务总局公告2018年第23号）将备案管理修订为备查管理，企业享受优惠事项采取“自行判别、申报享受、相关资料留存备查”的办理方式。企业应当根据经营情况以及相关税收规定自行判断是否符合优惠事项规定的条件，符合条件的可以按照《企业所得税优惠事项管理目录（2017年版）》列示的时间自行计算减免税额，并通过填报企业所得税纳税申报表在预缴或汇算清缴时享受税收优惠。同时按照目录中不同优惠项目的要求归集和留存相关资料备查。企业享受优惠事项后发现其不符合优惠事项规定条件的，应当依法及时自行调整并补缴税款及滞纳金。企业留存备查资料应从企业享受优惠事项当年的企业所得税汇算清缴期结束次日起保留10年。

第一节 免税、减计收入及加计扣除优惠的确认及申报

一、免税收入的确认及申报

免税收入，是指属于企业的应税所得，但是按照《企业所得税法》的规定免予征收企业所得税的收入，是在收入环节的税收优惠。企业所取得的各项免税收入，直接核减符合条件的收入额，其对应的各项成本费用，除另有规定外，可以在计算企业应纳税所得额时扣除。

（一）免税收入的确认

1. 国债利息收入。

国债利息收入，是指企业持有的国务院财政部门发行的国债取得的利息收入。关于企业国债投资业务企业所得税处理问题在《企业所得税法》及其实施条例、《国家税务总局关于企业国债投资业务企业所得税处理问题的公告》（国家税务总局公告2011年第36号）中作出如下规定：

（1）国债利息收入的确认。

企业取得的国债利息收入，应以国债发行时约定应付利息的日期，确认利息收入的实现。企业转让国债，应在国债转让收入确认时确认利息收入的实现。

（2）国债利息收入免税金额确定。

企业从发行者直接投资购买的国债持有至到期，其从发行者取得的国债

利息收入，全额免征企业所得税。企业到期前转让国债，或者从非发行者投资购买的国债，其持有期间尚未兑付的国债利息收入，免征企业所得税。持有期尚未兑付的国债利息收入按以下公式计算确定：

国债利息收入=国债金额×（适用年利率÷365）×持有天数

上述公式中的“国债金额”，按国债发行面值或发行价格确定；“适用年利率”按国债票面年利率或折合年收益率确定；如企业不同时间多次购买同一品种国债的，“持有天数”可按平均持有天数计算确定。

2. 地方政府债券利息收入。

根据《财政部　国家税务总局关于地方政府债券利息所得免征所得税问题的通知》（财税〔2011〕76号）和《财政部　国家税务总局关于地方政府债券利息免征所得税问题的通知》（财税〔2013〕5号）的规定，企业取得的2009年及以后年度发行的地方政府债券利息收入，免征企业所得税。地方政府债券是指经国务院批准，以省、自治区、直辖市和计划单列市政府为发行和偿还主体的债券。

3. 符合条件的居民企业之间的股息、红利等权益性投资收益。

符合条件的居民企业之间的股息、红利等权益性投资收益，是指居民企业直接投资于其他居民企业取得的投资收益。限于居民企业之间，不包括投资到“独资企业、合伙企业、非居民企业”取得的投资收益。所称股息、红利等权益性投资收益，不包括连续持有居民企业公开发行并上市流通的股票不足12个月取得的投资收益。

《财政部　国家税务总局　证监会关于沪港股票市场交易互联互通机制试点有关税收政策的通知》（财税〔2014〕81号）和《关于深港股票市场交易互联互通机制试点有关税收政策的通知》（财税〔2016〕127号）中明确规定，对内地居民企业通过深港通和沪港通投资且连续持有H股满12个月取得的股息红利所得免征企业所得税。

【综合案例】分析8-1

ABC科技投资于山东D能源科技有限公司获得的80 000元的投资收益，持股时间超过12个月，属于符合条件的居民企业之间的股息、红利等权益性投资收益，属于免税收入。

4. 在中国境内设立机构、场所的非居民企业从居民企业取得与该机构、场所有实际联系的股息、红利等权益性投资收益。

股息、红利等权益性投资收益，不包括连续持有居民企业公开发行并上市流通的股票不足12个月取得的投资收益。

5. 符合条件的非营利组织的收入。

同时符合条件并依法履行登记手续的非营利组织，取得的捐赠的收入等免税收入，免征企业所得税，但不包括非营利组织从事营利性活动取得的收入。《财政部　国家税务总局关于非营利组织企业所得税免税收入问题的通知》（财税〔2009〕122号）和《财政部　国家税务总局关于非营利组织免税资格认定管理有关问题的通知》（财税〔2018〕13号）中明确如下：

（1）符合条件的非营利组织，必须同时满足以下条件：

第一，依照国家有关法律法规设立或登记的事业单位、社会团体、基金会、社会服务机构、宗教活动场所、宗教院校以及财政部、税务总局认定的其他非营利组织；

第二，从事公益性或者非营利性活动；

第三，取得的收入除用于与该组织有关的、合理的支出外，全部用于登记核定或者章程规定的公益性或者非营利性事业；

第四，财产及其孳息不用于分配，但不包括合理的工资薪金支出；

第五，按照登记核定或者章程规定，该组织注销后的剩余财产用于公益性或者非营利性目的，或者由登记管理机关采取转赠给与该组织性质、宗旨相同的组织等处置方式，并向社会公告；

第六，投入人对投入该组织的财产不保留或者享有任何财产权利，本款所称投入人是指除各级人民政府及其部门外的法人、自然人和其他组织；

第七，工作人员工资福利开支控制在规定的比例内，不变相分配该组织的财产，其中：工作人员平均工资薪金水平不得超过税务登记所在地的地市级（含地市级）以上地区的同行业同类组织平均工资水平的两倍，工作人员福利按照国家有关规定执行；

第八，对取得的应纳税收入及其有关的成本、费用、损失应与免税收入及其有关的成本、费用、损失分别核算。

经省级（含省级）以上登记管理机关批准设立或登记的非营利组织，凡符合规定条件的，应向其所在地省级税务主管机关提出免税资格申请，并提供相关材料；经地市级或县级登记管理机关批准设立或登记的非营利组织，凡符合规定条件的，分别向其所在地的地市级或县级税务主管机关提出免税资格申请。

（2）符合条件的非营利组织企业所得税免税收入范围：

第一，接受其他单位或者个人捐赠的收入；

第二，除《企业所得税法》第七条规定的财政拨款以外的其他政府补助收入，但不包括因政府购买服务取得的收入；

第三，按照省级以上民政、财政部门规定收取的会费；

第四，不征税收入和免税收入孳生的银行存款利息收入；

第五，财政部、国家税务总局规定的其他收入。

非营利组织免税优惠资格的有效期为5年。非营利组织应在免税优惠资格期满后6个月内提出复审申请，不提出复审申请或复审不合格的，其享受免税优惠的资格到期自动失效。取得免税资格的非营利组织应按照规定向主管税务机关办理免税手续，免税条件发生变化的，应当自发生变化之日起15日内向主管税务机关报告；不再符合免税条件的，应当依法履行纳税义务；未依法纳税的，主管税务机关应当予以追缴。

（3）已认定的享受免税优惠政策的非营利组织有下述情形之一的，应自该情形发生年度起取消其资格：

第一，登记管理机关在后续管理中发现非营利组织不符合相关法律法规和国家政策的；

第二，在申请认定过程中提供虚假信息的；

第三，纳税信用等级为税务部门评定的C级或D级的；

第四，通过关联交易或非关联交易和服务活动，变相转移、隐匿、分配该组织财产的；

第五，被登记管理机关列入严重违法失信名单的；

第六，从事非法政治活动的。

6. 中国清洁发展机制基金取得的相关收入。

《财政部　国家税务总局关于〈中国清洁发展机制基金及清洁发展机制项目实施企业有关企业所得税政策问题〉的通知》（财税〔2009〕30号）中

规定，中国清洁发展机制基金取得的CDM项目温室气体减排量转让收入上缴国家的部分，国际金融组织赠款收入，基金资金的存款利息收入、购买国债的利息收入，国内外机构、组织和个人的捐赠收入，免征企业所得税。

7. 证券投资基金相关收入。

《财政部　国家税务总局关于企业所得税若干优惠政策的通知》（财税〔2008〕1号）第二条第（二）项规定，投资者从证券投资基金分配中取得的收入暂不征收企业所得税。

8. 中国保险保障基金有限责任公司取得的保险保障基金等收入。

《财政部　国家税务总局关于保险保障基金有关税收政策问题的通知》（财税〔2018〕41号）规定，根据《保险保障基金管理办法》取得的下列收入，自2018年1月1日起至2020年12月31日止，免征企业所得税：

（1）境内保险公司依法缴纳的保险保障基金；

（2）依法从撤销或破产保险公司清算财产中获得的受偿收入和向有关责任方追偿所得，以及依法从保险公司风险处置中获得的财产转让所得；

（3）接受捐赠收入；

（4）银行存款利息收入；

（5）购买政府债券、中央银行、中央企业和中央级金融机构发行债券的利息收入；

（6）国务院批准的其他资金运用取得的收入。

9. 中国奥委会取得北京冬奥组委支付的收入、中国残奥委会取得北京冬奥组委分期支付的收入。

《财政部　税务总局　海关总署关于北京2022年冬奥会和冬残奥会税收政策的通知》（财税〔2017〕60号）中，对按中国奥委会、主办城市签订的《联合市场开发计划协议》和中国奥委会、主办城市、国际奥委会签订的《主办城市合同》规定，中国奥委会取得的由北京冬奥组委分期支付的收入、按比例支付的盈余分成收入和中国残奥委会根据《联合市场开发计划协议》取得的由北京冬奥组委分期支付的收入免征企业所得税。

（二）符合条件的居民企业之间的股息、红利等权益性投资收益的调整

关于符合条件的居民企业之间的股息、红利等权益性投资收益的调整在

《企业所得税法》及其实施条例、《财政部 国家税务总局关于企业清算业务企业所得税处理若干问题的通知》（财税〔2009〕60号）、《财政部 国家税务总局关于执行企业所得税优惠政策若干问题的通知》（财税〔2009〕69号）、《国家税务总局关于贯彻落实企业所得税法若干问题的通知》（国税函〔2010〕79号）、《国家税务总局关于企业所得税若干问题的公告》（国家税务总局公告2011年第34号）等相关税收政策中作出如下规定：

1. 企业权益性投资取得股息、红利等收入，应以被投资企业股东会或股东大会作出利润分配或转股决定的日期，确定收入的实现。被投资企业将股权（票）溢价所形成的资本公积转为股本，不作为投资方企业的股息、红利收入，投资方企业也不得增加该项长期股权投资的计税基础。

2. 企业转让股权，应于转让协议生效，且完成股权变更手续时，确认收入的实现。转让股权收入扣除为取得该股权所发生的成本后，为股权转让所得。企业在计算股权转让所得时，不能扣除被投资企业未分配利润等股东留存收益中按该项股权所可能分配的金额。

3. 被投资企业清算分得的剩余资产的金额，其中相当于被清算企业累计未分配利润和累计盈余公积中按该股东所占股份比例计算的部分，应确认为股息所得；剩余资产减除股息所得后的余额，超过或低于股东投资成本的部分，应确认为投资企业的投资转让所得或损失。

4. 投资企业从被投资企业撤回或减少投资，其取得的资产，相当于初始投资的部分，应确认为投资收回；相当于被投资企业累计未分配利润和累计盈余公积按减少实收资本比例计算的部分，应确认为股息所得；其余部分确认为投资资产转让所得。被投资企业发生的经营亏损，由被投资企业按规定结转弥补；投资企业不得调整减低其投资成本，也不得将其确认为投资损失。

按权益法核算的长期股权投资，当被投资单位宣告分派利润或现金股利时，按照会计准则规定，投资企业相应减少长期股权投资的账面价值；但税法要求在被投资方作出利润分配的日期确认投资收益。因此，投资企业需要填报表A105030做纳税调整。同时，被投资方作出利润分配决定时，若属于税法规定的符合条件的居民企业之间的股息、红利等权益性投资收益，投资企业还需再填报《A107011符合条件的居民企业之间的股息、红利等权益性投资收益优惠明细表》，进行纳税调整。

（三）《A107011符合条件的居民企业之间的股息、红利等权益性投资收益优惠明细表》的填写

在年度报表体系中，《A107011符合条件的居民企业之间的股息、红利等权益性投资收益优惠明细表》（以下简称表A107011）属于三级附表，其结果需要结转至二级附表《A107010免税、减计收入及加计扣除优惠明细表》（以下简称表A107010）。

1. 行次填报。

行次按不同的被投资企业分别填报，然后将合计结果填至第8行，第9行填报前7行中"投资性质"列选择"（1）直接投资"或"（2）股票投资（不含H股）"的行次，第17列合计金额，第10、11、12、13行中分别填报前7行中"投资性质"列选择"（3）股票投资（沪港通H股投资）""（4）股票投资（深港通H股投资）""（5）创新企业CDR""（6）永续债"的行次，第17列合计金额。

2. 列次填报。

本表共17列，分五大部分：

第一部分第1至5列，反映被投资企业名称、被投资企业统一社会信用代码（纳税人识别号）、投资性质、投资成本和投资比例等基本情况，为本年度享受符合条件的居民企业之间股息、红利等权益性投资收益优惠的纳税人必填的基本信息，其中，"投资成本"指的是纳税人投资于投资企业的计税成本。"投资比例"填报纳税人投资于被投资企业的股权比例，若购买公开发行股票的，此列可不填写。"投资性质"按选项填报：①直接投资、②股票投资（不含H股）、③股票投资（沪港通H股投资）、④股票投资（深港通H股投资）、⑤创新企业CDR、⑥永续债。

第二部分第6至7列反映纳税人从被投资企业利润分配中依决定归属于本公司的股息、红利等权益性投资收益金额。被投资企业按权益法确认投资收益，不在本表填报，通过表《A105030投资收益纳税调整明细表》第6行第1至3列填报。若被投资企业将股权（票）溢价所形成的资本公积转为股本的，不作为投资方企业的股息、红利收入，投资方企业也不得增加该项长期投资的计税基础。

第三部分第8至10列反映纳税人从被投资企业清算所得中应确认的股息所得。根据第8列“分得的被投资企业清算剩余资产”与第9列“被清算企业累计未分配利润和累计盈余公积应享有部分”两者中较小的数字填写第10列“应确认的股息所得”。

第四部分第11至16列，反映纳税人撤回或减少投资应确认的股息所得。第11列“从被投资企业撤回或减少投资取得的资产”填写纳税人从被投资企业撤回或减少投资时取得的资产，第12列“减少投资比例”填写纳税人撤回或减少的投资占被投资企业的股权比例，部分撤资应计算撤回或减少的投资比例占投资方在被投资企业持有的总投资比例。第15列“撤回或减少投资应享有被投资企业累计未分配利润和累计盈余公积”填报被投资企业累计未分配利润和累计盈余公积按减少实收资本比例计算的部分。第16列“应确认的股息所得”按照第14列“取得资产中超过收回初始投资成本部分”与第15列“撤回或减少投资应享有被投资企业累计未分配利润和累计盈余公积”两者中较小的数字填写。

第五部分为合计，填写第7+10+16列的金额。

3. 案例解析。

【综合案例】分析8-2

根据ABC科技的投资情况，填写《A107011符合条件的居民企业之间的股息、红利等权益性投资收益优惠明细表》，见表8-1。

表 8-1　　A107011　符合条件的居民企业之间的股息、红利等权益性投资收益优惠明细表

金额单位：元

行次	被投资企业	被投资企业统一社会信用代码（纳税人识别号）	投资性质	投资成本	投资比例	被投资企业利润分配确认金额		被投资企业清算确认金额			撤回或减少投资确认金额						合计
						被投资企业做出利润分配或转股决定时间	依决定归属于本公司的股息、红利等权益性投资收益金额	分得的被投资企业清算剩余资产	被清算企业累计未分配利润和累计盈余公积应享有部分	应确认的股息所得	从被投资企业撤回或减少投资取得的资产	减少投资比例	收回初始投资成本	取得资产中超过收回初始投资成本部分	撤回或减少投资应享有被投资企业累计未分配利润和累计盈余公积	应确认的股息所得	
	1	2	3	4	5	6	7	8	9	10（8与9孰小）	11	12	13（4×12）	14（11－13）	15	16（14与15孰小）	17（7+10+16）
1	山东D能源科技有限公司	105113715141612121	直接投资	5000000.00	75%	2020年4月5日	80 000.00										80 000.00
2																	
3																	

续表

行次	被投资企业	被投资企业统一社会信用代码（纳税人识别号）	投资性质	投资成本	投资比例	被投资企业利润分配确认金额		被投资企业清算确认金额			撤回或减少投资确认金额						合计
						被投资企业做出利润分配或转股决定时间	依决定归属于本公司的股息、红利等权益性投资收益金额	分得的被投资企业清算剩余资产	被清算企业累计未分配利润和累计盈余公积应享有部分	应确认的股息所得	从被投资企业撤回或减少投资取得的资产	减少投资比例	收回初始投资成本	取得资产中超过收回初始投资成本部分	撤回或减少投资应享有被投资企业累计未分配利润和累计盈余公积	应确认的股息所得	
	1	2	3	4	5	6	7	8	9	10（8与9孰小）	11	12	13（4×12）	14（11–13）	15	16（14与15孰小）	17（7+10+16）
4																	
5																	
6																	
7																	
8	合计																
9	其中：直接投资或非H股票投资																
10	股票投资—沪港通H股																
11	股票投资—深港通H股																
12	创新企业CDR																
13	永续债																

填写要点：

1. 根据综合案例中ABC科技的投资情况，第1列“被投资企业”填写被投资企业名称山东D能源科技有限公司；第2列“被投资企业统一社会信用代码（纳税人识别号）”填写 105113715141612121；第3列“投资性质”填写直接投资；第4列“投资成本”填写500万元；第5列“投资比例”填写75%。

2. 根据ABC科技享受利润分配税收优惠的情况，填写第6列“被投资企业做出利润分配或转股决定时间”2020年4月5日，80 000元填入第7列“依决定归属于本公司的股息、红利等权益性投资收益金额”。

由于本案例中被投资企业山东D能源科技有限公司并未进行清算且ABC科技未撤回或减少投资，因此剩余几列均为0，第17列“合计”填报第7+10+16列的金额，即80 000元；第8行“合计”填报第1+2+…+7行的金额，即80 000元，山东D能源科技有限公司未通过沪港通和深港通投资于H股，无创新企业CDR和永续债，因此第9行、第10行、第11行、第12行、第13行均为0，并将第17列第8、9、10行转入表A107010第3、4、5行。

二、减计收入的确认及申报

减计收入是指按照税法规定准予对企业某些经营活动取得的应税收入，按一定比例计入收入总额，而其对应的成本费用则可以正常扣除，则企业不仅可以减少在这些项目上的税负，还可能减少在其他项目上应纳的所得税，是一种间接的税收优惠方式。

减计收入的确认

1. 关于综合利用资源生产产品取得的收入优惠，先后在企业所得税法及其实施条例，《国家发展改革委员会　财政部　国家税务总局关于印发〈国家鼓励的资源综合利用认定管理办法〉的通知》（发改环资〔2006〕1864号），《财政部　国家税务总局关于执行资源综合利用企业所得税优惠目录有关问题的通知》（财税〔2008〕47号），《财政部　国家税务总局　国家发展改革委员会关于公布资源综合利用企业所得税优惠目录（2008年版）的通知》（财税〔2008〕117号），《国家税务总局关于资源综合利用企业所得税优惠管理问题的通知》（国税函〔2009〕185号）中作出了明确的规定。企业自2008年1月1日起以《资源综合利用企业所得税优惠目录（2008年版）》（见表8-2）规定的资源作为主要原材料，生产国家非限制和禁止并符合国家和行业相关标准的产品取得的收入，减按90%计入收入总额。

纳税人享受此类优惠，需要注意的有：

（1）原材料应以《资源综合利用企业所得税优惠目录（2008年版）》规定的资源为主；

（2）产品应属于国家非限制和禁止并符合国家和行业相关标准的产品；

（3）原材料占生产产品材料的比例不得低于《资源综合利用企业所得税优惠目录》规定的标准。

表8-2　　资源综合利用企业所得税优惠目录（2008年版）

类别	序号	综合利用的资源	生产的产品	技术标准
一、共生、伴生矿产资源	1	煤系共生、伴生矿产资源、瓦斯	高岭岩、铝钒土、膨润土，电力、热力及燃气	产品原料100%来自所列资源 煤炭开发中的废弃物 产品符合国家和行业标准
二、废水（液）、废气、废渣	2	煤矸石、石煤、粉煤灰、采矿和选矿废渣、冶炼废渣、工业炉渣、脱硫石膏、磷石膏、江河（渠）道的清淤（淤沙）、风积沙、建筑垃圾、生活垃圾焚烧余渣、化工废渣、工业废渣	砖（瓦）、砌块、墙板类产品、石膏类制品以及商品粉煤灰	产品原料70%以上来自所列资源
	3	转炉渣、电炉渣、铁合金炉渣、氧化铝赤泥、化工废渣、工业废渣	铁、铁合金料、精矿粉、稀土	产品原料100%来自所列资源
	4	化工、纺织、造纸工业废液及废渣	银、盐、锌、纤维、碱、羊毛脂、聚乙烯醇、硫化钠、亚硫酸钠、硫氰酸钠、硝酸、铁盐、铬盐、木素磺酸盐、乙酸、乙二酸、乙酸钠、盐酸、粘合剂、酒精、香兰素、饮料酵母、肥料、甘油、乙氰	产品原料70%以上来自所列资源

续表

类别	序号	综合利用的资源	生产的产品	技术标准
二、废水（液）、废气、废渣	5	制盐液（苦卤）及硼酸废液	氯化钾、硝酸甲、溴素、氯化镁、氢氧化镁、无水硝、石膏、硫酸镁、硫酸钾、肥料	产品原料70%以上来自所列资源
	6	工矿废水、城市污水	再生水	1. 产品原料100%来自所列资源 2. 达到国家有关标准
	7	废生物质油，废弃润滑油	生物柴油及工业油料	产品原料100%来自所列资源
	8	焦炉煤气，化工、石油（炼油）化工废气、发酵废气、火炬气、炭黑尾气	硫磺、硫酸、磷铵、硫铵、脱硫石膏、可燃气、轻烃、氢气、硫酸亚铁、有色金属、二氧化碳、干冰、甲醇、合成氨	
	9	转炉煤气、高炉煤气、火炬气以及除焦炉煤气以外的工业炉气，工业过程中的余热、余压	电力、热力	
三、再生资源	10	废旧电池、电子电器产品	金属（包括稀贵金属）、非金属	产品原料100%来自所列资源
	11	废感光材料、废灯泡（管）	有色（稀贵）金属及其产品	产品原料100%来自所列资源
	12	锯末、树皮、枝丫材	人造及其制品	1. 符合产品标准 2. 产品原料100%来自所列资源
	13	废塑料	塑料制品	产品原料100%来自所列资源
	14	废、旧轮胎	翻新轮胎、胶粉	1. 产品符合GB9037和GB14646标准 2. 产品原料100%来自所列资源 3. 符合GB / T19208等标准规定的性能指标
	15	废弃天然纤维；化学纤维及其制品	造纸原料、纤维纱及织物、无纺布、毡、粘合剂、再生聚酯	产品原料100%来自所列资源
	16	农作物秸杆及壳皮（包括粮食作物秸杆、农业经济作物秸杆、粮食壳皮、玉米芯）	代木产品，电力、热力及燃气	产品原料70%以上来自所列资源

2. 根据《财政部　国家税务总局关于铁路建设债券利息收入企业所得税政策的通知》（财税〔2011〕99号）、《财政部　国家税务总局关于2014、2015年铁路建设债券利息收入企业所得税政策的通知》（财税〔2014〕2号）和《关于铁路债券利息收入所得税政策问题的通知》（财税〔2016〕30号）的规定，企业持有2011—2015年发行的中国铁路建设债券取得的利息收入，减半征收企业所得税；企业持有2016—2018年发行的铁路债券取得的利息收入，减半征收企业所得税。中国铁路建设债券是指经国家发展改革委核准，以中国铁路总公司为发行和偿还主体的债券，包括中国铁路建设债券、中期票据、短期融资券等债务融资工具。

3. 《财政部　税务总局关于延续支持农村金融发展有关税收政策的通知》（财税〔2017〕44号）中规定，自2017年1月1日至2019年12月31日，对金融机构农户小额贷款的利息收入，在计算应纳税所得额时，按90%计入收入总额，且金融机构应对符合条件的农户小额贷款利息收入进行单独核算；自2017年1月1日至2019年12月31日，对保险公司为种植业、养殖业提供保险业务取得的保费收入，在计算应纳税所得额时，按90%计入收入总额。《财政部　税务总局关于小额贷款公司有关税收政策的通知》（财税〔2017〕48号）中规定，自2017年1月1日至2019年12月31日，对经省级金融管理部门（金融办、局等）批准成立的小额贷款公司取得的农户小额贷款利息收入，在计算应纳税所得额时，按90%计入收入总额。《财政部　税务总局关于延续实施普惠金融有关税收优惠政策的公告》（财政部　税务总局公告2020年第22号）规定，于2019年12月31日执行到期的税收优惠政策实施期限延长至2023年12月31日。

（1）农户，是指长期（一年以上）居住在乡镇（不包括城关镇）行政管理区域内的住户，还包括长期居住在城关镇所辖行政村范围内的住户和户口不在本地而在本地居住一年以上的住户，国有农场的职工和农村个体工商户。位于乡镇（不包括城关镇）行政管理区域内和在城关镇所辖行政村范围内的国有经济的机关、团体、学校、企事业单位的集体户；有本地户口，但举家外出谋生一年以上的住户，无论是否保留承包耕地均不属于农户。农户以户为统计单位，既可以从事农业生产经营，也可以从事非农业生产经营。农户贷款的判定应以贷款发放时的承贷主体是否属于农户为准。

（2）小额贷款，是指单笔且该户贷款余额总额在10万元（含）以下贷款。

（3）保费收入，是指原保险保费收入加上分保费收入减去分出保费后的余额。

4.《财政部　税务总局　发展改革委　民政部　商务部　卫生健康委关于养老托育、家政等社区家庭服务业税费优惠政策的公告》（财政部　税务总局　发展改革委　民政部　商务部　卫生健康委公告2019年第76号）规定，提供社区养老、托育、家政服务取得的收入、减按90%计入收入总额。

三、加计扣除项目的确认及申报

（一）加计扣除项目的确认

1. 研究开发费用。

企业研发费用，指企业在产品、技术、材料、工艺、标准的研究、开发过程中发生的各项费用。关于研发费用的扣除，《财政部　国家税务总局　科技部关于完善研究开发费用税前加计扣除政策的通知》（财税〔2015〕119号）、《财政部　税务总局　科技部关于提高研究开发费用税前加计扣除比例的通知》（财税〔2018〕99号）、《财政部　税务总局　科技部关于企业委托境外研究开发费用税前加计扣除有关政策问题的通知》（财税〔2018〕64号）、《国家税务总局关于企业研究开发费用税前加计扣除政策有关问题的公告》（国家税务总局公告2015年第97号）、《国家税务总局关于研发费用税前加计扣除归集范围有关问题的公告》（国家税务总局公告2017年第40号）中具体规定如下：

（1）研究开发费用的扣除方法。

企业开展研发活动中实际发生的研发费用，未形成无形资产计入当期损益的，在按规定据实扣除的基础上，在2018年1月1日至2020年12月31日期间，按照本年度实际发生额的75%，从本年度应纳税所得额中扣除；形成无形资产的，在上述期间按照无形资产成本的175%在税前摊销。

研发活动，是指企业为获得科学与技术新知识，创造性运用科学技术新知识，或实质性改进技术、产品（服务）、工艺而持续进行的具有明确目标的系统性活动。

为鼓励中小企业加大研发投入，支持科技创新，《财政部　税务总局　科技部关于提高科技型中小企业研究开发费用税前加计扣除比例的通知》（财税〔2017〕34号）中规定：科技型中小企业开展研发活动中实际发生的研发费用，未形成无形资产计入当期损益的，在按规定据实扣除的基础上，在2017年1月1日至2019年12月31日期间，再按照实际发生额的75%在税前加计扣除；在2019年12月31日以前形成的无形资产，在2017年1月1日至2019年12月31日期间发生的摊销费用按照无形资产成本的175%在税前摊销。

在《科技部　财政部　国家税务总局关于印发〈科技型中小企业评价办法〉的通知》（国科发政〔2017〕115号）中，规定科技型中小企业须同时满足以下条件：

① 在中国境内（不包括港、澳、台地区）注册的居民企业。

② 职工总数不超过500人、年销售收入不超过2亿元、资产总额不超过2亿元。其中，职工总数包括企业在职、和在企业累计工作6个月以上的兼职和临时聘用人员。

③ 企业提供的产品和服务不属于国家规定的禁止、限制和淘汰类。

④ 企业在填报上一年及当年内未发生重大安全、重大质量事故和严重环境违法、科研严重失信行为，且企业未列入经营异常名录和严重违法失信企业名单。

⑤ 企业根据科技型中小企业评价指标进行综合评价所得分值不低于60分，且科技人员指标得分不得为0分。其中，综合评价由科技人员、研发投入、科技成果三类指标构成，满分100分。

其中，企业科技人员是指企业直接从事研发和相关技术创新活动，以及专门从事上述活动管理和提供直接服务的人员；研发投入，可以按研发费用总额占销售收入总额的比例或研发费用总额占成本费用支出总额的比例来确定。其中，销售收入为主营业务与其他业务收入之和。科技成果，是指企业拥有的在有效期内的与主要产品（或服务）相关的知识产权类别和数量。其中，Ⅰ类知识产权包括：发明专利、植物新品种、国家级农作物品种、国家新药、国家一级中药保护品种、集成电路布图设计专有权按评价；Ⅱ类知识产权包括：实用新型专利、外观设计专利、软件著作权。

符合上述①至④条件，且同时具备下列条件之一的可以直接认定为符合条件的科技型中小企业：

① 企业拥有有效期内高新技术企业资格证书；

② 企业近5年内获得过国家级科技奖励，并在获奖单位中排在前三名；

③ 企业拥有经认定的省部级以上研发机构；

④ 企业近5年内主导制定过国际标准、国家标准或行业标准。

企业主导制定国际标准、国家标准或行业标准是指企业在国家标准化委员会、工业和信息化部、国际标准化组织等主管部门的相关文件中排名起草单位前五名。

省部级以上研发机构包括国家（省、部）重点实验室、国家（省、部）工程技术研究中心、国家（省、部）工程实验室、国家（省、部）工程研究中心、国家（省、部）企业技术中心、国家（省、部）国际联合研究中心等。

（2）研究开发费用税前扣除的归集范围。

第一，人员人工费用。是指直接从事研发活动人员的工资薪金、基本养老保险费、基本医疗保险费、失业保险费、工伤保险费、生育保险费和住房公积金，以及外聘研发人员的劳务费用。

直接从事研发活动人员包括研究人员、技术人员、辅助人员。研究人员是指主要从事研究开发项目的专业人员；技术人员是指具有工程技术、自然科学和生命科学中一个或一个以上领域的技术知识和经验，在研究人员指导下参与研发工作的人员；辅助人员是指参与研究开发活动的技工。外聘研发人员是指与本企业或劳务派遣企业签订劳务用工协议（合同）和临时聘用的研究人员、技术人员、辅助人员。工资薪金包括按规定可以在税前扣除的对研发人员股权激励的支出。

接受劳务派遣的企业按照协议（合同）约定支付给劳务派遣企业，且由劳务派遣企业实际支付给外聘研发人员的工资薪金等费用，属于外聘研发人员的劳务费用。

第二，直接投入费用。包括研发活动直接消耗的材料、燃料和动力费用；用于中间试验和产品试制的模具、工艺装备开发及制造费，不构成固定资产的样品、样机及一般测试手段购置费，试制产品的检验费；用于研发活动的仪器、设备的运行维护、调整、检验、维修等费用，以及通过经营租赁方式租入的用于研发活动的仪器、设备租赁费。

以经营租赁方式租入的用于研发活动的仪器、设备，同时用于非研发活动的，企业应对其仪器设备使用情况做必要记录，并将其实际发生的租赁费按实际工时占比等合理方法在研发费用和生产经营费用间分配，未分配的不得加计扣除。

企业研发活动直接形成产品或作为组成部分形成的产品对外销售的，研发费用中对应的材料费用不得加计扣除。

第三，折旧费用。是指用于研发活动的仪器、设备的折旧费。

用于研发活动的仪器、设备，同时用于非研发活动的，企业应对其仪器设备使用情况做必要记录，并将其实际发生的折旧费按实际工时占比等合理方法在研发费用和生产经营费用间分配，未分配的不得加计扣除。

企业用于研发活动的仪器、设备，符合税法规定且选择加速折旧优惠政策的，在享受研发费用税前加计扣除政策时，就税前扣除的折旧部分计算加计扣除。

第四，无形资产摊销。用于研发活动的软件、专利权、非专利技术（包括许可证、专有技术、设计和计算方法等）的摊销费用。

用于研发活动的无形资产，同时用于非研发活动的，企业应对其无形资产使用情况做必要记录，并将其实际发生的摊销费按实际工时占比等合理方法在研发费用和生产经营费用间分配，未分配的不得加计扣除。

用于研发活动的无形资产，符合税法规定且选择缩短摊销年限的，在享受研发费用税前加计扣除政策时，就税前扣除的摊销部分计算加计扣除。

第五，新产品设计费、新工艺规程制定费、新药研制的临床试验费、勘探开发技术的现场试验费。

指企业在新产品设计、新工艺规程制定、新药研制的临床试验、勘探开发技术的现场试验过程中发生的与开展该项活动有关的各类费用。

第六，其他相关费用。指与研发活动直接相关的其他费用，如技术图书资料费、资料翻译费、专家咨询费、高新科技研发保险费，研发成果的检索、分析、评议、论证、鉴定、评审、评估、验收费用，知识产权的申请费、注册费、代理费，差旅费、会议费，职工福利费、补充养老保险费、补充医疗保险费。此类费用总额不得超过可加计扣除研发费用总额的10%。

关于研发费用的特别说明：

① 企业取得的政府补助，会计处理时采用直接冲减研发费用方法且税务处理时未将其确认为应税收入的，应按冲减后的余额计算加计扣除金额。

② 企业取得研发过程中形成的下脚料、残次品、中间试制品等特殊收入，在计算确认收入当年的加计扣除研发费用时，应从已归集研发费用中扣减该特殊收入，不足扣减的，加计扣除研发费用按零计算。

③ 企业开展研发活动中实际发生的研发费用形成无形资产的，其资本化的时点与会计处理保持一致。

④ 失败的研发活动所发生的研发费用可享受税前加计扣除政策。

⑤ “研发活动发生费用”是指委托方实际支付给受托方的费用。无论委托方是否享受研发费用税前加计扣除政策，受托方均不得加计扣除。委托方委托关联方开展研发活动的，受托方需向委托方提供研发过程中实际发生的研发项目费用支出明细情况。

⑥ 享受加计扣除的研发费用应当是研发活动形成的成本，而直接形成产品或产品组成部分的材料，在新产品中其性质和使用价值没有发生改变，所以这部分成本不能构成出研究开发活动的内容。

（3）特别事项的处理。

企业委托外部机构或个人进行研发活动所发生的费用，按照费用实际发生额的80%计入委托方研发费用并计算加计扣除，受托方不得再进行加计扣除。委托外部研究开发费用实际发生额应按照独立交易原则确定。委托方与受托方存在关联关系的，受托方应向委托方提供研发项目费用支出明细情况。

委托境外进行研发活动所发生的费用，按照费用实际发生额的80%计入委托方的委托境外研发费用。委托境外研发费用不超过境内符合条件的研发费用2/3的部分，可以按规定在企业所得税前加计扣除。委托境外进行研发活动不包括委托境外个人进行的研发活动。委托境外进行研发活动应签订技术开发合同，并由委托方到科技行政主管部门进行登记。相关事项按技术合同认定登记管理办法及技术合同认定规则执行。

企业共同合作开发的项目，由合作各方就自身实际承担的研发费用分别计算加计扣除。企业集团根据生产经营和科技开发的实际情况，对技术要求高、投资数额大，需要集中研发的项目，其实际发生的研发费用，可以按照权利和义务相一致、费用支出和收益分享相配比的原则，合理确定研发费用的分摊方法，在受益成员企业间进行分摊，由相关成员企业分别计算加计扣除。

企业为获得创新性、创意性、突破性的产品进行创意设计活动而发生的相关费用，可进行税前加计扣除。创意设计活动是指多媒体软件、动漫游戏软件开发，数字动漫、游戏设计制作；房屋建筑工程设计（绿色建筑评价标准为三星）、风景园林工程专项设计；工业设计、多媒体设计、动漫及衍生产品设计、模型设计等。

烟草制造业、住宿和餐饮业、批发和零售业、房地产业、租赁和商务服务业、娱乐业以及财政部和国家税务总局规定的其他行业不适用税前加计扣除政策。

【综合案例】分析8-3

ABC科技为软件企业，属于可以适用加计扣除政策的企业。2020年支出的研发费用中，研发活动直接消耗的材料、燃料和动力费用、中间试验和产品试制的有关费用属于直接投入费用，直接从事研发活动的本企业在职人员费用属于人员人工费用，专门用于研发活动的有关折旧费、运行维护费属于折旧费用，研发成果论证、评审、验收、鉴定费用和设计、制定、资料和翻译费用属于其他相关费用，均属于允许加计扣除的范围，可以享受研发费用加计扣除税收优惠政策。

2. 企业安置残疾人员支付的工资。

《财政部　国家税务总局关于安置残疾人员就业有关企业所得税优惠政策问题的通知》（财税〔2009〕70号）中规定，企业安置残疾人员的，在按照支付给残疾职工工资据实扣除的基础上，可以在计算应纳税所得额时按照支付给残疾职工工资的100%加计扣除。

企业享受安置残疾职工工资100%加计扣除应同时具备如下条件：

（1）依法与安置的每位残疾人签订了1年以上（含1年）的劳动合同或

服务协议，并且安置的每位残疾人在企业实际上岗工作。

（2）为安置的每位残疾人按月足额缴纳了企业所在区、县人民政府根据国家政策规定的基本养老保险、基本医疗保险、失业保险和工伤保险等社会保险。

（3）定期通过银行等金融机构向安置的每位残疾人实际支付了不低于企业所在区、县适用的经省级人民政府批准的最低工资标准的工资。

（4）具备安置残疾人上岗工作的基本设施。

（二）《A107012研发费用加计扣除优惠明细表》的填写

在年度报表体系中，《A107012研发费用加计扣除优惠明细表》（以下简称A107012）属于三级附表，其结果需要结转至二级附表《A107010免税、减计收入及加计扣除优惠明细表》（以下简称A107010）。

A107012列示了企业研发活动费用的明细，按照分为两类情形：一是自主研发、合作研发、集中研发；二是委托研发。本表的填写时按照如下逻辑进行：

1. 先归集本年发生的研发费用。

（1）自主研发、合作研发、集中研发的研发费用明细在第2行至第34行填写。其中，人员人工费用按照直接从事研发活动人员工资薪金等明细项目分别填写在第4行至第6行，第3行是人员人工费用的合计数；直接投入费用按照研发活动直接消耗材料、燃料、动力费用等明细项目分别填写在第8行至第15行，第7行是直接投入费用的合计数；折旧费用按照用于研发活动的仪器、设备折旧费等分别填写在第17行至第18行，第16行是折旧费用合计数；无形资产摊销按照用于研发活动的软件、专利权等明细项目分别填写在第20行至第22行，第19行是无形资产摊销的合计数；新产品设计费等按照新产品设计费、新工艺规程制定费等明细项目分别填写在第24行至27行，第23行是新产品设计费的合计数；其他相关费用按照技术图书资料费、资料翻译费、专家咨询费等明细项目分别填写第29行至第33行，第28行是其他相关费用的合计数。

（2）委托开发在第35行至第39行填写。委托外部机构或个人进行研发活动所发生的费用填写第36行，委托境外机构进行研发活动所发生的费用填写第37行，乘以80%，填写在第38行允许加计扣除的委托境外机构进行研发活动发生的费用，第39行委托境外个人进行研发活动发生的费用，填报纳税人委托境外个人进行研发活动发生的费用，本行不参与加计扣除优惠金额的计算。

（3）年度研发费用是第2行+第36行×80%+第38行金额的合计数，其中本年费用化的研发费用填写第41行，资本化的研发费用填写第42行。

2. 计算本年度可以加计扣除的研发费用。

按照本年费用化的研发费+本年和以前年度资本化研发费摊销额–扣除特殊收入–当年和以前年度销售研发活动直接形成产品包括（组成部分）的对应材料的逻辑关系填写。

（1）本年度形成的无形资产摊销额填写第43行，以前年度形成的无形资产本年摊销额填写第44行。

（2）允许扣除的研发费用填写第45行，等于本年费用化的研发费用+本年和以前年度形成无形资产的摊销额。

（3）允许扣除的研发费用减特殊收入、减当年和以前年度销售研发活动直接形成产品包括（组成部分）的对应材料部分之后金额是本年度允许扣除的研发费用。

3. 计算本年研发费用加计扣除。

加计扣除的比例填写第50行，本年研发费用加计扣除总额填写第51行。

4. 表间关系。

（1）当表A000000“210–3”项目未填有入库编号时，第51行=表A107010第26行。

（2）当表A000000“210–3”项目填有入库编号时，第51行=表A107010第27行。

5. 案例解析。

【综合案例】分析8–4

根据ABC科技2020年研发费用支出的情况，填写《A107012研发费用加计扣除优惠明细表》，见表8–3。

表 8-3　　A107012　研发费用加计扣除优惠明细表

行次	项　　目	金额（元）
1	本年可享受研发费用加计扣除项目数量	4
2	一、自主研发、合作研发、集中研发（3+7+16+19+23+34）	5 827 365.80
3	（一）人员人工费用（4+5+6）	5 718 612.01
4	1. 直接从事研发活动人员工资薪金	4 236 008.90
5	2. 直接从事研发活动人员五险一金	1 482 603.11
6	3. 外聘研发人员的劳务费用	
7	（二）直接投入费用（8+9+10+11+12+13+14+15）	32 473.18
8	1. 研发活动直接消耗材料费用	25 978.54
9	2. 研发活动直接消耗燃料费用	3 247.32
10	3. 研发活动直接消耗动力费用	3 247.32
11	4. 用于中间试验和产品试制的模具、工艺装备开发及制造费	
12	5. 用于不构成固定资产的样品、样机及一般测试手段购置费	
13	6. 用于试制产品的检验费	
14	7. 用于研发活动的仪器、设备的运行维护、调整、检验、维修等费用	
15	8. 通过经营租赁方式租入的用于研发活动的仪器、设备租赁费	
16	（三）折旧费用（17+18）	58 890.50
17	1. 用于研发活动的仪器的折旧费	58 890.50
18	2. 用于研发活动的设备的折旧费	
19	（四）无形资产摊销（20+21+22）	
20	1. 用于研发活动的软件的摊销费用	
21	2. 用于研发活动的专利权的摊销费用	
22	3. 用于研发活动的非专利技术（包括许可证、专有技术、设计和计算方法等）的摊销费用	
23	（五）新产品设计费等（24+25+26+27）	49 863.29

续表

行次	项　　目	金额（元）
24	1. 新产品设计费	49 863.29
25	2. 新工艺规程制定费	
26	3. 新药研制的临床试验费	
27	4. 勘探开发技术的现场试验费	
28	（六）其他相关费用（29+30+31+32+33）	85 538.55
29	1. 技术图书资料费、资料翻译费、专家咨询费、高新科技研发保险费	46 148.00
30	2. 研发成果的检索、分析、评议、论证、鉴定、评审、评估、验收费用	39 391.55
31	3. 知识产权的申请费、注册费、代理费	
32	4. 职工福利费、补充养老保险费、补充医疗保险费	
33	5. 差旅费、会议费	
34	（七）经限额调整后的其他相关费用	
35	二、委托研发（36+37+39）	
36	（一）委托境内机构或个人进行研发活动所发生的费用	
37	（二）委托境外机构进行研发活动发生的费用	
38	其中：允许加计扣除的委托境外机构进行研发活动发生的费用	
39	（三）委托境外个人进行研发活动发生的费用	
40	三、年度研发费用小计（2+36×80%+38）	5 827 365.80
41	（一）本年费用化金额	5 827 365.80
42	（二）本年资本化金额	
43	四、本年形成无形资产摊销额	
44	五、以前年度形成无形资产本年摊销额	
45	六、允许扣除的研发费用合计（41+43+44）	5 827 365.80
46	减：特殊收入部分	
47	七、允许扣除的研发费用抵减特殊收入后的金额（45–46）	5 827 365.80
48	减：当年销售研发活动直接形成产品（包括组成部分）对应的材料部分	

续表

行次	项　　目	金额（元）
49	减：以前年度销售研发活动直接形成产品（包括组成部分）对应材料部分结转金额	
50	八、加计扣除比例（%）	75
51	九、本年研发费用加计扣除总额（47–48–49）×50	4 370 542.35
52	十、销售研发活动直接形成产品（包括组成部分）对应材料部分结转以后年度扣减金额（当47–48–49 ≥ 0，本行 =0；当47–48–49 < 0，本行 =47–48–49 的绝对值）	0

填写要点：

1. 根据ABC公司的研发活动费用明细，分别填写第2～34行。第2行填写：自主研发、合作研发、集中研发费用填写5 827 365.80元；第4、5行分别填写：直接从事研发活动人员工资薪金填写4 236 008.90元，直接从事研发活动人员五险一金填写1 482 603.11元，第3行人员人工费用填写5 718 612.01元；第8、9、10行分别填写：研发活动直接消耗材料填写25 978.54元，研发活动直接消耗燃料填写3 247.32元，研发活动直接消耗动力费用填写3 247.32元，第7行合计数填写32 473.18元；第17行填写：用于研发活动的仪器的折旧费填写58 890.50元，第16行折旧费用填写58 890.50元；第24行填写：新产品设计费填写49 863.29元，第23行新产品设计费等填写49 863.29元；第29行技术图书资料费、资料翻译费、专家咨询费、高新科技研发保险费填写46 148.00元，第30行研发成果的检索、分析、评议、论证、鉴定、评审、评估、验收费用填写39 391.55元，第28行其他相关费用填写85 538.55元。

2. ABC科技没有委托研发项目，第35～39行金额为0。

3. 年度研发费用小计为（第2行+第36行×80%+第38行），即自主研发、合作研发、集中研发费用加委托研发费用，合计为5 827 365.80元。

4. 本年形成无形资产摊销额、以前年度形成无形资产本年摊销额为0。

5. 允许扣除的研发费用合计为（第41行+第43行+第44行），即本年费用化金额+本年形成无形资产摊销额+以前年度形成无形资产本年摊销额，为5 827 365.80元。

6. 允许扣除的研发费用抵减特殊收入后的金额（第45行–第46行），即允许扣除的研发费用合计–特殊收入部分，为5 827 365.80元。

7. 第50行加计扣除比例为75%。

8. 第51行本年研发费用加计扣除总额为4 370 542.35元，第52行销售研发活动直接形成产品（包括组成部分）对应材料部分结转以后年度扣减金额为0。

四、《A107010免税、减计收入及加计扣除优惠明细表》的填写

在年度报表体系中，《A107010免税、减计收入及加计扣除优惠明细表》（以下简称表A107010）属于二级附表，其结果需要结转至主表《A100000中华人民共和国企业所得税年度申报表（A类）》。

（一）行次填报

本表共31行，分三大部分。

1. 第一部分为免税收入，其中又分为十三部分，包括国债利息收入免征企业所得税、符合条件的居民企业之间的股息、红利等权益性投资收益免征企业所得税、符合条件的非营利组织的收入免征企业所得税、符合条件的非营利组织（科技企业孵化器）的收入免征企业所得税、符合条件的非营利组织（国家大学科技园）的收入免征企业所得税、中国清洁发展机制基金取得的收入免征企业所得税、投资者从证券投资基金分配中取得的收入免征企业所得税、取得的地方政府债券利息收入免征企业所得税、中国保险保障基金有限责任公司取得的保险保障基金等收入免征企业所得税、中国奥委会取得北京冬奥组委支付的收入免征企业所得税、中国残奥委会取得北京冬奥组委分期支付的收入免征企业所得税和其他。符合条件的居民企业之间的股息、红利等权益性投资收益要填写表A107011。

第2行至第16行的合计数填在第1行金额栏中。

2. 第二部分为减计收入，包括四大部分，分别是综合利用资源生产产品取得的收入在计算应纳税所得额时减计收入，金融、保险等机构取得的涉农利息、保费减计收入，取得铁路债券利息收入减半征收企业所得税和其他。

其中金融、保险等机构取得的涉农利息、保费减计收入包含三项：金融机构取得的涉农贷款利息收入在计算应纳税所得额时减计收入、保险机构取得的涉农保费收入在计算应纳税所得额时减计收入和小额贷款公司取得的农户小额贷款利息收入在计算应纳税所得额时减计收入。

第18、19、23、24行的合计数填入第17行金额栏中。

3. 第三部分为加计扣除，分为五大部分，分别是开发新技术、新产品、新工艺发生的研究开发费用加计扣除，科技型中小企业开发新技术、新产品、新工艺发生的研究开发费用加计扣除，企业为获得创新性、创意性、突破性的产品进行创意设计活动而发生的相关费用加计扣除，安置残疾人员所支付的工资加计扣除和其他。其中开发新技术、新产品、新工艺发生的研究开发费用加计扣除和科技型中小企业开发新技术、新产品、新工艺发生的研究开发费用加计扣除要填写表A107012。

第26行至第30行的合计数填入第25行金额栏中。

最后，将三部分合计填入第31行金额栏中。

（二）表间关系

1. 第3行=表A107011第8行第17列。

2. 第4行=表A107011第9行第17列。

3. 第5行=表A107011第10行第17列。

4. 当表A000000“210-3”项目未填有入库编号时，第26行=表A107012第51行。

5. 当表A000000“210-3”项目填有入库编号时，第27行=表A107012第51行。

6. 第31行=表A100000第17行。

（三）案例解析

【综合案例】分析8-5

根据综合案例ABC科技A107011和A107012的填写，填写表8-4《A107010免税、减计收入及加计扣除优惠明细表》。填写结果如下：

表8-4　　A107010　免税、减计收入及加计扣除优惠明细表

单位：元

行次	项　　目	金　额
1	一、免税收入（2+3+9+…+16）	80 000.00
2	（一）国债利息收入免征企业所得税	
3	（二）符合条件的居民企业之间的股息、红利等权益性投资收益免征企业所得税（4+5+6+7+8）	80 000.00
4	1. 一般股息红利等权益性投资收益免征企业所得税（填写A107011）	80 000.00
5	2. 内地居民企业通过沪港通投资且连续持有 H 股满 12 个月取得的股息红利所得免征企业所得税（填写 A107011）	
6	3. 内地居民企业通过深港通投资且连续持有 H 股满 12 个月取得的股息红利所得免征企业所得税（填写 A107011）	
7	4. 居民企业持有创新企业 CDR 取得的股息红利所得免征企业所得税（填写 A107011）	
8	5. 符合条件的永续债利息收入免征企业所得税（填写A107011）	
9	（三）符合条件的非营利组织的收入免征企业所得税	
10	（四）中国清洁发展机制基金取得的收入免征企业所得税	
11	（五）投资者从证券投资基金分配中取得的收入免征企业所得税	
12	（六）取得的地方政府债券利息收入免征企业所得税	
13	（七）中国保险保障基金有限责任公司取得的保险保障基金等收入免征企业所得税	
14	（八）中国奥委会取得北京冬奥组委支付的收入免征企业所得税	
15	（九）中国残奥委会取得北京冬奥组委分期支付的收入免征企业所得税	
16	（十）其他	
17	二、减计收入（18+19+23+24）	
18	（一）综合利用资源生产产品取得的收入在计算应纳税所得额时减计收入	
19	（二）金融、保险等机构取得的涉农利息、保费减计收入（20+21+22）	

续表

行次	项　　目	金　额
20	1. 金融机构取得的涉农贷款利息收入在计算应纳税所得额时减计收入	
21	2. 保险机构取得的涉农保费收入在计算应纳税所得额时减计收入	
22	3. 小额贷款公司取得的农户小额贷款利息收入在计算应纳税所得额时减计收入	
23	（三）取得铁路债券利息收入减半征收企业所得税	
24	（四）其他（24.1+24.2）	
24.1	1. 取得的社区家庭服务收入在计算应纳税所得额时减计收入	
24.2	2. 其他	
25	三、加计扣除（26+27+28+29+30）	
26	（一）开发新技术、新产品、新工艺发生的研究开发费用加计扣除（填写 A107012）	
27	（二）科技型中小企业开发新技术、新产品、新工艺发生的研究开发费用加计扣除（填写 A107012）	
28	（三）企业为获得创新性、创意性、突破性的产品进行创意设计活动而发生的相关费用加计扣除	
29	（四）安置残疾人员所支付的工资加计扣除	
30	（五）其他	
31	合计（1+17+25）	

填写要点：

1. 根据《A107011符合条件的居民企业之间的股息、红利等权益性投资收益情况明细表》第8行第17列金额80 000元，填写第4行80 000.00，并填至第3行“（二）符合条件的居民企业之间的股息、红利等权益性投资收益”，并将其填至第1行“免税收入”；

2. 由于表A000000“210-3”项目未填有入库编号，将《A107012研发费用加计扣除优惠明细表》第51行的金额4 370 524.35元，填写“（一）开发新技术、新产品、新工艺发生的研究开发费用加计扣除”，并将其填至第25行“加计扣除”，并将第1行与第25行相加，得到4 450 524.35元，填入第31行“合计”，同时转入主表第17行“减：免税、减计收入及加计扣除”。

第二节　所得减免优惠的确认及申报

所得减免优惠是对企业所得税应纳税所得额进行免税或减税的税收优惠，通过对应纳税所得额的减免达到减轻纳税人负担的目的，本期纳税调整后所得（表A100000第19行）为负数的不需填报本表。

【案例8-1】

A农业集团公司是一家以农业和渔业为主的大型集团公司，2020年取得的所得如下：

（1）销售种植的大豆、水果等农产品，项目名称为销售自产农产品，收入为1 900万元，成本为780万元，相关税费为68万元，应分摊期间费用500万元，纳税调增额为30万元；

（2）向华北市场销售海水养殖的海产品，项目名称为销售自产海产品，项目收入为800万元，成本为360万元，相关税费为30万元，应分摊期间费用200万元，纳税调增额为20万元；

（3）转让一项农作物新品种技术，项目名称为转让新品种技术，取得不含税收入900万元，城市维护建设税为3.78万元，教育费附加1.62万元，该项技术的成本为600万元，已摊销金额为300万元，因发生技术转让产生技术转让费104万元已记入“管理费用——技术转让费”科目。

请完成下列问题：

1. A农业集团公司可以享受哪种税收优惠政策？

2. A农业集团公司《所得减免优惠明细表》如何填写？

一、农、林、牧、渔业项目的税收优惠

（一）企业从事下列项目的所得，免征企业所得税

1. 蔬菜、谷物、薯类、油料、豆类、棉花、麻类、糖料、水果、坚果的种植。

2. 农作物新品种的选育。企业从事农作物新品种选育的免税所得，是指企业对农作物进行品种和育种材料选育形成的成果，以及由这些成果形成的种子（苗）等繁殖材料的生产、初加工、销售一体化取得的所得。

3. 中药材的种植。

4. 林木的培育和种植。

5. 牲畜、家禽的饲养。

6. 林产品的采集。

7. 灌溉、农产品初加工、兽医、农技推广、农机作业和维修等农、林、牧、渔服务业项目。

农产品初加工是指由农民家庭兼营或收购单位对收获的各种农产品（包括纺织纤维原料）进行去籽、净化、分类、晒干、剥皮、沤软或大批包装以提供初级市场的服务活动，以及其他农产品的初加工活动。包括轧棉花、羊毛去杂质、其他类似的纤维初加工等活动；其他与农产品收获有关的初加工服务活动，包括对农产品的净化、修整、晒干、剥皮、冷却或批量包装等加工处理等。企业根据委托合同，受托对农产品进行初加工服务，其所收取的加工费，可以按照农产品初加工的免税项目处理。

8. 远洋捕捞。

（二）企业从事下列项目的所得，减半征收企业所得税

1. 花卉、茶以及其他饮料作物和香料作物的种植；

2. 海水养殖、内陆养殖。

（三）其他农业类优惠项目

《国家税务总局关于“公司+农户”经营模式企业所得税优惠问题的公

告》（国家税务总局公告2010年第2号）规定此类以“公司+农户”经营模式从事农、林、牧、渔业项目生产的企业，可以按照《企业所得税法实施条例》第八十六条的有关规定，享受减免企业所得税优惠政策。采用“公司+农户”经营模式从事农、林、牧、渔业项目生产的企业，可以按不同的项目享受减免企业所得税优惠政策。

采用“公司+农户”经营模式，是指公司与农户签订委托养殖合同，向农户提供畜禽苗、饲料、兽药及疫苗等［所有权（产权）仍属于公司］，农户将畜禽养大成为成品后交付公司回收，公司和农户是劳务外包关系。

黑龙江垦区国有农场从家庭农场承包户以“土地承包费”形式取得的从事农、林、牧、渔业生产的收入，属于农场“从事农、林、牧、渔业项目”的所得，可以按不同的项目享受减免企业所得税税收优惠。

【案例8-1】分析1

A农业集团公司2020年销售种植的大豆、水果等农产品的所得，按照项目收入–项目成本–相关税费–应分摊的期间费用+纳税调整额=1900–780–68–500+30=582（万元），为免税所得；按照上述计算所得的方法，向华北市场销售海水养殖的海产品的所得=800–360–30–200+20=230（万元），应当减半征收企业所得税。

二、国家重点扶持的公共基础设施项目的税收优惠

《国家税务总局关于实施国家重点扶持的公共基础设施项目企业所得税优惠问题的通知》（国税发〔2009〕80号）、《财政部　国家税务总局关于执行公共基础设施项目企业所得税优惠目录有关问题的通知》（财税〔2008〕46号）、《财政部　国家税务总局　国家发展改革委关于公布公共基础设施项目企业所得税优惠目录（2008年版）的通知》（财税〔2008〕116号）、《国家税务总局关于实施国家重点扶持的公共基础设施项目企业所得税优惠问题的通知》（国税发〔2009〕80号）、《财政部　国家税务总局关于公共基础设施项目和环境保护　节能节水项目企业所得税优惠政策问题的通知》（财税〔2012〕10号）、《财政部　国家税务总局关于支持农

村饮水安全工程建设运营税收政策的通知》（财税〔2012〕30号）第五条、《国家税务总局关于电网企业电网新建项目享受所得税优惠政策问题的公告》（国家税务总局公告2013年第26号）、《财政部　国家税务总局关于公共基础设施项目享受企业所得税优惠政策问题的补充通知》（财税〔2014〕55号）中对国家重点扶持的公共基础设施项目的税收优惠明确如下：

企业从事《公共基础设施项目企业所得税优惠目录》规定的港口码头、机场、铁路、公路、城市公共交通、电力、水利等项目的投资经营的所得，自项目取得第一笔生产经营收入所属纳税年度起，第一年至第三年免征企业所得税，第四年至第六年减半征收企业所得税，即实行"三免三减半"的税收优惠政策。第一笔生产经营收入，是指公共基础设施项目已建成并投入运营后所取得的第一笔收入。

企业投资经营符合《公共基础设施项目企业所得税优惠目录》规定条件和标准的公共基础设施项目，采用一次核准、分批次（如码头、泊位、航站楼、跑道、路段、发电机组等）建设的，凡同时符合以下条件的，可按每一批次为单位计算所得，并享受企业所得税"三免三减半"优惠：

（1）不同批次在空间上相互独立；

（2）每一批次自身具备取得收入的功能；

（3）以每一批次为单位进行会计核算，单独计算所得，并合理分摊期间费用。

企业承包经营、承包建设和内部自建自用的项目，不得享受企业所得税优惠。

企业在减免税期限内转让所享受减免税优惠的项目，受让方承续经营该项目的，可自受让之日起，在剩余优惠期限内享受规定的减免税优惠；减免税期限届满后转让的，受让方不得就该项目重复享受减免税优惠。

《财政部　税务总局关于继续实行农村饮水安全工程税收优惠政策的公告》（财政部　税务总局公告2019年第67号）规定，对饮水工程运营管理单位从事《公共基础设施项目企业所得税优惠目录》规定的饮水工程新建项目投资经营的所得，自项目取得第一笔生产经营收入所属纳税年度起，第一年至第三年免征企业所得税，第四年至第六年减半征收企业所得税。饮水工程，是指为农村居民提供生活用水而建设的供水工程设施。饮水工程运营管理单位，是指负责饮水工程运营管理的自来水公司、供水公司、供水（总）站（厂、中心）、村集体、农民用水合作组织等单位。

三、符合条件的环保、节能节水设备的税收优惠

《财政部　国家税务总局　国家发展改革委关于公布环境保护节能节水项目企业所得税优惠目录（试行）的通知》（财税〔2009〕166号）、《财政部　国家税务总局关于公共基础设施项目和环境保护　节能节水项目企业所得税优惠政策问题的通知》（财税〔2012〕10号）中规定，企业从事《环境保护、节能节水项目企业所得税优惠目录》规定的环境保护、节能节水项目，包括公共污水处理、公共垃圾处理、沼气综合开发利用、节能减排技术改造、海水淡化等项目的投资经营的所得，自项目取得第一笔生产经营收入所属纳税年度起，第一年至第三年免征企业所得税，第四年至第六年减半征收企业所得税。

四、符合条件的技术转让所得税收优惠

为了促进技术创新和科技进步，《企业所得税法》规定，在一个纳税年度内，居民企业将其拥有的专利技术、计算机软件著作权、集成电路布图设计权、植物新品种、生物医药新品种，以及财政部和国家税务总局确定的其他技术的所有权或5年以上（含5年）全球独占许可使用权转让取得的所得，不超过500万元的部分，免征企业所得税；超过500万元的部分，减半征收企业所得税。其中专利技术，是指法律授予独占权的发明、实用新型和非简单改变产品图案的外观设计。

居民企业从直接或间接持有股权之和达到100%的关联方取得的技术转让所得，不享受技术转让减免企业所得税优惠政策。

《国家税务总局关于许可使用权技术转让所得企业所得税有关问题的公告》（国家税务总局公告2015年第82号）、《财政部　国家税务总局关于将国家自主创新示范区有关税收试点政策推广到全国范围实施的通知》（财税〔2015〕116号）中规定，自2015年10月1日起，全国范围内的居民企业转让5年（含，下同）以上非独占许可使用权取得的技术转让所得，纳入享受

企业所得税优惠的技术转让所得范围。居民企业的年度技术转让所得不超过500万元的部分，免征企业所得税；超过500万元的部分，减半征收企业所得税。企业转让符合条件的5年以上非独占许可使用权的技术，限于其拥有所有权的技术。

《财政部 税务总局 科技部 知识产权局关于中关村国家自主创新示范区特定区域技术转让企业所得税试点政策的通知》（财税〔2020〕61号）等相关税收政策规定，一个纳税年度内，居民企业将其拥有的专利技术、计算机软件著作权、集成电路布图设计权、植物新品种权、生物医药新品种，以及财政部和国家税务总局确定的其他技术的所有权或符合规定年限的全球独占许可使用权、符合规定年限的非独占许可使用权转让取得的所得，不超过500（或2 000）万元的部分，免征企业所得税；超过500（或2 000）万元的部分，减半征收企业所得税。

《财政部 国家税务总局关于居民企业技术转让有关企业所得税政策问题的通知》（财税〔2010〕111号）、《国家税务总局关于技术转让所得减免企业所得税有关问题的通知》（国税函〔2009〕212号）、《国家税务总局关于技术转让所得减免企业所得税有关问题的公告》（国家税务总局公告2013年第62号）中对符合条件的技术转让所得明确如下：

（一）享受减免企业所得税优惠的技术转让应符合的条件

1. 享受优惠的技术转让主体是企业所得税法规定的居民企业；
2. 技术转让属于财政部、国家税务总局规定的范围；
3. 境内技术转让经省级以上科技部门认定；
4. 向境外转让技术经省级以上商务部门认定；
5. 国务院税务主管部门规定的其他条件。

（二）符合条件的技术转让所得的计算方法

技术转让所得=技术转让收入－技术转让成本－相关税费

技术转让收入是指当事人履行技术转让合同后获得的价款，不包括销售或转让设备、仪器、零部件、原材料等非技术性收入。不属于与技术转让项目密不可分的技术咨询、技术服务、技术培训等收入，不得计入技术转让收入。

技术转让成本是指转让的无形资产的净值，即该无形资产的计税基础减除在资产使用期间按照规定计算的摊销扣除额后的余额。

相关税费是指技术转让过程中实际发生的有关税费，包括除企业所得税和允许抵扣的增值税以外的各项税金及其附加、合同签订费用、律师费等相关费用及其他支出。

此外，享受技术转让所得减免企业所得税优惠的企业，应单独计算技术转让所得，并合理分摊企业的期间费用；没有单独计算的，不得享受技术转让所得企业所得税优惠。

【案例8-1】分析2

A农业集团公司转让一项农作物新品种技术，取得的技术转让所得为：

900-（600-300）-（3.78+1.62）-104=490.6（万元）

按照税法规定该所得属于符合条件的技术转让所得，技术转让所得不超过500万元的部分免征企业所得税，所以A农业集团公司2020年技术转让所得免征企业所得税。

五、实施清洁发展机制项目的所得定期减免征收企业所得税

《财政部　国家税务总局关于中国清洁发展机制基金及清洁发展机制项目实施企业有关企业所得税政策问题的通知》（财税〔2009〕30号）中规定，清洁发展机制项目（以下简称CDM项目）实施企业将温室气体减排量转让收入的65%上缴给国家的HFC和PFC类CDM项目，以及将温室气体减排量转让收入的30%上缴给国家的N_2O类CDM项目，其实施该类CDM项目的所得，自项目取得第一笔减排量转让收入所属纳税年度起，第一年至第三年免征企业所得税，第四年至第六年减半征收企业所得税。

企业实施CDM项目的所得，是指企业实施CDM项目取得的温室气体减排量转让收入扣除上缴国家的部分，再扣除企业实施CDM项目发生的相关成

本、费用后的净所得。

企业应单独核算其享受优惠的CDM项目的所得，并合理分摊有关期间费用，没有单独核算的，不得享受上述企业所得税优惠政策。

六、符合条件的节能服务公司实施合同能源管理项目的所得定期减免征收企业所得税

《财政部　国家税务总局关于促进节能服务产业发展增值税　营业税和企业所得税政策问题的通知》（财税〔2010〕110号）和《国家税务总局　国家发展改革委关于落实节能服务企业合同能源管理项目企业所得税优惠政策有关征收管理问题的公告》（国家税务总局　国家发展改革委公告2013年第77号）对符合条件的节能服务公司实施合同能源管理项目的所得优惠进行了明确的规定。

对符合条件的节能服务公司实施合同能源管理项目，符合《企业所得税法》有关规定的，自项目取得第一笔生产经营收入所属纳税年度起，第一年至第三年免征企业所得税，第四年至第六年按照25%的法定税率减半征收企业所得税。

节能服务企业享受“三免三减半”项目的优惠期限，应连续计算。对在优惠期限内转让所享受优惠的项目给其他符合条件的节能服务企业，受让企业承续经营该项目的，可自项目受让之日起，在剩余期限内享受规定的优惠；优惠期限届满后转让的，受让企业不得就该项目重复享受优惠。

七、线宽小于130纳米的集成电路生产项目

《财政部　税务总局　国家发展改革委　工业和信息化部关于集成电路生产企业有关企业所得税政策问题的通知》（财税〔2018〕27号）、《财政部　税务总局　发展改革委　工业和信息化部关于促进集成电路产业和软件产业高质量发展企业所得税政策的公告》（财政部　税务总局　发展改革委　工业和信息化部公告2020年第45号）中规定，国家鼓励的集成电路线宽小于130纳米，且经营期在10年以上的集成电路生产企业或项目，第一年至第二年免征企业所得税，第三年至第五年按照25%的法定税率减半征收

企业所得税，并享受至期满为止。

对于按照集成电路生产企业享受本项税收优惠政策的，优惠期自企业获利年度起计算；对于按照集成电路生产项目享受上述优惠的，优惠期自项目取得第一笔生产经营收入所属纳税年度起计算。

集成电路生产项目，其主体企业应符合集成电路生产企业条件，且能够对该项目单独进行会计核算、计算所得，并合理分摊期间费用。

八、线宽小于65纳米或投资额超过150亿元的集成电路生产项目

2020年1月1日起国家鼓励的集成电路线宽小于65纳米或投资额超过150亿元，且经营期在15年以上的集成电路生产企业或项目，第一年至第五年免征企业所得税，第六年至第十年按照25%的法定税率减半征收企业所得税，并享受至期满为止。

九、线宽小于28纳米（含），且经营期在15年以上的集成电路生产企业或项目

国家鼓励的集成电路线宽小于28纳米（含），且经营期在15年以上的集成电路生产企业或项目，第一年至第十年免征企业所得税。

对于按照集成电路生产企业享受本项税收优惠政策的，优惠期自企业获利年度起计算；对于按照集成电路生产项目享受上述优惠的，优惠期自项目取得第一笔生产经营收入所属纳税年度起计算。

集成电路生产项目，其主体企业应符合集成电路生产企业条件，且能够对该项目单独进行会计核算、计算所得，并合理分摊期间费用。

十、《A107020所得减免优惠明细表》的填写

在年度报表体系中，《A107020所得减免优惠明细表》（以下简称A107020）属于二级附表，其结果需要结转至主表A100000。

（一）行次填报

本表共31行，分为十大部分。第一部分是农、林、牧、渔业项目，第二部分是国家重点扶持的公共基础设施项目，第三部分是符合条件的环境保护、节能节水项目，第四部分是符合条件的技术转让项目，第五部分是实施清洁机制发展项目，第六部分是符合条件的节能服务公司实施合同能源管理项目，第七部分是线宽小于130纳米的集成电路生产项目，第八部分是线宽小于65纳米或投资额超过150亿元的集成电路生产项目，第九部分是线宽小于28纳米（含）的集成电路生产项目，第十部分是其他。各部分按照所涉及的不同项目分别填报，一个项目填报一行，纳税人有多个项目的，可自行增加行次填报。各行相应列次填报金额的合计金额填入“小计”行。第31行是第3+6+9+12+15+18+21+24+27+30行的合计数。

（二）列次填报

从列来看，需要填报的有“项目名称”“优惠事项名称”“优惠方式”“项目收入”“项目成本”“相关税费”“应分摊期间费用”“纳税调整额”“项目所得额”和“减免所得额”，其中“项目所得额”分为“免税项目”和“减半项目”，以上内容分别填列在第1列～11列。

1. 第1列“项目名称”：填写纳税人享受减免所得优惠的项目在会计核算上的名称。项目名称以纳税人内部规范称谓为准。

2. 第2列“优惠事项名称”：按照该项目享受所得减免企业所得税优惠事项的具体政策内容选择填报。具体如下：

（1）“一、农、林、牧、渔业项目”。

在以下优惠事项中选择填报：①蔬菜、谷物、薯类、油料、豆类、棉花、麻类、糖料、水果、坚果的种植；②农作物新品种的选育；③中药材的种植；④林木的培育和种植；⑤牲畜、家禽的饲养；⑥林产品的采集；⑦灌溉、兽医、农技推广、农机作业和维修等农、林、牧、渔服务业项目；⑧农产品初加工；⑨远洋捕捞；⑩花卉、茶以及其他饮料作物和香料作物的种植；⑪海水养殖、内陆养殖；⑫其他。

（2）“二、国家重点扶持的公共基础设施项目”。

在以下优惠事项中选择填报：①港口码头项目；②机场项目；③铁路项目；④公路项目；⑤城市公共交通项目；⑥电力项目；⑦水利项目（不含农村饮水安全工程）；⑧农村饮水安全工程；⑨其他项目。

（3）“三、符合条件的环境保护、节能节水项目”。

在以下优惠事项中选择填报：①公共污水处理项目；②公共垃圾处理项目；③沼气综合开发利用项目；④节能减排技术改造项目；⑤海水淡化项目；⑥其他项目。

（4）“四、符合条件的技术转让项目”。

在以下优惠事项中选择填报：①一般技术转让项目；②中关村国家自主创新示范区特定区域技术转让项目。其他行次无需填报本列。

（5）“五、清洁发展机制项目”“六、符合条件的节能服务公司实施合同能源管理项目”“七、线宽小于 130 纳米（含）的集成电路生产项目”“九、线宽小于 28 纳米（含）的集成电路生产项目”。本列无需填报。

（6）“八、线宽小于 65 纳米（含）或投资额超过 150 亿元的集成电路生产项目”。

在以下优惠事项中选择填报：①线宽小于 65 纳米（含）的项目；②投资额超过 150 亿元的项目。

（7）“十、其他”。填报上述所得减免优惠项目以外的其他所得减免优惠政策具体名称。

3. 第3列“优惠方式”：填写该项目享受所得减免企业所得税优惠的具体方式。该项目享受免征企业所得税优惠的，选择填报“免税”；项目享受减半征税企业所得税优惠的，选择填报“减半征收”。

4. 项目所得额的计算公式为：项目所得额=项目收入−项目成本−相关税费−应分摊的期间费用+纳税调整额，为第4−5−6−7+8列的金额。根据第3列分析填写，第3列填报内容为“免税”的，填入第9列“项目所得额—免税项目”，第3列填报内容为“减半征税”的，填入第10列“项目所得额—减半项目”。若第4−5−6−7+8列的值小于零，按零填报。

“四、符合条件的技术转让项目”的“小计”行，当第 4−5−6−7+8 列≤限额时，填报第 4−5−6−7+8 列金额（超过限额部分的金额填入第 10 列）；当第 4−5−6−7+8 列＜0 时，填报 0。如果本行第2 列选择“一般技术转让项目”，限额为 500 万元；如果选择“中关村国家自主创新示范区特定区域技术转让项目”时，限额为 2 000 万元。

5. 第11列“减免所得额”：填报享受所得减免企业所得税优惠的企业，该项目按照税收规定实际可以享受免征、减征的所得额。本列等于第9列+第10列×50%。

（三）表间关系

1. 当本表合计行第11列≥0，且本表合计行第11列≤表A100000第19行时，表A100000第20行=合计行第11列。

2. 当本表合计行第11列≥0，且本表合计行第11列＞表A100000第19行时，表A100000第20行=表A100000第19行。

（四）案例解析

【案例8-1】分析3

根据对A农业集团公司的不同经营项目的分析，填写表8-5《A107020所得减免优惠明细表》。填写结果如下：

表8-5 A107020 所得减免优惠明细表

单位：万元

行次	减免项目	项目名称	优惠事项名称	优惠方式	项目收入	项目成本	相关税费	应分摊期间费用	纳税调整额	项目所得额		减免所得额
										免税项目	减半项目	
		1	2	3	4	5	6	7	8	9	10	11（9+10×50%）
1	一、农、林、牧、渔业项目	销售自产农产品	1. 蔬菜、谷物、薯类、油料、豆类、棉花、麻类、糖料、水果、坚果的种植	免税	1 900.00	780.00	68.00	500.00	30.00	582.00		582.00
2		销售自产海产品	11. 海水养殖、内陆养殖	减半征收	800.00	360.00	30.00	200.00	20.00		230.00	115.00
3		小计	*	*	2 700.00	1 140.00	98.00	700.00	320.00	582.00	230.00	697.00
4	二、国家重点扶持的公共基础设施项目											
5												
6		小计	*	*								
7	三、符合条件的环境保护、节能节水项目											
8												
9		小计	*	*								

续表

行次	减免项目	项目名称	优惠事项名称	优惠方式	项目收入	项目成本	相关税费	应分摊期间费用	纳税调整额	项目所得额		减免所得额
										免税项目	减半项目	
		1	2	3	4	5	6	7	8	9	10	11（9+10×50%）
10	四、符合条件的技术转让项目	转让新品种技术	*	*	900.00	300.00	59.40	50.00	0.00	*	*	*
11			*	*						*	*	*
12		小计	一般技术转让项目	*	900.00	300.00	59.40	50.00	0.00	490.60		490.60
13	五、清洁发展机制项目		*									
14			*									
15		小计	*	*								
16	六、符合条件的节能服务公司实施的合同能源管理项目		*									
17			*									
18		小计	*	*								
19	七、线宽小于130纳米（含）的集成电路生产项目		*									
20			*									
21		小计	*	*								

续表

行次	减免项目	项目名称	优惠事项名称	优惠方式	项目收入	项目成本	相关税费	应分摊期间费用	纳税调整额	项目所得额		减免所得额
										免税项目	减半项目	
		1	2	3	4	5	6	7	8	9	10	11（9+10×50%）
22	八、线宽小于65纳米（含）或投资额超过150亿元的集成电路生产项目											
23												
24		小计	*	*								
25	九、线宽小于28纳米（含）的集成电路生产项目		*									
26			*									
27		小计	*	*								
28	十、其他											
29												
30		小计	*	*								
31	合计	*	*	*	3 600.00	1 440.00	157.40	750.00	320.00	1 072.60	230.00	1 187.60

填写要点：

1. 根据对A农业集团公司的不同经营项目的分析，2020年销售种植的大豆、水果等农产品的所得，为免税所得，按照案例中的项目名称填写销售自产农产品，优惠事项选择“1.蔬菜、谷物、薯类、油料、豆类、棉花、麻类、糖料、水果、坚果的种植”，优惠方式选择免税，填入第1行1～3列；将案例中项目收入1 900万元、项目成本780万元、相关税费68万元、应分摊期间费用500万元、纳税调整额30万元，分别填入第1行第4～8列，根据第1行第4–5–6–7+8列计算出 “项目所得额”为582万元，根据第3列免税，因此将582万元填入第1行第9列，并计算填入第1行第11列“减免所得额”582万元。

2. 向华北市场销售海水养殖的海产品的所得为减半征收企业所得税，按照案例中的项目名称填写销售自产海产品，优惠事项选择“11.海水养殖、内陆养殖；”，优惠方式选择减半征收，填入第2行1～3列；按照案例中给出的项目收入800万元、项目成本360万元、相关税费30万元、应分摊期间费用200万元、纳税调整额20万元，分别填入第2行第4～8列，根据第2行第4–5–6–7+8列计算出 “项目所得额”为230万元，根据第3列减半征收，因此将230万元填入第2行第10列，并计算填入第2行第11列“减免所得额”115万元。然后将第1行与第2行合计至第3行小计栏。

3. A农业集团公司转让一项农作物新品种技术，取得的技术转让所得，按照税法规定该所得属于符合条件的技术转让所得，不超过500万元的部分免征企业所得税，该项所得为490.6万元，因此A农业集团公司2020年技术转让所得免征企业所得税，按照案例中的项目名称填写转让新品种技术，填入第10行第1列，优惠事项及优惠方式不需要填写；然后分别按照项目收入900万元、项目成本300万元、相关税费5.4万元、应分摊的期间费用104万元，填入第10行第4～8列，根据第10行第4–5–6–7+8列计算出 “项目所得额”为490.6万元，免征企业所得税，因此将计算结果填至第10行第9列490.6万元，并计算填入第10行第11列“减免所得额”490.6万元。然后填写第12行小计栏。

4. 然后根据各列的情况，将第3行和12行的结果合计至第28行，并将第28行第11列转入表A100000第20行“减：所得减免”。

第三节　抵扣应纳税所得额及申报

抵扣应纳税所得额是指按照税法规定在计算应纳税所得额时不属于扣除项目的投资，准予按照一定比例直接抵扣应纳税所得额的一种税收优惠方式。

【案例8-2】

2018年8月1日，A创业投资有限责任公司采用股权投资方式向境内未上市的中小高新技术企业B公司投资200万元。B公司职工总人数180人，年销售额为9 000万元，资产总额为1.8亿元，2018年5月通过了高新技术企业认定。2020年A创业投资有限责任公司纳税调整后所得为3 000万元，减免所得为1 500万元。

请完成下列问题：

1. A创业投资有限责任公司可以享受哪种税收优惠政策？
2. A创业投资有限责任公司《抵扣应纳税所得额明细表》如何填写？

一、抵扣应纳税所得额的税务规定

《国家税务总局关于实施创业投资企业所得税优惠问题的通知》（国税发〔2009〕87号）、《财政部　国家税务总局关于执行企业所得税优惠政策若干问题的通知》（财税〔2009〕69号）、《财政部　国家税务总局关于将国家自主创新示范区有关税收试点政策推广到全国范围实施的通知》（财税〔2015〕116号）、《国家税务总局关于有限合伙制创业投资企业法人合伙人企业所得税有关问题的公告》（国家税务总局公告2015年第81号）等文件先后对创业投资企业直接投资于未上市中小高新技术企业和通过有限合伙制创业投资企业投资于未上市中小高新技术企业享有的税收优惠政策做出了规定。分为创业投资企业直接投资按投资额一定比例抵扣应纳税所得额和通过有限合伙制创业投资企业投资按一定比例抵扣分得的应纳税所得额2种情况。

（一）投资未上市的中小高新技术企业抵扣办法

1. 创业投资企业采取股权投资方式投资于未上市的中小高新技术企业2年以上的，可以按照其投资额的70%在股权持有满2年的当年抵扣该创业投资企业的应纳税所得额；当年不足抵扣的，可以在以后纳税年度结转抵扣。

2. 有限合伙制创业投资企业采取股权投资方式投资于未上市的中小高新技术企业满2年（24个月，下同）的，其法人合伙人可按照对未上市中小高新技术企业投资额的70%抵扣该法人合伙人从该有限合伙制创业投资企业分得的应纳税所得额，当年不足抵扣的，可以在以后纳税年度结转抵扣。

所称“满2年”是指2015年10月1日起，有限合伙制创业投资企业投资于未上市中小高新技术企业的实缴投资满2年，同时，法人合伙人对该有限合伙制创业投资企业的实缴出资也应满2年。

法人合伙人的投资额=有限合伙制创业投资企业对中小高新技术企业的投资额×法人合伙人占有限合伙制创业投资企业的出资比例

如果法人合伙人投资于多个符合条件的有限合伙制创业投资企业，可合并计算其可抵扣的投资额和应分得的应纳税所得额。当年不足抵扣的，可结转以后纳税年度继续抵扣；当年抵扣后有结余的，应按照企业所得税法的规定计算缴纳企业所得税。

（二）投资种子期、初创期科技型企业抵扣办法

《财政部　税务总局关于创业投资企业和天使投资个人有关税收试点政策的通知》（财税〔2017〕38号）、《国家税务总局关于创业投资企业和天使投资个人税收试点政策有关问题的公告》（国家税务总局公告2017年第20号）中规定，自2017年1月1日起，创业投资企业采取股权投资方式投资于种子期、初创期科技型企业（以下简称初创科技型企业）满2年（24个月）的，有限合伙制创业投资企业（以下简称合伙创投企业）采取股权投资方式直接投资于初创科技型企业满2年的，也可按照投资于未上市中小高新技术企业的抵扣办法执行，试点地区为京津冀、上海、广东、安徽、四

川、武汉、西安、沈阳8个全面创新改革试验区域和苏州工业园区，《财政部　税务总局关于创业投资企业和天使投资个人有关税收政策的通知》（财税〔2018〕55号）将该政策推广至全国。

1. 公司制创业投资企业采取股权投资方式直接投资于种子期、初创期科技型企业（以下简称初创科技型企业）满2年（24个月，下同）的，可以按照投资额的70%在股权持有满2年的当年抵扣该公司制创业投资企业的应纳税所得额；当年不足抵扣的，可以在以后纳税年度结转抵扣。

2. 有限合伙制创业投资企业（以下简称合伙创投企业）采取股权投资方式直接投资于初创科技型企业满2年的，其法人合伙人可以按照对初创科技型企业投资额的70%抵扣法人合伙人从合伙创投企业分得的所得；当年不足抵扣的，可以在以后纳税年度结转抵扣。

满2年是指公司制创业投资企业（以下简称公司制创投企业）、有限合伙制创业投资企业（以下简称合伙创投企业）和天使投资个人投资于种子期、初创期科技型企业（以下简称初创科技型企业）的实缴投资满2年，投资时间从初创科技型企业接受投资并完成工商变更登记的日期算起。

（三）创业投资企业采用股权投资方式投资于未上市的中小高新技术企业应符合的条件

创业投资企业是指依照《创业投资企业管理暂行办法》（国家发展和改革委员会令第39号，以下简称《暂行办法》）和《外商投资创业投资企业管理规定》（外经贸部等5部委令2003年第2号）在中华人民共和国境内设立的专门从事创业投资活动的企业或其他经济组织。

1. 经营范围符合《暂行办法》规定，且工商登记为“创业投资有限责任公司”“创业投资股份有限公司”等专业性法人创业投资企业。

2. 按照《暂行办法》规定的条件和程序完成备案，经备案管理部门年度检查核实，投资运作符合《暂行办法》的有关规定。

3. 创业投资企业投资的中小高新技术企业，除应按照《科技部　财政部　国家税务总局关于修改印发〈高新技术企业认定管理办法〉的通知》（国科发火〔2016〕32号）和《科技部　财政部　国家税务总局关于修订印发〈高新技术企业认定管理工作指引〉的通知》（国科发火〔2016〕195

号）的规定，通过高新技术企业认定以外，还应符合职工人数不超过500人，年销售（营业）额不超过2亿元，资产总额不超过2亿元的条件。

4. 财政部、国家税务总局规定的其他条件。

（四）通过有限合伙制创业投资企业投资未上市中小高新企业应符合的条件

有限合伙制创业投资企业，是指依照《中华人民共和国合伙企业法》《创业投资企业管理暂行办法》（国家发展和改革委员会令第39号）和《外商投资创业投资企业管理规定》（外经贸部等5部委令2003年第2号）设立的专门从事创业投资活动的有限合伙企业。

有限合伙制创业投资企业的法人合伙人，是指依照《企业所得税法》及其实施条例以及相关规定，实行查账征收企业所得税的居民企业。

（五）初创科技型企业应符合的条件

1. 在中国境内（不含港、澳、台地区）注册成立、实行查账征收的居民企业；

2. 接受投资时，从业人数不超过200人，其中具有大学本科以上学历的从业人数不低于30%；资产总额和年销售收入均不超过3 000万元；

3. 接受投资时设立时间不超过5年（60个月，下同）；

4. 接受投资时以及接受投资后2年内未在境内外证券交易所上市；

5. 接受投资当年及下一纳税年度，研发费用总额占成本费用支出的比例不低于20%。

（六）创业投资企业，应符合的条件

1. 在中国境内（不含港、澳、台地区）注册成立、实行查账征收的居民企业或合伙创投企业，且不属于被投资初创科技型企业的发起人；

2. 符合《创业投资企业管理暂行办法》（国家发展和改革委员会令第39号）规定或者《私募投资基金监督管理暂行办法》（证监会令第105号）关于创业投资基金的特别规定，按照上述规定完成备案且规范运作；

3. 投资后2年内，创业投资企业及其关联方持有被投资初创科技型企业

的股权比例合计应低于50%；

4. 创业投资企业注册地须位于财税〔2017〕38号文件规定的试点地区。

【案例8-2】分析1

B公司职工总人数、年销售额、资产总额均符合创业投资企业投资中小的高新技术企业的标准，且通过了高新技术企业认定。因此，A创业投资有限责任公司可以享受抵扣应纳税所得额的税收优惠，可以在2020年按照投资额的70%抵扣应纳税所得额，即2020年可抵扣的股权投资额为200×70%=140（万元）。2020年可用于抵扣的应纳税所得额=3 000–1 500=1 500（万元）。

二、《A107030抵扣应纳税所得额明细表》的填写

在年度报表体系中，《A107030抵扣应纳税所得额明细表》（以下简称A107030）属于二级附表，其结果需要结转至主表A100000。企业只要本年有新增符合条件的投资额、从有限合伙制创业投资企业分得的应纳税所得额或以前年度结转的尚未抵扣的股权投资余额，无论本年是否抵扣应纳税所得额，均需填报本表。

（一）行次填报

本表共15行，分为三部分。一是创业投资企业直接投资按投资额一定比例抵扣应纳税所得额；二是通过有限合伙制创业投资企业投资按一定比例抵扣分得的应纳税所得额；三是上述两种情况的合计。企业同时存在创业投资企业直接投资和通过有限合伙制创业投资企业投资两种情形的，应先填写“二、通过有限合伙制创业投资企业投资按一定比例抵扣分得的应纳税所得额”。

1. 第一部分第1至8行，填报创业投资企业直接投资按投资额一定比例抵扣应纳税所得额的情况。

（1）第1行“本年新增的符合条件的股权投资额”：将创业投资企业采取股权投资方式投资于未上市的中小高新技术企业和投资于种子期、初创期科技型企业满2年的，本年新增的符合条件的股权投资额，分别填写在第2列

和第3列，并合计至第1列。第3行“本年新增的可抵扣的股权投资额”填报第1×2行金额。

（2）第4行“以前年度结转的尚未抵扣的股权投资余额”：填报以前年度符合条件的尚未抵扣的股权投资余额。第5行“本年可抵扣的股权投资额”填写第3+4行的金额。

（3）第6行“本年可用于抵扣的应纳税所得额”第1列填报表A100000第19-20-21行-本表第13行第1列“本年实际抵扣应分得的应纳税所得额”的金额，若金额小于零，则填报零。

（4）第7行“本年实际抵扣应纳税所得额”：若第5行第1列≤第6行第1列，则本行第1列=第5行第1列；若第5行第1列＞第6行第1列，则本行第1列=第6行第1列。本行第1列=本行第2列+本行第3列。第8行“结转以后年度抵扣的股权投资余额”填报本年可抵扣的股权投资额大于本年实际抵扣应纳税所得额时，抵扣后余额部分结转以后年度抵扣的金额。

2. 第二部分第9至14行，填写通过有限合伙制创业投资企业投资按一定比例抵扣分得的应纳税所得额的情况。

3. 第三部分抵扣应纳税所得额合计，填写上述两类优惠合计额，第15行“合计”=8行+14行。并将合计数转入表A100000表计算应纳税所得额。

（二）表间关系

1. 第6行第1列=表A100000第19-20-21行-本表第13行第1列；若表A100000第19-20-21行-本表第13行第1列＜0，第6行第1列=0。

2. 第15行第1列=表A100000第22行。

3. 第13行第1列=本表第9行第1列、第12行第1列、表A100000第19-20-21行三者的孰小值；若上述孰小值＜0，第13行第1列=0。

（三）案例解析

【案例8-2】分析2

根据A创业投资股份有限公司对B公司的投资情况，填写表8-6《A107030抵扣应纳税所得额明细表》。填写结果如下：

表8-6　　A107030　抵扣应纳税所得额明细表

单位：元

行次	项　　目	合计金额	投资于未上市中小高新技术企业	投资于种子期、初创期科技型企业
		1=2+3	2	3
一、创业投资企业直接投资按投资额一定比例抵扣应纳税所得额				
1	本年新增的符合条件的股权投资额	2 000 000	2 000 000	0
2	税收规定的抵扣率	70%	70%	70%
3	本年新增的可抵扣的股权投资额（1×2）	140 000	1 400 000	0
4	以前年度结转的尚未抵扣的股权投资余额	0	*	*
5	本年可抵扣的股权投资额（3+4）	1 400 000	*	*
6	本年可用于抵扣的应纳税所得额	1 500 000	*	*
7	本年实际抵扣应纳税所得额	1 400 000	1 400 000	
8	结转以后年度抵扣的股权投资余额	0	*	*
二、通过有限合伙制创业投资企业投资按一定比例抵扣分得的应纳税所得额				
9	本年从有限合伙创投企业应分得的应纳税所得额			
10	本年新增的可抵扣投资额			
11	以前年度结转的可抵扣投资额余额		*	*
12	本年可抵扣投资额（10+11）		*	*
13	本年实际抵扣应分得的应纳税所得额			
14	结转以后年度抵扣的投资额余额		*	*
三、抵扣应纳税所得额合计				
15	合计（7+13）	1 400 000	1 400 000	0

填写要点：

1. A创业投资有限责任公司投资于B公司的股权投资金额200万元填列至第1行第2列“本年新增的符合条件的股权投资额”金额栏中，并合计至第1行第1列，第3行第2列“本年新增的可抵扣的股权投资额”填写第1×2行的金额，即140万元，并合计至第3行第1列；由于没有以前年度符合条件的尚未抵扣的股权投资余额，因此第5行第1列“本年可抵扣的股权投资额”填写140万元；

2. A创业投资有限责任公司纳税调整后所得为3 000万元，减免所得为1 500万元，则A创业投资有限公司可用于抵扣的应纳税所得额为1 500万元；第1列第5行≤第6行，第1列第7行“本年实际抵扣应纳税所得额”应填写140万元，并将其转入表A100000第22行，抵扣应纳税所得额；同时第1列第5行≤第6行，第8行“结转以后年度抵扣的股权投资余额”应填写0。

3. 第1列第15行“合计”填写第7行与第13行的合计数，即140万元。

第四节　减免所得税优惠的确认及申报

一、符合条件的小型微利企业的税收优惠

根据《企业所得税法》及其实施条例、《财政部　国家税务总局关于进一步扩大小型微利企业所得税优惠政策范围的通知》（财税〔2018〕77号）、《国家税务总局关于贯彻落实进一步扩大小型微利企业所得税优惠政策范围有关征管问题的公告》（国家税务总局公告2018年第40号）、《国家税务总局关于实施小型微利企业普惠性所得税减免政策有关问题的公告》（国家税务总局公告2019年第2号）等相关税收政策规定，自2019年1月1日至2021年12月31日，对小型微利企业年应纳税所得额不超过100万元的部分，减按25%计入应纳税所得额，按20%的税率缴纳企业所得税；对年应纳税所得额超过100万元但不超过300万元的部分，减按50%计入应纳税所得额，按20%的税率缴纳企业所得税。

（一）小型微利企业资格条件认定

小型微利企业是指从事国家非限制和禁止行业，且同时符合年度应纳税

所得额不超过300万元、从业人员不超过300人、资产总额不超过5000万元等三个条件的企业。

（二）享受小型微利企业所得税优惠必须同时满足的条件

1. 从事国家非限制和禁止行业。国家限制和禁止行业，参照《产业结构调整指导目录（2005年版）》（国家发展和改革委员会令第40号）执行。

2. 年度应纳税所得额不得超过300万元（含300万元）。企业每一年度的收入总额，减除不征税收入、免税收入、各项扣除以及允许弥补的以前年度亏损后的余额，为应纳税所得额。

3. 从业人数和资产总额不能超过规定的标准。其中，“从业人数”是指与企业建立劳动关系的职工人数和企业接受的劳务派遣用工人数之和，“资产总额”是指企业资产负债表中“资产合计”的数字。从业人数和资产总额指标，按企业全年月平均值确定，具体计算公式如下：

季度平均值=（季初值+季末值）÷2

全年季度平均值=全年各季度平均值之和÷4

年度中间开业或者终止经营活动的，以其实际经营期作为一个纳税年度确定上述相关指标。

符合条件的小型微利企业，无论采取查账征收方式还是核定征收方式，均可享受，并统一实行按季度预缴企业所得税。

2020年5月1日至2020年12月31日，小型微利企业在2020年剩余申报期按规定办理预缴申报后，可以暂缓缴纳当期的企业所得税，延迟至2021年首个申报期内一并缴纳。在预缴申报时，小型微利企业通过填写预缴纳税申报表相关行次，即可享受小型微利企业所得税延缓缴纳政策。

二、国家重点扶持的高新技术企业的税收优惠政策

【案例8-3】

北京A科技创新股份有限公司成立于2018年6月1日，经营范围为有线传输与覆盖系统技术、广播电视监测监管等。2019年10月31日被认定为高新技

术企业，取得《高新技术企业证书》。证书编号为GR201611002316，有效期三年，产品（服务）属于《国家重点支持的高新技术领域》规定的电子信息—广播电视技术—有线传输与覆盖系统技术、广播电视监测监管的范围。公司没有发生重大安全、质量事故，无环境等违法、违规行为，没有发生偷骗税行为。

公司2020年职工总数100人，其中具有大学专科以上学历的科技人员50人，研发人员30人。2020年收入总额为1 100万元，营业收入为990万元，高新技术产品（服务）收入为890万元，其中有线传输与覆盖系统技术400万元，广播电视监测监管380万元，技术服务收入110万元。2020年度高新研发费用金额为168万元，其中人员人工费用60万元，直接投入费用80万元，折旧费用与长期待摊费用15万元，设计费用10万元，装备调试费3万元。2019年度营业收入980万元，高新研发费用为170万元，其中，人员人工60万元，直接投入费用83万元，折旧费用与长期待摊费用15万元，设计费用9万元，装备调试费3万元。2018年营业收入960万元，高新研发费用为150万元，其中，人员人工60万元，直接投入费用63万元，折旧费用与长期待摊费用15万元，设计费用10万元，装备调试费2万元。2020年应纳税所得额为9.8万元。

请完成下列问题：

1. A科技创新股份有限公司享受何种税收优惠政策？

2. A科技创新股份有限公司《A107041高新技术企业优惠情况及明细表》如何填写？

（一）国家重点扶持的高新技术企业的税收优惠政策

《科技部　财政部　国家税务总局关于修订印发〈高新技术企业认定管理办法〉的通知》（国科发火〔2016〕32号，以下简称《认定办法》）及《科技部　财政部　国家税务总局关于修订印发〈高新技术企业认定管理工作指引〉的通知》（国科发火〔2016〕195号，以下简称《工作指引》），《国家税务总局关于实施高新技术企业所得税优惠政策有关问题的公告》（国家税务总局公告2017年第24号，以下简称2017年第24号公告）中对国家重点扶持的高新技术企业的税收优惠政策明确如下：

1. 高新技术企业的范畴。

高新技术企业是指在《国家重点支持的高新技术领域》内，持续进行研究开发与技术成果转化，形成企业核心自主知识产权，并以此为基础开展经营活动，在中国境内（不包括港、澳、台地区）注册一年以上的居民企业。

根据《国家重点支持的高新技术领域》的规定，国家重点支持的高新技术包括电子信息技术、生物与新医药技术、航空航天技术、新材料技术、高技术服务业、新能源及节能技术、资源与环境技术和先进制造与自动化。

2. 高新技术企业的认定。

高新技术企业认定必须同时满足以下条件：

（1）企业申请认定时须注册成立一年以上；

（2）企业通过自主研发、受让、受赠、并购等方式，获得对其主要产品（服务）在技术上发挥核心支持作用的知识产权的所有权；

（3）对企业主要产品（服务）发挥核心支持作用的技术属于《国家重点支持的高新技术领域》规定的范围；

（4）企业从事研发和相关技术创新活动的科技人员占企业当年职工总数的比例不低于10%；

（5）企业近三个会计年度（实际经营期不满三年的按实际经营时间计算，下同）的研究开发费用总额占同期销售收入总额的比例符合如下要求：

① 最近一年销售收入小于5 000万元（含）的企业，比例不低于5%；

② 最近一年销售收入在5 000万元至2亿元（含）的企业，比例不低于4%；

③ 最近一年销售收入在2亿元以上的企业，比例不低于3%。

其中，企业在中国境内发生的研究开发费用总额占全部研究开发费用总额的比例不低于60%；

（6）近一年高新技术产品（服务）收入占企业同期总收入的比例不低于60%；

（7）企业创新能力评价应达到相应要求；

（8）企业申请认定前一年内未发生重大安全、重大质量事故或严重环境违法行为。

3. 高新技术企业的税收优惠及管理。

国家需要重点扶持的高新技术企业，减按15%的税率征收企业所得税。

企业获得高新技术企业资格后，自高新技术企业证书注明的发证时间所在年度起申报享受税收优惠，并按规定向主管税务机关办理备案手续。企业的高新技术企业资格期满当年，在通过重新认定前，其企业所得税暂按15%的税率预缴，在年底前仍未取得高新技术企业资格的，应按规定补缴相应期间的税款。

2016年1月1日前已按《高新技术企业认定管理办法》（国科发火〔2008〕172号，以下称2008版《认定办法》）认定的仍在有效期内的高新技术企业，其资格依然有效，可依照《企业所得税法》及其实施条例等有关规定享受企业所得税优惠政策。

【案例8-3】分析1

A科技创新股份有限公司生产的产品（服务）属于《国家重点支持的高新技术领域》规定的电子信息的范围，具有大学专科以上学历的科技人员占企业当年职工总数的比例为50%，其中研发人员占企业当年职工总数的比例为30%，最近一年销售收入为990万元，研发费用总额占销售收入的比例为17%，且高新技术产品（服务）收入占企业当年总收入的比例为81%，均符合享有高新技术企业税收优惠的条件，并取得《高新技术企业证书》，因此A科技创新股份有限公司属于国家重点扶持的高新技术企业，可以享受减按15%的税率征收企业所得税。

（二）《A107041高新技术企业优惠情况及明细表》的填写

在年度报表体系中，《A107041高新技术企业优惠情况及明细表》（以下简称表A107041）属于三级附表，其结果需要结转至二级附表《A107040减免所得税优惠明细表》（以下简称表A107040）。

1. 行次填报。

本表共32行，分为基本信息、关键指标情况和减免税额三大部分。

（1）第一部分是基本信息，包括产品（服务）属于《国家重点支持的高新技术领域》规定的范围（填写所属的领域）。分别在第1至3行相关位置填列。

（2）第二部分是关键指标，包括收入指标、人员指标和研发费用指标。

收入指标：根据本年产品（服务）收入和技术性收入填写第5行和第6行，第4行填写本年高新技术产品（服务）收入合计数。本年企业总收入填列在第7行，填报纳税人本年以货币形式和非货币形式从各种来源取得的收入，为税法第六条规定的收入总额。包括：销售货物收入，提供劳务收入，转让财产收入，股息、红利等权益性投资收益，利息收入，租金收入，特许权使用费收入，接受捐赠收入，其他收入。然后将本年高新技术产品（服务）收入占企业总收入的比例，即第4÷7行，填入第10行。

人员指标：本年科技人员数，纳税人直接从事研发和相关技术创新活动，以及专门从事上述活动的管理和提供直接技术服务累计实际工作时间在183天以上的人员，包括在职、兼职和临时聘用人员，填写第11行。本年职工总数，纳税人本年在职、兼职和临时聘用人员。在职人员可以通过企业是否签订了劳动合同或缴纳社会保险费来鉴别。兼职、临时聘用人员全年须在企业累计工作183天以上。第13行“六、本年科技人员占企业当年职工总数的比例”：填报第11÷12行计算后的比例。

研发费用指标：归集的高新研发费用金额分为内部研发投入和委托外部研发费用，本部分设定了三个年度，与计算研发费比例相关的第15行至第29行需填报三年数据，实际经营不满三年的按实际经营时间填报。

内部研究开发投入，具体包括人员人工费用，直接投入费用，折旧费用与长期待摊费用，设计费用，装备调试费与实验费用，其他费用，分别填写第17行至第24行，第16行是合计数。

委托外部研发费用，包括境内的外部研发费和境外的外部研发费，分别填写第26行至第28行，第25行是合计数。

第30行填写三年研发费用占销售（营业）收入的比例：填报第15行第4列÷第29行第4列计算后的比例。

（3）第三部分是减免税额，包括国家需要重点扶持的高新技术企业减征企业所得税和经济特区和上海浦东新区新设立的高新技术企业定期减免税额。

第31行填写经济特区和上海浦东新区外的高新技术企业或虽在经济特区和上海浦东新区新设立的高新技术企业但取得区外所得的减免税金额。

第32行填写在经济特区和上海浦东新区新设立的高新技术企业区内所得减免税金额。

2. 表间关系。

第31行=表A107040第2行。

第32行=表A107040第3行。

3. 案例解析。

【案例8-3】分析2

根据A科技创新股份有限公司的情况，填写表8-7《A107041高新技术企业优惠情况及明细表》，填写结果如下：

表8-7　　A107041　高新技术企业优惠情况及明细表

单位：万元

<table>
<tr><th colspan="6">税收优惠基本信息</th></tr>
<tr><td>1</td><td colspan="2" rowspan="3">企业主要产品（服务）发挥核心支持作用的技术所属范围</td><td rowspan="3">国家重点支持的高新技术领域</td><td>一级领域</td><td>电子信息</td></tr>
<tr><td>2</td><td>二级领域</td><td>广播影视技术</td></tr>
<tr><td>3</td><td>三级领域</td><td>有线传输与覆盖系统技术、广播电视监测监管</td></tr>
<tr><th colspan="6">税收优惠有关情况</th></tr>
<tr><td>4</td><td rowspan="7">收入指标</td><td colspan="3">一、本年高新技术产品（服务）收入（5+6）</td><td>890</td></tr>
<tr><td>5</td><td colspan="3">其中：产品（服务）收入</td><td>780</td></tr>
<tr><td>6</td><td colspan="3">技术性收入</td><td>110</td></tr>
<tr><td>7</td><td colspan="3">二、本年企业总收入（8-9）</td><td>1 100</td></tr>
<tr><td>8</td><td colspan="3">其中：收入总额</td><td>1 100</td></tr>
<tr><td>9</td><td colspan="3">不征税收入</td><td></td></tr>
<tr><td>10</td><td colspan="3">三、本年高新技术产品（服务）收入占企业总收入的比例（4÷7）</td><td>81%</td></tr>
</table>

续表

<table>
<tr><th colspan="7">税收优惠有关情况</th></tr>
<tr><td>11</td><td rowspan="3">人员指标</td><td colspan="4">四、本年科技人员数</td><td>50</td></tr>
<tr><td>12</td><td colspan="4">五、本年职工总数</td><td>100</td></tr>
<tr><td>13</td><td colspan="4">六、本年科技人员占企业当年职工总数的比例（11 ÷ 12）</td><td>50%</td></tr>
<tr><td rowspan="2">14</td><td rowspan="17">研发费用指标</td><td rowspan="2">高新研发费用归集年度</td><td>本年度</td><td>前一年度</td><td>前二年度</td><td>合计</td></tr>
<tr><td>1</td><td>2</td><td>3</td><td>4</td></tr>
<tr><td>15</td><td>七、归集的高新研发费用金额（16+25）</td><td>168</td><td>170</td><td>150</td><td>488</td></tr>
<tr><td>16</td><td>（一）内部研究开发投入（17+…+22+24）</td><td>168</td><td>170</td><td>150</td><td>488</td></tr>
<tr><td>17</td><td>1. 人员人工费用</td><td>60</td><td>60</td><td>60</td><td>180</td></tr>
<tr><td>18</td><td>2. 直接投入费用</td><td>80</td><td>83</td><td>63</td><td>226</td></tr>
<tr><td>19</td><td>3. 折旧费用与长期待摊费用</td><td>15</td><td>15</td><td>15</td><td>45</td></tr>
<tr><td>20</td><td>4. 无形资产摊销费用</td><td></td><td></td><td></td><td></td></tr>
<tr><td>21</td><td>5. 设计费用</td><td>10</td><td>9</td><td>10</td><td>29</td></tr>
<tr><td>22</td><td>6. 装备调试费与实验费用</td><td>3</td><td>3</td><td>2</td><td>8</td></tr>
<tr><td>23</td><td>7. 其他费用</td><td>0</td><td>0</td><td>0</td><td>0</td></tr>
<tr><td>24</td><td>其中：可计入研发费用的其他费用</td><td></td><td></td><td></td><td></td></tr>
<tr><td>25</td><td>（二）委托外部研发费用［（26+28）× 80%］</td><td></td><td></td><td></td><td></td></tr>
<tr><td>26</td><td>1. 境内的外部研发费</td><td></td><td></td><td></td><td></td></tr>
<tr><td>27</td><td>2. 境外的外部研发费</td><td></td><td></td><td></td><td></td></tr>
<tr><td>28</td><td>其中：可计入研发费用的境外的外部研发费</td><td></td><td></td><td></td><td></td></tr>
<tr><td>29</td><td>八、销售（营业）收入</td><td>990</td><td>980</td><td>960</td><td>2 930</td></tr>
<tr><td>30</td><td colspan="4">九、三年研发费用占销售（营业）收入的比例（15 行 4 列 ÷ 29 行 4 列）</td><td>17%</td></tr>
<tr><td>31</td><td rowspan="2">减免税额</td><td colspan="4">十、国家需要重点扶持的高新技术企业减征企业所得税</td><td>0.98</td></tr>
<tr><td>32</td><td colspan="4">十一、经济特区和上海浦东新区新设立的高新技术企业定期减免税额</td><td></td></tr>
</table>

填写要点：

1. 根据A科技创新股份有限公司的基本情况来填写1至3行基本信息部分，“对企业主要产品（服务）发挥核心支持作用的技术所属范围”《国家重点支持的高新技术领域》一级领域填写电子信息，二级领域填写广播影视技术，三级领域填写有线传输与覆盖系统技术、广播电视监测监管。

2. 收入指标中第5行“其中：产品（服务）收入”，填写本年符合《国家重点支持的高新技术领域》要求的产品（服务）收入780万元；第6行“技术性收入”填写本年符合《国家重点支持的高新技术领域》要求的技术性收入110万元；第4行“一、本年高新技术产品（服务）收入”，填写第5+6行的金额890万元；第7行“二、本年企业总收入”，填写纳税人本年以货币形式和非货币形式从各种来源取得的收入，为税法第六条规定的收入总额，填写1 100万元；第10行“三、本年高新技术产品（服务）收入占企业总收入的比例”，填写第4÷7行的比例，为81%。

3. 人员指标中第11行“四、本年科技人员数”填写50人；第12行“五、本年职工总数”填写本年职工总数100人；第13行“六、本年科技人员占企业当年职工总数的比例”，填写第11÷12行的比例50%。

4. 归集的高新研发费用金额，第17行至23行，第1列“本年度”填写2017年研发投入，第17行填写人员人工费用60万元，第18行填写直接投入费用80万元，第19行填写折旧费用与长期待摊费用15万元，第21行填写设计费用10万元，第22行填写装备调试费与实验费用3万元。第2列“前一年度”填写2016年度研发投入，第17行填写人员人工费用60万元，第18行填写直接投入费用83万元，第19行填写折旧费用与长期待摊费用摊销15万元，第21行填写设计费用9万元，第22行填写装备调试费与实验费用3万元。第3列“前二年度”填写2015年度研发投入，第17行填写人员人工费用60万元，第18行填写直接投入费用63万元，第19行填写折旧费用与长期待摊费用15万元，第21行填写设计费用10万元，第22行填写装备调试费与实验费用2万元。第4列为各行合计数，第17行填写180万元，第18行填写226万元，第19行填写45万元，第21行填写29万元，第22行填写8万元。

第16行为第17行至第23行的合计数，第1列填写168万元，第2列填写170万元，第3列填写150万元，第4列填写488万元。第15行为内部研究开发投入与委托外部研发费用的合计数，相关列次金额等于第16行。

5. 第29行填写销售（营业）收入，第1列填写990万元，第2列填写980万元，第3列填写960万元，第4列填写2 930万元。

6. 第30行“九、三年研发费用占销售（营业）收入比例”，填写纳税人三年研发费用占销售（营业）收入的比例，为17%。

7. 第31行“十、国家需要重点扶持的高新技术企业减征企业所得税”，填写按照应纳税所得额计算的减征10%企业所得税金额，即9.8×10%=0.98（万元）该数据转入A107040第2行。

三、民族自治地方企业所得税税收优惠

民族自治地方的自治机关对本民族自治地方的企业应缴纳的企业所得税中属于地方分享的部分，可以决定减征或者免征。自治州、自治县决定减征或者免征的，须报省、自治区、直辖市人民政府批准。

四、其他专项优惠

（一）经济特区和上海浦东新区新设立的高新技术企业定期减免征收企业所得税

《国务院关于经济特区和上海浦东新区新设立高新技术企业实行过渡性税收优惠的通知》（国发〔2007〕40号）规定，对经济特区和上海浦东新区内在2008年1月1日（含）之后完成登记注册的国家需要重点扶持的高新技术企业（以下简称新设高新技术企业），在经济特区和上海浦东新区内取得的所得，自取得第一笔生产经营收入所属纳税年度起，第一年至第二年免征企业所得税，第三年至第五年按照25%的法定税率减半征收企业所得税。

（二）受灾地区农村信用社免征企业所得税

《财政部　海关总署　国家税务总局关于支持鲁甸地震灾后恢复重建有

关税收政策问题的通知》（财税〔2015〕27号）规定，对鲁甸受灾地区农村信用社，在2018年12月31日前免征企业所得税。

（三）动漫企业自主开发、生产动漫产品定期减免征收企业所得税

《财政部　国家税务总局关于扶持动漫产业发展有关税收政策问题的通知》（财税〔2009〕65号）规定，经认定的动漫企业自主开发、生产动漫产品，可申请享受国家现行鼓励软件产业发展的企业所得税优惠政策。即在2017年12月31日前自获利年度起，第一年至第二年免征企业所得税，第三年至第五年按照25%的法定税率减半征收企业所得税，并享受至期满为止。

（四）集成电路生产企业税收优惠

集成电路生产企业的税收优惠措施分为“两免三减半”和“五免五减半”两种。

集成电路产业和软件产业的税收优惠政策及纳税申报，可扫描二维码观看视频讲解

1. 符合“两免三减半”。

2018年1月1日后投资新设的集成电路线宽小于130纳米，且经营期在10年以上的集成电路生产企业，自获利年度起，第一年至第二年免征企业所得税，第三年至第五年按照25%的法定税率减半征收企业所得税，并享受至期满为止。

2017年12月31日前设立但未获利的集成电路线宽小于0.8微米（含）的集成电路生产企业，自获利年度起第一年至第二年免征企业所得税，第三年至第五年按照25%的法定税率减半征收企业所得税，并享受至期满为止。

2. 符合“五免五减半”。

2018年1月1日后投资新设的集成电路线宽小于65纳米或投资额超过150亿元，且经营期在15年以上的集成电路生产企业，自获利年度起，第一年至第五年免征企业所得税，第六年至第十年按照25%的法定税率减半征收企业所得税，并享受至期满为止。

2017年12月31日前设立但未获利的集成电路线宽小于0.25微米或投资额超过80亿元，且经营期在15年以上的集成电路生产企业，自获利年度起第一年至第五年免征企业所得税，第六年至第十年按照25%的法定税率减半征收企业所得税，并享受至期满为止。

3. 集成电路生产企业应符合的条件。

集成电路生产企业，是指以单片集成电路、多芯片集成电路、混合集成电路制造为主营业务并同时符合下列条件的企业：

（1）在中国境内（不包括港、澳、台地区）依法注册并在发展改革、工业和信息化部门备案的居民企业；

（2）汇算清缴年度具有劳动合同关系或劳务派遣、聘用关系且具有大学专科以上学历职工人数占企业月平均职工总人数的比例不低于40%，其中研究开发人员占企业月平均职工总数的比例不低于20%；

（3）拥有核心关键技术，并以此为基础开展经营活动，且汇算清缴年度研究开发费用总额占企业销售（营业）收入（主营业务收入与其他业务收入之和，下同）总额的比例不低于2%；其中，企业在中国境内发生的研究开发费用金额占研究开发费用总额的比例不低于60%，同时企业应持续加强研发活动，不断提高研发能力；

（4）汇算清缴年度集成电路制造销售（营业）收入占企业收入总额的比例不低于60%；

（5）具有保证产品生产的手段和能力，并获得有关资质认证（包括ISO质量体系认证）；

（6）汇算清缴年度未发生重大安全、重大质量事故或严重环境违法行为。

（五）集成电路设计企业税收优惠

依法成立且符合条件的集成电路设计企业，在2019年12月31日前自获利年度起计算优惠期，第一年至第二年免征企业所得税，第三年至第五年按照25%的法定税率减半征收企业所得税，并享受至期满为止。

集成电路设计企业是指以集成电路设计为主营业务并同时符合下列条件的企业：

（1）在中国境内（不包括港、澳、台地区）依法注册的居民企业；

（2）汇算清缴年度具有劳动合同关系且具有大学专科以上学历的职工人数占企业月平均职工总人数的比例不低40%，其中研究开发人员占企业月平均职工总数的比例不低于20%；

（3）拥有核心关键技术，并以此为基础开展经营活动，且汇算清缴年度研究开发费用总额占企业销售（营业）收入总额的比例不低于6%；其中，企业在中国境内发生的研究开发费用金额占研究开发费用总额的比例不低于60%；

（4）汇算清缴年度集成电路设计销售（营业）收入占企业收入总额的比例不低于60%，其中集成电路自主设计销售（营业）收入占企业收入总额的比例不低于50%；

（5）主营业务拥有自主知识产权；

（6）具有与集成电路设计相适应的软硬件设施等开发环境（如EDA工具、服务器或工作站等）；

（7）汇算清缴年度未发生重大安全、重大质量事故或严重环境违法行为。

（六）符合条件的软件企业

我国境内符合条件的软件企业，经认定后，自获利年度起计算优惠期，第一年至第二年免征企业所得税，第三年至第五年按照25%的法定税率减半征收企业所得税，并享受至期满为止。

软件企业是指以软件产品开发销售（营业）为主营业务并同时符合下列条件的企业：

（1）在中国境内（不包括港、澳、台地区）依法注册的居民企业；

（2）汇算清缴年度具有劳动合同关系且具有大学专科以上学历的职工人数占企业月平均职工总人数的比例不低于40%，其中研究开发人员占企业月平均职工总数的比例不低于20%；

（3）拥有核心关键技术，并以此为基础开展经营活动，且汇算清缴年度研究开发费用总额占企业销售（营业）收入总额的比例不低于6%；其中，企业在中国境内发生的研究开发费用金额占研究开发费用总额的比例不低于60%；

（4）汇算清缴年度软件产品开发销售（营业）收入占企业收入总额的比例不低于50%（嵌入式软件产品和信息系统集成产品开发销售（营业）收入占企业收入总额的比例不低于40%），其中：软件产品自主开发销售（营业）收入占企业收入总额的比例不低于40%（嵌入式软件产品和信息系统集成产品开发销售（营业）收入占企业收入总额的比例不低于30%）；

（5）主营业务拥有自主知识产权；

（6）具有与软件开发相适应软硬件设施等开发环境（如合法的开发工具等）；

（7）汇算清缴年度未发生重大安全、重大质量事故或严重环境违法行为。

【综合案例】分析8-6

ABC科技属于2017年1月1日后依法在中国境内成立并经认定取得软件企业资质的法人企业；签订劳动合同关系且具有大学专科以上学历的职工人数占企业当年月平均职工总人数的比例为50%，其中研究开发人员占企业当年月平均职工总数的比例为25%；拥有核心关键技术，拥有嵌入式软件和信息系统集成产品关键技术，并以此为基础开展经营活动，且当年度的研究开发费用总额占企业销售（营业）收入总额的比例为6%；其中，企业在中国境内发生的研究开发费用金额占研究开发费用总额的比例为100%；主营业务拥有自主知识产权，其中软件产品拥有《软件产品登记证书》，属于符合条件的软件企业。

可以享受自获利年度起，第一年至第二年免征企业所得税，第三年至第五年按照25%的法定税率减半征收企业所得税，并享受至期满为止。

（七）国家规划布局内的重点软件企业和集成电路设计企业

国家规划布局内的重点软件企业和集成电路设计企业自获利年度起，第一年至第五年免征企业所得税，接续年度减按10%的税率征收企业所得税。

1. 国家规划布局内重点集成电路设计企业除符合上述集成电路设计企业的条件，还应至少符合下列条件中的一项：

（1）汇算清缴年度集成电路设计销售（营业）收入不低于2亿元，年应纳税所得额不低于1 000万元，研究开发人员占月平均职工总数的比例不低于25%；

（2）在国家规定的重点集成电路设计领域内，汇算清缴年度集成电路设计销售（营业）收入不低于2 000万元，应纳税所得额不低于250万元，研究开发人员占月平均职工总数的比例不低于35%，企业在中国境内发生的研发开发费用金额占研究开发费用总额的比例不低于70%。

2. 国家规划布局内重点软件企业是除符合软件企业的规定，还应至少符合下列条件中的一项：

（1）汇算清缴年度软件产品开发销售（营业）收入不低于2亿元，应纳税所得额不低于1 000万元，研究开发人员占企业月平均职工总数的比例不低于25%；

（2）在国家规定的重点软件领域内，汇算清缴年度软件产品开发销售（营业）收入不低于5 000万元，应纳税所得额不低于250万元，研究开发人员占企业月平均职工总数的比例不低于25%，企业在中国境内发生的研究开发费用金额占研究开发费用总额的比例不低于70%；

（3）汇算清缴年度软件出口收入总额不低于800万美元，软件出口收入总额占本企业年度收入总额比例不低于50%，研究开发人员占企业月平均职工总数的比例不低于25%。

（八）集成电路封装、测试企业以及集成电路关键专用材料生产企业、集成电路专用设备生产企业

根据《财政部　国家税务总局　发展改革委　工业和信息化部关于进一步鼓励集成电路产业发展企业所得税政策的通知》（财税〔2015〕6号）、《财政部　税务总局　发展改革委　工业和信息化部关于促进集成电路产业和软件产业高质量发展企业所得税政策的公告》（财政部　税务总局　发展改革委　工业和信息化部公告2020年第45号）规定，符合条件的集成电路封装、测试企业，集成电路关键专用材料生产企业、集成电路专用设备生产企业，自获利年度起，第一年至第二年免征企业所得税，第三年至第五年按照25%的法定税率减半征收企业所得税，并享受至期满为止。

1. 集成电路封装、测试企业，必须同时满足以下条件：

（1）2014年1月1日后依法在中国境内成立的法人企业；

（2）签订劳动合同关系且具有大学专科以上学历的职工人数占企业当

年月平均职工总人数的比例不低于40%，其中，研究开发人员占企业当年月平均职工总数的比例不低于20%；

（3）拥有核心关键技术，并以此为基础开展经营活动，且当年度的研究开发费用总额占企业销售（营业）收入（主营业务收入与其他业务收入之和，下同）总额的比例不低于3.5%，其中，企业在中国境内发生的研究开发费用金额占研究开发费用总额的比例不低于60%；

（4）集成电路封装、测试销售（营业）收入占企业收入总额的比例不低于60%；

（5）具有保证产品生产的手段和能力，并获得有关资质认证（包括ISO质量体系认证、人力资源能力认证等）；

（6）具有与集成电路封装、测试相适应的经营场所、软硬件设施等基本条件。

2.集成电路关键专用材料生产企业或集成电路专用设备生产企业，必须同时满足以下条件：

（1）2014年1月1日后依法在中国境内成立的法人企业；

（2）签订劳动合同关系且具有大学专科以上学历的职工人数占企业当年月平均职工总人数的比例不低于40%，其中，研究开发人员占企业当年月平均职工总数的比例不低于20%；

（3）拥有核心关键技术，并以此为基础开展经营活动，且当年度的研究开发费用总额占企业销售（营业）收入总额的比例不低于5%，其中，企业在中国境内发生的研究开发费用金额占研究开发费用总额的比例不低于60%；

（4）集成电路关键专用材料或专用设备销售收入占企业销售（营业）收入总额的比例不低于30%；

（5）具有保证集成电路关键专用材料或专用设备产品生产的手段和能力，并获得有关资质认证（包括ISO质量体系认证、人力资源能力认证等）；

（6）具有与集成电路关键专用材料或专用设备生产相适应的经营场所、软硬件设施等基本条件。

（九）经营性文化事业单位转制为企业的免征企业所得税

从事新闻出版、广播影视和文化艺术的经营性文化事业单位转制为企业，包括文化事业单位整体转为企业和文化事业单位中经营部分剥离转为企业，自转制注册之日起免征企业所得税。

（十）技术先进性服务企业税收优惠

《财政部　国家税务总局　商务部　科技部　国家发展改革委关于完善技术先进型服务企业有关企业所得税政策问题的通知》（财税〔2014〕59号）、《财政部　国家税务总局　商务部　科学技术部　国家发展和改革委员会关于新增中国服务外包示范城市适用技术先进型服务企业所得税政策的通知》（财税〔2016〕108号）和《财政部　税务总局　商务部　科技部　国家发展改革委关于将技术先进型服务企业所得税政策推广至全国实施的通知》（财税〔2017〕79号）等文件中规定了技术先进型服务企业适用的企业所得税优惠政策。

自2017年1月1日起，在全国范围内，对经认定的技术先进型服务企业，减按15%的税率征收企业所得税；经认定的技术先进型服务企业发生的职工教育经费支出，不超过工资薪金总额8%的部分，准予在计算应纳税所得额时扣除；超过部分，准予在以后纳税年度结转扣除。

（十一）服务贸易类技术先进型服务企业

自2018年1月1日起，对经认定的技术先进型服务企业（服务贸易类），减按15%的税率征收企业所得税；经认定的技术先进型服务企业发生的职工教育经费支出，不超过工资薪金总额8%的部分，准予在计算应纳税所得额时扣除；超过部分，准予在以后纳税年度结转扣除。

技术先进型服务业务领域范围包括计算机和信息服务、研究开发和技术服务、文化技术服务、中医药医疗服务等四大类。

（十二）设在西部地区的鼓励类产业企业税收优惠

《财政部　海关总署　国家税务总局关于深入实施西部大开发战略有

关税收政策问题的通知》（财税〔2011〕58号）、《国家税务总局关于深入实施西部大开发战略有关企业所得税问题的公告》（国家税务总局公告2012年第12号）、《财政部　海关总署　国家税务总局关于赣州市执行西部大开发税收政策问题的通知》（财税〔2013〕4号）、《西部地区鼓励类产业目录》（国家发展和改革委员会令第15号）、《国家税务总局关于执行〈西部地区鼓励类产业目录〉有关企业所得税问题的公告》（国家税务总局公告2015年第14号）、《财政部　税务总局　国家发展改革委关于延续西部大开发企业所得税政策的公告》（财政部公告2020年第23号）等规定，自2021年1月1日至2030年12月31日，对设在西部地区以《西部地区鼓励类产业目录》中规定的产业项目为主营业务，且其当年度主营业务收入占企业收入总额60%以上的企业，经企业申请，主管税务机关审核确认后，可减按15%税率缴纳企业所得税。

西部地区包括重庆市、四川省、贵州省、云南省、西藏自治区、陕西省、甘肃省、宁夏回族自治区、青海省、新疆维吾尔自治区、新疆生产建设兵团、内蒙古自治区和广西壮族自治区。湖南省湘西土家族苗族自治州、湖北省恩施土家族苗族自治州、吉林省延边朝鲜族自治州和江西省赣州市，可以比照西部地区的税收政策执行。

（十三）新疆困难地区新办企业、喀什、霍尔果斯两个特殊经济开发区定期减免征收企业所得税

《财政部　国家税务总局关于新疆困难地区新办企业所得税优惠政策的通知》（财税〔2011〕53号）、《财政部　国家税务总局　国家发展改革委　工业和信息化部关于完善新疆困难地区重点鼓励发展产业企业所得税优惠目录的通知》（财税〔2016〕85号）规定，2010年1月1日至2020年12月31日，对在新疆困难地区新办的属于《新疆困难地区重点鼓励发展产业企业所得税优惠目录》范围内的企业，自取得第一笔生产经营收入所属纳税年度起，第一年至第二年免征企业所得税，第三年至第五年减半征收企业所得税；2010年1月1日至2020年12月31日，对在新疆喀什、霍尔果斯两个特殊经济开发区内新办的属于《新疆困难地区重点鼓励发展产业企业所得税优惠目录》范围内的企业，自取得第一笔生产经营收入所属纳税年

度起，五年内免征企业所得税。

（十四）广东横琴新区、福建平潭综合实验区和深圳前海深港等地区鼓励类产业的税收优惠

对设在横琴新区、平潭综合实验区和前海深港现代服务业合作区的鼓励类产业企业减按15%的税率征收企业所得税。鼓励类产业企业是指以所在区域《企业所得税优惠目录》中规定的产业项目为主营业务，且其主营业务收入占企业收入总额70%以上的企业。

横琴新区，是指国务院2009年8月批复的《横琴总体发展规划》规划的横琴岛范围；平潭综合实验区，是指国务院2011年11月批复的《平潭综合实验区总体发展规划》规划的平潭综合实验区范围；前海深港现代服务业合作区，是指国务院2010年8月批复的《前海深港现代服务业合作区总体发展规划》规划的前海深港现代服务业合作区范围。企业在优惠区域内、外分别设有机构的，仅就其设在优惠区域内的机构的所得确定适用15%的企业所得税优惠税率。

（十五）北京冬奥组委、北京冬奥会测试赛赛事组委会免征企业所得税

为支持发展奥林匹克运动，确保北京2022年冬奥会和冬残奥会顺利举办，对北京冬奥组委免征应缴纳的企业所得税，北京冬奥会测试赛赛事组委会取得的收入及发生的涉税支出比照执行北京冬奥组委的税收政策。

（十六）项目所得额按法定税率减半征收企业所得税叠加享受减免税优惠

企业从事农林牧渔业项目、国家重点扶持的公共基础设施项目、符合条件的环境保护、节能节水项目、符合条件的技术转让、其他专项优惠等所得额应按法定税率25%减半征收，同时，享受小型微利企业、高新技术企业、技术先进型服务企业、集成电路线宽小于0.25微米或投资额超过80亿元人民币集成电路生产企业、国家规划布局内重点软件企业和集成电路设计企业等优惠税率政策，会产生优惠税率减半叠加享受减免税优惠，差额部分等于减半项目所得额×50%×（25%-优惠税率）。

（十七）符合条件的生产和装配伤残人员专门用品企业免征企业所得税

根据《财政部　国家税务总局　民政部关于生产和装配伤残人员专门用品企业免征企业所得税的通知》（财税〔2016〕111号）等规定，符合条件的生产和装配伤残人员专门用品的企业免征企业所得税。

（十八）支持和促进重点群体创业就业限额减征企业所得税

支持重点群体创业就业的税收优惠政策及纳税申报，可扫描二维码观看视频讲解

《财政部　税务总局　人力资源社会保障部　国务院扶贫办关于进一步支持和促进重点群体创业就业有关税收政策的通知》（财税〔2019〕22号）中规定，2019年1月1日至2021年12月31日，企业招用建档立卡贫困人口，以及在人力资源社会保障部门公共就业服务机构登记失业半年以上且持《就业创业证》或《就业失业登记证》（注明“企业吸纳税收政策”）的人员，与其签订1年以上期限劳动合同并依法缴纳社会保险费的，自签订劳动合同并缴纳社会保险当月起，在3年内按实际招用人数予以定额依次扣减增值税、城市维护建设税、教育费附加、地方教育附加（以下简称三项附加税费）和企业所得税优惠。定额标准为每人每年6000元，最高可上浮30%。有几个关键点需要把握：

1. 关于企业及优惠选择的问题。

企业是指属于增值税纳税人或企业所得税纳税人的企业等单位。企业招用就业人员，既可以适用本项税收优惠政策，又可以适用其他扶持就业专项税收优惠政策的，可以选择适用最优惠的政策，但不得重复享受。

2. 关于税额减免的顺序。

三项附加税费的计税依据是享受本项税收优惠政策前的增值税应纳税额。企业实际应缴纳的增值税和三项附加税费小于核算减免税总额的，以实际应缴纳的增值税和三项附加税费为限；实际应缴纳的增值税和三项附加税费大于核算减免税总额的，以核算减免税总额为限。纳税年度终了，如果企业实际减免的增值税和三项附加税费小于核算减免税总额，企业在企业所得税汇算清缴时以差额部分扣减企业所得税。当年扣减不完的，不再结转以后年度扣减。

3. 关于重点群体的范围。

①纳入全国扶贫开发信息系统的建档立卡贫困人口；②在人力资源社会保障部门公共就业服务机构登记失业半年以上的人员；③零就业家庭、享受城市居民最低生活保障家庭劳动年龄内的登记失业人员；④毕业年度内高校毕业生。高校毕业生是指实施高等学历教育的普通高等学校、成人高等学校应届毕业的学生；毕业年度是指毕业所在自然年，即1月1日至12月31日。

4. 政策的延续性。

因适用《财政部　税务总局　人力资源社会保障部关于继续实施支持和促进重点群体创业就业有关税收政策的通知》（财税〔2017〕49号）等文件，以前年度已享受重点群体创业就业税收优惠政策满3年的，不得再次享受；以前年度享受重点群体创业就业税收优惠政策未满3年且符合规定条件的，可按规定享受优惠至3年期满。

（十九）扶持自主就业退役士兵创业就业限额减征企业所得税

《财政部　税务总局　退役军人部关于进一步扶持自主就业退役士兵创业就业有关税收政策的通知》（财税〔2019〕21号）中规定，2019年1月1日至2021年12月31日，企业招用自主就业退役士兵，与其签订1年以上期限劳动合同并依法缴纳社会保险费的，自签订劳动合同并缴纳社会保险当月起，在3年内按实际招用人数予以定额依次扣减增值税、三项附加税费和企业所得税优惠。定额标准为每人每年6000元，最高可上浮50%，各省、自治区、直辖市人民政府可根据本地区实际情况在此幅度内确定具体定额标准。

自主就业退役士兵在企业工作不满1年的，应当按月换算减免税限额。计算公式为：企业核算减免税总额=Σ每名自主就业退役士兵本年度在本单位工作月份÷12×具体定额标准。

税额减免的顺序和方法同“（十八）支持和促进重点群体创业就业限额减征企业所得税”，不再赘述。

企业招用自主就业退役士兵享受税收优惠政策的，将以下资料留存备查：

1. 招用自主就业退役士兵的《中国人民解放军义务兵退出现役证》《中国人民解放军士官退出现役证》或《中国人民武装警察部队义务兵退出现役证》《中国人民武装警察部队士官退出现役证》。

2. 企业与招用自主就业退役士兵签订的劳动合同（副本），为职工缴纳的社会保险费记录。

3. 自主就业退役士兵本年度在企业工作时间表。

（二十）从事污染防治的第三方企业减征企业所得税

《财政部　税务总局　国家发展改革委　生态环境部关于从事污染防治的第三方企业所得税政策问题的公告》（财政部　税务总局　国家发展改革委　生态环境部公告2019年第60号）规定，对符合条件的从事污染防治的第三方企业减按15%的税率征收企业所得税。

（二十一）海南自由贸易港企业减征所得税

《财政部　税务总局关于海南自由贸易港企业所得税优惠政策的通知》（财税〔2020〕31号）规定：

1. 对注册在海南自由贸易港并实质性运营的鼓励类产业企业，减按15%的税率征收企业所得税。

鼓励类产业企业，是指以海南自由贸易港鼓励类产业目录中规定的产业项目为主营业务，且其主营业务收入占企业收入总额60%以上的企业。实质性运营，是指企业的实际管理机构设在海南自由贸易港，并对企业生产经营、人员、账务、财产等实施实质性全面管理和控制。对不符合实质性运营的企业，不得享受优惠。

海南自由贸易港鼓励类产业目录包括《产业结构调整指导目录（2019年本）》《鼓励外商投资产业目录（2019年版）》和海南自由贸易港新增鼓励类产业目录。上述目录在该文件执行期限内修订的，自修订版实施之日起按新版本执行。

2. 对总机构设在海南自由贸易港的符合条件的企业，仅就其设在海南自由贸易港的总机构和分支机构的所得，适用15%税率；对总机构设在海南自由贸易港以外的企业，仅就其设在海南自由贸易港内的符合条件的分支机构的所得，适用15%税率。具体征管办法按照国家税务总局有关规定执行。

3. 对在海南自由贸易港设立的旅游业、现代服务业、高新技术产业企业新增境外直接投资取得的所得，免征企业所得税。

新增境外直接投资所得应当符合以下条件：

（1）从境外新设分支机构取得的营业利润；或从持股比例超过20%（含）的境外子公司分回的，与新增境外直接投资相对应的股息所得。

（2）被投资国（地区）的企业所得税法定税率不低于5%。

旅游业、现代服务业、高新技术产业，按照海南自由贸易港鼓励类产业目录执行。

（二十二）中国（上海）自贸试验区临港新片区重点产业减征企业所得税

《财政部　税务总局关于中国（上海）自贸试验区临港新片区重点产业企业所得税政策的通知》（财税〔2020〕38号）、《国务院关于印发中国（上海）自由贸易试验区临港新片区总体方案的通知》（国发〔2019〕15号）规定：

对新片区内从事集成电路、人工智能、生物医药、民用航空等关键领域核心环节相关产品（技术）业务，并开展实质性生产或研发活动的符合条件的法人企业，自设立之日起5年内减按15%的税率征收企业所得税。

"符合条件的法人企业"必须同时满足以下第1、2项条件，以及第3项或第4项条件中任一子条件：

1. 自2020年1月1日起在新片区内注册登记（不包括从外区域迁入新片区的企业），主营业务为从事《新片区集成电路、人工智能、生物医药、民用航空关键领域核心环节目录》（以下简称《目录》）中相关领域环节实质性生产或研发活动的法人企业。

实质性生产或研发活动，是指企业拥有固定生产经营场所、固定工作人员，具备与生产或研发活动相匹配的软硬件支撑条件，并在此基础上开展相关业务。

2. 企业主要研发或销售产品中至少包含1项关键产品（技术）。

关键产品（技术），是指在集成电路、人工智能、生物医药、民用航空等重点领域产业链中起到重要作用或不可或缺的产品（技术）。

3. 企业投资主体条件。

（1）企业投资主体在国际细分市场影响力排名居于前列，技术实力居于业内前列；

（2）企业投资主体在国内细分市场居于领先地位，技术实力在业内领先。

4. 企业研发生产条件。

（1）企业拥有领军人才及核心团队骨干，在国内外相关领域长期从事科研生产工作；

（2）企业拥有核心关键技术，对其主要产品具备建立自主知识产权体系的能力；

（3）企业具备推进产业链核心供应商多元化，牵引国内产业升级能力；

（4）企业具备高端供给能力，核心技术指标达到国际前列或国内领先；

（5）企业研发成果（技术或产品）已被国际国内一线终端设备制造商采用或已经开展紧密实质性合作（包括资本、科研、项目等领域）；

（6）企业获得国家或省级政府科技或产业化专项资金、政府性投资基金或取得知名投融资机构投资。

【例8-1】A生物医药有限公司（以下简称A公司），2020年3月1日在中国（上海）自由贸易试验区临港新片区注册登记，主营业务为高端医药装备研发与制造。A公司在新片区拥有固定生产经营场所、固定工作人员，具备与生产或研发活动相匹配的软硬件支撑条件，并在此基础上开展相关业务。A公司主要研发产品中包含2项生物医药重点领域关键技术，企业研发成果已被国际国内一线终端设备制造商采用，2020年A公司应纳税所得额为1000万元。A公司可以享受何种税收优惠政策？

分析：

A公司属于2020年1月1日后在中国（上海）自由贸易试验区临港新片区注册登记的企业，主营业务为高端医药装备研发与制造，在新片区拥有固定生产经营场所、固定工作人员，具备与生产或研发活动相匹配的软硬件支撑条件，并在此基础上开展相关业务。根据相关政策规定，其属于《新片区集成电路、人工智能、生物医药、民用航空关键领域核心环节目录》中在相关领域环节有实质性生产或研发活动的法人企业，且A公司主要研发产品中包含2项生物医药重点领域关键技术，企业研发成果已被国际国内一线终端设备制造商采用，为“符合条件的法人企业”，可以自设立之日起5年内减按15%的税率征收企业所得税。

（二十三）中关村国家自主创新示范区试行公司型创投企业所得税优惠政策

根据《财政部　税务总局　发展改革委　证监会关于中关村国家自主创新示范区公司型创业投资企业有关企业所得税试点政策的通知》（财税〔2020〕63号）规定，在中关村国家自主创新示范区试行公司型创投企业所得税优惠政策，符合条件的公司型创投企业按照企业年末个人股东持股比例减免企业所得税。

五、《A107042软件、集成电路企业优惠情况及明细表》的填写

在年度报表体系中，《A107042软件、集成电路企业优惠情况及明细表》（以下简称表A107042）属于三级附表，其结果需要结转至二级附表《A107040减免所得税优惠明细表》（以下简称表A107040）。

享受软件、集成电路企业优惠政策的纳税人均需按照企业整体情况填报本表，其中填报《A107020所得减免优惠明细表》“七、线宽小于130纳米（含）的集成电路生产项目”“八、线宽小于65纳米（含）或投资额超过150亿元的集成电路生产项目”“九、线宽小于28纳米（含）的集成电路生产项目减免企业所得税”减免项目的纳税人，应当填报除本表第11行“减免税额”以外的本表其他相应项目。

（一）行次填报

本表共11行，分为税收优惠基本信息和税收优惠有关情况两部分。

1.第一部分是税收优惠基本信息，企业以前年度符合软件、集成电路税收优惠政策条件且已开始享受优惠政策的，可选择延续适用原有优惠政策；符合最新软件、集成电路税收优惠政策条件的，可选择适用新出台的优惠政策。企业根据实际情况在“选择适用优惠政策”中勾选“□延续适用原有优惠政策”或“□适用新出台优惠政策”。

当集成电路生产企业存在按项目享受时，可根据实际情况填报“减免方式1”“减免方式2”……，并同时填报对应的“获利年度/开始计算优惠期年度1”和“获利年度/开始计算优惠期年度2”……。

减免方式：纳税人根据《A000000企业所得税年度纳税申报基础信息表》“208软件、集成电路企业类型”填报的企业类型和实际经营情况，从《软件、集成电路企业优惠方式代码表》“代码”列中选择相应代码，填入本项。除集成电路生产企业纳税人存在按项目享受优惠的情况外，纳税人仅可从中选择一项填列；若集成电路生产企业纳税人存在多个项目的，应将所有享受优惠的项目减免方式等情况填入本表，项目数量可以增加。

获利年度/开始计算优惠期年度：适用选择“二免三减半”“五免五减半”“十免”等定期减免类型的纳税人填报。其中，“开始计算优惠期年度”按照《财政部　国家税务总局关于进一步鼓励软件产业和集成电路产业发展企业所得税政策的通知》（财税〔2012〕27号）、《财政部　国家税务总局　发展改革委　工业和信息化部关于进一步鼓励集成电路产业发展企业所得税政策的通知》（财税〔2015〕6号）、《财政部　税务总局　国家发展改革委　工业和信息化部关于集成电路生产企业有关企业所得税政策问题的通知》（财税〔2018〕27号）、《财政部　税务总局　发展改革委　工业和信息化部关于促进集成电路和软件产业高质量发展企业所得税政策的公告》（财政部　税务总局　发展改革委　工业和信息化部公告2020年第45号）等文件的相关规定确定。

表8–8　软件、集成电路企业优惠方式代码表

代码	减免方式类型	原政策	新政策	软件、集成电路企业类型
110	企业二免三减半（免税）	✓		110 集成电路生产企业（线宽小于 0.8 微米的企业）
		✓	✓	140 集成电路生产企业（线宽小于 130 纳米的企业）
		✓	✓	210 集成电路设计企业（新办符合条件的集成电路设计企业 \ 国家鼓励的集成电路设计企业）
		✓	✓	311 软件企业（一般软件企业—符合条件的软件企业 \ 国家鼓励的软件企业）
		✓	✓	321 软件企业（嵌入式或信息系统集成软件—符合条件的软件企业 \ 国家鼓励的软件企业）
		✓	✓	400 集成电路封装、测试（含封装测试）企业
		✓	✓	500 集成电路材料（含关键专用材料）企业
		✓	✓	600 集成电路装备（含专用设备）企业
120	企业二免三减半（减半征收）	✓		110 集成电路生产企业（线宽小于 0.8 微米的企业）
		✓	✓	140 集成电路生产企业（线宽小于 130 纳米的企业）
		✓	✓	210 集成电路设计企业（新办符合条件的集成电路设计企业 \ 国家鼓励的集成电路设计企业）
		✓	✓	311 软件企业（一般软件企业—符合条件的软件企业 \ 国家鼓励的软件企业）
		✓	✓	321 软件企业（嵌入式或信息系统集成软件—符合条件的软件企业 \ 国家鼓励的软件企业）
		✓	✓	400 集成电路封装、测试（含封装测试）企业
		✓	✓	500 集成电路材料（含关键专用材料）企业
		✓	✓	600 集成电路装备（含专用设备）企业
210	企业五免五减半（免税）	✓		120 集成电路生产企业（线宽小于 0.25 微米的企业）
		✓		130 集成电路生产企业（投资额超过 80 亿元的企业）
		✓	✓	150 集成电路生产企业（线宽小于 65 纳米或投资额超过 150 亿元的企业
220	企业五免五减半（减半征收）	✓		120 集成电路生产企业（线宽小于 0.25 微米的企业）
		✓		130 集成电路生产企业（投资额超过 80 亿元的企业）
		✓	✓	150 集成电路生产企业（线宽小于 65 纳米或投资额超过 150 亿元的企业）

续表

代码	减免方式类型	原政策	新政策	软件、集成电路企业类型
300	企业减按10%税率征收企业所得税		✓	220 集成电路设计企业（符合规模条件的重点集成电路设计企业）
			✓	230 集成电路设计企业（符合领域条件的重点集成电路设计企业）
			✓	312 软件企业（一般软件企业—符合规模条件的重点软件企业）
			✓	313 软件企业（一般软件企业—符合领域条件的重点软件企业）
			✓	314 软件企业（一般软件企业—符合出口条件的重点软件企业）
			✓	322 软件企业（嵌入式或信息系统集成软件产品企业—符合规模条件的重点软件企业）
			✓	323 软件企业（嵌入式或信息系统集成软件产品企业—符合领域条件的重点软件企业）
			✓	324 软件企业（嵌入式或信息系统集成软件产品企业—符合出口条件的重点软件企业）
400	企业减按15%税率征收企业所得税			120 集成电路生产企业（线宽小于0.25微米的企业）
				130 集成电路生产企业（投资额超过80亿元的企业）
510	项目所得二免三减半（免税）	✓	✓	140 集成电路生产企业（线宽小于130纳米的企业）
520	项目所得二免三减半（减半征收）	✓	✓	140 集成电路生产企业（线宽小于130纳米的企业）
610	项目所得五免五减半（免税）	✓	✓	150 集成电路生产企业（线宽小于65纳米或投资额超过150亿元的企业）
620	项目所得五免五减半（减半征收）	✓	✓	150 集成电路生产企业（线宽小于65纳米或投资额超过150亿元的企业）

续表

代码	减免方式类型	原政策	新政策	软件、集成电路企业类型
700	项目所得十免（免税）		✓	160 集成电路生产企业（线宽小于 28 纳米的企业）
800	企业五免（免税）		✓	220 集成电路设计企业（符合规模条件的重点集成电路设计企业）
			✓	230 集成电路设计企业（符合领域条件的重点集成电路设计企业）
			✓	312 软件企业（一般软件企业—符合规模条件的重点软件企业）
			✓	313 软件企业（一般软件企业—符合领域条件的重点软件企业）
			✓	314 软件企业（一般软件企业—符合出口条件的重点软件企业）
			✓	322 软件企业（嵌入式或信息系统集成软件产品企业—符合规模条件的重点软件企业）
			✓	323 软件企业（嵌入式或信息系统集成软件产品企业—符合领域条件的重点软件企业）
			✓	324 软件企业（嵌入式或信息系统集成软件产品企业—符合出口条件的重点软件企业）
900	企业十免（免税）		✓	160 集成电路生产企业（线宽小于 28 纳米的企业）

2. 第二部分是税收优惠有关情况，分为人员指标、研发费用指标、收入指标、其他指标和减免税额。

（1）人员指标，包括企业本年月平均职工总人数、签订劳动合同关系且具有大学专科以上学历的职工人数、研究开发人员人数，其中“企业本年月平均职工总人数”填报纳税人本年月平均职工总人数。本年月平均职工总人数计算方法：

月平均人数=（月初数+月末数）÷2

全年月平均职工总人数=全年各月平均数之和÷12

（2）研发费用指标，包括研发费用总额和企业在中国境内发生的研发费用金额。其中“研发费用总额”，填报企业按照《财政部　国家税务总局　科技部关于完善研发费用税前加计扣除政策的通知》（财税〔2015〕119号）、《国家税务总局关于企业研究开发费用税前加计扣除政策有关问题的公告》（国家税务总局公告2015年第97号）、《国家税务总局关于研发费用税前加计扣除归集范围有关问题的公告》（国家税务总局公告2017年第40号）等文件规定口径归集的研发费用。

（3）收入指标，包括企业收入总额和符合条件的销售（营业）收入。其中“符合条件的销售（营业）收入”根据企业类型分析填报，具体如下：

集成电路生产企业：填报本年度集成电路制造销售（营业）收入；

集成电路设计企业：填报本年度集成电路设计销售（营业）收入；

软件企业：一般软件企业填报本年软件产品开发销售（营业）收入；嵌入式或信息系统集成软件企业填报嵌入式软件产品和信息系统集成产品开发销售（营业）收入；

集成电路封装、测试（含封装测试）企业：填报本年集成电路封装、测试（含封装测试）销售（营业）收入；

集成电路材料（含关键专用材料）企业：填报本年集成电路材料（含关键专用材料）销售（营业）收入；

集成电路装备（含专用设备）企业：填报本年集成电路装备（含专用设备）销售（营业）收入。

（4）其他指标，填写软件、集成电路企业其他税收优惠有关指标名称及具体情况。

（5）减免税额，填报本年享受集成电路、软件企业优惠的金额。当减免方式为“项目所得二免三减半（免税）”“项目所得二免三减半（减半征收）”“项目所得五免五减半（免税）”“项目所得五免五减半（减半征收）”“项目所得十免（免税）”时，本行无须填报。

（二）表间关系

表8-9　　表A107042第11行与表A107040行次对应关系

软件、集成电路企业类型	选择适用优惠政策	优惠方式代码	减免方式类型	A107040对应行次
110集成电路生产企业（线宽小于0.8微米的企业）	原政策	110	企业二免三减半（免税）	6
	原政策	120	企业二免三减半（减半征收）	6
120集成电路生产企业（线宽小于0.25微米的企业）	原政策	210	企业五免五减半（免税）	9
	原政策	220	企业五免五减半（减半征收）	9
130集成电路生产企业（投资额超过80亿元的企业）	原政策	210	企业五免五减半（免税）	10
	原政策	220	企业五免五减半（减半征收）	10
140集成电路生产企业（线宽小于130纳米的企业）	原政策	110	企业二免三减半（免税）	26
	原政策	120	企业二免三减半（减半征收）	26
	新政策	110	企业二免三减半（免税）	28.4.3
	新政策	120	企业二免三减半（减半征收）	28.4.3
150集成电路生产企业（线宽小于65纳米或投资额超过150亿元的企业）	原政策	210	企业五免五减半（免税）	27
	原政策	220	企业五免五减半（减半征收）	27
	新政策	210	企业五免五减半（免税）	28.4.2
	新政策	220	企业五免五减半（减半征收）	28.4.2

续表

软件、集成电路企业类型	选择适用优惠政策	优惠方式代码	减免方式类型	A107040对应行次
160集成电路生产企业（线宽小于28纳米的企业）	新政策	900	企业十免（免税）	28.4.1
210集成电路设计企业（新办符合条件的集成电路设计企业\国家鼓励的集成电路设计企业）	原政策	110	企业二免三减半（免税）	11
	原政策	120	企业二免三减半（减半征收）	11
	新政策	110	企业二免三减半（免税）	28.4.4
	新政策	120	企业二免三减半（减半征收）	28.4.4
220集成电路设计企业（符合规模条件的重点集成电路设计企业）	新政策	300	企业减按10%税率征收企业所得税	28.4.5
	新政策	800	企业五免（免税）	28.4.5
230集成电路设计企业（符合领域条件的重点集成电路设计企业）	新政策	300	企业减按10%税率征收企业所得税	28.4.5
	新政策	800	企业五免（免税）	28.4.5
311软件企业（一般软件企业—符合条件的软件企业\国家鼓励的软件企业）	原政策	110	企业二免三减半（免税）	13
	原政策	120	企业二免三减半（减半征收）	13
	新政策	110	企业二免三减半（免税）	28.4.9
	新政策	120	企业二免三减半（减半征收）	28.4.9
312软件企业（一般软件企业—符合规模条件的重点软件企业）	新政策	300	企业减按10%税率征收企业所得税	28.4.10
	新政策	800	企业五免（免税）	28.4.10

续表

软件、集成电路企业类型	选择适用优惠政策	优惠方式代码	减免方式类型	A107040对应行次
313软件企业（一般软件企业—符合领域条件的重点软件企业）	新政策	300	企业减按10%税率征收企业所得税	28.4.10
	新政策	800	企业五免（免税）	28.4.10
314软件企业（一般软件企业—符合出口条件的重点软件企业）	新政策	300	企业减按10%税率征收企业所得税	28.4.10
	新政策	800	企业五免（免税）	28.4.10
321软件企业（嵌入式或信息系统集成软件—符合条件的软件企业\国家鼓励的软件企业）	原政策	110	企业二免三减半（免税）	13
	原政策	120	企业二免三减半（减半征收）	13
	新政策	110	企业二免三减半（免税）	28.4.9
	新政策	120	企业二免三减半（减半征收）	28.4.9
322软件企业（嵌入式或信息系统集成软件产品企业—符合规模条件的重点软件企业）	新政策	300	企业减按10%税率征收企业所得税	28.4.10
	新政策	800	企业五免（免税）	28.4.10
323软件企业（嵌入式或信息系统集成软件产品企业—符合领域条件的重点软件企业）	新政策	300	企业减按10%税率征收企业所得税	28.4.10
	新政策	800	企业五免（免税）	28.4.10
324软件企业（嵌入式或信息系统集成软件产品企业—符合出口条件的重点软件企业）	新政策	300	企业减按10%税率征收企业所得税	28.4.10
	新政策	800	企业五免（免税）	28.4.10
400集成电路封装、测试（含封装测试）企业	原政策	110	企业二免三减半（免税）	15
	原政策	120	企业二免三减半（减半征收）	15

续表

软件、集成电路企业类型	选择适用优惠政策	优惠方式代码	减免方式类型	A107040对应行次
400集成电路封装、测试（含封装测试）企业	新政策	110	企业二免三减半（免税）	28.4.8
	新政策	120	企业二免三减半（减半征收）	28.4.8
500集成电路材料（含关键专用材料）企业	原政策	110	企业二免三减半（免税）	16
	原政策	120	企业二免三减半（减半征收）	16
	新政策	110	企业二免三减半（免税）	28.4.7
	新政策	120	企业二免三减半（减半征收）	28.4.7
600集成电路装备（含专用设备）企业	原政策	110	企业二免三减半（免税）	16
	原政策	120	企业二免三减半（减半征收）	16
	新政策	110	企业二免三减半（免税）	28.4.6
	新政策	120	企业二免三减半（减半征收）	28.4.6

（三）案例解析

【综合案例】分析8-7

根据综合案例中ABC科技的情况，填写表8-10《A107042软件、集成电路企业税收优惠情况及明细表》，填写结果如下：

表8-10　　A107042　软件、集成电路企业优惠情况及明细表

<table>
<tr><td colspan="4">税收优惠基本信息</td></tr>
<tr><td>选择适用优惠政策</td><td colspan="3">□延续适用原有优惠政策　　□适用新出台优惠政策</td></tr>
<tr><td>减免方式 1</td><td></td><td>获利年度 \ 开始计算优惠期年度 1</td><td></td></tr>
<tr><td>减免方式 2…</td><td></td><td>获利年度 \ 开始计算优惠期年度 2…</td><td></td></tr>
<tr><td colspan="4">税收优惠有关情况</td></tr>
<tr><td>行次</td><td colspan="2">项　目</td><td>金额</td></tr>
<tr><td>1</td><td rowspan="3">人员指标</td><td>一、企业本年月平均职工总人数</td><td>200</td></tr>
<tr><td>2</td><td>其中：签订劳动合同关系且具有大学专科以上学历的职工人数</td><td>100</td></tr>
<tr><td>3</td><td>研究开发人员人数</td><td>50</td></tr>
<tr><td>4</td><td rowspan="2">研发费用指标</td><td>二、研发费用总额</td><td>5 945 378.52</td></tr>
<tr><td>5</td><td>其中：企业在中国境内发生的研发费用金额</td><td>5 945 378.52</td></tr>
<tr><td>6</td><td rowspan="2">收入指标</td><td>三、企业收入总额</td><td>97 847 284.52</td></tr>
<tr><td>7</td><td>四、符合条件的销售（营业）收入</td><td>76 605 882.5</td></tr>
<tr><td>8</td><td rowspan="3">其他指标</td><td>五、其他 1（指标名称：________）</td><td></td></tr>
<tr><td>9</td><td>六、其他 2（指标名称：________）</td><td></td></tr>
<tr><td>10</td><td>七、其他 3（指标名称：________）</td><td></td></tr>
<tr><td>11</td><td colspan="2">减免税额</td><td>1 439 718.7</td></tr>
</table>

填写要点：

1. 税收优惠基本信息的填写。

ABC科技2017年被认定为软件生产企业，属于符合条件的软件企业，2020年延续适用原有优惠政策，适用减半征收。减免方式从代码表中选择“321”填入，获利年度\开始计算优惠期年度填写2017年。

2. 税收优惠有关情况的填写。

第1行“一、企业本年月平均职工总人数”填写200人，第2行“其中：

签订劳动合同关系且具有大学专科以上学历的职工人数”填写100人，第3行“研究开发人员人数”填写50人。第4行“二、研发费用总额”填写ABC科技2020年研发费用总额5 945 378.52元，由于均发生在中国境内，所以第5行“其中：企业在中国境内发生的研发费用金额”填写5 945 378.52元，第6行“三、企业收入总额”填写97 847 284.52元，第7行“四、符合条件的销售（营业）收入”填写76 605 882.5元，第11行“减免税额”填写按照表A100000第23行应纳税所得额计算的免征、减征企业所得税金额，由于ABC科技符合按照25%的法定税率减半征收企业所得税，因此减免税金额为应纳税所得额的50%，填写1 439 718.7元，并将其转至表A107040第13行。

六、《A107040减免所得税优惠明细表》的填写

在年度报表体系中，《A107040减免所得税优惠明细表》（以下简称表A107040）属于二级附表，其结果需要转至主表A100000。

（一）行次填报

本表共34行，分为六大部分。

1. 第一部分为符合条件的小型微利企业减免所得税优惠，即第1行，本行填报根据本期表A100000第23行计算的减免企业所得税的本年金额。

2. 第二部分为高新技术企业减免所得税优惠，第2行“二、国家需要重点扶持的高新技术企业减按15%的税率征收企业所得税”填写表A107041第31行金额；第3行“三、经济特区和上海浦东新区新设立的高新技术企业在区内取得的所得定期减免企业所得税”，填写表A107041第32行金额。

3. 第三部分为针对特殊企业的所得税优惠，包括第5行“五、动漫企业自主开发、生产动漫产品定期减免企业所得税”，第17行“十七、经营性文化事业单位转制为企业的免征企业所得税”，第18行“十八、符合条件的生产和装配伤残人员专门用品企业免征企业所得税”，第19行“十九、技术先进型服务企业（服务外包类）减按15%的税率征收企业所得税”，第28.1行“（一）从事污染防治的第三方企业减按15%的税率征收企业所得税”填写根据表A100000第23行计算的减征企业所得税金额，第32行

“三十二、符合条件的公司型创投企业按照企业年末个人股东持股比例减免企业所得税”。

4. 第四部分为关于国家鼓励的集成电路生产企业，集成电路设计企业，符合条件的软件企业、集成电路装备、材料、封装、测试等的所得税优惠，按照适用原政策和新政策分别填写本表对应行次：

（1）表A107042选择“延续适用原有优惠政策”。

按照企业适用的税收优惠政策将表A107042第11行结果，对应填写至第6行“六、线宽小于0.8微米（含）的集成电路生产企业减免企业所得税”，或第8行“八、投资额超过80亿元的集成电路生产企业减按15%税率征收企业所得税”，或第9行“九、线宽小于0.25微米的集成电路生产企业减免企业所得税”，或第10行“十、投资额超过80亿元的集成电路生产企业减免企业所得税”，或第11行“十一、新办集成电路设计企业减免企业所得税”，或第13行“十三、符合条件的软件企业减免企业所得税”，或第15行“十五、符合条件的集成电路封装测试企业定期减免企业所得税”，或第16行“十六、符合条件的集成电路关键专用材料生产企业、集成电路专用设备生产企业定期减免企业所得税”。（上述行次以下简称“原政策对应行次”）

（2）表A107042选择“适用新出台优惠政策”。

按照企业适用的税收优惠政策将表A107042第11行结果，对应填写至第28.4.1行“1.线宽小于28纳米（含）集成电路生产企业减免企业所得税”，或第28.4.2行“2.线宽小于65纳米（含）集成电路生产企业减免企业所得税”，或第28.4.3行“3.线宽小于130纳米（含）集成电路生产企业减免企业所得税”，或第28.4.4行“4.集成电路设计企业减免企业所得税”，或第28.4.5行“5.重点集成电路设计企业减免企业所得税”，或第28.4.6行“6.集成电路装备企业减免企业所得税”，或第28.4.7行“7.集成电路材料企业减免企业所得税”，或第28.4.8行“8.集成电路封装、测试企业减免企业所得税”，或第28.4.9行“9.软件企业减免企业所得税”，或第28.4.10行“10.重点软件企业减免企业所得税”。（上述行次以下简称“新政策对应行次”）

5. 第五部分为地区性所得税减免优惠。包括第21行“二十一、设在西部地区的鼓励类产业企业减按15%的税率征收企业所得税”，第22行“二十二、新疆困难地区新办企业定期减免企业所得税”，第23行“二十三、新疆喀什、霍尔果斯特殊经济开发区新办企业定期免征企业所得税”，第24行“二十四、广东横琴、福建平潭、深圳前海等地区的鼓励类产业企业减按15%税率征收企业所得税”，第28.2行“（二）上海自贸试验区临港新片区的重点企业减按15%的税率征收企业所得税”，第28.3行“（三）海南自由贸易港鼓励类企业减按15%税率征收企业所得税”。

6. 第六部分填写项目所得额按法定税率减半征收企业所得税叠加享受减免税优惠。第29行“二十九、项目所得额按法定税率减半征收企业所得税叠加享受减免税优惠”，填写企业从事农林牧渔业项目、国家重点扶持的公共基础设施项目、符合条件的环境保护、节能节水项目、符合条件的技术转让、集成电路生产项目、其他专项优惠等所得额应按法定税率25%减半征收，同时享受高新技术企业、技术先进型服务企业、集成电路线生产企业、重点软件企业和重点集成电路设计企业等优惠税率政策，由于申报表填报顺序，按优惠税率减半叠加享受减免税优惠部分，应在本行对该部分金额进行调整。本行应大于等于0且小于等于第1+2+…+20+22+…+28行的值。

计算公式：本行=减半项目所得额×50%×（25%−优惠税率）。

（二）表间关系

1. 第2行=表A107041第31行。

2. 第3行=表A107041第32行。

3. 在表A000000“208软件、集成电路企业类型”中按照《软件、集成电路企业类型代码表》选择企业类型，且在表A107042“选择适用优惠政策”处勾选“延续适用原有优惠政策”时，填写原政策对应行次。在表A107042“选择适用优惠政策”处勾选“适用新出台优惠政策”时，填写新政策对应行次。

4. 第32行=（表A100000第25行−本表第1+2+3+4+5…−29+30+31行）×40%×减征幅度。

5. 第34行=表A100000第26行。

（三）案例解析

【综合案例】分析8-8

根据前述ABC科技表A107042的填写，填写表8-11《A107040减免所得税优惠明细表》，填写结果如下：

表8-11　　A107040　减免所得税优惠明细表

行次	项　目	金额
1	一、符合条件的小型微利企业减免企业所得税	
2	二、国家需要重点扶持的高新技术企业减按15%的税率征收企业所得税（填写A107041）	
3	三、经济特区和上海浦东新区新设立的高新技术企业在区内取得的所得定期减免企业所得税（填写A107041）	
4	四、受灾地区农村信用社免征企业所得税	*
5	五、动漫企业自主开发、生产动漫产品定期减免企业所得税	
6	六、线宽小于0.8微米（含）的集成电路生产企业减免企业所得税（填写A107042）	
7	七、线宽小于0.25微米的集成电路生产企业减按15%税率征收企业所得税（填写A107042）	*
8	八、投资额超过80亿元的集成电路生产企业减按15%税率征收企业所得税（填写A107042）	*
9	九、线宽小于0.25微米的集成电路生产企业减免企业所得税（填写A107042）	
10	十、投资额超过80亿元的集成电路生产企业减免企业所得税（填写A107042）	
11	十一、新办集成电路设计企业减免企业所得税（填写A107042）	
12	十二、国家规划布局内集成电路设计企业可减按10%的税率征收企业所得税（填写A107042）	*
13	十三、符合条件的软件企业减免企业所得税（填写A107042）	1 439 718.70
14	十四、国家规划布局内重点软件企业可减按10%的税率征收企业所得税（填写A107042）	*

续表

行次	项　目	金额
15	十五、符合条件的集成电路封装测试企业定期减免企业所得税（填写 A107042）	
16	十六、符合条件的集成电路关键专用材料生产企业、集成电路专用设备生产企业定期减免企业所得税（填写 A107042）	
17	十七、经营性文化事业单位转制为企业的免征企业所得税	
18	十八、符合条件的生产和装配伤残人员专门用品企业免征企业所得税	
19	十九、技术先进型服务企业（服务外包类）减按 15% 的税率征收企业所得税	
20	二十、技术先进型服务企业（服务贸易类）减按 15% 的税率征收企业所得税	
21	二十一、设在西部地区的鼓励类产业企业减按 15% 的税率征收企业所得税（主营业务收入占比 ____%）	
22	二十二、新疆困难地区新办企业定期减免企业所得税	
23	二十三、新疆喀什、霍尔果斯特殊经济开发区新办企业定期免征企业所得税	
24	二十四、广东横琴、福建平潭、深圳前海等地区的鼓励类产业企业减按 15% 税率征收企业所得税	
25	二十五、北京冬奥组委、北京冬奥会测试赛赛事组委会免征企业所得税	
26	二十六、线宽小于 130 纳米（含）的集成电路生产企业减免企业所得税（原政策，填写 A107042）	
27	二十七、线宽小于 65 纳米（含）或投资额超过 150 亿元的集成电路生产企业减免企业所得税（原政策，填写 A107042）	
28	二十八、其他（28.1+28.2+28.3+28.4+28.5+28.6）	
28.1	（一）从事污染防治的第三方企业减按 15% 的税率征收企业所得税	
28.2	（二）上海自贸试验区临港新片区的重点产业企业减按 15% 的税率征收企业所得税	
28.3	（三）海南自由贸易港鼓励类企业减按 15% 税率征收企业所得税	
28.4	（四）国家鼓励的集成电路和软件企业减免企业所得税政策（28.4.1+⋯+28.4.10）	

续表

行次	项　目	金额
28.4.1	1. 线宽小于 28 纳米（含）集成电路生产企业减免企业所得税（填写 A107042）	
28.4.2	2. 线宽小于 65 纳米（含）集成电路生产企业减免企业所得税（填写 A107042）	
28.4.3	3. 线宽小于 130 纳米（含）集成电路生产企业减免企业所得税（填写 A107042）	
28.4.4	4. 集成电路设计业减免企业所得税（填写 A107042）	
28.4.5	5. 重点集成电路设计企业减免企业所得税（填写 A107042）	
28.4.6	6. 集成电路装备企业减免企业所得税（填写 A107042）	
28.4.7	7. 集成电路材料企业减免企业所得税（填写 A107042）	
28.4.8	8. 集成电路封装、测试企业减免企业所得税（填写 A107042）	
28.4.9	9. 软件企业减免企业所得税（填写 A107042）	
28.4.10	10. 重点软件企业减免企业所得税（填写 A107042）	
28.5	（五）其他 1	
28.6	（六）其他 2	
29	二十九、减：项目所得额按法定税率减半征收企业所得税叠加享受减免税优惠	
30	三十、支持和促进重点群体创业就业企业限额减征企业所得税（30.1+30.2）	
30.1	（一）企业招用建档立卡贫困人口就业扣减企业所得税	
30.2	（二）企业招用登记失业半年以上人员就业扣减企业所得税	
31	三十一、扶持自主就业退役士兵创业就业企业限额减征企业所得税	
32	三十二、符合条件的公司型创投企业按照企业年末个人股东持股比例减免企业所得税（个人股东持股比例____%）	
33	三十三、民族自治地方的自治机关对本民族自治地方的企业应缴纳的企业所得税中属于地方分享的部分减征或免征（　免征　减征：减征幅度____%）	
34	合计（1+2+⋯+28-29+30+31+32+33）	1 439 718.70

填写要点：

根据ABC科技表A107042中第11行“减免税金额”1439718.70元，转至表A107040第13行“十三、符合条件的软件企业减免企业所得税”，第34行填写1439718.70元。

第五节　税额抵免优惠的确认及申报

【案例8-4】

A公司为增值税一般纳税人，2020年购买了一台《环境保护专用设备企业所得税优惠目录》中规定的水污染治理设备，用于处理工业产生的污水，取得增值税专用发票金额9 000万元，增值税额1 530万元。2020年A公司抵免前应纳税额为600万元。

2015—2019年各年抵免前应纳税额与当年允许抵免的专用设备投资额见表8–12。

表8–12　2015—2019年各年抵免前应纳税额与当年允许抵免的专用设备投资额

年度	抵免前应纳税额（万元）	当年允许抵免的专用设备投资额（万元）
2015	500	12 000
2016	500	0
2017	600	0
2018	700	4 000
2019	300	0

请完成下列问题：

1. A公司享受何种税收优惠政策？

2. A公司《A107050税额抵免优惠明细表》如何填写？

一、税额抵免优惠的确认

《财政部　国家税务总局　国家发展改革委关于公布节能节水专用设备企业所得税优惠目录（2008年版）和环境保护专用设备企业所得税优惠目录（2008年版）的通知》（财税〔2008〕115号）、《财政部　国家税务总局关于执行企业所得税优惠政策若干问题的通知》（财税〔2009〕69号）、《财政部　国家税务总局关于执行环境保护专用设备企业所得税优惠目录　节能节水专用设备企业所得税优惠目录和安全生产专用设备企业所得税优惠目录有关问题的通知》（财税〔2008〕48号）、《国家税务总局关于环境保护节能节水　安全生产等专用设备投资抵免企业所得税有关问题的通知》（国税函〔2010〕256号）对企业购置并实际使用《环境保护专用设备企业所得税优惠目录》《节能节水专用设备企业所得税优惠目录》和《安全生产专用设备企业所得税优惠目录》规定的环境保护、节能节水、安全生产等专用设备的税收优惠政策规定如下：

企业购置并实际使用《环境保护专用设备企业所得税优惠目录》《节能节水专用设备企业所得税优惠目录》和《安全生产专用设备企业所得税优惠目录》规定的环境保护、节能节水、安全生产等专用设备的，该专用设备的投资额的10%可以从企业当年的应纳税额中抵免；当年不足抵免的，可以在以后5个纳税年度结转抵免。

《财政部　税务总局　国家发展改革委　工业和信息化部　环境保护部关于印发节能节水和环境保护专用设备企业所得税优惠目录（2017年版）的通知》（财税〔2017〕71号）中规定，自2017年1月1日起，对企业购置并实际使用节能节水和环境保护专用设备享受企业所得税抵免优惠政策的适用目录进行适当调整，统一按《节能节水专用设备企业所得税优惠目录（2017年版）》和《环境保护专用设备企业所得税优惠目录（2017年版）》执行。《节能节水专用设备企业所得税优惠目录（2008年版）》和《环境保护专用设备企业所得税优惠目录（2008年版）》自2017年10月1日起废止，企业在2017年1月1日至2017年9月30日购置的专用设备符合2008年版优惠目录规定的，也可享受税收优惠。

可以抵免的专用设备投资额说明如下：

（1）专用设备投资额，是指购买专用设备发票价税合计价格，但不包括按有关规定退还的增值税税款以及设备运输、安装和调试等费用。自2009年1月1日起，购买专用设备并取得增值税专用发票的，如果增值税进项税额允许抵扣，其专用设备投资额不再包括增值税进项税额；如果增值税进项税额不允许抵扣，其专用设备投资额应为增值税专用发票上注明的价税合计金额。企业购买专用设备取得普通发票的，其专用设备投资额为普通发票上注明的金额。

（2）企业利用自筹资金和银行贷款购置专用设备的投资额，可以按《企业所得税法》的规定抵免企业应纳所得税额；企业利用财政拨款购置专用设备的投资额，不得抵免企业应纳所得税额。

（3）企业购置上述专用设备在5年内转让、出租的，应当停止享受企业所得税优惠，并补缴已经抵免的企业所得税税款。

【案例8-4】分析1

A公司购买的一台水污染治理设备用于处理工业产生的污水，设备符合《环境保护专用设备企业所得税优惠目录》的规定，根据税法规定，该专用设备的投资额的10%可以从企业当年的应纳税额中抵免；当年不足抵免的，可以在以后5个纳税年度结转抵免。根据可以抵免的专用设备投资额说明，专用设备投资额不包括设备运输、安装和调试等费用。企业购买专用设备取得增值税专用发票，进项税额可以抵扣，因此，可以抵免的专用设备投资额为9 000万元，本年可抵免税额为900万元。

二、《A107050税额抵免优惠明细表》的填写

在年度报表体系中，《A107050税额抵免优惠明细表》（以下简称表A107050）属于二级附表，其结果需要结转至主表A100000。

（一）行次填报

本表共11行，分为四部分。

1. 第一部分为年度，反映在第1行至第6行，其中第6行为本年度，第1行~第5行分别为前五年度、前四年度、前三年度、前二年度和前一年度。

2. 第二部分为本年实际抵免税额合计，填列在第7行第11列，填写第11列第1行+第2行+…+第6行的金额。

3. 第三部分为可结转以后年度抵免的税额合计，填列在第8行第12列，填写第12列第2行+第3行+…+第6行的金额。

4. 第四部分为专用设备投资情况，包括本年允许抵免的环境保护专用设备投资额、本年允许抵免的节能节水专用设备投资额、本年允许抵免的安全生产专用设备投资额，分别在第9行至第11行填写，是对本年度专用设备投资额的种类的汇总。

（二）列次填报

本表共12列，分为四部分。

1. 第一部分是企业税额抵免的基本情况，包括年度、本年抵免前应纳税额、本年允许抵免的专用设备投资额及本年可抵免税额，分别填写第1列~第4列。第2列“本年抵免前应纳税额”填报纳税人主表A100000第25行“应纳所得税额”减第26行“减免所得税额”后的金额。2012和2013年度的“当年抵免前应纳税额”填报《企业所得税年度纳税申报表（A类）》（2008年版）第27行“应纳所得税额”减第28行“减免所得税额”后的余额。2014、2015和2016年度的“当年抵免前应纳税额”增报纳税人《中华人民共和国企业所得税年度纳税申报表（A类）》（2014年版）第25行减第26行后的余额。第3列“本年允许抵免的专用设备投资额”填报纳税人本年购置并实际使用《环境保护专用设备企业所得税优惠目录》《节能节水专用设备企业所得税优惠目录》和《安全生产专用设备企业所得税优惠目录》规定的环境保护、节能节水、安全生产等专用设备的发票价税合计金额。第4列“本年可抵免税额”填报第3列×10%的金额。

2. 第二部分是以前年度已抵免额，分别填写第5列~第10列，其中前五年度、前四年度、前三年度、前二年度、前一年度与“项目”列中的前五年度、前四年度、前三年度、前二年度、前一年度相对应。第10列“以前年度已抵免额——小计”填报第5列+第6列+第7列+第8列+第9列的金额。

3. 第三部分是本年实际抵免的各年度税额，第1行至第6行填报纳税人用于依次抵免前5年度及本年尚未抵免的税额，第11列小于等于第4列至第10列，且第11列第1行～第6行合计数不得大于第6行第2列的金额。

4. 第四部分是可结转以后年度抵免的税额，填写第12列第2列+第3列+…+第6行的金额。

（三）表间关系

1. 第7行第11列≤表A100000第25行-第26行。

2. 第7行第11列=表A100000第27行。

3. 第2列=表A100000第25行-表 A100000第26行。

2012和2013年度：第2列=《中华人民共和国企业所得税年度纳税申报表（A类）》（2008年版）第27行-第28行。

2014、2015和2016年度：第2列=《中华人民共和国企业所得税年度纳税申报表（A类）》（2014年版）第25行-第26行。

（四）案例解析

【案例8-4】分析2

根据A公司的投资情况，假设A企业进行2020年度企业所得税申报，填写表8-13《A107050税额抵免优惠明细表》，填写结果如下。

表8–13

A107050　税额抵免优惠明细表

单位：万元

行次	项目	年度	本年抵免前应纳税额	本年允许抵免的专用设备投资额	本年可抵免税额	以前年度已抵免额						本年实际抵免的各年度税额	可结转以后年度抵免的税额
						前五年度	前四年度	前三年度	前二年度	前一年度	小计		
		1	2	3	4=3×10%	5	6	7	8	9	10（5+6+7+8+9）	11	12（4–10–11）
1	前五年度	2015	500.00	12 000.00	1 200.00	500.00	500.00	200.00			1 200.00		*
2	前四年度	2016	500.00			*							
3	前三年度	2017	600.00			*	*						
4	前二年度	2018	700.00	4 000.00	400.00	*	*	*	400.00		400.00		
5	前一年度	2019	300.00			*	*	*	*				
6	本年度	2020	600.00	9 000.00	900.00	*	*	*	*	*	*	600.00	300.00
7	本年实际抵免税额合计											600.00	*
8	可结转以后年度抵免的税额合计												300.00
9	专用设备投资情况	本年允许抵免的环境保护专用设备投资额											9 000
10		本年允许抵免节能节水的专用设备投资额											
11		本年允许抵免的安全生产专用设备投资额											

填写要点：

1. 第6行第1列填2020年度，第1行～第5行依次填写2015—2019年度；

2. 第2列填2015—2020年“抵免前应纳税额”；

3. 第3列填写各年度允许抵免的专用设备投资额，第1行2015年为12 000万元，第4行2018年为4 000万元，第6行2020年为9 000万元；

4. 第4列第1行至第6行等于第3列对应金额乘以10%，作为各年度可抵免的税额；

5. 第1行第4列2015年度可抵免的税额为1 200万元，用当年可抵免的税额抵免500万元，2016年可抵免的税额抵免500万元，2017年可抵免的税额抵免200万元，依次填入第1行第5列至第7列，第10列为合计数1 200万元；

6. 第4行第4列2018年度可抵免的税额为400万元，直接用当年可抵免的税额抵免，填入第8列，第10列为合计数400万元；

7. 第6行第4列2020年度可抵免的税额为900万元，用当年可抵免的税额抵免600万元，填入第11列，结转以后年度抵免300万元，填入第12列；

8. 第9行本年允许抵免的环境保护专用设备投资额填写9 000万元。

第九章　企业所得税弥补亏损及申报

【学习目标】

1. 掌握税法亏损的含义；
2. 掌握我国企业所得税弥补亏损的基本税务处理；
3. 掌握所得税弥补亏损申报表的填写；
4. 了解特殊情形下弥补亏损的税务处理。

【案例9-1】

A公司2012年1月1日成立，2015—2020年的会计利润情况如下：

表9-1　　2015—2020年的会计利润

单位：万元

年度	2015	2016	2017	2018	2019	2020
利润总额	-80	20	40	90	10	40

其中，2015年“营业外支出”中包含税收滞纳金10万元；2016年“投资收益”中包含40万元国债利息收入；2017年“营业外支出”中包含赞助支出20万元；2018—2020年的“投资收益”中均包含从被投资企业B公司（居民企业）分得的股息收入30万元。

A公司未发生合并、分立业务。

根据上述资料回答下列问题：

1. A公司2015—2020年应纳税所得额是多少，是否需要缴纳所得税？

2. 填写A公司2020年度《A106000企业所得税亏损弥补明细表》。

第一节　企业所得税弥补亏损的税务处理

一、亏损认定

（一）税法对亏损的认定

企业所得税法所指的亏损，是指企业按照税法的规定计算的每一纳税年度的收入总额减除不征税收入、免税收入和各项扣除后小于零的数额。

其用计算公式表示为：每一纳税年度的收入总额-不征税收入-免税收入-各项扣除=应纳税所得额＜0，其中为负数的应纳税所得额为税法认定的企业亏损额。

但企业在实际确认亏损时，并不直接依据上述公式，而是根据填写《企业所得税纳税申报表》的需要，按税法规定对会计利润进行纳税调增或调减后的数据来确认亏损。

计算公式为：

纳税调整后所得=利润总额+纳税调增额-纳税调减额-免税、减计收入及加计扣除+境外应税所得抵减境内亏损

如果纳税调整后所得小于0，则为负数的纳税调整后所得为税法认定的企业亏损额。

（二）会计对亏损的认定

会计上的亏损是指当年总收益小于当年总支出，其具体表现为按会计准则或会计制度计算的本年利润为负数，该负数就为当年的会计亏损额。

纳税人发生的允许在税前列支的年度亏损，不是企业财务报表中反映的

亏损额，而是按税法规定经过纳税调整后的亏损额。

（三）税法与会计对亏损认定的差异

由于税法与会计对亏损认定的口径有差异，因此可能会出现以下三种情况：

1. 会计上亏损，税法上不亏损。

企业计算的会计利润总额小于0，为亏损，但在计算企业所得税时，对会计利润进行纳税调整，而调整后的金额大于0，需要缴纳企业所得税。

2. 会计上不亏损，税法上亏损。

企业计算的会计利润总额大于0，为盈利，但在计算企业所得税对会计利润进行纳税调整后，金额小于0，为税法上的亏损，不需要缴纳企业所得税。

【案例9-1】分析1

A公司2016年取得40万元的国债利息收入40万元属于免税收入，纳税调整所得=20－40=－20（万元）；

2019年取得居民企业股息红利等权益性收益30万元属于免税收入，纳税调整所得=10－30=－20（万元）；

2016年和2019年会计利润为正数，但是纳税调整所得为负数，出现了税法认可的亏损。

2017年营业外支出中包含赞助支出20万元，应当纳税调增，纳税调整所得=40+20=60（万元）；

2018年纳税调整所得=90－30=60（万元）；

2020年纳税调整所得=40－30=10（万元）。

3. 会计上亏损，税法上也亏损，但两者亏损金额不同。

企业计算的会计利润小于0，在会计上出现了亏损，但在计算企业所得税时，对会计利润进行纳税调整，而调整后的金额依然小于0，不需要缴纳企业所得税。

【案例9-1】分析2

A公司2015年发生的税收滞纳金10万元属于税前不得扣除的项目，应纳税所得额=-80+10=-70（万元）；会计亏损和税法认定的亏损金额不同。

二、亏损弥补的方法

（一）企业所得税亏损弥补的方法

1. 一般企业亏损弥补的规定。

税法规定，企业某一纳税年度发生的亏损可以用下一年度的所得弥补，下一年度的所得不足以弥补的，可以逐年延续弥补，但最长不得超过5年。而且，企业在汇总计算缴纳企业所得税时，其境外营业机构的亏损不得抵减境内营业机构的盈利。

上述所谓的“最长不得超过5年”，是指从亏损年度的下一年开始算起，以连续的、不间断的5年时间作为弥补期，而不管这5年内是盈利还是亏损。5年之内企业仍然没有弥补完的亏损，不得再进行弥补。

2. 高新技术企业和科技型中小企业亏损弥补的规定。

根据《财政部　税务总局关于延长高新技术企业和科技型中小企业亏损结转年限的通知》（财税〔2018〕76号，以下简称《通知》）第一条的规定：自2018年1月1日起，当年具备高新技术企业或科技型中小企业资格（以下统称资格）的企业，其具备资格年度之前5个年度发生的尚未弥补完的亏损，准予结转以后年度弥补，最长结转年限由5年延长至10年。

其中，高新技术企业，是指按照《科技部　财政部　国家税务总局关于修订印发〈高新技术企业认定管理办法〉的通知》（国科发火〔2016〕32号）规定认定的高新技术企业；所称科技型中小企业，是指按照《科技部　财政部　国家税务总局关于印发〈科技型中小企业评价办法〉的通知》（国科发政〔2017〕115号）规定取得科技型中小企业登记编号的企业。

高新技术企业按照其取得的高新技术企业证书注明的有效期所属年度，

确定其具备资格的年度；科技型中小企业按照其取得的科技型中小企业入库登记编号注明的年度，确定其具备资格的年度。

目前，高新技术企业和科技型中小企业资格采取不同的管理方法。高新技术企业经过认定后，取得的高新技术企业证书有效期3年；而科技型中小企业每年评价后，赋予其科技型中小企业入库登记编号。

当年具备资格的企业，其具备资格年度之前5个年度发生的尚未弥补完的亏损，是指当年具备资格的企业，其前5个年度无论是否具备资格，所发生的尚未弥补完的亏损。

【例9-1】 A企业2019年取得高新技术企业资格，其历年应纳税所得额如表9-2所示，请分析其历年亏损弥补情况。

表9-2　　A企业2014—2020年应纳税所得额

单位：万元

年度	2014	2015	2016	2017	2018	2019	2020
所得额	-300	-200	-100	0	200	50	-100

分析： A企业2019年为取得资格年度，2019年前5年即2014年至2018年的亏损弥补期限可由5年延长为10年。2014年亏损的300万元用2018年所得200万元、2019年所得50万元弥补后，如果2020年至2024年有所得仍可继续弥补；2015年企业亏损200万元，依次用2020年至2025年所得弥补；2016年企业亏损100万元，依次用2020年至2026年所得弥补。

【例9-2】 B企业为高新技术企业，证书注明发证时间为2019年9月17日，有效期3年。该高新技术企业具备资格年度为哪年？

分析： 根据《通知》规定，高新技术企业按照其取得的高新技术企业证书，注明的有效期所属年度，确其具备资格的年度。该高新技术企业证书有效期为2019年9月17日—2022年8月31日，则2019年、2020年、2021年、2022年为具备资格年度。

【例9-3】 C企业为科技型中小企业，2020年5月取得入库登记编号，编号注明的年度为2020年。该科技型中小企业具备资格的年度为哪年？

分析： 根据《通知》规定，2020年为C科技型中小企业具备资格年度。

3. 明确企业重组亏损结转弥补年限（适用特殊性税务处理）。

《通知》规定，企业发生符合特殊性税务处理规定的合并或分立重组事项的，其尚未弥补完的亏损，按照《财政部　国家税务总局关于企业重组业务企业所得税处理若干问题的通知》（财税〔2009〕59号）和《通知》有关规定进行税务处理。具体为：

合并企业承继被合并企业尚未弥补完的亏损的结转年限，按照被合并企业的亏损结转年限确定；分立企业承继被分立企业尚未弥补完的亏损的结转年限，按照被分立企业的亏损结转年限确定；合并企业或分立企业具备资格的，其承继被合并企业或被分立企业尚未弥补完的亏损的结转年限，其具备资格年度之前5个年度发生的尚未弥补完的亏损，准予结转以后年度弥补，最长结转年限由5年延长至10年。

【例9-4】 2020年A企业吸收合并B企业，适用特殊性税务处理规定。2018年A企业亏损200万元合并前尚未弥补，B企业2019年有尚未弥补且由A企业承继的亏损额500万元。分析A、B企业分别具备资格情况下的亏损弥补情况。

分析： 2020年度A、B企业都不具备资格，则A企业2018年的亏损额和原B企业2019年的亏损额都适用亏损弥补年限5年的规定，分别由2019—2023年和2020—2024年的利润弥补亏损；

若2020年A企业不具备资格，B企业具备资格，则B企业2019年的亏损额由合并后的A承继且结转弥补年限为10年即由2020—2029年的所得弥补亏损，原A企业的2018年200万元的亏损额只能适用5年的结转弥补亏损规定。

若2020年A企业具备资格，B企业不具备资格，合并后A企业尚未弥补完的2018年亏损，准予用2019—2028年的所得弥补；承继的B企业2019年尚未弥补完的亏损，准予用2020—2029年所得弥补。

4. 集成电路生产企业的亏损弥补

根据《财政部　税务总局　发展改革委　工业和信息化部关于促进集成电路产业和软件产业高质量发展企业所得税政策的公告》（财政部　税务总局　发展改革委　工业和信息化部公告2020年第45号）第二条规定：自2020

年1月1日起，国家鼓励的线宽小于130纳米（含）的集成电路生产企业，属于国家鼓励的集成电路生产企业清单年度之前5个纳税年度发生的尚未弥补完的亏损，准予向以后年度结转，总结转年限最长不得超过10年。

5.新冠肺炎疫情期间的特殊亏损弥补政策规定

根据《财政部 税务总局关于电影等行业税费支持政策的公告》（财政部 税务总局公告2020年第25号）规定：对电影行业企业2020年度发生的亏损，最长结转年限由5年延长至8年。

根据《财政部 税务总局关于支持新型冠状病毒感染的肺炎疫情防控有关税收政策的公告》（财政部 税务总局公告2020年第8号）规定，受疫情影响较大的困难行业企业2020年度发生的亏损，最长结转年限由5年延长至8年。

（二）特殊情形下亏损弥补的税务处理

1. 企业法律形式改变情况下的亏损弥补。

企业法律形式改变，是指企业注册名称、住所以及企业组织形式等的简单改变。

企业发生法律形式简单改变，但仍需要缴纳企业所得税的，其变更前发生的未超过弥补期限的亏损可由变更后的企业继续在规定的期限内弥补。

【例9-5】A商贸公司因连年经营亏损，经股东大会一致决议，决定更换现有的法定代表人，并将公司更名为华北国际物流交易中心。原A商贸公司的亏损如何处理？

分析：A商贸公司进行的更换名称、法定代表人的变动只是法律形式的简单改变，其经营实体的实质未改变，因此原商贸公司以前年度的亏损，在税法规定的期限内由变更后的华北国际物流交易中心进行弥补。

2. 企业合并情形下的亏损弥补。

企业合并，是指一家或多家企业（以下称为被合并企业）将其全部资产和负债转让给另一家现存或新设企业（以下称为合并企业），被合并企业股东换取合并企业的股权或非股权支付，实现两个或两个以上企业的依法合并。

（1）一般情况下，被合并企业的亏损不得在合并企业结转弥补。

（2）企业合并同时符合以下条件的，可对企业亏损弥补进行特殊性税务处理。

① 具有合理的商业目的，且不以减少、免除或者推迟缴纳税款为主要目的。

② 企业重组后的连续12个月内不改变重组资产原来的实质性经营活动。

③ 企业重组中取得股权支付的原主要股东，在重组后连续12个月内，不得转让所取得的股权。

④ 企业股东在该企业合并发生时取得的股权支付金额不低于其交易支付总额的85%，以及同一控制下且不需要支付对价的企业合并。

企业合并符合上述条件的，合并企业可以弥补被合并企业的亏损，但在弥补亏损时有限额规定。

可由合并企业弥补的被合并企业亏损的限额=被合并企业净资产公允价值×截至合并业务发生当年年末国家发行的最长期限的国债利率

计算时需要注意的是以被合并企业净资产的公允价值为基数，而非资产总额，也不是净资产账面价值。

【例9-6】2020年10月，经协商同意，A公司合并B公司，合并日B公司有账面净资产1 500万元，评估的净资产公允价值为2 000万元，未超过弥补期限的亏损额220万元。股权支付比例超过85%，2020年发行的最长期限的国债利率为5%。若A公司采用特殊性税务处理，如何进行亏损弥补？

分析：可由A公司弥补的被合并B公司亏损限额=2 000×5%=100（万元）。

B公司未超过弥补期限的亏损额为220万元，只能由A公司弥补100万元，超过限额的120万元亏损不得由A公司弥补。

3. 企业分立情形下的亏损弥补。

企业分立，是指一家企业（以下称为被分立企业）将部分或全部资产分离转让给现存或新设的企业（以下称为分立企业），被分立企业股东换取分立企业的股权或非股权支付，实现企业的依法分立。

（1）一般情况下，分立企业的亏损不得相互结转弥补。

（2）企业分立符合以下条件的，可对企业亏损弥补进行特殊性税务处理。

① 具有合理的商业目的，且不以减少、免除或者推迟缴纳税款为主要目的。

② 企业重组后的连续12个月内不改变重组资产原来的实质性经营活动。

③ 企业重组中取得股权支付的原主要股东，在重组后连续12个月内，不得转让所取得的股权。

④ 被分立企业所有股东按原持股比例取得分立企业的股权，分立企业和被分立企业均不改变原来的实质经营活动，且被分立企业股东在该企业分立发生时取得的股权支付金额不低于其交易支付总额的85%。

企业分立符合上述条件的，被分立企业未超过法定弥补期限的亏损额可按分立资产占全部资产的比例进行分配，由各分立企业继续弥补。

三、弥补亏损其他相关规定

（一）纳税人弥补以前年度亏损时

按照“先到期亏损先弥补，同时到期亏损先发生的先弥补”的原则处理。

（二）预缴税款时可以直接弥补以前年度亏损

企业分月或者分季预缴企业所得税时，根据《国家税务总局关于填报企业所得税月（季）度预缴纳税申报表有关问题的通知》（国税函〔2008〕635号）规定：实际利润额应按会计制度核算的利润总额减除以前年度待弥补亏损以及不征税收入、免税收入后的余额。由此看出，在纳税人采取按实际利润额预缴企业所得税时，如果预缴当期的利润总额大于零，可以直接弥补以前年度亏损。

（三）纳税检查调增的应纳税所得额可用来弥补亏损

税务机关对企业以前年度纳税情况进行检查时调增的应纳税所得额，凡企业以前年度发生亏损，且该亏损属于企业所得税法规定允许弥补的，应允许用调增的应纳税所得额弥补该亏损。弥补亏损后仍有余额的，按照《企业所得税法》规定计算缴纳企业所得税。对检查调增的应纳税所得额应根据其情节，依照《税收征管法》有关规定进行处理或处罚。

第二节　《A106000企业所得税弥补亏损明细表》的填写

一、《A106000企业所得税弥补亏损明细表》的填写方法

纳税人发生亏损，亏损结转等事项应当填报本表。列示当年亏损额，当年待弥补的亏损额，合并、分立转入的亏损额，分立转出的亏损额，以及当年度可结转以后年度弥补的亏损额等信息，分企业类型填报，一般企业适用当年亏损用以后5个年度的所得弥补的规定，高新技术企业和科技型中小企业适用，具备资格年度之前5个年度发生的尚未弥补完的亏损，准予结转以后年度弥补，最长结转年限10年。

（一）行次填报

本表共12行，第1至11行填报本年之前十个年度与弥补亏损相关的金额，第12行填写可结转以后年度弥补的亏损额。

注意：本表的关键是确定弥补亏损企业类型：不同类型纳税人的亏损结转年限不同，纳税人选择“一般企业”是指亏损结转年限为5年的纳税人；“符合条件的高新技术企业”“符合条件的科技型中小企业”亏损结转年限为10年的纳税人。

（二）列次填报

1. 第1列“年度”：填报公历年度。纳税人应首先填报第11行“本年度”对应的公历年度，再依次从第10行往第1行倒推填报以前年度。一般企业倒推至第6行，符合条件的高新技术企业及科技型中小企业倒推至第1行。纳税人发生政策性搬迁事项，如停止生产经营活动年度可以从法定亏损结转弥补年限中减除，则按可弥补亏损年度进行填报。本年度是指申报所属年度。

2. 第2列“当年境内所得额”：第11行填报表A100000第19-20行金额，即“纳税调整后所得-所得减免”。第1行至第10行，2013年及以前纳税年度，填以前年度主表第23行，即“纳税调整后所得”，2014—2017纳税年度，填以前年度表A106000第6行第2列，即“可弥补亏损所得”，亏损以“-”号填列。发生查补以前年度应纳税所得额、追补以前年度未能税前扣除的实际资产损失等情况的，按照相应调整后的金额填报。

3. 第3列“分立转出的亏损额”：填报本年度企业分立按照企业重组特殊性税务处理规定转出的符合条件的亏损额。分立转出的亏损额按亏损所属年度填报，转出亏损的亏损额以正数表示。

4. 第4列，第5列“合并、分立转入的亏损额”，填报企业符合企业重组特殊性税务处理规定，因合并或分立本年度转入的不超过5年，或10年的亏损弥补年限规定的亏损额。

5. 第6列“弥补亏损企业类型”，填报企业类型对应的代码：100“一般企业”，200“符合条件的高新技术企业”，300“符合条件的科技型中小企业”。

6. 第7列“当年亏损额”：填报纳税人各年度可弥补亏损额的合计金额。

7. 第8列“当年待弥补的亏损额”：填报在用本年度（申报所属期年度）所得额弥补亏损前，当年度尚未被弥补的亏损额。

8. 第9列“用本年度所得额弥补的以前年度亏损额-使用境内所得弥补”，填报当第11行第2列本年度（申报所属期年度）的“当年境内所得额”>0时，填报各年度被本年度（申报所属期年度）境内所得依次弥补的亏损额。本列第11行，填报本列第1行至第10行的合计金额，表A100000第21行填报本项金额。

9. 第10列“用本年度所得额弥补的以前年度亏损额–使用境外所得弥补”：第1行至第10行，当纳税人选择用境外所得弥补境内以前年度亏损的，填报各年度被本年度（申报所属期年度）境外所得依次弥补的亏损额。本列第11行，填报本列第1行至第10行的合计金额。

10. 第11列“当年可结转以后年度弥补的亏损额”：第1行至第11行，填报各年度尚未弥补完的且准予结转以后年度弥补的亏损额。本列第12行，填报本列第1行至第11行的合计金额。

（三）表内、表间关系

1. 表内关系。

（1）当第2列＜0且第3列＞0时，第3列＜第2列的绝对值；当第2列≥0时，则第3列=0。

（2）第9列第11行=第9列第1+2+3+4+5+6+7+8+9+10行；当第2列第11行≤0时，第9列第1行至第11行=0；当第2列第11行＞0时，第9列第11行≤第2列第11行。

（3）第10列第11行=第10列第1+2+3+4+5+6+7+8+9+10行。

（4）第11列第12行=第11列第1+2+3+4+5+6+7+8+9+10+11行。

（5）第1行第11列=0；第2至10行第11列=第8–9–10列；第11行第11列=第8列。

2. 表间关系。

（1）第11行第2列=表A100000第19–20行。

（2）第11行第9列=表A100000第21行。

（3）第11行第10列=表A108000第10行第6列–表A100000第18行。

二、案例解析

根据【案例9–1】的资料填写《A106000企业所得税弥补亏损明细表》，见表9–3（假设A公司2019年度无所得减免优惠）。

表9-3

A106000　企业所得税弥补亏损明细表

单位：元

行次	项目	年度	当年境内所得额	分立转出的亏损额	合并、分立转入的亏损额			弥补亏损企业类型	当年亏损额	当年待弥补的亏损额	用本年度所得额弥补的以前年度亏损额		当年可结转以后年度弥补的亏损额
					可弥补年限5年	可弥补年限8年	可弥补年限10年				使用境内所得弥补	使用境外所得弥补	
		1	2	3	4	5	6	7	8	9	10	11	12
1	前十年度												
2	前九年度												
3	前八年度												
4	前七年度												
5	前六年度												
6	前五年度	2015	−700 000	0	0	0	0	100	−700 000				
7	前四年度	2016	−200 000	0	0	0	0	100	−200 000				
8	前三年度	2017	600 000	0	0	0	0	100					
9	前二年度	2018	600 000	0	0	0	0	100					
10	前一年度	2019	−200 000	0	0	0	0	100	−200 000	−200 000	100 000	0	100 000
11	本年度	2020	100 000	0				100					
12	可结转以后年度弥补的亏损额合计												−100 000

填写要点：

1. 第1列“年度”栏次的填写：

第11行填写2020年，从第11行向上推，第10行至第6行分别填写2019年、2018年、2017年、2016年、2015年。

2. 第2列“当年境内所得额”栏次的填写：

根据【案例9-1】分析1和【案例9-1】分析2中得出的各年纳税调整后所得依次填写到各年对应的行次。第6行至第11行填报本年及以前年度“纳税调整后所得”依次填写-700 000元、-200 000元、600 000元、600 000元、-200 000元、100 000元。

3. A公司没有合并分立业务，第3～6列各行均填写0。

4. 第7列“弥补亏损企业类型”因A企业不属于高新技术企业和科技型中小企业，所以各年度填写一般企业代码“100”。

5. 第9列“当年待弥补的亏损额”中，2015年和2016年的亏损在2020年前已弥补，只有2019年的200 000元在2020年前尚未弥补，该列2019年对应的第10行填写-200 000元。

6. 2020年度的所得额可弥补2019年的亏损，第10列“用本年度所得额弥补的以前年度亏损额-使用境内所得弥补”对应的第10行填写100 000元；剩余的亏损额100 000元可结转至以后年度，相应填写在第10行第12列。

第十章　境外所得税收抵免及申报

【学习目标】

1. 了解境外所得税收抵免的范围；
2. 掌握境外所得税收抵免的计算方法；
3. 掌握境外所得税收抵免的纳税申报。

为避免国际所得或财产重复课税，促进“走出去”企业积极开拓国际市场，增强国际竞争力，我国《企业所得税法》及其实施条例中规定：居民企业和非居民企业在中国境内设立的机构、场所（以下统称企业），取得来源于中国境外的应纳税所得，已在境外缴纳的所得税税额，可以在其当期应纳税额中抵免。关于境外所得税收抵免，我国先后在《企业所得税法》及其实施条例、《财政部　国家税务总局关于企业境外所得税收抵免有关问题的通知》（财税〔2009〕125号）、《国家税务总局关于发布〈企业境外所得税收抵免操作指南〉的公告》（国家税务总局公告2010年第1号）、《财政部　国家税务总局关于完善企业境外所得税收抵免政策问题的通知》（财税〔2017〕84号）和《财政部　税务总局关于海南自由贸易港企业所得税优惠政策的通知》（财税〔2020〕31号，以下简称财税〔2020〕31号文件）中做出相关规定。

【案例10-1】

居民企业A公司2020年度利润总额为3 000万元，适用25%的所得税税率，境外所得明细情况如下：

1. 在甲国设立分公司B，2020年度B公司税后营业利润120万元，在甲国缴纳所得税30万元，A公司与B公司的共同支出为100万元，按照收入总额比例进行分摊，2020年度A公司、B公司收入总额分别为5 000万元、300万元，B公司无以前年度亏损，甲国企业所得税税率为20%。

2. 在乙国投资成立子公司C，直接控股80%，2020年度C公司分回股息60万元（C公司实现税后利润300万元），在乙国缴纳预提所得税12万元，C公司无以前年度亏损，乙国所得税税率为40%，预提所得税税率为20%。

3. 在丙国设立分公司D，2020年度D公司营业利润-600万元，同时，A公司从丙国取得利息收入31万元，支付相关手续费1万元，利息所得缴纳预提所得税3万元。D公司2020年发生非实质性亏损300万元，丙国企业所得税税率为25%。

4. A公司以前年度境外所得已缴所得税未抵免余额见表10-1。

表10-1　A公司以前年度未抵免余额

单位：元

行次	国家（地区）	2015年	2016年	2017年	2018年	2019年	小计
1	甲国	10 000	10 000	20 000	20 000	10 000	70 000
2	乙国	30 000	30 000	30 000	10 000	20 000	120 000
合　计		40 000	40 000	50 000	30 000	30 000	190 000

5. 在丁国设立分公司E，2020年度实现税后营业利润100万元，已在丁国缴纳所得税35万元，虽有丁国政府核发的具有纳税性质的凭证或证明，但因客观原因无法真实、准确地确认应当缴纳并已经实际缴纳所得税，丁国的法定税率及其实际有效税率明显高于我国，E分公司以前年度无亏损。

A公司境外所得税收抵免选用分国（地区）不分项的原则。

根据上述资料完成下列问题：

1. A公司来源于甲国、乙国、丙国和丁国的所得如何进行税务处理？

2. 填写A公司境外所得税收抵免的相关申报表。

第一节 境外所得税收抵免的税务处理

一、境外所得已纳税额的抵免范围及条件

财税〔2017〕84号文件规定：企业来源于境外的应纳所得税额，可以选择按国（地区）别分别计算（以下简称分国不分项），或者不按国（地区）别汇总计算（以下简称不分国不分项）的原则进行抵免。上述方式一经选择，5年内不得改变。具体的范围及条件如下。

（一）境外所得已纳税额的抵免范围

企业取得已在境外缴纳或负担所得税税额的下列所得，可以从其当期应纳税额中抵免：

1. 居民企业来源于中国境外的应税所得；

2. 非居民企业在中国境内设立机构、场所，取得发生在中国境外，但与该机构、场所有实际联系的应税所得；

3. 居民企业从其直接或者间接控制的外国企业分得的来源于中国境外的股息、红利等权益性投资收益，外国企业在境外实际缴纳的所得税税额中属于该项所得负担的部分，可以作为该居民企业的可抵免境外所得税税额，在抵免限额内抵免。

由居民企业直接或间接控制的外国企业是指：①直接控制，指居民企业直接持有外国企业20%以上股份；②间接控制，指居民企业以间接持股方式持有外国企业20%以上股份，具体认定办法由国务院财政、税务主管部门另行制定。

（二）抵免境外所得已纳税额的限定条件

对境外所得已纳税额采用分国不分项原则进行抵免时，企业应准确计算当期与抵免境外所得税相关的项目，具体包括：

1. 境内所得的应纳税所得额和分国（地区）别的境外所得的应纳税所得额；

2. 分国（地区）别的可抵免境外所得税税额；

3. 分国（地区）别的境外所得税的抵免限额。

企业不能准确计算上述项目实际可抵免分国（地区）别的境外所得税税额的，在相应国家（地区）缴纳的税收均不得在该企业当期应纳税额中抵免，也不得结转以后年度抵免。

企业选择采用不分国不分项原则抵免境外所得已纳税额时，应当汇总计算境外所得应纳税所得额，可抵免的境外所得税税额，以及境外所得税的抵免限额。

【案例10-1】分析1

A公司从甲国、乙国、丙国和丁国取得的所得属于居民企业取得来源于境外的应税所得，符合抵免境外所得已纳税额的条件，其在境外已缴纳的所得税可以在企业所得税前进行抵免。

二、境外纳税调整后所得的计算

（一）境外税后所得的确定

1. 生产经营所得应纳税所得额的计算。

居民企业在境外投资设立不具有独立纳税地位的分支机构，其来源于境外的所得，以境外收入总额扣除与取得境外收入有关的各项合理支出后的余额为应纳税所得额。无论是否汇回中国境内，均应计入该企业所属纳税年度的境外应纳税所得额。境外分支机构合理支出范围通常包括境外分支机构发生的人员工资、资产折旧、利息、相关税费和应分摊的总机构用于管理分支机构的管理费用等。

2. 股息、红利等权益性投资收益应纳税所得额的计算。

居民企业取得来源于境外的股息、红利等权益性投资收益，或非居民企业在境内设立机构、场所的，取得来源于境外的但与境内所设机构、场所有实际联系的股息、红利等权益性投资收益，应按被投资方做出利润分配决定的日期确认收入实现，扣除与取得该项收入有关的各项合理支出后的余额为应纳税所得额。与取得股息、红利相关的合理支出包括与境外投资业务有关的项目研究、融资成本和管理费用。

3. 其他所得应纳税所得额的计算。

居民企业取得来源于境外的利息、租金、特许权使用费、转让财产等收入，或非居民企业在境内设立机构、场所的，取得来源于境外的但与境内所设机构、场所有实际联系的利息、租金、特许权使用费、转让财产等收入，应按有关合同约定应付交易对价款的日期确认收入实现，扣除与取得该项收入有关的各项合理支出后的余额为应纳税所得额。

其中合理支出是指：取得利息而发生的相应的融资成本和相关费用；租金，属于融资租赁的融资成本；经营租赁的租赁物相应的折旧或折耗；提供特许使用的资产的研发、摊销等费用；被转让财产的成本净值和相关费用等。

（二）境外所得可抵免的税额

1. 直接缴纳的所得税税额。

直接缴纳的所得税税额，是指企业来源于中国境外的所得，依照中国境外税收法律以及相关规定应当缴纳并已实际缴纳的企业所得税性质的税款。

但是，下列项目不属于可抵免的境外所得税范围：

（1）按照境外所得税法律及相关规定属于错缴或错征的境外所得税税款；

（2）按照税收协定规定不应征收的境外所得税税款；

（3）因少缴或迟缴境外所得税而追加的利息、滞纳金或罚款；

（4）境外所得税纳税人或者其利害关系人从境外征税主体得到实际返还或补偿的境外所得税税款；

（5）按照我国《企业所得税法》及其实施条例规定，已经免征我国企业所得税的境外所得负担的境外所得税税款；

（6）按照国务院财政、税务主管部门有关规定已经从企业境外应纳税所得额中扣除的境外所得税税款。

2. 间接负担的所得税税额。

间接负担的境外所得税税额是指：居民企业从其直接或者间接控制的外国企业分得的来源于中国境外的股息、红利等权益性投资收益时，外国企业已在境外实际缴纳的所得税税额中属于该项所得负担的部分。

（1）间接负担的境外所得税税额的税收抵免原则。

根据直接或者间接持股方式合计持股20%以上（含20%，下同）的规定层级的外国企业股份，由此应分得的股息、红利等权益性投资收益中，从最低一层外国企业起逐层计算的属于由上一层企业负担的税额。

（2）间接负担的境外所得税税额的税收抵免的计算。

本层企业所纳税额属于由一家上一层企业负担的税额=（本层企业就利润和投资收益所实际缴纳的税额+由本层企业间接负担的税额）×本层企业向一家上一层企业分配的股息（红利）÷本层企业所得税后利润额

由居民企业直接或者间接持有20%以上股份的外国企业，限于符合以下持股方式的三层外国企业：

① 第一层：单一居民企业直接持有20%以上股份的外国企业；

② 第二层：单一第一层外国企业直接持有20%以上股份，且由单一居民企业直接持有或通过一家或多家符合规定持股条件的外国企业间接持有总和达到20%以上股份的外国企业；

③ 第三层：单一第二层外国企业直接持有20%以上股份，且由单一居民企业直接持有或通过一家或多家符合规定持股条件的外国企业间接持有总和达到20%以上股份的外国企业。

3. 享有税收饶让抵免的税额。

居民企业从与我国政府订立税收协定（或安排）的国家（地区）取得的所得，按照该国（地区）税收法律享受了免税或减税待遇，且该免税或减税的数额按照税收协定规定应视同已缴税额在中国的应纳税额中抵免的，该免税或减税数额可作为企业实际缴纳的境外所得税额用于办理税收抵免。

税收饶让抵免应区别下列情况进行计算：

（1）税收协定规定定率饶让抵免的，饶让抵免税额为按该定率计算的应纳境外所得税额超过实际缴纳的境外所得税额的数额；

（2）税收协定规定列举一国税收优惠额给予饶让抵免的，饶让抵免税额为按协定国家（地区）税收法律规定税率计算的应纳所得税额超过实际缴纳税额的数额，即实际税收优惠额。

（三）其他调整项目

1. 境外分支机构收入与支出纳税调整额，是指纳税人境外分支机构收入、支出按照税法规定计算的纳税调整额。

2. 境外分支机构调整分摊扣除的有关成本费用。

在计算境外应纳税所得额时，企业为取得境内外所得而在境内、境外发生的共同支出，与取得境外应税所得有关的、合理的部分，应在境内、境外［分国（地区）别］应税所得之间按照合理比例进行分摊后扣除。

共同支出，是指与取得境外所得有关但未直接计入境外所得应纳税所得额的成本费用支出，通常包括未直接计入境外所得的营业费用、管理费用和财务费用等支出。共同支出的分摊通常选用资产比例、收入比例、员工工资支出比例以及其他合理比例的一种或几种比例的综合比例，企业对在计算总所得额时已统一归集并扣除的共同费用，按境外每一国（地区）别数额占企业全部数额进行分摊。分摊比例确定后应报送主管税务机关备案；无合理原因不得改变。

3. 境外所得对应调整的相关成本费用支出，是指纳税人实际发生与取得境外所得有关但未直接计入境外所得应纳税所得的成本费用支出。

财税〔2020〕31号文件规定，对在海南自由贸易港设立的旅游业、现代服务业、高新技术产业企业新增境外直接投资取得的所得，免征企业所得税。其中，境外直接投资包括从境外新设分支机构取得的营业利润，或从持股比例超过20%（含）的境外子公司分回的，与新增境外直接投资相对应的股息所得。被投资国（地区）的企业所得税法定税率不低于5%。

旅游业、现代服务业、高新技术产业，按照海南自由贸易港鼓励类产业目录执行，包括《产业结构调整指导目录（2019年本）》《鼓励外商投资产业目录（2019年版）》和海南自由贸易港新增鼓励类产业目录。

【例10-1】2020年3月在海南自由贸易港成立的F公司是专业从事智慧海洋与信息服务的高新技术企业，2020年5月，F公司在甲国设立分公司X，甲国企业所得税法定税率为20%。2020年度X公司税后营业利润100万元，在甲国缴纳了所得税25万元，F公司与X公司共同支出为40万元，按照资产总额比例进行分摊，2020年度F公司、X公司的资产总额为3000万元、300万元。分析F公司境外投资所得的相关纳税调整。

分析：F公司属于在海南自由贸易港设立的高新技术企业，甲国企业所得税率高于5%，F公司直接投资设立的X分公司，取得的营业利润可以免征企业所得税。F公司境外投资所得相关纳税调整如下：

营业利润属于直接抵免的范围，直接缴纳的所得税25万元可以直接抵免，共同支出40万元，应有X分担的部分：

X公司共同支出分摊率=（300÷3000）×100%=10%

X公司分摊的共同支出=40×10%=4（万元）

境外税前所得=100+25=125（万元）

境外所得纳税调整后所得=125-4=121（万元）

F公司同时属于注册在海南自由贸易港并实质性运营的鼓励类产业企业，适用减按15%的税率征收企业所得税的税收优惠政策，境外所得应纳所得税额=121×15%=18.15（万元）。按照财税〔2020〕31号文件规定，F公司境外直接投资所得18.15万元免征企业所得税。

（四）境外纳税调整后所得

境外纳税调整后所得=境外税后所得+境外可抵免所得税税额-境外分支机构收入与支出纳税调整额-境外分支机构调整分摊扣除的有关成本费用-境外所得对应调整的相关成本费用支出

【案例10-1】分析2

1. 来源于分公司B的营业利润属于直接抵免的范围，直接缴纳的所得税30万元可以抵免，共同支出100万元应由B公司分担的部分计算如下：

B公司共同支出分摊率＝（300÷5000）×100%＝6%

B公司分摊的共同支出＝100×6%＝6（万元）

B公司境外所得纳税调整后所得的计算：

境外税前所得＝120＋30＝150（万元）

境外所得纳税调整后所得＝150－6＝144（万元）

2. 来源于子公司C的股息所得属于间接抵免的范围，C公司缴纳预提所得税12万元，C公司股息间接承担的所得税税额计算如下：

C公司税前利润＝300÷（1–40%）＝500（万元）

股息间接承担的所得税＝500×40%×60÷300＝40（万元）

因此C公司支付给A公司的股息已经在乙国缴纳的所得税＝12＋40＝52（万元）

C公司税前所得＝60×（1–20%）＋52＝100（万元），无其他纳税调整项目，C公司境外所得纳税调整后所得＝100（万元）。

三、境外亏损的弥补

1. 境外亏损的弥补原则。

基于“分国不分项”计算抵免的原则，在汇总计算境外应纳税所得额时，企业在境外同一国家（地区）设立不具有独立纳税地位的分支机构，按照《企业所得税法》及其实施条例的有关规定计算的亏损，境外亏损不得抵减境内或他国（地区）的应纳税所得额。即境外亏损不能用境内所得弥补，不同国家的分支机构发生的亏损不得互相弥补，但可以用同一国家（地区）其他项目或以后年度的所得按规定弥补。纳税人选择“不分国不分项” 的境外所得抵免方式，应当分析企业的境外分支机构发生的实际亏损额和非实际亏损额及其弥补、结转的金额。

2. 非实质性亏损的弥补。

非实际亏损是指境外分支机构发生亏损，但企业在同一纳税年度的境内外所得加总的和为零或正数的情形。由于受境外亏损弥补原则的限制而发生的未予弥补的部分，其当年度境外分支机构的非实际亏损额可无限期向后结转弥补，不受5年限制。

3. 实质性亏损的弥补。

实质性亏损是指企业当期境内外所得盈利额与亏损额加总后和为负数的情形。以境外分支机构的亏损额超过企业盈利额部分的实际亏损额，在不超过5年的期限内进行亏损弥补，未超过企业盈利额部分的非实际亏损额仍可无限期向后结转弥补。

【案例10-1】分析3

丙国分公司D，2020年度发生亏损600万元，同时从丙国取得利息所得=31-1-3=27（万元）。

D公司境外税后所得=-600+27=-573（万元），缴纳3万元预提所得税，D公司境外税前所得=-573+3=-570（万元），无其他纳税调整项目，丙国的境外所得纳税调整后所得为-570万元。由于A公司境内外利润总额为3 000万元，分公司D的亏损不能用境内所得弥补，也不能用其他国家的境外所得弥补，只能用D公司未来实现的所得弥补，2020年度亏损属于非实质性亏损，不受5年补亏期限的限制。

四、境外所得可抵免限额

我国对居民企业来源于境外的所得在境外已经缴纳或负担的所得税税款实行限额抵免。抵免限额是企业来源于中国境外的所得，依照我国税法规定计算的应纳税额。该抵免限额应当分国（地区）不分项计算。

（一）抵免限额的计算公式

境外所得税税额的抵免限额=中国境内、境外所得按税法计算的应纳税总额×来源于某国（地区）的应纳税所得额÷中国境内、境外应纳税所得总额

（二）抵免限额的跨年度结转

纳税人来源于境外所得在境外实际缴纳的税款，低于按上述公式计算的扣除限额的，可以从应纳税额中按实扣除；超过扣除限额的，其超过部分不得在本年度的应纳税额中扣除，也不得列为费用支出，但可用以后年度抵免限额抵免当年应抵税额后的余额进行抵补，抵补期限最长不得超过5年。5个年度，是指从企业取得的来源于中国境外的所得，已经在中国境外缴纳的企业所得税性质的税额超过抵免限额的当年的次年起连续5个纳税年度。

【案例10-1】分析4

1. 甲国B公司无以前年度亏损，A公司无境内亏损，因此B公司的税收抵免为：

（1）境外所得纳税调整后所得=境外应纳税所得额=抵减境内亏损后的境外应纳税所得额=144（万元）；

（2）境外所得应纳税额=144×25%=36（万元）；

境外所得抵免限额=36（万元）；

（3）境外所得可抵免的税额=30（万元）；

（4）本年可抵免境外所得税额=30（万元）；

（5）未超过境外所得税抵免限额的余额=36－30=6（万元）；

（6）可用于抵免甲国以前年度未抵免的余额，将2015—2019年的未抵免余额于2020年度抵免；

（7）本年可抵免以前年度未抵免境外所得税额=6（万元）。

2. 乙国C公司无以前年度亏损，A公司无境内亏损，因此C公司的税收抵免如下：

（1）境外所得纳税调整后所得=境外应纳税所得额=抵减境内亏损后的境外应纳税所得额=100（万元）；

（2）境外所得应纳税额=100×25%=25（万元）；

（3）境外所得抵免限额=25（万元）；

（4）境外所得可抵免的税额=52（万元）；

（5）本年可抵免境外所得税额=25（万元）；

（6）本年超过抵免限额未抵免的税额=52－25=27（万元）可以在以后5个年度内用抵免限额抵免当年应抵税额后的余额进行抵补。

3. 丙国D公司以前年度非实质性亏损300万元，A公司无境内亏损，因此D公司的税收抵免为：

（1）丙国的境外所得纳税调整后所得为–570万元，无法弥补以前年度亏损；

（2）境外应纳税所得额=抵减境内亏损后的境外应纳税所得额=–570（万元）；

（3）境外所得应纳税额、境外所得抵免限额、境外所得可抵免的税额、本年可抵免境外所得税额均为0。

五、按简易办法计算的抵免

企业从境外取得营业利润所得，以及符合境外税额间接抵免条件的股息所得，虽有所得来源国（地区）政府机关核发的具有纳税性质的凭证或证明，但因客观原因无法真实、准确地确认应当缴纳并已经实际缴纳的境外所得税税额的，适用简易计算办法计算可抵免的境外所得税税额。分三种情形：

1. 按低于12.5%的实际税率计算的抵免额。适用于所得来源国（地区）的实际有效税率低于我国《企业所得税法》第四条第一款规定税率50%以上的，即所得来源于所得税税率低于12.5%的国家（地区），企业直接缴纳及间接负担的税额，企业按该国（地区）税务机关或政府机关核发具有纳税性质凭证或证明的金额进行抵免。

2. 按境外应纳税所得额的12.5%作为抵免限额。企业按该国（地区）税务机关或政府机关核发具有纳税性质凭证或证明的金额，其不超过抵免限额的部分，准予抵免；超过的部分不得抵免。

3. 按25%计算抵免限额。该简易办法适用于，企业从境外取得营业利润所得以及符合境外税额间接抵免条件的股息所得，其所得来源国（地区）的法定税率且其实际有效税率明显高于我国。

这些国家和地区包括美国、阿根廷、布隆迪、喀麦隆、古巴、法国、日本、摩洛哥、巴基斯坦、赞比亚、科威特、孟加拉国、叙利亚、约旦、老挝。

【案例10-1】分析5

丁国分公司E，2020年度实现税后营业利润所得100万元，已在丁国缴纳所得税35万元，虽有丁国政府核发的具有纳税性质的凭证或证明，但因客观原因无法真实、准确地确认应当缴纳并已经实际缴纳所得税，应采用简易计税办法，境外税前所得=100+35=135（万元）；

无其他纳税调整项目，境外所得纳税调整后所得=135（万元）；

丁国E公司无以前年度亏损，A公司无境内亏损；

境外应纳税所得额=抵减境内亏损后的境外应纳税所得额=135（万元）；

由于丁国的法定税率及实际有效税率明显高于我国，适用按25%计算抵免限额，境外所得抵免限额=135×25%=33.75（万元）。

第二节　境外所得税收抵免相关表格的填写

《A108000境外所得税收抵免明细表》（以下简称表A108000）是一级附表，是反映企业境外所得税收抵免过程的总表，其信息来源于三张二级附表：《A108010境外所得纳税调整后所得明细表》（以下简称表A108010），《A108020境外分支机构弥补亏损明细表》（以下简称表A108020），《A108030跨年度结转抵免境外所得税明细表》（以下简称表A108030）。具体填写要点如下。

一、填写要点

（一）《A108010境外所得纳税调整后所得明细表》的填写

本表填报本年来源于或发生于不同国家、地区的所得按照税法规定计算的境外所得纳税调整后所得。对于境外所得税收抵免方式选择“不分国不分项”的纳税人，也应按照规定计算可抵免境外所得税税额，并按国（地区）别逐行填报。共18列，第1列填列境外纳税人境外所得来源的国家（地区）名称，来源于同一个国家（地区）的境外所得可合并到一行填报。其余列次分六大部分：

1. 第一部分第2列至第9列，填报纳税人取得的来源于境外的税后所得，将分支机构营业利润所得，股息、红利等权益性投资所得，利息，租金，特许权使用费、财产转让所得以及其他所得分别填至第2列至第8列，第9列为第2列至第8列合计数；

2. 第二部分第10列至第13列，填报境外所得可抵免的所得税额，第10列“直接缴纳的所得税额”：填报纳税人来源于境外的营业利润所得在境外所缴纳的企业所得税，以及就来源于或发生于境外的股息、红利等权益性投资所得、利息、租金、特许权使用费、财产转让等所得在境外被源泉扣缴的预提所得税。第11列“间接负担的所得税额”：填报纳税人从其直接或者间接控制的外国企业分得的来源于中国境外的股息、红利等权益性投资收益，外国企业在境外实际缴纳的所得税额中属于该项所得负担的部分。第12列“享受税收饶让抵免税额”：填报纳税人从与我国政府订立税收协定（或安排）的国家（地区）取得的所得，按照该国（地区）税收法律享受了免税或减税待遇，且该免税或减税的数额按照税收协定应视同已缴税额的金额。第13列为第10列至第12列合计数；

3. 第三部分第14列，境外税前所得=境外税后所得合计数+直接缴纳的所得税额+间接负担的所得税额=第9列+第10列+第11列；

4. 第四部分第15列至第17列，其他调整项目，用于填报共同支出分摊和未计入应纳税所得额的费用支出；

5. 第五部分第18列，填报境外所得纳税调整后所得=第14列+第15列–第16列–第17列。

6. 第六部分第19列至第26列，填报海南自由贸易港企业新增境外直接投资所得。分为新设境外分支机构所得和对境外子公司持股比例超过20%的新增投资获得股息红利所得两部分。

（1）新设境外分支机构所得包括第19列至第23列，第19列填报纳税人已计入本年利润总额的新设立境外分支机构营业利润；第20列填报纳税人境外新设立分支机构本年应合理分摊的总部管理费等有关成本费用；第21列填报纳税人境外新设立分支机构收入、扣除等按照税收规定计算的纳税调整额；第22列填报第19列–第20列+第21列的金额，若为负数则填0；第23列填报纳税人新设立的境外分支机构本年营业利润按照中国境外税收法律以及相关规定应当缴纳并已实际缴纳的企业所得税性质的税款，包括从与我国政府订立税收协定（或安排）的国家（地区）取得的新设立的境外分支机构的营业利润按照该国（地区）税收法律享受了免税或减税待遇的税额，且该免税或减税的数额按照税收协定应视同已缴税额的金额。

（2）新增境外直接投资相对应的股息所得包括第24列和25列，第24列填报纳税人本年从其持股比例超过20%（含）的境外子公司分回的来源于中国境外的股息、红利等权益性投资收益中，属于新增直接投资所对应的股息、红利等权益性投资收益，包括按照税法规定进行纳税调整的股息、红利等权益性投资收益；第25列填报纳税人本年从其持股比例超过20%（含）的境外子公司分回的来源于中国境外的股息、红利等权益性投资收益中，属于新增直接投资所对应的股息、红利等权益性投资收益已缴境外所得税，包含如下：一是在境外被源泉扣缴的预提所得税；二是间接负担的境外所得税；三是享受了与我国政府订立税收协定（或安排）的国家（地区）给予的免税或减税待遇，且该免税或减税的数额按照税收协定应视同已缴税额的金额。

（3）第26列“境外享受免税政策的所得小计”：填报纳税人按照财税〔2020〕31号文件规定享受免税的境外所得金额，金额等于第22列+第24列。

表间关系：

1. 若选择“分国（地区）不分项”的境外所得抵免方式，第13列各行–

第23列各行–第25列各行=表A108000第10列相应行次；若选择“不分国（地区）不分项”的境外所得抵免方式，第13列合计–第23列合计–第25列合计=表A108000第1行第10列。

2. 若选择“分国（地区）不分项”的境外所得抵免方式，第14列各行–第19列各行–第24列各行=表A108000第2列相应行次；若选择“不分国（地区）不分项”的境外所得抵免方式，第14列合计–第19列合计–第24列合计=表A108000第1行第2列。

3. 第14列合计–第11列合计=表A100000第14行。

4. 第16列合计+第17列合计=表A105000第28行第3列。

5. 若选择“分国（地区）不分项”的境外所得抵免方式，第18列相应行次–第26列相应行次=表A108000第3列相应行次；若选择“不分国（地区）不分项”的境外所得抵免方式，第18列合计–第26列合计=表A108000第1行第3列。

（二）《A108020境外分支机构弥补亏损明细表》的填写

本表填报境外分支机构本年及以前年度发生的税前尚未弥补的非实际亏损额和实际亏损额、结转以后年度弥补的非实际亏损额和实际亏损额。共9列，第1列填列境外纳税人境外所得来源的国家（地区）名称，来源于同一个国家（地区）的境外所得可合并到一行填报。其余列次分两大部分：

1. 第一部分第2列至第5列，填报非实质性亏损的弥补，分别填写纳税人境外分支机构非实际亏损额未弥补金额、本年发生的金额、本年弥补的金额、结转以后年度弥补的金额。

2. 第二部分第6列至第9列，填报纳税人境外分支机构实际亏损额弥补金额。

若选择“分国（地区）不分项”的境外所得抵免方式，第4列各行+第8列各行=表A108000第4列相应行次；若选择“不分国（地区）不分项”的境外所得抵免方式，第4列合计+第8列合计=表A108000第1行第4列。

（三）《A108030跨年度结转抵免境外所得税明细表》的填写

本表填报本年发生的来源于不同国家或地区的境外所得超过按照我国

税收法律、法规的规定可以抵免的所得税限额，可以在5个年度内进行抵免。共19列，第1列填列境外纳税人境外所得来源的国家（地区）名称，来源于同一个国家（地区）的境外所得可合并到一行填报。其余列次分三大部分：

1. 第一部分第2列至第7列，填报纳税人前五年境外所得已缴纳的企业所得税尚未抵免的余额；

2. 第二部分第8列至第13列，填报纳税人用本年未超过境外所得税款抵免限额的余额抵免以前年度未抵免的境外已缴所得税额。

3. 第三部分第14列至第19列，填报纳税人以前年度和本年未能抵免并结转以后年度抵免的境外所得已缴所得税额。

（1）若选择“分国不分项”的境外所得抵免方式，第13列各行=表A108000第14列相应行次；若选择“不分国不分项” 的境外所得抵免方式，第13列合计=表A108000第1行第14列。

（2）若选择“分国不分项”的境外所得抵免方式，第18列各行=表A108000第10列相应行次–第12列相应行次（当表A108000第10列相应行次大于第12列相应行次时填报）；若选择“不分国不分项” 的境外所得抵免方式，第18列合计=表A108000第1行第10列–第1行第12列（当表A108000第1行第10列次大于第1行第12列时填报）。

（四）《A108000境外所得税收抵免明细表》的填写

本表填报本年来源于或发生于不同国家或地区的所得按照税收规定计算应缴纳和应抵免的企业所得税。共19列，第1列填列境外纳税人境外所得来源的国家（地区）名称，来源于同一个国家（地区）的境外所得可合并到一行填报，纳税人若选择“不分国（地区）不分项”的境外所得抵免方式，无须填报。第2列至第19列共分为两部分：

1. 第一部分第2列至第14列，填报用限额抵免法计算的境外所得税抵免，具体分为三个步骤：第一步确定境外应纳税所得额；第二步计算境外所得抵免限额；第三步比较境外所得可抵免税额与抵免限额，超过抵免限额的部分，可以在以后5个年度内，用每年度抵免限额抵免当年应抵税额后的余额进行抵补。如果当年可抵免税额小于抵免限额，可以用未超过境外所得税抵免限额的余额抵免以前年度未抵免的税额。

（1）第一步第2列至第7列，第2列“境外税前所得”：填报表A108010第14列-第19列-第24列的金额；第3列“境外所得纳税调整后所得”填报表A108010第18列-第26列的金额；第4列“弥补境外以前年度亏损”填报表A108020第4列+第8列的合计金额；第5列“境外应纳税所得额”填报第3列-第4列的金额，若为负数则填0；第6列“抵减境内亏损”：当纳税人选择用境外所得抵减弥补境内亏损时，填报纳税人境外所得按照税收规定抵减境内的亏损额（包括抵减的当前年度境内亏损额和弥补的以前年度境内亏损额）。当纳税人选择不用境外所得抵减弥补境内亏损时，填报0；第7列“抵减境内亏损后的境外应纳税所得额”填报第5列-第6列的金额。

（2）第二步第8列、第9列、第11列，第8列“税率”填报法定税率25%，高新技术企业填报15%；第9列“境外所得应纳税额”填报第7列×第8列的金额；第11列“境外所得抵免限额”：境外所得抵免限额按以下公式计算：

抵免限额=中国境内、境外所得依照《企业所得税法》及其实施条例的规定计算的应纳税总额×来源于某国（地区）的应纳税所得额÷中国境内、境外应纳税所得总额

（3）第三步第10列、第12列至第14列，第10列“境外所得可抵免税额”：填报表A108010第13列-第23列-第25列的金额；第12列“本年可抵免境外所得税额”：填报纳税人本年来源于境外的所得已缴纳所得税在本年度允许抵免的金额，填报第10列、第11列孰小的金额；第13列“未超过境外所得税抵免限额的余额”：填报纳税人本年在抵免限额内抵免完境外所得税后有余额的、可用于抵免以前年度结转的待抵免的所得税额，填报第11列-第12列的金额；第14列“本年可抵免以前年度未抵免境外所得税额”：填报纳税人本年可抵免以前年度未抵免、结转到本年度抵免的境外所得税额，填报《A108030跨年度结转抵免境外所得税明细表》第13列的金额。

2. 第二部分第15列至第18列，填写简易办法计算的境外所得税收抵免的三种情形：第15列填报“按低于12.5%的实际税率计算的抵免额”；第16列填报“按12.5%计算的抵免额”；第17列填报“按25%计算的抵免额”。

（1）选择分国不分项抵免方式的表间关系。

第2列各行=表A108010第14列相应行次–第19列相应行次–第24列相应行次

第3列各行=表A108010第18列相应行次–第26列相应行次

第 4 列各行 = 表 A108020 第 4 列相应行次 + 第 8 列相应行次

第6列合计≤第5列合计、表A106000第9列第1行至第10行合计+表A100000第18行的孰小值

第9列合计=表A100000第29行

第10列各行=表A108010第13列相应行次–第23列相应行次–第25列相应行次

第14列各行=表A108030第13列相应行次

第19列合计=表A100000第30行

（2）选择不分国不分项抵免方式的表间关系。

第1行第2列=表A108010第14列合计–第19列合计–第24列合计

第1行第3列=表A108010第18列合计–第26列合计

第1行第4列=表A108020第4列合计+第8列合计

第1行第6列≤第1行第5列、表A106000第9列第1行至第10行合计+表A100000第18行的孰小值

第9列合计=表A100000第29行

第1行第10列=表A108010第13列合计–第23列合计–第25列合计

第1行第14列=表A108030第13列合计

第19列合计=表A100000第30行

二、案例解析

根据【案例10–1】及上述分析填写境外所得税收抵免的相关表格。

（一）《A108010境外所得纳税调整后所得明细表》填写

表10-2

A108010 境外所得纳税调整后所得明细表

单位：元

行次	国家（地区）	境外税后所得								境外所得可抵免的所得税额				境外税前所得	境外分支机构收入与支出纳税调整额	境外分支机构调整分摊扣除的有关成本费用	境外所得对应调整的相关成本费用支出	境外所得纳税调整后所得	其中：海南自由贸易港企业新增境外直接投资所得							
																			新设境外分支机构所得					新增境外直接投资相对应的股息所得		境外享受免税政策的所得小计
		分支机构营业利润所得	股息、红利等权益性投资所得	利息所得	租金所得	特许权使用费所得	财产转让所得	其他所得	小计	直接缴纳的所得税额	间接负担的所得税额	享受税收饶让抵免税额	小计						营业利润	调整分摊扣除的有关成本费用	纳税调整额	纳税调整后所得	境外所得税额	对应的股息所得	对应的股息境外所得税额	
	1	2	3	4	5	6	7	8	9（2+…+8）	10	11	12	13（10+11+12）	14（9+10+11）	15	16	17	18（14+15-16-17）	19	20	21	22（19-20+21）	23	24	25	26（22+24）
1	甲国	1 200 000							1 200 000	300 000			300 000	1 500 000		60 000		1 440 000								
2	乙国		480 000						480 000	1 200 000	400 000		520 000	1 000 000				1 000 000								
3	丙国	-6 000 000		270 000					-5 730 000	30 000			30 000	-5 700 000				-5 700 000								
4	丁国	1 000 000							1 000 000	350 000			350 000	1 350 000				1 350 000								
5																										
6																										
7																										
8																										
9																										
10	合计	-3 800 000	480 000	270 000					-3 050 000	800 000	400 000		1 200 000	-1 850 000		60 000		-1 910 000								

填写要点：

1. 第1行填写来源于甲国的境外所得抵免，B分公司的营业利润所得1 200 000元填入第2列，第9列填合计数1 200 000元；直接缴纳的所得税额填写第10列300 000元，第13列填合计数300 000元；第14列填写境外税前所得1 500 000元；境外分支机构调整分摊扣除的有关成本费用支出的支出60 000元填入第16列，第18列境外所得纳税调整后所得填1 440 000元。

2. 第2行填写来源于乙国的境外所得抵免，从C公司取得的股息480 000元填入第3列，第9列填合计数480 000元；直接缴纳的所得税额120 000元填写第10列，间接负担的所得税额400 000元填写第11列，第13列填合计数520 000元；第14列填写境外税前所得1 000 000元；无其他纳税调整项目，第18列境外所得纳税调整后所得填1 000 000元。

3. 第3行填写来源于丙国的境外所得抵免，D分公司的营业利润所得–6 000 000元填入第2列，利息所得填入第4列270 000元，第9列填合计数–5 730 000元；直接缴纳的所得税额填写第10列30 000元，第13列填合计数30 000元；第14列填写境外税前所得–5 700 000元；第18列境外所得纳税调整后所得填–5 700 000元。

4. 第4行填写来源于丁国的境外所得抵免，E分公司的营业利润所得1 000 000元填入第2列，第9列填合计数1 000 000元；直接缴纳的所得税额填写第10列350 000元，第13列填合计数350 000元；第14列填写境外税前所得1 350 000元；无其他纳税调整项目，第18列境外所得纳税调整后所得填1 350 000元。

5. 第10行填写合计数，第2列填–3 800 000元，第3列填480 000元，第4列填270 000元，第9列填–3 050 000元，第10列填800 000元，第11列填400 000元，第13列填1 200 000元，第14列填–1 850 000元，第16列填60 000元，第18列填–1 910 000元。

（二）《A108000境外所得税收抵免明细表》的填写

表10-3

A108000　境外所得税收抵免明细表

单位：元

行次	国家(地区)	境外税前所得	境外所得纳税调整后所得	弥补境外以前年度亏损	境外应纳税所得额	抵减境内亏损	抵减境内亏损后的境外应纳税所得额	税率	境外所得应纳税额	境外所得可抵免税额	境外所得抵免限额	本年可抵免境外所得税额	未超过境外所得税抵免限额的余额	本年可抵免以前年度未抵免境外所得税额	按简易办法计算：按低于12.5%的实际税率计算的抵免额	按简易办法计算：按12.5%计算的抵免额	按简易办法计算：按25%计算的抵免额	按简易办法计算：小计	境外所得抵免所得税额合计
	1	2	3	4	5（3-4）	6	7（5-6）	8	9（7×8）	10	11	12	13（11-12）	14	15	16	17	18（15+16+17）	19（12+14+18）
1	甲国	1 500 000	1 440 000		1 440 000		1 440 000	25%	360 000	300 000	360 000	300 000	60 000	60 000					360 000
2	乙国	1 000 000	1 000 000		1 000 000		1 000 000	25%	250 000	520 000	250 000	250 000	0						250 000
3	丙国	-5 700 000	-5 700 000		-5 700 000		-5 700 000	25%											
4	丁国	1 350 000	1 350 000		1 350 000		1 350 000										337 500	337 500	337 500
5																			
6																			
7																			
8																			
9																			
10	合计	-1 850 000	-1 910 000		-1 910 000		-1 910 000		610 000	820 000	610 000	550 000	60 000	60 000			337 500	337 500	947 500

填写要点：

第1列来源于表A108010第1列；

第2列来源于表A108010第14列–第19列–第24列金额；

第3列来源于表A108010第18列–第26列金额；

无境外以前年度亏损和境内亏损，第5列、第7列等于第3列；

第8列填写我国企业所得税税率25%；

第9列等于第7列×第8列，甲国、乙国境外所得应纳税额分别为360 000元、250 000元，丙国亏损本年度不缴纳所得税，丁国适用简易计税办法；第9列等于第11列；

第10列来源于表A108010第13列–第23列–第25列；

第12列“本年可抵免境外所得税额”甲国可抵免的所得税额300 000元未超过限额360 000元，可以抵免，余额60 000元转入第13列；可以用于抵免以前年度未抵免的所得税额60 000元填入第14列；乙国可抵免的所得税额520 000元超过限额250 000元，按限额抵免，因此第12列填250 000元；

第17列填写丁国按25%计算抵免限额337 500元；

第18列、第19列为合计数。

（三）《A108020境外分支机构弥补亏损明细表》的填写

表10-4　　A108020　境外分支机构弥补亏损明细表

单位：元

行次	国家（地区）	非实际亏损额的弥补				实际亏损额的弥补			
		以前年度结转尚未弥补的非实际亏损额	本年发生的非实际亏损额	本年弥补的以前年度非实际亏损额	结转以后年度弥补的非实际亏损额	以前年度结转尚未弥补的实际亏损额	本年发生的实际亏损额	本年弥补的以前年度实际亏损额	结转以后年度弥补的实际亏损额
	1	2	3	4	5（2+3−4）	6	7	8	9
1	丙国	3 000 000	5 700 000		8 700 000				
2									
3									
4									
5									
6									
7									
8									
9									
10	合计	3 000 000	5 700 000		8 700 000				

填写要点：

丙国的亏损属于非实质性亏损，第1列填丙国，第2列填以前年度非实质性亏损3 000 000元，第3列填本年发生的非实际亏损额5 700 000元，第5列填合计数8 700 000元；

第10行各列填合计数。

（四）《A108030跨年度结转抵免境外所得税明细表》的填写

表10-5　　A108030　跨年度结转抵免境外所得税明细表

单位：元

行次	国家（地区）	前五年境外所得已缴所得税未抵免余额						本年实际抵免以前年度未抵免的境外已缴所得税额						结转以后年度抵免的境外所得已缴所得税额					
		前五年	前四年	前三年	前二年	前一年	小计	前五年	前四年	前三年	前二年	前一年	小计	前四年	前三年	前二年	前一年	本年	小计
	1	2	3	4	5	6	7（2+3+4+5+6）	8	9	10	11	12	13（8+9+10+11+12）	14（3-9）	15（4-10）	16（5-11）	17（6-12）	18	19（14+15+16+17+18）
1	甲国	10 000	10 000	20 000	20 000	10 000	70 000	10 000	10 000	20 000	20 000		60 000				10 000		10 000
2	乙国	30 000	30 000	30 000	10 000	20 000	120 000	0	0	0	0			30 000	30 000	10 000	20 000	270 000	360 000
3																			
4																			
5																			
6																			
7																			
8																			
9																			
10	合计	40 000	40 000	50 000	30 000	30 000	190 000	10 000	10 000	20 000	20 000		60 000	30 000	30 000	10 000	30 000	270 000	370 000

填写要点：

第1行第2列至第7列填写甲国2015—2019年已缴纳未抵免的境外所得税税额余额，第8列至第11列填写本年抵免限额抵免当年应抵税额后的余额60 000元，实际抵免2015—2019年度未抵免的境外已缴所得税额，第14列至第19列填写本年度结转以后年度抵免的，剩余2019年未抵免的余额10 000元留待以后年度的抵免。

第2行第2列至第7列填写乙国2015—2019年已缴纳未抵免的境外所得税税额余额，无本年抵免以前年度境外已纳税额，因此第8列至第11列填0，结转以后年度抵免的境外已纳税额第14列至第17列填报2015—2019年的未抵免余额，第18列填2020年超过抵免限额的余额270 000元。

第十一章 跨地区汇总纳税及申报

【学习目标】

1. 了解跨地区汇总纳税适用范围；
2. 掌握汇总纳税方式下总分支机构分摊税款的计算；
3. 了解相关纳税申报表的填报。

【案例11-1】

北京A电器有限公司主要经营范围为各种照明光源、照明灯具等专业仓储批发与物流配送。总部设在北京朝阳区，下设三家分支机构，分别位于天津、河北、山西三地。2010年公司在北京大兴区投资成立一全资子公司——北京B光源设计有限公司，从事各种照明光源的研发设计与制造。2020年10月，为打开西部市场，A公司总部在甘肃成立一销售代理处，负责本公司各种光源产品的展览，收集照明市场信息。代理处不直接从事商品销售，如有客户对本公司产品感兴趣有购买意向，代理处帮助其直接与总部联系，由总部与客户签订合同、配送货物并进行应收账款管理等工作。

2020年北京A公司总部及其下属分支机构经纳税调整后的应纳税所得额为5 811 256.30元，应纳税额为1 452 814.08元，三地分支机构的相关经营情况见表11-1。全资子公司B光源设计公司2020年的应纳税所得额为1 925 600元，应纳税额为481 400元。

表11-1　　分支机构收入、工资、资产总额表

单位：元（列至角分）

项　目	收入总额	工资总额	资产总额
天津分支机构	2 800 756.00	698 000.00	7 240 000.00
河北分支机构	1 967 899.00	491 000.00	6 900 000.00
山西分支机构	1 472 115.00	475 000.00	6 000 000.00
合　计	6 240 770.00	1 664 000.00	20 140 000.00

提问：

1. 北京A公司与其外地的分支机构应如何申报缴纳所得税？

2. 北京A公司与其子公司应如何申报缴纳所得税？

3. 甘肃销售代理处是否需要就地缴纳所得税？

第一节　跨地区汇总纳税的税务处理

为加强跨地区经营汇总纳税企业所得税的征收管理，国家税务总局制定的《跨地区经营汇总纳税企业所得税征收管理办法》（国家税务总局公告2012年第57号），《财政部　国家税务总局　中国人民银行关于印发〈跨省市总分机构企业所得税分配及预算管理办法〉的通知》（财预〔2012〕40号，以下简称《企业所得税分配及预算管理办法》）对跨地区汇总纳税的适用范围及征收管理办法做出了明确的规定。

一、跨省市总分机构企业所得税分配及预算管理办法

（一）基本内容

属于中央与地方共享范围的跨省市总分机构企业缴纳的企业所得税，按照统一规范、兼顾总机构和分支机构所在地利益的原则，实行“统一计算、

分级管理、就地预缴、汇总清算、财政调库”的处理办法，总分机构统一计算的当期应纳税额的地方分享部分中，25%由总机构所在地分享，50%由各分支机构所在地分享，25%按一定比例在各地间进行分配。

1. 统一计算，是指居民企业应统一计算包括各个不具有法人资格营业机构在内的企业全部应纳税所得额、应纳税额。总机构和分支机构适用税率不一致的，应分别按适用税率计算应纳所得税额。

2. 分级管理，是指居民企业总机构、分支机构，分别由所在地主管税务机关属地进行监督和管理。

3. 就地预缴，是指居民企业总机构、分支机构，应按本办法规定的比例分别就地按月或者按季向所在地主管税务机关申报、预缴企业所得税。

4. 汇总清算，是指在年度终了后，总分机构企业根据统一计算的年度应纳税所得额、应纳所得税额，抵减总机构、分支机构当年已就地分期预缴的企业所得税款后，多退少补。

5. 财政调库，是指财政部定期将缴入中央总金库的跨省市总分机构企业所得税待分配收入，按照核定的系数调整至地方国库。

【案例11-1】分析1

北京A公司设立的三家分支机构都不具有法人资格，而且所设立的分支机构与北京A公司也不在同一省、自治区、直辖市和计划单列市内，因此北京A公司应当根据分支机构的信息汇总缴纳企业所得税。北京A公司设立的全资子公司北京B光源设计有限公司因具有法人资格，应独立计算并向当地主管税务机关申报缴纳所得税。

（二）适用跨地区汇总纳税的企业

居民企业在中国境内跨地区（指跨省、自治区、直辖市和计划单列市）设立不具有法人资格分支机构的，该居民企业为跨地区经营汇总纳税企业（以下简称汇总纳税企业）。

总机构和具有主体生产经营职能的二级分支机构，需要按照跨地区汇总纳税管理办法，就地分期预缴企业所得税。

二级分支机构及其下属机构均由二级分支机构集中就地预缴企业所得税；三级及以下分支机构不就地预缴企业所得税，其经营收入、职工工资和资产总额统一计入二级分支机构。其中：二级分支机构是指总机构对其财务、业务、人员等直接进行统一核算和管理的领取非法人营业执照的分支机构。

（三）不适用跨地区汇总纳税的企业

1. 企业所得税收入全额上缴国库的企业。

国有邮政企业（包括中国邮政集团公司及其控股公司和直属单位）、中国工商银行股份有限公司、中国农业银行股份有限公司、中国银行股份有限公司、国家开发银行股份有限公司、中国农业发展银行、中国进出口银行、中国投资有限责任公司、中国建设银行股份有限公司、中国建银投资有限责任公司、中国信达资产管理股份有限公司、中国石油天然气股份有限公司、中国石油化工股份有限公司、海洋石油天然气企业（包括中国海洋石油总公司、中海石油（中国）有限公司、中海油田服务股份有限公司、海洋石油工程股份有限公司）、中国长江电力股份有限公司等企业缴纳的企业所得税（包括滞纳金、罚款）为中央收入，全额上缴中央国库，其企业所得税征收管理不适用《企业所得税分配及预算管理办法》。铁路运输企业所得税征收管理不适用《企业所得税分配及预算管理办法》。

2. 辅助性二级分支机构及小微企业分支机构。

不具有主体生产经营职能且在当地不缴纳增值税的产品售后服务、内部研发、仓储等企业内部辅助性的二级分支机构以及上年度符合条件的小型微利企业及其分支机构，不实行《企业所得税分配及预算管理办法》。

3. 境外分支机构不包含在汇总纳税范畴。

居民企业在中国境外设立不具有法人资格分支机构的，按《企业所得税分配及预算管理办法》计算有关分期预缴企业所得税时，其应纳税所得额、应纳所得税额及分摊因素数额，均不包括其境外分支机构。

4. 新设立的二级分支机构，设立当年不就地分摊缴纳企业所得税。当年撤销的二级分支机构，自办理清税之日所属企业所得税预缴期间起，不就地分摊缴纳企业所得税。

【案例11-1】分析2

北京A公司在甘肃设立的销售代理处，其职能主要是进行市场调研与商品展览，并不从事生产经营，没有任何收入，所以也不涉及增值税及附加税的缴纳。因此甘肃销售代理处不需要就地分摊缴纳企业所得税。

二、税款预缴及汇总清算

汇总纳税企业按照《企业所得税法》规定汇总计算的企业所得税，包括预缴税款和汇算清缴应缴应退税款，50%在各分支机构间分摊，各分支机构根据分摊税款就地办理缴库或退库；50%由总机构分摊缴纳，其中25%就地办理缴库或退库，25%就地全额缴入中央国库或退库。

（一）税款预缴的方式

1. 企业应根据当期实际利润额，按照《跨地区经营汇总纳税企业所得税征收管理办法》的预缴分摊方法计算总机构和分支机构的企业所得税预缴额，分别由总机构和分支机构分月或者分季就地预缴。

2. 在规定期限内按实际利润额预缴有困难的，经总机构所在地主管税务机关认可，可以按照上一年度应纳税所得额的1/12或1/4，按照《跨地区经营汇总纳税企业所得税征收管理办法》规定的预缴分摊方法计算总机构和分支机构的企业所得税预缴额，分别由总机构和分支机构就地预缴。上述预缴方式一经确定，当年度不得变更。

（二）总机构预缴的方法

总机构根据统一计算的企业当期实际应纳所得税额（或根据上年汇算清缴统一计算应缴纳所得税额的1/12或1/4）的50%的部分，在每月或季度终了后15日内就地申报预缴。

总机构就地预缴税款，总机构应将统一计算的企业当期应纳税额的25%，就地办理缴库，所缴纳税款收入由中央与总机构所在地按60：40分享。

总机构预缴中央国库税款，总机构应将统一计算的企业当期应纳税额的剩余25%，就地全额缴入中央国库，所缴纳税款收入60%为中央收入，40%由财政部按照2004—2006年各省市三年实际分享企业所得税占地方分享总额的比例定期向各省市分配。

（三）分支机构预缴的方法

总机构在每月或每季终了之日起10日内，按照上年度各省市分支机构的营业收入、职工薪酬和资产总额三个因素，将统一计算的企业当期应纳税额的50%在各分支机构之间进行分摊（总机构所在省市同时设有分支机构的，同样按三个因素分摊），各分支机构根据分摊税款就地办理缴库，所缴纳税款收入由中央与分支机构所在地按60：40分享。分摊时三个因素权重依次为0.35、0.35和0.30。当年新设立的分支机构第二年起参与分摊；当年撤销的分支机构自办理注销税务登记之日起不参与分摊。

1. 分支机构营业收入，是指分支机构销售商品、提供劳务、让渡资产使用权等日常经营活动实现的全部收入。其中，生产经营企业分支机构营业收入是指生产经营企业分支机构销售商品、提供劳务、让渡资产使用权等取得的全部收入；金融企业分支机构营业收入是指金融企业分支机构取得的利息、手续费、佣金等全部收入；保险企业分支机构营业收入是指保险企业分支机构取得的保费等全部收入。

2. 分支机构职工薪酬，是指分支机构为获得职工提供的服务而给予职工的各种形式的报酬。

3. 分支机构资产总额，是指分支机构在12月31日拥有或者控制的资产合计额。

4. 各分支机构分摊预缴额按下列公式计算：

（1）各分支机构分摊预缴额=所有分支机构应分摊的预缴总额×该分支机构分摊比例

其中：

所有分支机构应分摊的预缴总额=统一计算的企业当期应纳所得税额×50%

（2）该分支机构分摊比例=（该分支机构营业收入/各分支机构营业收

入之和）×0.35+（该分支机构职工薪酬/各分支机构职工薪酬之和）×0.35+（该分支机构资产总额/各分支机构资产总额之和）×0.30

以上公式中，分支机构仅指需要参与就地预缴的分支机构。

【案例11-1】分析3

假设北京A公司经主管税务机关认可，可根据上一年度实际汇算清缴计算的应纳所得税额的1/12预缴所得税，2019年度汇算清缴计算的应纳所得税总额为980 000元，2019年度外地分支机构的相关指标见表11-2。

表11-2　　2019年度外地分支机构的相关指标

单位：元

	收入总额	工资总额	资产总额
天津分支机构	2 500 000	670 000	7 000 000
河北分支机构	1 800 000	460 000	6 500 000
山西分支机构	1 000 000	450 000	5 200 000
合计	5 300 000	1 580 000	18 700 000

其分摊、预缴税款的计算过程如下：（计算结果保留2位小数）

1. 甘肃代理处为总部下设，因不需要预缴所得税，其工资总额及资产总额并入公司总部，不参与外地分支机构指标的计算。

各分支机构收入总额、工资总额和资产总额的确定如下。

2. 总部应分摊税款=980 000÷2=490 000（元）

每月预缴税款=490 000÷12≈40 833.33（元）

3. 分支机构预缴税款分摊比例的确定。

天津分支机构分摊比例=0.35×（250/530）+0.35×（67/158）+0.30×（700/1870）≈0.43

河北分支机构分摊比例=0.35×（180/530）+0.35×（46/158）+0.30×（650/1870）≈0.32

山西分支机构分摊比例=0.35×（100/530）+0.35×（45/158）+0.30×（520/1870）≈0.25

4. 分支机构分摊、预缴税额的确定

分支机构总计分摊税款980 000÷2=490 000（元），其中：

天津分支机构每月应分摊的预缴税额=490 000×0.43×1/12≈17 558.33（元）

河北分支机构每月应分摊的预缴税额=490 000×0.32×1/12≈13 066.67（元）

山西分支机构每月应分摊的预缴税款=490 000×0.25×1/12≈10 208.33（元）

至此，在2020年汇算清缴前，总部已累计预缴所得税490 000元，其中25%［490 000×25%=245 000（元）］就地缴库，另25%由财政集中缴入中央国库。天津分支机构已累计预缴所得税210 700元，河北分支机构已累计预缴所得税156 800元，山西分支机构已累计预缴所得税122 500元。三地分支机构累计已预缴所得税合计490 000元。

（四）汇总清算

汇总纳税企业应当在年度终了后5个月内，由总机构汇总计算企业年度应纳所得税额，扣除总机构和各分支机构已预缴的税款，计算出应缴应退税款，按照《企业所得税分配及预算管理办法》规定的税款分摊方法计算总机构和分支机构的企业所得税应缴应退税款，分别由总机构和分支机构就地办理税款缴库或退库。

1. 补缴的税款按照预缴的分配比例，50%由各分支机构就地办理缴库，所缴纳税款收入由中央与分支机构所在地按60：40分享；25%由总机构就地办理缴库，所缴纳税款收入由中央与总机构所在地按60：40分享；其余25%部分就地全额缴入中央国库，所缴纳税款收入中60%为中央收入，40%由财政部按照2004—2006年各省市三年实际分享企业所得税占地方分享总额的比例定期向各省市分配。

2. 多缴的税款按照预缴的分配比例，50%由各分支机构就地办理退库，所退税款由中央与分支机构所在地按60：40分担；25%由总机构就地办理退库，所退税款由中央与总机构所在地按60：40分担；其余25%部分就地从中央国库退库，其中60%从中央级1010442项“总机构汇算清缴所得税”下有关科目退付，40%从中央级1010443项“企业所得税待分配收入”下有关科目退付。

【案例11-1】分析4

北京A公司所设立的各分支机构中，因他们都不具有法人资格，因此都不需要进行企业所得税汇算清缴，由A公司总部汇总计算企业年度应纳所得税额。

1. 总部应补（退）税额的确定。

北京A公司2020年度汇总计算的应纳所得税额为1 452 814.08元，其中总部应分摊1 452 814.08÷2=726 407.04（元），由【案例11-1】分析3得知总部已累计预缴所得税490 000元，应补缴所得税=726 407.04－490 000=236 407.04（元），其中25%就地缴库，另25%就地全额缴入中央国库。

2. 2020年度各分支机构的实际分摊比例确定。

2020年度汇算清缴时应重新计算各分支机构的收入、工资及资产总额，重新计算2020年度的分摊税款比例。

天津分支机构分摊比例=0.35×（2 800 756÷6 240 770）+0.35×（698 000÷1 664 000）+0.30×（7 240 000÷20 140 000）≈0.41

河北分支机构分摊比例=0.35×（1 967 899÷6 240 770）+0.35×（491 000÷1 664 000）+0.30×（690 000÷20 140 000）≈0.32

山西分支机构分摊比例=0.35×（1 472 115÷6 240 770）+0.35×（475 000÷1 664 000）+0.30×（6 000 000÷20 140 000）≈0.27

3. 2020年度各分支机构分摊应补（退）税额的确定。

分支机构应分摊税额合计：1 452 814.08÷2=726 407.04（元）

其中天津分支机构应分摊税额=726 407.04×0.41=297 826.89（元）

河北分支机构应分摊税额=726 704.04×0.32=232 450.25（元）

山西分支机构应分摊税额=726 704.04×0.27=196 129.9（元）

由【案例11-1】分析3得知：天津分支机构已累计预缴所得税210 700元，河北分支机构已累计预缴所得税156 800元，山西分支机构已累计预缴所得税122 500元。因此：

天津分支机构应补税=297 826.89-210 700=87 126.89（元）

河北分支机构应补税=232 450.25-156 800=75 650.25（元）

山西分支机构应补税=196 129.9−122 500=73 629.9（元）

应补税合计=87 126.89+75 650.25+73 629.9=236 407.04（元）

汇总纳税企业在纳税年度内预缴企业所得税税款少于全年应缴企业所得税税款的，应在汇算清缴期内由总、分机构分别结清应缴的企业所得税税款；预缴税款超过应缴税款的，主管税务机关应及时按有关规定分别办理退税，或者经总、分机构同意后分别抵缴其下一年度应缴企业所得税税款。

第二节 《A109000跨地区经营汇总纳税企业年度分摊企业所得税明细表》的填写

汇总纳税企业按税法规定计算总分机构每一纳税年度应缴的企业所得税、总分机构应分摊的企业所得税，并需将相关信息填入《A109000跨地区经营汇总纳税企业年度分摊企业所得税明细表》和《A109010企业所得税汇总纳税分支机构所得税分配表》。

一、《A109000跨地区经营汇总纳税企业年度分摊企业所得税明细表》的填写

【案例11-1】分析5

北京A公司《A109000跨地区经营汇总纳税企业年度分摊企业所得税明细表》的填写见表11-3。具体填写过程说明如下：

1. 第1行数据取于主表A100000第31行“实际应纳所得税额”，本案例中可直接告知该数据1 452 814.08元。

2. 第2行和第3行分别对应主表A100000的第29行和第30行。

3. 第5行填写北京A公司根据规定比例计算的2019年度实际已预缴的所

得税额。根据案例解析3得出北京A公司已按照上年度实际数预缴所得税总计980 000元，其中分支机构分摊50%，总机构就地缴库25%，财政集中缴库25%。

4. 其余各行次根据数据逻辑关系填写。

企业填写完《A109000跨地区经营汇总纳税企业年度分摊企业所得税明细表》后，该表的相关信息将转入《A100000中华人民共和国企业所得税年度纳税申报表（A类）》。

表间关系为：

1. 第1行=表A10000第31行。
2. 第2行=表A10000第29行。
3. 第3行=表A10000第30行。
4. 第5行=表A10000第32行。
5. 第12+16行=表A10000第34行。
6. 第13行=表A100000第35行。
7. 第15行=表A10000第36行。

表11-3　A109000　跨地区经营汇总纳税企业年度分摊企业所得税明细表

单位：元（列至角分）

行次	项　目	金额
1	一、实际应纳所得税额	1 452 814.08
2	减：境外所得应纳所得税额	
3	加：境外所得抵免所得税额	
4	二、用于分摊的本年实际应纳所得税额（1-2+3）	1 452 814.08
5	三、本年累计已预分、已分摊所得税额（6+7+8+9）	980 000.00
6	（一）总机构直接管理建筑项目部已预分所得税额	
7	（二）总机构已分摊所得税额	245 000.00
8	（三）财政集中已分配所得税额	245 000.00
9	（四）分支机构已分摊所得税额	490 000.00
10	其中：总机构主体生产经营部门已分摊所得税额	
11	四、本年度应分摊的应补（退）的所得税额（4-5）	472 814.08

续表

行次	项　　目	金额
12	（一）总机构分摊本年应补（退）的所得税额（11× 总机构分摊比例）	118 203.52
13	（二）财政集中分配本年应补（退）的所得税额（11× 财政集中分配比例）	118 203.52
14	（三）分支机构分摊本年应补（退）的所得税额（11× 分支机构分摊比例）	236 407.04
15	其中：总机构主体生产经营部门分摊本年应补（退）的所得税额（11× 总机构主体生产经营部门分摊比例）	
16	五、境外所得抵免后的应纳所得税额（2–3）	
17	六、总机构本年应补（退）所得税额（12+13+15+16）	236 407.04

二、《A109010企业所得税汇总纳税分支机构所得税分配表》的填写

企业填写完成《A109000跨地区经营汇总纳税企业年度分摊企业所得税明细表》（见表11–3）后，A109000的第11行“四、总机构年度应分摊的应补（退）的所得税”转入《A109010企业所得税汇总纳税分支机构所得税分配表》（见表11–4）的“应纳所得税额”处，企业根据分支机构的情况，填写完成《A109010企业所得税汇总纳税分支机构所得税分配表》。

表11-4

A109010 企业所得税汇总纳税分支机构所得税分配表

税款所属期间：2020 年 1 月 1 日至 2020 年 12 月 31 日

总机构名称（盖章）：
北京A电器有限公司
总机构统一社会信用代码（纳税人识别号）：

金额单位：元（列至角分）

应纳所得税额		总机构分摊所得税额	总机构财政集中分配所得税额			分支机构分摊所得税额	
472 814.08		118 203.52	118 203.52			236 407.04	
分支机构情况	分支机构统一社会信用代码（纳税人识别号）	分支机构名称	三项因素			分配比例	分配所得税额
			营业收入	职工薪酬	资产总额		
		天津分支机构	2 800 756.00	698 000.00	7 240 000.00	0.41	87 126.89
		河北分支机构	1 967 899.00	491 000.00	6 900 000.00	0.32	75 650.25
		山西分支机构	1 472 115.00	475 000.00	6 000 000.00	0.27	73 629.90
	合计		6 240 770.00	1 664 000.00	20 140 000.00	1.00	236 407.04

【案例11-1】分析6

北京A公司《A109010企业所得税汇总纳税分支机构所得税分配表》的填写见表11-4。由表11-3第11行取数据472 814.08元转入表11-4（表A109010）中“应纳所得税额”处，其25%填入“总机构分摊的所得税额”，另25%填入“总机构财政集中分配所得税额”，剩余50%填入“分支机构分摊所得税额”处。其他计算过程如【案例11-1】分析4所述，此处不再赘述。

需要说明的是，对于跨省（自治区、直辖市、计划单列市）经营汇总纳税企业，表A109010中三个项目：总机构分摊所得税额、总机构财政集中分配所得税额、分支机构分摊所得税额填报企业本年应补（退）所得税额×25%后的金额；对于同一省（自治区、直辖市、计划单列市）内跨地区经营汇总纳税企业，表A109010中三个项目：总机构分摊所得税额、总机构财政集中分配所得税额、分支机构分摊所得税额填报企业本年应补（退）所得税额×规定比例后的金额。

第十二章　其他表单的填报

【学习目标】

1. 熟悉封面和《A000000企业所得税年度纳税申报基础信息表》的填写；

2. 掌握《A100000中华人民共和国企业所得税年度纳税申报表（A类）》的填写。

第一节　《A000000企业所得税年度纳税申报基础信息表》的填写

一、封面的填写

一套完整的企业所得税纳税申报表由封面、企业所得税年度纳税申报表填报表单、企业基础信息表、《中华人民共和国企业所得税年度纳税申报表（A类）》及其附表组成。封面、企业所得税年度纳税申报表填报表单的填写要求为必填，封面主要项目有5项，分别是税款所属期间、纳税人识别号、纳税人名称、填报日期和签章。有关项目填报说明如下：

1.“税款所属期间”：正常经营的纳税人，填报公历当年1月1日至12月31日；纳税人年度中间开业的，填报实际生产经营之日至当年12月31日；纳税人年度中间发生合并、分立、破产、停业等情况的，填报公历当年1月1日至实际停业或法院裁定并宣告破产之日；纳税人年度中间开业且年度中间又发生合并、分立、破产、停业等情况的，填报实际生产经营之日至实际停业或法院裁定并宣告破产之日。

2. 纳税人识别号（统一社会信用代码）：有关部门核发的统一社会信用代码，未取得统一社会信用代码的，填报税务机关核发的纳税人识别号。

3. “纳税人名称”：填报营业执照、税务登记证等证件所载纳税人的全称。

4. “填报日期”：填报纳税人申报当日日期。

5. 纳税人聘请中介机构代理申报的，加盖代理申报中介机构公章。

【综合案例】分析12-1

根据ABC科技的基础信息填写封面。填写结果见表12-1。

表12-1　　中华人民共和国企业所得税年度纳税申报表

（A类，2017年版）

税款所属期间：2020年1月1日至2020年12月31日

纳税人识别号（统一社会信用代码）：91110000**********

纳税人名称：北京ABC科技股份有限公司

金额单位：人民币元（列至角分）

谨声明：本纳税申报表是根据国家税收法律法规及相关规定填报的，是真实的、可靠的、完整的。

纳税人（签章）：

年　月　日

经办人： 经办人身份证号： 代理机构签章：	受理人： 受理税务机关（章）： 受理日期：　　年　月　日

国家税务总局监制

填写要点：

“税款所属期间”填写2020年1月1日至2020年12月31日；纳税人统一社会信用代码（纳税人识别号）填写110102576872256123；“纳税人名称”填写北京ABC科技股份有限公司；“填报日期”填写北京ABC科技申报当日日期。

二、《A000000企业所得税年度纳税申报基础信息表》的填写

纳税人在填报申报表前，首先填写基础信息表，为后续申报提供指引。基础信息表主要包括基本经营情况、有关涉税事项情况、主要股东及分红情况三大部分。

1. 基本经营情况的填写。

本部分所列项目为必填（必选）内容。

（1）“101纳税申报企业类型”的填写。

纳税人根据申报所属期年度的企业经营方式情况，从《跨地区经营企业类型代码表》（表12-2）中选择相应的代码填入。

表12-2　　跨地区经营企业类型代码表

<table>
<tr><th rowspan="2">代码</th><th colspan="3">类　型</th></tr>
<tr><th>大类</th><th>中类</th><th>小类</th></tr>
<tr><td>100</td><td colspan="3">非跨地区经营企业</td></tr>
<tr><td>210</td><td rowspan="3">跨地区经营企业总机构</td><td colspan="2">总机构（跨省）——适用《跨地区经营汇总纳税企业所得税征收管理办法》</td></tr>
<tr><td>220</td><td colspan="2">总机构（跨省）——不适用《跨地区经营汇总纳税企业所得税征收管理办法》</td></tr>
<tr><td>230</td><td colspan="2">总机构（省内）</td></tr>
<tr><td>311</td><td rowspan="2">跨地区经营企业分支机构</td><td rowspan="2">需进行完整年度纳税申报</td><td>分支机构（需进行完整年度申报并按比例纳税）</td></tr>
<tr><td>312</td><td>分支机构（需进行完整年度申报但不就地缴纳）</td></tr>
</table>

符合《国家税务总局关于印发〈跨地区经营汇总纳税企业所得税征收管理办法〉的公告》（国家税务总局公告2012年第57号）发布、《国家税务总局关于修改部分税收规范性文件的公告》（国家税务总局公告2018年第31号）修改规定的跨省、自治区、直辖市和计划单列市设立不具有法人资格分支机构的跨地区经营汇总纳税企业总机构，选择210；不适用该公告的总机构，选择220；纳税人为仅在同一省、自治区、直辖市和计划单列市（以下称同一地区）内设立不具有法人资格分支机构的跨地区经营汇总纳税企业总机构，选择230；纳税人为根据相关政策规定须进行完整年度申报并按比例就地缴纳企业所得税的跨地区经营企业的分支机构，选择311；纳税人为根据相关政策规定须进行完整年度申报但不就地缴纳所得税的跨地区经营企业的分支机构选择312；不是汇总纳税企业的纳税人选择100。

（2）“102分支机构就地纳税比例”的填写。

“101纳税申报企业类型”填写或选择311的，需要同时填报本项。分支机构填报年度纳税申报时应当就地缴纳企业所得税的比例。

（3）“103资产总额”的填写。

填报资产总额的全年季度平均值，单位为万元，保留小数点后2位。具体计算公式如下：

季度平均值=（季初值+季末值）÷2

全年季度平均值=全年各季度平均值之和÷4

年度中间开业或者终止经营活动的，以其实际经营期作为一个纳税年度确定上述相关指标。

（4）“104从业人数”的填写。

填报从业人数的全年季度平均值，单位为人。从业人数是指与企业建立劳动关系的职工人数和企业接受的劳务派遣用工人数之和，依据和计算方法同“103资产总额”。

（5）“105所属国民经济行业”的填写。

按照《国民经济行业分类》标准，填报所属的国民经济行业明细代码。

（6）“106从事国家限制或禁止行业”的填写。

纳税人从事行业为国家限制和禁止行业的，选择“是”；其他选择“否”。

（7）“107适用会计准则或会计制度”的填写。

纳税人根据会计核算采用的会计准则或会计制度从《会计准则或会计制度类型代码表》中选择相应的代码填入本项。

（8）“108采用一般企业财务报表格式（2019年版）”的填写。

根据《财政部关于修订印发2019年度一般企业财务报表格式的通知》（财会〔2019〕6号）和《财政部关于修订印发2018年度金融企业财务报表格式的通知》（财会〔2018〕36号）规定的格式编制财务报表的，选择“是”，其他选择“否”。

（9）“109小型微利企业”的填写。

纳税人符合小型微利企业普惠性所得税减免政策的，选择“是”，其他选择“否”。

（10）“110上市公司”：纳税人在中国境内上市的选择“境内”；在中国境外上市的选择“境外”；在境内外同时上市的可同时选择；其他选择“否”。纳税人在中国香港上市的，参照境外上市相关规定选择。

2. 有关涉税事项情况的填写。

（1）“201从事股权投资业务”“202存在境外关联交易”“203选择采用的境外所得抵免方式”“204有限合伙制创业投资企业的法人合伙人”“205创业投资企业”“207非营利组织”“209集成电路生产项目类型”的填写。

以上七项企业根据实际经营情况进行填写。

（2）“206技术先进型服务企业类型”的填写。

纳税人为经认定的技术先进型服务企业的，从《技术先进型服务企业类型代码表》（表12-3）中选择相应的代码填报本项。经认定的技术先进型服务企业无论是否享受企业所得税优惠政策，均应填报本项。

表12-3 技术先进型服务企业类型代码表

代码	类　型	
	大类	小类
110	服务外包类	信息技术外包服务（ITO）
120		技术性业务流程外包服务（BPO）

续表

代码	类型	
	大类	小类
130	服务外包类	技术性知识流程外包服务（KPO）
210	服务贸易类	计算机和信息服务
220		研究开发和技术服务
230		文化技术服务
240		中医药医疗服务

（3）“208软件、集成电路企业类型”的填写。

按照企业类型从《软件、集成电路企业类型代码表》（表12-4）中选择相应的代码填入本项。软件、集成电路企业若符合相关企业所得税优惠政策条件的，无论是否享受企业所得税优惠，均应填报本项。

表12-4 软件、集成电路企业类型代码表

代码	类型		
	大类	中类	小类
110	集成电路生产企业	线宽小于 0.8 微米（含）的企业	
120		线宽小于 0.25 微米的企业	
130		投资额超过 80 亿元的企业	
140		线宽小于 130 纳米（含）的企业	
150		线宽小于 65 纳米（含）或投资额超过 150 亿元的企业	
160		线宽小于 28 纳米（含）的企业	
210	集成电路设计企业	新办符合条件的集成电路设计企业 / 国家鼓励的集成电路设计企业	
220		符合规模条件的重点集成电路设计企业	
230		符合领域条件的重点集成电路设计企业	
311	软件企业	一般软件企业	符合条件的软件企业 / 国家鼓励的软件企业
312			符合规模条件的重点软件企业
313			符合领域条件的重点软件企业
314			符合出口条件的重点软件企业

续表

代码	类型		
	大类	中类	小类
321	软件企业	嵌入式或信息系统集成软件产品企业	符合条件的软件企业 / 国家鼓励的软件企业
322			符合规模条件的重点软件企业
323			符合领域条件的重点软件企业
324			符合出口条件的重点软件企业
400	集成电路封装、测试（含封装测试）企业		
500	集成电路材料（含关键专用材料）企业		
600	集成电路装备（含专用设备）企业		

（4）“210科技型中小企业”的填写。

纳税人根据申报所属期年度和申报所属期下一年度取得的科技型中小企业入库登记编号情况，填报本项目下的“210-1”“210-2”“210-3”“210-4”。

（5）“211高新技术企业申报所属期年度有效的高新技术企业证书”的填写。

纳税人根据申报所属期年度拥有的有效期内的高新技术企业证书情况，填报本项目下的“211-1”“211-2”“211-3”“211-4”。

（6）“212重组事项税务处理方式”的填写。

在申报所属期年度发生重组事项的，应填报本项。纳税人重组事项按一般性税务处理的，选择“一般性”；重组事项按特殊性税务处理的，选择“特殊性”。

（7）“213重组交易类型”和“214重组当事方类型”的填写。

填报“212重组事项税务处理方式”的纳税人，应当同时填报“213重组交易类型”和“214重组当事方类型”。

（8）“215政策性搬迁开始时间”“216发生政策性搬迁且停止生产经营无所得年度”“217政策性搬迁损失分期扣除年度”。

以上三项企业根据发生政策性搬迁的相关情况进行填写。

（9）“218发生非货币性资产对外投资递延纳税事项”“219非货币性

资产对外投资转让所得递延纳税年度”的填写。

纳税人在申报所属期年度发生非货币性资产对外投资递延纳税事项的，选择“是”。申报所属期年度处在递延纳税期间的，选择“是”。

（10）“220发生技术成果投资入股递延纳税事项”“221技术成果投资入股递延纳税年度”的填写。

纳税人在申报所属期年度发生技术入股递延纳税事项的，选择“是”。申报所属期年度为转让股权年度的，选择“是”。

（11）“222发生资产（股权）划转特殊性税务处理事项”“223债务重组所得递延纳税年度”的填写。

纳税人在申报所属期年度发生资产（股权）划转特殊性税务处理事项的，选择“是”。纳税人债务重组确认的应纳税所得额申报所属期年度处在递延纳税期间的，选择“是”。

3. 企业主要股东及分红情况的填写。

填报本企业投资比例位列前10位的股东情况。包括股东名称，证件种类（营业执照、税务登记证、组织机构代码证、身份证、护照等），证件号码（统一社会信用代码、纳税人识别号、组织机构代码号、身份证号、护照号等），投资比例，当年（决议日）分配的股息、红利等权益性投资收益金额，国籍（注册地址）。纳税人股东数量超过10位的，应将其余股东有关数据合计后填入“其余股东合计”行次。

纳税人股东为非居民企业的，证件种类和证件号码可不填报。

4. 案例解析。

【综合案例】分析12-2

根据ABC科技的基础信息来填写《企业基础信息表》。填写表12-5结果如下：

表12-5　　A000000　企业所得税年度纳税申报基础信息表

<table>
<tr><td colspan="8">基本经营情况（必填项目）</td></tr>
<tr><td colspan="3">101 纳税申报企业类型(填写代码)</td><td>100</td><td colspan="3">102 分支机构就地纳税比例（%）</td><td>0</td></tr>
<tr><td colspan="3">103 资产总额(填写平均值，单位：万元)</td><td>12134.36</td><td colspan="3">104 从业人数（填写平均值，单位：人）</td><td>200</td></tr>
<tr><td colspan="3">105 所属国民经济行业(填写代码)</td><td>G619 其他技术服务</td><td colspan="3">106 从事国家限制或禁止行业</td><td>□是 ☑否</td></tr>
<tr><td colspan="3">107 适用会计准则或会计制度（填写代码）</td><td>110</td><td colspan="3">108 采用一般企业财务报表格式（2019 年版）</td><td>☑是 □否</td></tr>
<tr><td colspan="3">109 小型微利企业</td><td>□是 ☑否</td><td>110 上市公司</td><td colspan="3">是（□境内 □境外） ☑ 否</td></tr>
<tr><td colspan="8">有关涉税事项情况（存在或者发生下列事项时必填）</td></tr>
<tr><td colspan="3">201 从事股权投资业务</td><td>□是</td><td colspan="3">202 存在境外关联交易</td><td>□是</td></tr>
<tr><td rowspan="2">203 境外所得信息</td><td colspan="3">203-1 选择采用的境外所得抵免方式</td><td colspan="4">□分国（地区）不分项 □不分国（地区）不分项</td></tr>
<tr><td colspan="3">203-2 海南自由贸易港新增境外直接投资信息</td><td colspan="4">□是（产业类别：□旅游业 □现代服务业 □高新技术产业）</td></tr>
<tr><td colspan="3">204 有限合伙制创业投资企业的法人合伙人</td><td>□是</td><td colspan="3">205 创业投资企业</td><td>□是</td></tr>
<tr><td colspan="3">206 技术先进型服务企业类型（填写代码）</td><td></td><td colspan="3">207 非营利组织</td><td>□是</td></tr>
<tr><td colspan="3">208 软件、集成电路企业类型（填写代码）</td><td>311</td><td colspan="2">209 集成电路生产项目类型</td><td colspan="2">□ 130 纳米 □ 65 纳米
□ 28 纳米</td></tr>
<tr><td rowspan="2">210 科技型中小企业</td><td colspan="3">210-1____年（申报所属期年度）入库编号 1</td><td></td><td colspan="2">210-2 入库时间 1</td><td></td></tr>
<tr><td colspan="3">210-3____年（所属期下一年度）入库编号 2</td><td></td><td colspan="2">210-4 入库时间 2</td><td></td></tr>
<tr><td colspan="2" rowspan="2">211 高新技术企业申报所属期年度有效的高新技术企业证书</td><td colspan="2">211-1 证书编号 1</td><td></td><td colspan="2">211-2 发证时间 1</td><td></td></tr>
<tr><td colspan="2">211-3 证书编号 2</td><td></td><td colspan="2">211-4 发证时间 2</td><td></td></tr>
<tr><td colspan="2">212 重组事项税务处理方式</td><td colspan="2">□一般性□特殊性</td><td colspan="3">213 重组交易类型（填写代码）</td><td></td></tr>
<tr><td colspan="2">214 重组当事方类型（填写代码）</td><td colspan="2"></td><td colspan="3">215 政策性搬迁开始时间</td><td>___年__月</td></tr>
<tr><td colspan="3">216 发生政策性搬迁且停止生产经营无所得年度</td><td>□是</td><td colspan="3">217 政策性搬迁损失分期扣除年度</td><td>□是</td></tr>
</table>

续表

218 发生非货币性资产对外投资递延纳税事项	□是	219 非货币性资产对外投资转让所得递延纳税年度	□是
220 发生技术成果投资入股递延纳税事项	□是	221 技术成果投资入股递延纳税年度	□是
222 发生资产（股权）划转特殊性税务处理事项	□是	223 债务重组所得递延纳税年度	□是

主要股东及分红情况（必填项目）					
股东名称	证件种类	证件号码	投资比例（%）	当年（决议日）分配的股息、红利等权益性投资收益金额	国籍（注册地址）
刘某	身份证	×××××××××××××	55.00	中国	中国
舒某	身份证	×××××××××××××	15.00	中国	中国
王某	身份证	×××××××××××××	10.00	中国	中国
北京EF投资有限责任公司	组织机构代码证	53232304-6	10.00		北京市××科技园区××路20号
南京甲投资基金合伙企业（有限合伙）	组织机构代码证	59513221-8	5.00		南京××区××大厦六层6016室
其余股东合计	—	—			—

填写要点：

1. 基本信息的填写。

根据ABC科技的基本情况填写基本经营情况部分，“101纳税申报企业类型（填写代码）”填100；“103资产总额”填写12 134.36万元；“104从业人数”填写200人；“105所属国民经济行业”填写 G619其他技术服务；“106从事国家限制或禁止行业”填写否；“107适用会计准则或会计制度

（填写代码）”填写110；“108采用一般企业财务报表格式（2019年版）”填“是”；“109小型微利企业”填“否”；“110上市公司”选择“否”；

2. 重组事项的填写。

根据综合案例，ABC科技为新开设符合条件的软件企业，“208软件、集成电路企业类型（填写代码）”填写311，2020年未发生企业重组及递延纳税事项，因此均无须填写。

3. 企业主要股东及分红情况。

ABC科技根据综合案例相关信息填写企业主要股东及分红情况。

第二节　《A100000中华人民共和国企业所得税年度纳税申报表（A类）》主表的填写

一、《A100000中华人民共和国企业所得税年度纳税申报表（A类）》的计算原理

《A100000中华人民共和国企业所得税年度纳税申报表（A类）》为年度纳税申报表主表，企业应该根据《中华人民共和国企业所得税法》及其实施条例（以下简称税法）、相关税收政策，以及国家统一会计制度（企业会计准则、小企业会计准则、企业会计制度、事业单位会计准则和民间非营利组织会计制度等）的规定，计算填报纳税人利润总额、应纳税所得额、应纳税额和附列资料等有关项目。

主表整体结构包括四个部分：利润总额计算、应纳税所得额计算、应纳税额和附列资料。主表的计算原理是按照间接计算法计算应纳税所得额，即在会计利润总额的基础上纳税调整，计算应纳税所得额，然后考虑特殊情况计算应纳税额。

“利润总额计算”中的项目，是按照国家统一会计制度口径计算填报，注意企业适用的会计制度，根据表中项目分析填报。

“应纳税所得额计算”中的项目，是先调整，后应纳税所得额和弥补亏

损，根据填报顺序，先享受“所得减免”，再弥补亏损，然后“抵扣应纳税所得额”。

“应纳税额计算”中的项目，是先算基本税额，再考虑减免所得税额、抵减所得税额，接着计算境外所得，最后考虑总分机构因素。

二、《A100000中华人民共和国企业所得税年度纳税申报表（A类）》的填写

A100000主表整体结构包括四个部分：利润总额计算、应纳税所得额计算、应纳税额和附列资料。

（一）“利润总额计算”的填写

利润总额的计算涉及第1行至第13行的填写，其中的项目，按照国家统一会计制度口径计算填报。实行企业会计准则、小企业会计准则、企业会计制度、分行业会计制度的纳税人，其数据直接取自《利润表》；实行事业单位会计准则的纳税人，其数据取自《收入支出表》；实行民间非营利组织会计制度的纳税人，其数据取自《业务活动表》；实行其他国家统一会计制度的纳税人，根据本表项目进行分析填报。“二、营业利润”不执行“第10行=第1-2-3-4-5-6-7+8+9行”的表内关系，按照《利润表》“营业利润”项目填报。

（二）“应纳税所得额计算”的填写

A100000主表中第二部分“应纳税所得额计算”是主表的核心内容，其主要用于反映应纳税所得额的计算过程，体现税法与会计差异的调整情况和税基式、税额式税收优惠政策的执行情况以及以前年度亏损的弥补情况。

其计算公式是：

应纳税所得额＝利润总额－境外所得+纳税调整增加额－纳税调整减少额－免税、减计收入及加计扣除+境外应税所得弥补境内亏损－所得减免－允许弥补的以前年度亏损－抵扣应纳税所得额

应纳税所得额的计算涉及第14行至第26行的填写。

1.“境外所得”的填写。

第14行“境外所得”填报纳税人发生的分国（地区）别取得的境外税后所得计入利润总额的金额。根据《A108010境外所得纳税调整后所得明细表》填报。

2.“纳税调整增加额”的填写。

第15行“纳税调整增加额”填报纳税人会计处理与税收规定不一致，进行纳税调整增加的金额。本行通过《A105000纳税调整项目明细表》“调增金额”列填报。

3.“纳税调整减少额”的填写。

第16行“纳税调整减少额”填报纳税人会计处理与税收规定不一致，进行纳税调整减少的金额。本行通过《A105000纳税调整项目明细表》“调减金额”列填报。

4.“免税、减计收入及加计扣除”的填写。

第17行“免税、减计收入及加计扣除”填报属于税法规定免税收入、减计收入、加计扣除金额。本行通过《A107010免税、减计收入及加计扣除优惠明细表》填报。

5.“境外应税所得抵减境内亏损”的填写。

第18行“境外应税所得抵减境内亏损”当纳税人选择不用境外所得抵减境内亏损时，填0；当纳税人选择用境外所得抵减境内亏损时，填报境外所得抵减境内亏损的金额；用境外所得弥补以前年度亏损的，填报《A108000境外所得税收抵免明细表》。

6.“纳税调整后所得”的填写。

第19行“纳税调整后所得”填报纳税人经过纳税调整、税收优惠、境外所得计算后的所得额。

7.“所得减免”的填写。

第20行“所得减免”填报属于税法规定所得减免金额。本行根据《A107020所得减免优惠明细表》填报。

8.“弥补以前年度亏损”的填写。

第21行“弥补以前年度亏损”：填报纳税人按照税法规定可在税前弥补

的以前年度亏损的数额，本行根据《A106000企业所得税弥补亏损明细表》填报。

9.“抵扣应纳税所得额”的填写。

第22行“抵扣应纳税所得额”填报根据税法规定应抵扣的应纳税所得额。本行通过《A107030抵扣应纳税所得额明细表》填报。

10.“应纳税所得额”的填写。

第23行“应纳税所得额”：金额等于本表第19行–第20行–第21行–第22行计算结果。本行不得为负数。本表第19行或者按照上述行次顺序计算结果本行为负数，本行金额填0。

（三）“应纳税额计算”的填写

应纳税额的计算涉及第24行至第36行的填写，应纳税额的计算分为四步：

第一步，应纳税所得额×税率=应纳所得税额；

第二步，应纳所得税额–减免所得税额–抵免所得税额=应纳税额；

第三步，应纳税额+境外所得应纳所得税额–境外所得抵免所得税额=实际应纳所得税额；

第四步，实际应纳所得税额–本年累计实际已预缴的所得税额=本年应补（退）的所得税额。

对于汇总纳税企业，还需填写总机构按税收规定在总机构所在地分摊本年应补（退）所得税款，财政集中分配本年应补（退）所得税款，以及总机构所属的具有主体生产经营职能的部门按照税收规定应分摊的本年应补（退）所得税款。

（四）案例解析

【综合案例】分析12–3

根据ABC科技的相关报表填写A100000主表，填写表12–6结果如下。

表12-6　A100000　中华人民共和国企业所得税年度纳税申报表（A类）

单位：元（列至角分）

行次	类别	项　　目	金　额
1	利润总额计算	一、营业收入（填写 A101010\101020\103000）	97 847 284.52
2		减：营业成本（填写 A102010\102020\103000）	49 473 881.24
3		减：税金及附加	1 309 056.99
4		减：销售费用（填写 A104000）	12 498 150.58
5		减：管理费用（填写 A104000）	12 811 239.11
6		减：财务费用（填写 A104000）	2 156 168.51
7		减：资产减值损失	3 087 160.46
8		加：公允价值变动收益	
9		加：投资收益	80 000.00
10		二、营业利润（1-2-3-4-5-6-7+8+9）	10 646 249.11
11		加：营业外收入（填写 A101010\101020\103000）	17 296.40
12		减：营业外支出（填写 A102010\102020\103000）	10 575.16
13		三、利润总额（10+11-12）	10 652 970.35
14	应纳税所得额计算	减：境外所得（填写 A108010）	
15		加：纳税调整增加额（填写 A105000）	3 917 468.53
16		减：纳税调整减少额（填写 A105000）	
17		减：免税、减计收入及加计扣除（填写 A107010）	4 450 524.35
18		加：境外应税所得抵减境内亏损（填写 A108000）	
19		四、纳税调整后所得（13-14+15-16-17+18）	10 119 914.50
20		减：所得减免（填写 A107020）	
21	应纳税额计算	减：弥补以前年度亏损（填写 A106000）	
22		减：抵扣应纳税所得额（填写 A107030）	
23		五、应纳税所得额（19-20-21-22）	10 119 914.50
24		税率（25%）	25%

续表

行次	类别	项目	金额
25	应纳税额计算	六、应纳所得税额（23×24）	2 529 978.62
26		减：减免所得税额（填写 A107040）	1 439 718.71
27		减：抵免所得税额（填写 A107050）	
28		七、应纳税额（25–26–27）	1 090 259.91
29		加：境外所得应纳所得税额（填写 A108000）	
30		减：境外所得抵免所得税额（填写 A108000）	
31		八、实际应纳所得税额（28+29–30）	1 090 259.91
32		减：本年累计实际已预缴的所得税额	999 637.13
33		九、本年应补（退）所得税额（31–32）	90 622.78
34		其中：总机构分摊本年应补（退）所得税额（填写 A109000）	
35		财政集中分配本年应补（退）所得税额（填写 A109000）	
36		总机构主体生产经营部门分摊本年应补（退）所得税额（填写 A109000）	

填写要点：

（一）利润总额计算

利润总额的计算涉及第1行至第13行的填写，直接取自ABC科技2020年利润表。

1. 第1行“营业收入”填写97 847 284.52元；

2. 第2行“营业成本”填写49 473 881.24元；

3. 第3行“税金及附加”填写1 309 056.99元；

4. 第4行“销售费用”填写12 498 150.58元；

5. 第5行“管理费用”填写12 811 239.11元；

6. 第6行“财务费用”填写2 156 168.51元；

7. 第7行“资产减值损失”填写3 087 160.46元；

8. 第9行“投资收益”填写80 000.00元；

9. 第10行“营业利润”填写10 646 249.11元；

10. 第11行“营业外收入”填写17 296.40元；

11. 第12行“营业外支出”填写10 575.16元；

12. 第13行“利润总额”填写10 652 970.35元。

（二）应纳税所得额计算

由于ABC科技没有境外所得，因此第14行“境外所得”不用填写，第15行“纳税调整增加额”通过《A105000纳税调整项目明细表》“调增金额”列合计数来填报，根据ABC科技的《A105000纳税调整项目明细表》，本行填写3 917 468.53元；第16行“纳税调整减少额”通过《A105000纳税调整项目明细表》“调减金额”列填报，ABC科技《A105000纳税调整项目明细表》中没有调减金额；第17行“免税、减计收入及加计扣除”通过ABC科技《A107010免税、减计收入及加计扣除优惠明细表》合计数额填写4 450 524.35元。第19行“纳税调整后所得”，填写第13行–第14行+第15行–第16行–第17行+第18行，ABC科技为10 119 914.50元；ABC科技没有所得减免、弥补以前年度亏损和抵扣应纳税所得额，因此第23行“应纳税所得额”金额等于本表第19行–第20行–第21行–第22行计算结果，ABC科技为10 119 914.50元。

（三）应纳税额计算

1. 第24行“税率”填写税法规定的税率25%；

2. 第25行“应纳所得税额”金额等于本表第23行×第24行，根据计算ABC科技应填写2 529 978.62元；

3. 第26行“减免所得税额”填写纳税人按税法规定实际减免的企业所得税额，本行通过ABC科技《A107040减免所得税优惠明细表》合计数填写，为1 439 718.71元；

4. 由于ABC科技没有抵免所得税额，第28行“应纳税额”金额等于本表第25行–第26行–第27行，为1 090 259.91元；ABC科技没有境外所得，因此第31行“实际应纳所得税额”仍填写1 090 259.91元；

5. 第32行“本年累计实际已预缴的所得税额”填写纳税人按照税法规定本纳税年度已在月（季）度累计预缴的所得税额，包括按照税法规定的特定业务已预缴（征）的所得税额，建筑企业总机构直接管理的跨地区设立的项目部按规定向项目所在地主管税务机关预缴的所得税额。需要关注填报口径，只填写“本纳税年度已在月（季）度累计预缴的所得税额”，不含在本年度缴“上年月（季）度累计预缴的所得税额”“去年汇算清缴”的企业所得税。根据综合案例信息，ABC科技应预缴所得税额为999 637.13元；第33行“本年应补（退）的所得税额”填写纳税人当期应补（退）的所得税额，金额等于本表第31行–第32行，为90 622.78元。